编委会名单

南粤特殊教育新视野

NANYUE TESHU JIAOYU XIN SHIYE

上册

罗观怀 ◎ 主编

暨南大学出版社
JINAN UNIVERSITY PRESS
中国·广州

图书在版编目（CIP）数据

南粤特殊教育新视野．上册/罗观怀主编．—广州：暨南大学出版社，2014.5
ISBN 978－7－5668－0896－7

Ⅰ.①南… Ⅱ.①罗… Ⅲ.①特殊教育—教学研究 Ⅳ.①G760

中国版本图书馆 CIP 数据核字(2013)第 317384 号

出版发行：暨南大学出版社

地　址：中国广州暨南大学
电　话：总编室（8620）85221601
营销部（8620）85225284　85228291　85228292（邮购）
传　真：（8620）85221583（办公室）　85223774（营销部）
邮　编：510630
网　址：http：//www.jnupress.com　http：//press.jnu.edu.cn

排　版：广州市天河星辰文化发展部照排中心
印　刷：湛江日报社印刷厂

开　本：787mm×1092mm　1/16
印　张：20.5
字　数：496 千
版　次：2014 年 5 月第 1 版
印　次：2014 年 5 月第 1 次
印　数：1—2500 册

定　价：39.80 元

序　言

残疾人是一个比较困难的群体，需要特殊的关爱、支持和帮助。残疾人占人口总数虽不多，但教育对于他们终身发展所起的作用仍然非常重大。使广大残疾少年儿童接受良好的教育，培养他们自尊、自信、自强、自立的精神，提高他们融入主流社会、充分参与社会生活的能力，是教育事业发展的一个重要方面，是社会文明进步的重要标志，也是我国社会主义制度的本质要求和优越性的具体体现。

教育事业的发展总是与一个国家或一个地区的社会经济发展紧密联系在一起。新中国成立以后，特别是改革开放以来，伴随着广东经济社会的发展和综合实力的提高，在党的正确领导和各级政府的重视以及社会各界的关心支持下，教育事业发生了翻天覆地的变化，作为教育事业的组成部分——特殊教育也得到了跨越式的发展，并取得了令人瞩目的成绩。1978 年以前，广东省只有 5 所特殊教育学校，在校学生不足 300 人，教职工人数不到 150 人，且这些特殊教育学校全部集中在广州市，其他地区均没有。改革开放以后，由于经济发展迅速，政府重视，特殊教育也迅速发展。据统计，截至 2012 年底，广东省公办特殊教育学校 80 所（不含民办学校），特殊教育学校在校生 9 357 人，教职工 5 060 人，学校数、学生数、教职工数分别是改革开放前的 16 倍、31. 2 倍和 33 倍。在 80 所特殊学校中，有盲校 1 所，聋校 18 所，盲聋合校 6 所，智障学校 42 所，聋智障合校 10 所，综合特校 1 所，高校 2 所，涵盖了盲、聋、智障三类残疾儿童和多重残疾儿童教育或有其他特殊需要的儿童教育，并形成了学前教育、义务教育、高中教育、中等职业教育和高等教育这一较为完整的办学体系。随着经济实力的增强，政府的投入不断加大，特殊教育学校的办学条件不断改善，超标准、高规格、配备现代化先进设施设备的特殊教育学校如雨后春笋般在全省各地不断建成并投入使用。电脑室、语音室、视听室、音乐室、电子阅览室、语言训练室、感统训练室、教育资源中心、康复训练中心、技能培训中心、体育馆、图书馆等的建成，不仅为残疾儿童学习先进思想文化和科学知识提供了良好的条件，更为残疾儿童潜能的开发、缺陷的补偿、职业技术的掌握、职业技能与综合素质的提高提供物质保障。为确保残疾儿童的顺利入学，广东省政府和各地区分别出台了一系列政策和保障措施，如实施残疾儿童全免费义务教育，不仅免除了学生的学杂费、课本费，还免除了寄宿学生的住宿费、水电费，同时对经济困难的学生给予伙食补贴或伙食费全免。此外，为了满足特殊儿童特殊教育的需要，全省各地大力推进融合教育，形成了以特殊教育学校为骨干，以随班就读为主要形式的特殊教育格局，残疾儿童的入学率达 90% 以上。

特殊教育事业的飞跃发展，从根本上解决了特殊儿童“有学上”的问题，但并不等于他们就能“上好学”。如果说满足特殊儿童的入学需要从某种意义上看更大的责任在于政府的话，那么让特殊儿童“上好学”则是特殊教育学校和教师的责任。从根本上来说，教师是特殊孩子接受特殊教育的保证，教师的素质（本身接受教育的背景、业务能力、工作经验等）决定着教学的质量和学生的素质水平。要让特殊孩子能够得到优质的特殊教育，必须首先要有高素质的教师队伍。为此，广东省政府制定政策和采取措施，以加强特殊教育师资队伍建设。如根据特殊教育需要确定特殊教育学校和随班就读学校教职工的编制标准，其中聋、盲、智障三类特殊学校以学生为基数，分别按照3.5∶1、3∶1、2.5∶1的生师比例配备教师，另外以教师数的23%配备生活管理员，接受特殊儿童随班就读的普通学校相应增加教师编制。为鼓励教师从事特殊教育工作，广东省政府颁发文件对特殊教育工作者发放特殊教育津贴，最低标准为基本工资的30%，对特殊教育教师在学习、培训、评先、职称晋升等方面给予政策倾斜或适当照顾，这些举措不但稳固了特殊教育师资队伍，而且吸引了大批学历高、能力强、素质好的优秀人才投身到特殊教育事业中来，从而促进了特殊教育师资队伍专业化的发展和整体素质水平的提高。2012年全省特殊学校在编教职工2 800多人，本科以上学历的有2 400多人，占全部教师的85%以上，其中研究生学历的有200多人，占8%左右。广东省作为改革开放的前沿阵地，凭借与港、澳、台毗邻的区位优势，各级政府、教育行政部门和学校、专业团体等共同努力，不断创造条件和机会让特殊教师走出校门、走出省门、走出国门，不断汲取国内甚至国际先进的特殊教育理念、专业知识和教育教学经验，并运用到特殊教育实践中去，一批具有前瞻意识、专业能力强的学者型或专家型特殊教育骨干教师脱颖而出。

多年来，广东省各级各类特殊教育学校和教育工作者注重内涵发展，把创建优质特殊教育、为残疾儿童提供良好教育以促进残疾儿童健康成长当作己任，特别是特殊教育工作者执着的职业精神，他们刻苦学习，钻研特殊教育理论和专业知识，积极开展教育教学研究，深化教育教学改革，创新特殊教育模式和方法，从而不断提升教育教学质量，创建了一批在国内外具有一定知名度的品牌学校，如：广州市聋人学校、广州市盲人学校、深圳元平特殊教育学校、佛山市顺德区启智学校、广州市番禺区培智学校、广州市越秀区启智学校、佛山市启聪学校、中山市特殊教育学校、湛江市特殊教育学校等等。残疾儿童得到良好的教育，使得残疾儿童、青少年的精神面貌发生了根本性的变化，残疾人整体素质水平大大提高，融入社会和参与社会各项活动的能力不断增强，残疾人的社会地位、生活质量以及社会对残疾人的关注度和认可度也显著提高。在2008年北京残奥会、2010年亚残运会、2012年伦敦残奥会上，广东籍残疾人取得的骄人成绩令世人瞩目，参加国内外各项比赛获奖的情况更是不胜枚举。残疾人接受高等教育的比例不断上升，残疾人就业遍布公务员、教育、医疗、文化和服务等各个行业，他们直接参与社会主义现代化各方面的建设，并作出了重要的贡献，有力地推动了社会主义物质文明建设和精神文明建设。

广东教育学会特殊教育专业委员会是专门从事特殊教育研究的学术性专业团体，它以广东省内各特殊教育学校或特殊教育机构为集体会员、以特殊教育工作者为个人会员组成。多年来，它在广东省教育厅基础教育处和广东省残疾人教育就业部的直接领导及大力支持下，坚持“为教育行政部门服务、为特殊教育学校服务、为特殊教育工作者服务”的宗旨，以促进特殊教育事业发展和提高特殊教育质量为主线，做教育行政部门的参谋、联系集体会员和个人会员的纽带。根据特殊教育规律，结合广东省实际，积极组织会员单位和特殊教育工作者开展特殊教育调查研究、教学研究、科研工作以及教师培训、教育教学交流等活动，为有力地推动特殊教育事业的发展、完善特殊教育体系建设、规范特殊教育管理、促进特殊学校内涵发展、树立特殊教育品牌学校、繁荣特殊教育教学科研、提升教师专业化水平等作出了应有的贡献。本书（上、下册）收集的70多篇教育教学论文和20多篇社会实践报告，是特殊教育专委会组织教师培训、教学观摩、技能竞赛、专题研讨、论文评比等系列活动，各特殊学校和教师积极开展教育教学科研所取得的优秀成果，在一定程度上体现了广东省特殊教育教学改革的深度与广度，反映出特殊教育师资队伍的专业素质和专业水平，是特殊教育工作者们智慧的结晶。我们编印出版这本书，目的是进一步总结广东省特殊教育的优秀成果，为特殊教育教师和工作者提供发表论文和交流的平台。如果编印这本书能够被承认是为特殊教育和老师们做了一件好事，那么作为编者的我们就已经心满意足了；如果这本书能够为大家在未来的教育教学实践中起到借鉴、启发的作用，那么就更不枉编者所付出的一番努力和心血了。由于水平有限，加上编印过程又比较仓促，本书难免会有错漏之处，希望得到大家的批评与指正。在这里我们要衷心感谢广东省教育厅基础教育处、广东省残疾人联合会教育就业部的大力支持，感谢黄向群处长、冯志军部长、刘新民处长、张宏伟副处长、区湛生副处长、卓琳科长等在百忙之中给予的指导！也衷心感谢全省各特殊学校的大力支持，感谢你们选送了优秀论文和社会实践报告参加专委会举办的比赛活动！衷心感谢全省特殊教育工作者的积极参与并提供优秀的成果！也感谢各位编委、评委和编辑人员认真、专业、积极的工作！

广东教育学会特殊教育专业委员会理事长
罗观怀

以教育“创强争先建高地”为统领
推动广东特殊教育科学发展

广东省教育厅基础教育处

区湛生　张宏伟

特殊教育是促进残疾人全面发展、帮助残疾人更好地融入社会的基本途径，是我国国民教育体系的重要组成部分。近年来，广东省各级党委政府和相关职能部门、学校深入学习贯彻党的十七大、十八大精神和《残疾人保障法》、《残疾人教育条例》及《国家中长期教育改革和发展规划纲要（2010—2020 年）》，以教育“创强争先建高地”为统领，将发展特殊教育作为改善民生、促进社会和谐的重要内容，采取有力措施，加快发展特殊教育，使广东省特殊教育取得了长足的发展。

一、广东特殊教育的基本情况

广东省以普及适龄残疾儿童义务教育为重点，以随班就读和特教班为主体，以特殊教育学校为骨干，构建了涵盖残疾人学前教育、义务教育、高中阶段教育和高等教育的特殊教育体系，为残疾人接受教育创造了条件，保障了他们受教育的权利。

据 2012—2013 学年初统计，全省有特殊教育学校 94 所，在 2010—2011 学年 75 所的基础上增加 19 所，增长 25. 3%。其中 12 所开办了高中阶段教育（普高、职高或两者兼而有之）。广东省共有残疾学生 24 485 人，其中在特殊教育学校就读的学生 10 669 人，比 2010—2011 学年的 8 952 人增加 1 717 人，增长 19. 2%；在普通学校特教班就读的学生 192 人；在普通学校随班就读的学生 13 624 人。特殊教育学校教职工 3 329 人，比 2010—2011 学年的 2 719 人增加 610 人，增长 22. 4%，其中专任教师 2 527 人，比 2010—2011 学年的 2 026人增加 501 人，增长 24. 7%。广东省特殊学校占地面积共 737 734 平方米，比 2010—2011 学年的 573 134 平方米增加 164 600 平方米，增长 28. 7%，校舍建筑面积 386 565平方米，比 2010—2011 学年的 334 708 平方米增加 51 857 平方米，增长 15. 5%。

此外，广东省还有残疾人中等职业学校 1 所（省残联主办），广州中医药大学开设了盲人大专班，广州大学市政学院开设了聋人大专班。2012 年 9 月，省残联和华南师范大学设立了特殊教育学院并开始招生。

二、推动特殊教育发展的主要措施

（一）逐步完善发展特殊教育的政策

2010年9月，省委、省政府印发了《广东省中长期教育改革和发展规划纲要（2010—2020年）》，提出了关心和支持特殊教育，实施特殊教育百校建设工程、制定实施特殊学校各项经费标准等措施。2011年8月，省政府办公厅印发了《关于进一步加快特殊教育事业发展的实施意见》（粤府办〔2011〕50号），提出了加快完善残疾人教育体系、加快特殊教育学校建设、完善残疾学生随班就读服务体系、加强特殊教育师资队伍建设、进一步完善经费保障机制等要求。2011年9月，省政府召开了全省特殊教育工作会议，表彰了全省特殊教育工作先进单位和先进个人。

（二）实施特殊教育百校建设工程

2011年初，广东省启动特殊教育百校建设工程。经各地申报，省教育厅、财政厅和残联共同确认，全省计划新建、扩建特殊教育学校80所（新建39所、扩建41所），其中41所被列入2011年省政府民生实事建设项目。此后，还有部分特殊教育学校建设项目陆续规划建设。由于特殊教育学校的建设周期较长，广东省采取有力措施，督促各地加快推进特殊教育学校建设。特别是把“按照规定设立县标准化特殊教育学校”作为申报教育强县（市、区）的必达条件，充分调动了各地加快特殊教育学校建设的积极性。目前，广东省特殊教育学校建设进展顺利，部分项目学校已竣工并投入使用。

（三）逐步完善特殊教育经费保障机制

一是加大对特殊教育学校建设的投入。2007—2010年，省财政每年安排财政专项资金1 000万元，用于资助广东省欠发达地区特殊教育学校的新建、扩建或改建，共资助了27所项目学校；从2008年开始，广东省省级彩票专项公益金把特殊教育列入资助范围，支持特殊教育学校的建设。2011—2012年，省财政安排了19 269万元对欠发达地区特殊教育学校和随班就读资源教室建设进行补助，同时，各市、县（市、区）财政也加大了投入。二是落实特殊教育学校学生课本费和公用经费。根据粤府办〔2011〕50号文件要求，2013—2014学年，广东省特殊教育学校小学生课本费按每生每学年不低于150元，初中生每生每学年不低于270元的标准单独划拨。广东省特殊教育学校智障、孤独症、脑瘫及多重残疾学生生均公用经费按不低于普通生生均公用经费标准的10倍拨付，即小学每生每学年不低于7 500元，初中每生每学年不低于11 500元；特殊教育学校盲聋哑学生生均公用经费按不低于8倍拨付，即小学每生每学年不低于6 000元，初中每生每学年不低于9 200元；普通学校附设特教班学生生均公用经费按不低于5倍拨付，即小学每生每学年不低于3 750元，初中每生每学年不低于5 750元。全省残疾人教育经费保障水平得到了大幅度提高。

（四）加强特殊教育师资队伍建设

一是制定了特殊教育学校教职员编制标准。2008年4月，省编委、省教育厅、省财政厅、省残联联合印发了《广东省特殊教育学校教职员编制标准暂行办法》，颁布了招收盲、聋、智障、自闭、脑瘫等学校和开展残疾学生随班就读的普通中小学教职员基本编制标准（教职员与学生比为1:2至1:5）。二是努力促进教师专业发展。从2008年开始，广东省将特殊教育学校的骨干教师和校长的培训列入全省中小学教师和校长继续教育体系，加强培训。

（五）努力做好残疾儿童少年的随班就读工作

一是指导各地依托市、县（市、区）特殊教育学校设立随班就读工作指导中心。二是加快推进随班就读资源教室建设。2012年，省教育厅印发《广东省特殊儿童少年随班就读资源教育建设与管理实施办法（试行）》，指导各地加快推进特殊儿童少年随班就读资源教育建设，加强对资源教室的管理。省教育厅、省政府教育督导室印发了《关于印发广东省教育创强和现代化督导验收办法的通知》（粤教督〔2012〕15号），把“按要求设置特殊教育随班就读资源教室”作为申报教育强镇（街、乡）的必备条件。

三、推进特殊教育科学发展的思路

2012年5月，广东省第十一次党代会提出了“创建教育强省，争当教育现代化先进区，打造南方教育高地”的要求（简称教育“创强争先建高地”）。2013年2月，省政府印发了《关于推进我省教育“创强争先建高地”的意见》（粤府办〔2013〕17号），明确了广东省教育“创强争先建高地”的指导思想、总体目标和措施。今后一个时期，广东省将以教育“创强争先建高地”为目标和抓手，统筹推进特殊教育科学发展，采取措施，进一步完善残疾人教育体系，加强特殊教育师资队伍建设，完善特殊教育经费保障机制，提高残疾人教育质量，保障残疾人受教育的权利，促进教育公平。

（一）进一步完善残疾人教育体系

以普及残疾儿童义务教育为重点，加快发展残疾人学前教育、以职业教育为主的高中阶段教育和高等教育，不断满足残疾人的教育需求。

（1）全面提高残疾儿童义务教育普及水平。近年来，广东省适龄残疾儿童义务教育入学率逐步提高，保障了残疾人接受义务教育的权利。但由于各种原因，广东省未入学的各类适龄残疾儿童数量还较多，适龄残疾儿童的组织入学工作任务还相当艰巨。各级政府及其相关部门、学校要落实责任，采取多种形式安排未入学的适龄残疾儿童就学。对残疾程度较低、具有接受普通教育能力的适龄残疾儿童，就近安排到普通学校随班就读；对残疾程度较重、不具有接受普通教育能力的适龄残疾儿童，安排到特殊教育学校或普通学校特教班就读；对无法到学校就学的重度适龄残疾儿童，应提供“送教上门”服务。此外，还要加强适龄残疾儿童学籍管理，防止其中途退学。

（2）积极发展残疾儿童学前教育。鼓励和支持幼儿园、特殊教育学校、残疾儿童康复机构和儿童福利机构等实施残疾儿童学前教育，并根据城乡不同特点，开展灵活多样的教育活动。支持残疾儿童较多的区、县设立残疾儿童学前教育机构。鼓励和支持社会力量以多种形式举办残疾儿童幼儿园，有条件的地方举办集早期干预、教育、康复为一体的学前特殊教育机构。积极采取措施，资助家庭经济困难的残疾儿童接受普惠性学前教育。落实《广东省发展学前教育三年行动计划（2011—2013 年）》（粤府办〔2011〕30 号）要求，到 2013 年底，全省残疾儿童接受 3 年学前教育的比例达 85% 以上。

（3）大力发展以职业教育为主的残疾人高中阶段教育。一是推动特殊教育学校根据需要举办残疾人高中教育部（班）；二是普通高中要招收具有接受普通教育能力的残疾学生，中等职业学校要积极开展残疾人职业教育，为残疾学生就业和继续深造创造条件；三是鼓励有条件的地区举办残疾人中等职业学校。

（4）加快推进残疾人高等教育。完善普通高校招收残疾学生政策，普通高校应为残疾学生创造学习生活条件。通过自学考试、远程教育、成人教育等，让更多的残疾人接受高等教育。有条件的地区开办残疾人大专班。

（二）进一步提高残疾人教育质量

（1）明确特殊教育学校的定位：教育、康复一体化。一是更新观念，明确特殊教育学校实施教育、康复一体化的要求。二是加大投入，按照国家要求，配备特殊教育学校医疗康复仪器设备。三是配备一定数量具备医疗、康复专业技术的专业人才。四是充分利用所在社区的医疗、康复人才，为残疾学生的康复服务。五是提高特殊教育学校校长、教师的专业化水平。

（2）深化教育教学改革，提高办学水平。根据残疾学生身心特点和发展规律，积极推进特殊教育学校的课程改革和教育教学改革。大力推进特殊教育学校的教育信息化，以教育信息化推进特殊教育现代化，并有针对性地加强德育、体育和美育工作，全面提高残疾学生的素质。

（3）加强随班就读工作，提高随班就读的质量。一是加强统筹规划。各地级以上市、县（市、区）教育行政部门要将随班就读工作纳入特殊教育和普通教育的管理体系，整体规划随班就读工作。二是完善残疾学生随班就读服务体系。依托市、县（市、区）特殊教育学校设立随班就读工作指导中心，建设随班就读资源教室，落实特殊教育学校定期委派教师到普通学校巡回指导随班就读工作的制度，确保随班就读的质量。三是加强随班就读资源教室的建设与管理。按照《广东省特殊儿童少年随班就读资源教室建设与管理实施办法（试行）》（粤教基〔2012〕8 号）的要求，城区以 3 ~ 5 所学校为一片，选择其中 1 所作为随班就读基地学校，建设随班就读资源教室。4 万人口以上的乡镇，以乡镇中心学校为随班就读基地学校，建设随班就读资源教室；4 万人口以下的乡镇，可以单独或由市、县（市、区）教育行政部门统筹确定随班就读基地学校，建设随班就读资源教室。每个随班就读资源教室要配置 1 ~ 2 名专职资源教师，编制依据粤机编办〔2008〕109 号文在随班就读教师中统筹解决，关系挂靠在各地随班就读指导中心或委托各地特殊教育学校代管，享受特殊教育教师专项补贴。

（三）进一步加强特殊教育师资队伍建设

（1）落实特殊教育教师的编制和待遇。特殊教育学校、随班就读资源教室、随班就读学校应按照《广东省特殊教育学校教职员编制标准暂行办法》（粤机编办〔2008〕109号）的要求，配齐、配足教师，确保特殊教育学校正常教学和管理的需要。各地要切实采取措施，落实特殊教育教师待遇。在教师专业技术资格评审和评优评先方面给予倾斜和照顾。

（2）加强特殊教育教师的培训。广东省教育厅已把特殊教育教师的培训作为实施“强师工程”的重要内容，计划2012—2016年共安排资金2 000万元，完成250名特殊教育学校校长培训、500名骨干教师研修提高培训、500名特殊教育教师岗前培训、1 500名在职教师岗位轮训、500名随班就读资源中心（资源教室）教师的培训工作。2012年9月初，广东省开展第一期50名特殊教育骨干教师研修提高培训。各市、县（市、区）也要开展特殊教育学校教师、随班就读学校校长、教师的轮训。

（3）深入开展特殊教育研究。建设一支理论素养高、专业能力强的特殊教育科研骨干队伍，提高特殊教育科研质量和水平。各级教育行政部门所属的教学研究部门和科学研究部门应配备专职或兼职特教教研人员，组织并指导学校开展教育教学研究。

（四）进一步完善特殊教育经费保障机制

（1）落实义务教育残疾学生免费政策。免收义务教育阶段残疾学生的学杂费、课本费，按新标准落实特殊教育学生课本费和生均公用经费。

（2）完善残疾学生的助学政策。优先保障家庭经济困难的农村义务教育阶段残疾学生享受生活费补助政策，优先保障家庭经济困难的残疾学生享受广东省普通高中、中等职业学校和普通高校资助政策。

（3）加大财政投入力度。广东省财政继续安排专项经费，用于支持欠发达地区特殊教育学校和随班就读资源中心建设；继续将特殊教育纳入省级彩票公益金使用范围，对特殊教育学校新建、扩建、改建项目给予重点扶持。各地也要依法加大财政投入力度，保障特殊教育发展的需要。

广东省残疾人教育、就业事业概论

广东省残疾人联合会教育就业部

刘新民

在广东省委、省政府的正确领导下，在有关职能部门的大力支持下，广东省将特殊教育工作纳入全省教育工作的整体规划中，统筹考虑，重点突破，形成以普及、巩固和提高适龄残疾儿童义务教育为重点，完善以随班就读和附设特教班为主体、以特殊教育学校为骨干的特殊教育体系。残疾人就业状况进一步改善，就业促进和就业保护法规政策日趋完善，就业服务网络逐步健全，多元化的就业格局初步形成。

据2006年第二次全国残疾人抽样调查数据显示，广东省有残疾人539万人，而男性16～59岁、女性16～54岁残疾人口共有173.45万人，其中就业残疾人口有79.72万人，非就业残疾人口有93.73万人；0～14岁残疾儿童少年40.17万人（其中0～5岁15.87万人，6～14岁24.3万人，盲、聋、智障三类残疾适龄儿童少年11.3万人）。

一、广东省特殊教育发展状况

广东省残疾人联合会（以下简称“省残联”）于1987年成立，其事业发展与残疾人教育有着密不可分的联系，并有效推动了残疾人特殊教育事业的发展。当时全省仅有特殊教育学校6所，在校生800人。1990年，为贯彻全国第二次特殊教育工作会议精神，省教育厅、省民政厅、省残联共同召开第一次全省特殊教育工作会议，把特殊教育正式纳入九年义务教育规划中。1991年，省残联开始派人参加普通高考招生录取工作，配合省招生办完成了参加普通高考19名上线残疾考生的录取工作。1999年，广东省培英成人中专学校正式成立。2001年，省考试中心批准盲人参加中文和中医两个专业大专学历的自学考试，省内和省外的盲人参加广东省盲人自学考试总人数达85名。省教育厅、省残联联合发文《关于初中残疾学生升学免试体育的通知》（粤教体〔1998〕5号）。2002年，对人平均年收入在1 500元以下的特困家庭残疾儿童学习实施了“两免一补”政策。2003年，省残联成为广东省普通高考录取招生委员会成员单位之一，广东省特殊教育网正式开通。2005年，省考试中心批准开设聋人高等教育自考行政管理（大专）专业。2006年，教育部高校学生司批准了广东省开设高等特殊教育单考单招大专班，同意广州中医药大学和广州大学单独招收盲、聋学生。2007年，首次制定了《广东省残疾人教育工作“十一五”实施方案》。省教育考试院同意在省培英职业技术学校设立普通高等教育单考单招和高等教育自学考试残疾人考场。2008年，省编办、教育厅、财政厅、省残联下发《广东省特殊教育学校教职员编制标准暂行办法》（粤机编办〔2008〕109号）。其中，脑瘫等学校1∶2，智力学校1∶2.5，盲学校1∶3，聋学校1∶3.5，附特教班1∶3.5，随班就读1∶5。2011年，为贯彻全国第四次特殊教育工作会议精神，省政府办公厅出台文件《关于进一步加快特殊教育事业发展的实施意见》，将特殊教育学校教育公共经费提高到普通学校的8～10倍，省财政从2011年起安排特殊教育专项资金2 000万元等。省残联与南方医科大学合作创建南方医科大学康复医学院。2012年，省残联与华南师范大学合办华南师范大学特殊教育学院。全省公办特殊教育学校共80所，在校生共26 064人（其中在特殊教育学校就读的学生9 357人），分布在43个市、县（市、区），适龄残疾儿童入学率达86%，其中盲、聋、哑和智障学生所占比例分别为8%、16%、76%。全省有14所中等职业教育学校（班）。参加普通高考上线残疾考生404人，录取280人，符合录取要求的录取率达100%。残疾人职业教育培训机构达到164所，3万多残疾人得到了职业技能培训。

二、残疾人就业发展状况

全省残疾人就业率大幅度提高，五年新增分散按比例就业残疾人4万余人。除深圳外，广东省全面实施残疾人就业保障金地税代征，立法建立省级残疾人事业统筹金。目前农村就业残疾人70万人，城镇就业残疾人30万人，转移就业残疾人28 000多人。省财政每年从省本级保障金中安排20%专项资金补助14个经济欠发达地区开展农村残疾人劳动力转移，扶持当地集中安排残疾人生产与经营困难单位、残疾人就业服务窗口建设。目前全省已建立扶贫培训基地、农村劳动力转移培训基地、农村残疾人就业安置基地125个，2万多名农村残疾人直接在就业基地集中就业，组织5万多名农村残疾人劳动力转移就业，带动30万残疾人户从事种养殖业。全省每年农村实用技术培训2万多人次，五年累计培训135 208人次。广东省残疾人扶贫工作被纳入全省“规划到户、责任到人”工作大局，残疾人脱贫奔康步伐加快，基本生活得到有效改善。2010年全省农村残疾人家庭人均收入7 611元，比2006年增长185%；贫困残疾人户不断减少，农村人均收入2 000元以下的贫困残疾人户由2006年的198万户减少到目前的50.3万户。省级残疾人就业保障金累计扶持10万贫困残疾人脱贫。整村推进残疾人脱贫工作经验在全国推广。从2006年起，全省共投入危房改造资金3.2亿元，完成危房改造26 073户，受益残疾人27 635人。

三、积极推动广东省特殊教育发展

省残联积极争取得到政府的支持，配合、协调有关部门解决相关问题，为推动特殊教育事业发展做了大量工作。

（一）进一步完善特殊教育政策

为贯彻落实《中共中央国务院关于促进残疾人事业发展的意见》（中发〔2008〕7号）精神，加快广东省残疾人事业发展，省委、省政府于2009年4月出台了《关于加快残疾人事业发展的决定》（粤发〔2009〕9号），该文件要求“加快特殊教育学校建设，到2012年，全省地级以上市和残疾儿童较多的县（市、区）要有综合性特殊教育学校，珠三角要建设一批残疾儿童教养实验学校”。2010 年 9 月，省委省政府印发的《广东省中长期教育改革和发展纲要（2010—2020 年）》要求关心和支持特殊教育。2011 年 8 月，省政府办公厅印发了《关于进一步加快特殊教育事业发展的实施意见》（粤府办〔2011〕50 号），提出了完善残疾学生随班就读服务体系、加强特殊教育师资队伍建设、进一步完善经费保障机制等政策措施。规定特殊教育学校：智障、孤独症、脑瘫及多重残疾学生按不低于普通生生均公用经费标准的 10 倍拨付，盲聋哑学生按不低于 8 倍拨付，普通学校附设特教班学生按不低于 5 倍拨付。

（二）互相配合，形成合力

在当地党委、政府的统一领导下，教育、民政、卫生、财政、人力资源、社会保障、发展改革和残联等部门紧密协作，做好适龄残疾儿童的鉴定、入学工作。

（三）建立完善残疾儿童教育跟踪机制

部分地区已建立残疾儿童首报登记制度。如广州市从 2004 年 6 月 1 日开始实施《广州市残疾儿童首报登记办法》，有关部门密切配合，对全市残疾儿童进行登记跟踪，为对残疾幼儿进行早期干预建立基础。

（四）加快特殊教育学校建设

2009 年 8 月，省教育厅、省发展和改革委员会、省残联联合印发了《关于编制 2009—2012 年特殊教育学校建设总体规划及项目建设方案的通知》（粤教基〔2009〕82 号），各地按通知要求，积极开展特殊教育学校建设总体规划和项目建设方案的编制工作。2011 年 3 月，省教育厅、省财政厅、省残联联合印发了《关于实施特殊教育百校建设工程落实 2011 年特殊教育学校建设任务的通知》（粤教基函〔2011〕29 号），根据申报建设计划，明确当年全省新建扩建特殊教育学校 80 所，其中 41 所被列为民办“十件实事”之一的建设项目。

（五）逐步提高特殊教育经费保障水平，加大省级财政专项经费的投入

2011—2015 年，省财政每年安排专项资金 2 000 万元，用于支持欠发达地区特殊教育学校和随班就读资源中心建设。2011 年，宋海副省长从机动款中安排了 5 200 多万元，用于资助欠发达地区特殊教育学校建设。

四、保障残疾人就业

坚持培训与就业相结合的方针，提高残疾人职业培训的质量和针对性。一是通过开展“加强残疾人职业培训促进就业年”活动，提高残疾人职业培训的层次，鼓励用人单位对残疾职工开展在岗培训和转岗培训。二是通过开展创业培训，鼓励有自谋职业和创办企业愿望的残疾人参加创业能力培训，并积极做好开业指导、咨询服务和后续扶持工作。三是通过开展以“送政策、送岗位、送服务、送温暖”为主题的 2011 年残疾人就业援助月活

动，帮助各类就业困难的残疾人和登记失业残疾人就业。四是通过加强对残疾人就业的援助，依托残疾人就业服务平台和劳动保障平台，建立完善就业困难残疾人动态长效援助和帮扶制度，服务到户，服务到人。各地重点关注和帮助零就业家庭以及残疾人高校毕业生，对出现的零就业家庭即时进行就业帮扶，“出现一户，帮扶一户，消除一户”，确保零就业家庭动态为零。“十一五”期间，广东省将符合条件的贫困残疾人纳入城乡最低生活保障、农村五保供养等生活救助范围，全省31万贫困残疾人的生活得到了保障。12个市、县（市、区）先后启动农村社会养老保险，对67万贫困农村残疾人实行专项救助。残疾人社会保障工作采取临时救助、专项补助、供养等措施，解决了上百万贫困残疾人基本的生活问题。农村合作医疗基本实现农业常住残疾人人口全覆盖。探索开展了残疾人托养服务工作，并取得初步成效：重度残疾人托养工作开局良好，广州、深圳、东莞、中山4个残疾人托养服务试点城市工作推进顺利。截至2009年底，全省共有托养机构243家，集中托养残疾人14 111人，其中全托的重度残疾人达1 750多人。

目　录

职业教育·随班就读

目 录
CONTENTS

广东省特殊教育学校功能现状的调查研究①

深圳元平特殊教育学校　刘花雨

【摘　要】本研究对广东省27所特殊学校的1 080名教师进行问卷调查，从教育功能、康复功能、社会功能、研究功能四个方面来分析广东省特殊教育学校各项功能发挥的情况，了解存在的问题，并提出相应的建议，为最大限度地促进广东省乃至全国特殊教育学校的创新发展提供参考依据。

【关键词】广东省；特殊教育学校；功能；现状

一、问题的提出

特殊教育学校的功能定位是每所特殊教育学校必须面对和解决的一个基础性问题，直接关系到学校的办学理念、办学特色等。从特殊教育学校的发展历史来看，其功能并不是一成不变的，随着社会的发展变化和特殊教育事业的发展，特殊教育学校的功能应作出相应的调整和适应。在新的形势下，特殊教育学校不但应承担教育教学的功能，还应具备让每一个残疾学生的缺陷得到最大限度恢复和补偿的康复功能。同时，还应承担寻求社会多方面的支持与帮助，建立广泛而相对稳定的支持体系为残疾人服务。此外，特殊教育学校的研究功能也应得到重视和发展。而在教育实践中，特殊教育学校是否发挥了其应有的功能？它实际所发挥的功能状况又如何呢？本研究从学校、教师的层面来调查广东省特殊教育学校各项功能发挥的总体情况，了解目前存在的问题，并提出相应的建议，为最大限度地促进广东省乃至全国特殊教育学校的创新发展提供参考依据。

二、调查方法

1. 调查对象

本次调查抽取了广东省27所特殊教育学校（以下简称“特校”），其中综合性特校11所（40.7%），聋校9所（33.3%），培智学校7所（25.9%）。发放学校问卷27份，回收27份，有效问卷27份，回收率100%，有效率100%。

① 该论文是国家级课题“我国学校教育创新研究”之子课题“特殊教育学校功能定位的创新研究”的结题成果。

在27所学校随机抽取1 080名教师，发放教师问卷1 080份，回收961份，有效问卷950份，回收率89%，有效率88%。

2. 调查工具和方法

本调查采用的是课题组自编的“特殊教育学校功能现状调查问卷”，包括教师问卷和学校问卷。教师问卷从教育功能、康复功能、社会功能和研究功能四个方面进行编制，主要调查教师进行教育、康复、社会、研究工作的基本情况。学校问卷主要调查特殊教育学校的师资、硬件设施及职业教育的情况。问卷编制前期我们对多名教师和领导进行了访谈，听取了他们对特殊教育学校现有和应有功能的看法，为问卷的编制提供了参考。问卷初稿形成后，课题组选择了本校部分教师和省外两所特校进行了预调查，并对部分教师、教研负责人进行访谈，听取了他们对问卷的建议和修改意见。问卷经过了6次修改和完善，提高了问卷的可信度。本次调查由于人力、物力等因素的限制，采用邮寄和现场发放相结合的形式。使用SPSS13.0软件进行数据统计和分析。

三、结果与分析

1. 特殊教育学校教育功能情况

（1）教师所注重的教学目标。

表1　教师所注重的教学目标情况

教学目标分类	知识和目标	情感和态度	过程和方法	合计
人数	235	443	272	950
百分比（%）	24.7	46.6	28.7	100

从表1可以看出，46.6%的教师在教学过程中注重学生情感和态度的发展，28.7%的教师注重学生学习过程和学习方法的掌握，24.7%的教师注重学生知识和目标的获得与达成。

（2）教师主要采用的教学方法。

表2　教师主要采用的教学方法情况

分类	讲授法	讨论法	启发诱导法	探究法	其他	未填写	合计
人数	173	35	632	56	48	6	950
百分比（%）	18.2	3.7	66.5	5.9	5.1	0.6	100

从表2可以看出，66.5%的教师在教学过程中主要采用启发诱导法进行教学，仅有18.2%的教师主要采用讲授法。选择“其他”选项的教师，填写的方法主要有：操作法、活动教学法、生产实习法、体验法等。

（3）教师主要采用的教学组织形式。

表3　教师主要采用的教学组织形式情况

分类	班级授课制	小组教学	个别化教学	未填写	合计
人数	670	145	127	8	950
百分比（%）	70.5	15.3	13.4	0.8	100

班级授课制仍是大部分教师（70.5%）主要采用的教学组织形式，进行个别化教学和小组教学的教师仅分别占13.4%和15.3%。

（4）教师主要采用的教学评价方式。

从表4可以看出，超过半数的教师（57.5%）主要通过日常观察对学生进行评价，22.8%的教师采用标准化测验（如考试）的方式进行教学评价，采用多种方式进行全方位系统评估的教师仅占12.9%，6.0%的教师选择“其他”选项。

表4　教师主要采用的教学评价方式情况

分类	考试	日常观察	系统评估	其他	未填写	合计
人数	217	546	123	57	7	950
百分比（%）	22.8	57.5	12.9	6.0	0.8	100

2. 特殊教育学校康复功能情况

（1）学校康复训练对象。

从表5可以看出，有81.5%的学校对聋生进行康复训练，对智障、自闭症、脑瘫学生进行康复训练的学校比例均过半，分别为51.9%、59.3%、59.3%，对盲生进行康复训练的学校比例较低，为18.5%。

表5　学校康复训练对象情况

分类	聋生	盲生	智障学生	自闭症学生	脑瘫学生
学校数	22	5	14	16	16
百分比（%）	81.5	18.5	51.9	59.3	59.3

（2）康复训练内容和专业教材。

综合类特殊教育学校由于康复对象的类型较多，康复训练内容也相应涉及较广，主要包括语言训练（16所）、感觉统合训练（14所）、运动功能训练（16所）等方面，有少部分学校还进行定向行走训练（8所）和视功能训练（6所）。聋校主要针对聋生进行发音、字词、句子理解与表达的语言康复训练（9所）。

在27所学校中，只有6所学校（22.2%）开发了校本的康复训练教材，21所学校（77.8%）使用的是康复训练指导手册。

（3）学校康复训练方法。

表 6 学校康复训练方法情况

分类	教育康复训练	医学康复训练	非医学康复训练	职业训练
学校数	27	6	16	9
百分比（%）	100	22.2	59.3	33.3

从表 6 可见，所有的学校都通过教育教学来促进残疾学生的康复，59.3% 的学校借助非医学的康复专业技术和方法对学生进行康复训练，33.3% 的学校开展了职业训练帮助康复对象恢复就业能力和获取就业机会，仅有 22.2% 的学校借助医学措施，特别是康复医学的技术和方法对学生进行医学康复。

3. 特殊教育学校社会功能情况

（1）学校社会宣传工作。

表 7 学校社会宣传工作情况

社会宣传	社会实践活动	媒体宣传	演讲	竞赛	创办校报杂志	大型活动
学校数	20	23	9	16	11	27
百分比（%）	74.1	85.2	33.3	59.3	40.7	100

为了提高社会各界对残疾儿童的关注和支持，大部分学校主要通过电视、报纸或网站等各种媒体进行宣传（85.2%），或举办大型活动（100%）来加强特殊教育学校与社会其他机构的联系和交流。

（2）学校职业教育。

表 8 学校职业教育情况

职业教育工作内容	分类	无	开设专业项目	建立实习基地	参观实习	拓宽就业渠道	协调学生与单位之间的关系	职后跟踪、指导
	学校数	5	15	10	14	20	12	9
	百分比（%）	18.5	55.6	37.0	51.9	74.1	44.4	33.3
职业教育场所	分类	学校自有专门场所	普通教室	借他人场所教学	其他			
	学校数	13	9	0	0			
	百分比（%）	59.1	40.9	0.0	0.0			
实习方式	分类	校内教学实践	校办企业	学生家庭联系	社会企业	没有地方实习		
	学校数	6	2	1	3	2		
	百分比（%）	42.9	14.3	7.1	21.4	14.3		

从表8可见，大部分学校开设了专业项目对学生进行职业教育（55.6%），组织学生参观实习来锻炼其实践能力（51.9%），为学生拓宽就业渠道（74.1%）。小部分学校建立了实习基地为学生提供实践的平台（37.0%），协调学生与单位之间的关系（44.4%）。对就业学生进行职后跟踪、指导的学校较少（33.3%），还有5所学校并未开展职业教育。目前，有13所学校主要在自己专门的职业教育场所对残疾学生进行职业教育，有9所学校主要在普通教室开展职业教育。关于学生的实习方式，大部分学校的残疾学生是在校内让教师通过教学为学生提供实践机会的，在社会企业或校办企业实习的学校很少，有2所学校的学生甚至没有地方实习。

（3）学校资源支持工作。

表9　学校资源支持工作情况

资源支持	无	随班就读工作的指导	对社区残疾人工作的指导	为家长提供建议、咨询与服务	为残疾人提供教育、康复资源服务
学校数	3	8	7	22	20
百分比（%）	11.1	29.6	25.9	81.5	74.1

大部分特殊教育学校主要为残疾儿童家长提供建议、咨询与服务（81.5%），为残疾人提供教育、康复资源服务（74.1%）。对随班就读工作和社区残疾人工作进行指导的学校很少，有3所学校甚至没有开展过资源支持方面的工作。

4. 特殊教育学校研究功能情况

（1）教师参与课题的级别与性质。

表10　教师参与课题的级别与性质情况

	分类	国家级	省级	市级	校级
课题级别	人数	83	124	134	226
	百分比（%）	17.6	26.3	28.4	47.9
课题性质	分类	与科研单位合作	与政府机构合作	与社会团体合作	学校独立承担
	人数	64	38	24	410
	百分比（%）	13.6	8.1	5.1	86.9

从表10可见，所调查的950名教师中，参与过课题的教师有472名（49.7%），他们参与的大部分课题为校级课题（47.9%），参与国家级课题的较少。绝大部分课题（86.9%）都是学校独立承担，与其他机构进行合作研究的课题只占很小的比例。

（2）教师参与课题的研究内容。

表 11　教师参与课题的研究内容情况

研究内容	特教理论	教学实践	特教政策法规	残疾学生身心发展规律	特教学校管理工作	课程设置
人数	61	329	19	124	38	165
百分比（%）	12.9	69.7	4.0	26.3	8.1	35.0

从表 11 可以看出，教师进行研究的内容涉及很广，但主要集中在与教师自身联系比较密切的教学实践研究（69.7%）和课程设置研究（35.0%）。

（3）学校在教科研方面存在的困难。

分析 343 名教师对“学校在教科研方面存在的困难”的回答，可得困难主要集中在以下几个方面：缺乏科研师资，教师科研能力较低（39.7%）；科研经费不足（25.9%）；设备、场地、资源不足与缺乏（20.6%）；缺乏专家的指导（21.4%）；学校重视程度不够（11.5%）；科研人员教学任务重，缺少时间（10.7%）；成果难以推广，很难落实到教学实践（5.3%）中。

四、讨论与建议

1. 坚持特殊教育学校功能一元化和多元化的统一

随着社会发展和教育现代化进程的加快，“以随班就读和特教班为主体，以特教学校为骨干”的特殊教育新格局正在形成。因此，特殊教育学校的功能不能再局限于慈善救济或单一教学的功能，而应在加强教育教学的同时，发挥康复、资源开发、家长教育、职业培训、社会宣传、科学研究等多种功能，最大限度地促进个体和社会的发展，这就是特殊教育学校功能的多元化。

特殊教育学校多元化功能的实现，最终取决于教育对象的健康成长和发展。从这个意义上说，促进残疾学生的身心全面发展是特殊教育学校最根本的功能，特殊学校其他各项具体功能都应以此为根本出发点，这就是学校功能的一元化。因此，特殊教育学校在不断完善和发展学校各种具体功能的同时，必须坚持这一原则，做到一元化和多元化的统一。

2. 促进学校教育功能的改进，适应现代教育改革的要求

传统的教育教学注重对学生进行知识的授受，教师与学生之间是一种单向授受式的权威与服从关系。素质教育倡导“以人为本”，教师应将残疾学生看作是与自己平等的个体，尊重他们的差异与需要，引导他们主动进行探究性学习。从调查结果来看，现在大部分教师已经摆脱了单纯追求学生知识和目标的获得与达成，开始关注学生的学习过程和情感态度，在教学过程中也注重学生的主动参与。但是以班级授课为主的教学组织形式，极大地限制了教师对于学生个体差异的关注，很难满足学生的教育需要。解决这个问题的最好办法是个别化教学。采用开放式的教学方式，随时进行分组教学和个别教学，教学时间根据实际需要随时调整。个别化教学是特殊教育学校发展趋势的一个必然选择。

3. 进一步完善特殊学校康复训练工作

特殊学校成为残疾学生康复训练的主要场所，是我国特殊教育发展的趋势。通过调查

发现，广东省大部分特殊学校已经非常重视学校的康复工作，积极拓展学校康复对象的类型和康复内容，有些综合实力较强的特殊教育学校已经涵盖了各个年龄段的残疾学生，初步形成了一套纵向的康复训练体系。但是从总体来看，学校的康复训练仍存在一系列的问题，如康复训练专业教材的缺乏、康复训练方式的单一、专业康复师资严重不足、资金缺乏等。残疾学生的康复是一个综合性的系统工程，需要采用多种方式和手段进行综合性康复，需要家长、教师、康复技术人员和社会工作者通力合作，因此特殊学校必须从本校实际出发，不断完善学校的康复工作体系，以更好地为残疾学生进行康复服务。

4. 加强学校与社会的联系，拓展学校育人空间

我国特殊教育学校功能转变的一大方向是应从相对封闭、孤立的办学实体转变为与社会有着广泛联系的开放性办学实体，学校不应局限于为本校学生服务，而应面向社区、家庭、医院、康复机构、普通学校、其他特殊学校等社会组织开展多方面的工作，为更多的残疾人提供多样化的开放式服务。但是，特殊学校的教育资源相对来说较封闭和保守，除了为家长提供建议、咨询与服务以外，只有小部分学校为校外残疾人提供教育、康复资源服务。这与特殊教育学校本身的办学条件有很大的关系，但相比较同地区的其他机构，专业资源还是相对比较丰富。因此，特殊学校的教育资源应当发挥更大的效益，通过“开放、搞活”，让这些资源在一定范围内共享。特殊教育学校也应积极主动与社区、家庭、医院等社会组织联系，为他们提供帮助，同时也为学校寻求支持和帮助，共同为残疾儿童的发展创设更为宽松和有利的社会环境。

5. 重视和支持学校科研工作的开展

随着特殊教育的发展，特别是社会对特殊教育学校办学质量要求的提高，教育科研应该逐渐成为特殊教育学校的一项基础性工作。调查结果显示，广东省特殊教育学校的科研工作取得了一定程度的发展，但是在实施教育科研方面仍存在不少困难和问题。学校要采取措施推动科研工作的发展，可以参考以下建议：首先，采取多种形式提高教师的科研意识和理论水平，如短期培训、邀请专家学者讲课、为教师订购教育科研专刊等；其次，开展形式多样的科研活动，提升教师的科研水平，如召开选题会、组织调查和实验、召开专题研讨会等；最后，强化科研管理，建立促进开展教育科研的机制。

参考文献

1. 方俊明．特殊教育学．北京：人民教育出版社，2005.
2. 陈云英．中国特殊教育学基础．北京：教育科学出版社，2004.
3. 陈云英．2004 中国特殊儿童教育权利报告．北京：人民出版社，2005.
4. 佟月华．当代美国特殊教育的新发展．中国特殊教育，2000（4）．
5. 郝文武．关于高等学校功能分类的思考．江苏高教，1994（3）．
6. 劳凯声．重新界定学校的功能．教育研究，2000（8）．
7. 兰继军．论特殊教育的价值取向与西部特教资源的重组．中国特殊教育，2003（2）．
8. 周文彬，王静．关于我国特殊教育学校职能转变的思考．中国特殊教育，1997（4）．
9. Vergason，G. A.，& Anderegg，M. L.（1997）. The ins and outs of special education terminology. *Teaching Exceptional Children*，29（5）.

打造特奥文化　推进特教品牌的形成

广州市越秀区培智学校　霍渊文

【摘　要】特奥为智障运动员提供了展示才能、体验成功的舞台，弘扬着一种勇敢尝试、争取胜利的精神，更营造着一种关爱、支持、同行的氛围。它虽源于体育比赛，却超出竞技境界，呈现出理念的升华。这种精神、这种氛围，与我们特殊学校所追随的办学宗旨——一切为了特殊学生的生存和发展，所倡导的个别化教育以及所研究的学生生涯规划均有异曲同工之处。因此，特殊学校可以深入开展特奥运动，并促之成为一种校园文化打造、推进特教品牌的途径。思路架构如下：

（1）优势诊断：目标的一致性、社会文明的需求、对“成功”的理解、条件要求的宽松、各级领导及各界的关心与支持。

（2）打造特奥文化的目标定位，包括对学生、对家长、对社会、对学校、对教师的。

（3）打造特奥文化资源的发掘，包括现有资源的利用、未来资源的发掘、舆论资源的支持。

（4）打造特奥文化的主题实践，包括加强特奥理念的宣传、特长队的打造、群体特奥运动、融合活动、特奥领袖的培养。

（5）研究引领，整体规划，让特奥文化不断创新，促进教师专业成长，让特奥的打造与学生个别化教育计划的实施结合起来，让特奥文化的打造成为学校发展的内涵。

（6）建立模式与营造文化是一种具有独特性、创新性、科学性和稳定性的文化，它有着自身独特的理念和模式体系。

【关键词】特奥；特奥文化；特奥品牌

一、优势诊断

1. 目标的一致性是特奥文化打造的基础

特奥运动的目标是使智障人士有机会成为对社会有用、被社会认可与尊重的公民，而特殊学校的培养目标也是让学生能回归社会、融入社会，尽自己所能、自食其力。特奥运动为智障人士提供了训练和竞赛机会，主要是激励他们发挥潜能、勇敢表现，还有与他人分享、交流，这些能力的训练、自信心的培养和要融入社会的交往训练都与我们特殊学校教育中为学生设定的个别化教育计划的主要内容相一致。

特奥运动营造的氛围适用于促进学校的素质教育。特奥运动追求技能的训练、提高，更追求勇气的增强，它追求参与运动、争取胜利，更追求共同分享与感受快乐，这与我们不断深化的素质教育是一脉相承的。我们的素质教育就是要培养这些残疾儿童自信、自强，同时也要让这些孩子感受到真正的快乐，而特奥运动营造的那种关爱、自强、同行的氛围正是我们素质教育所需要的。

2. 社会文明的需求是特奥文化打造的依托

社会的发展提出了对残疾人包容、支持和保障的需求，而融合教育利用社会资源对学生开展教育，这是一个很重要的活动。我们的学生就读于特校并不是最佳的选择，但实际情况使他们不得不在这样封闭的环境里学习，因此我们就要创造条件让他们多接触社会，这是他们的需求，也是他们的权利，同时也是社会的需求，社会没有他们不完整，把他们围在一起也不是百分百的完整，特奥是融合教育的一种很好的形式和切入点。

3. 对“成功”的理解是特奥文化打造可持续发展的导向

特奥运动推崇的是对个人极限的挑战，它倡导的是勇敢尝试、争取胜利的精神，不在乎比赛结果，着意于参与过程。我们对学生的发展性评价也是着重于学生的成长过程，并由重甄别转向重发展，以充分发挥其导向、诊断、激励等教育性功能，我们实施个别化教育正是践行着促进学生的发展。特奥运动中，运动员参与了、尝试了、尽力了就是一种成功，我们评价学生的依据是，只要他在自己原来的基础上提高了，就是一种进步。可见，两者的理解有着较大的一致性。

4. 特奥运动所需的条件要求宽松、形式灵活、范围广泛

目前，我们学校一些硬件设施不尽如人意，这决定了我们较难开展一些对硬件要求较高的项目。学校的硬件建设时常受多种因素制约，特别是与政府投入、政府的经济状况有关。我们努力争取的同时，更需要考虑的是如何搞好自身的软件建设，其中很重要的一点是特色的打造。特奥运动条件要求较宽松、参与面较广，像我们这类条件比较差的学校也可以开展，也能开展得比较好，所以选择开展特奥运动作为学校打造特色不失为一个很好的切入口。

5. 学校自身基础条件、各级领导的关心、社会各界的支持，将形成特奥文化打造的强力

学校多年来的特奥训练、运动员们取得的辉煌成绩、学校特奥工作的经验积累均是基础。在开展特奥运动时，我们还需争取领导、社会各界力量的支持。能够得到各级领导的关心并慰问我们的运动员，这对我们开展特奥运动而言是一股强有力的东风，能给我们送来温暖、送来动力，还能帮我们解决许多实际困难，如提供许多机会与一系列条件、拨出专项奖金对运动员进行奖励等。社会上许多热心的人士都很关心这些孩子，会从精神上、物质上、场地上、人力上支持他们参与特奥运动。这些力量将鼓励我们的特殊学生在特奥的路上拼搏、奋进，取得好成绩，也将是我们打造特奥文化的强有力的支持力量。

二、打造特奥文化的目标定位

1. 特奥文化打造的误区分析

（1）特奥运动就是体育运动。这是一种较片面的理解，未能涵盖特奥运动的全部内容。特奥运动是以智残人士开展体育运动为载体，但它不是以竞技比赛的结果为终结，无论运动员能力高低、年龄大小，参加特奥运动都可以带来明显的好处。身体方面：可提高

协调能力、耐力，改善心血管系统机能；精神方面：参加比赛，可获得成功的体验；对竞赛规则知识的学习及对比赛中技、战术的研究，可培养运动员的自尊、自信和自豪感；社会方面：比赛中通过和正常人、同伴通力合作，相互激励，在不同地方的旅行和学习中，培养兴趣、增加荣誉感，提高对社会的认识程度，为社会所接受和认可。

（2）特奥运动是高不可攀的。如果简单地把特奥与冠军、与奖牌相连，事实上的确是艰辛的，特别是要在高层次的比赛中获胜，的确不是每一个孩子都可以达到的，但关键是我们要理解，特奥运动不只是比赛与奖牌，更在于尝试与分享，是否成功很大程度在于我们给予的尺度。从这个角度看，特奥运动可以送给每一位参与者成功的喜悦，而在特奥运动中获得喜悦，就不再是高不可攀的事情了。

（3）特奥运动是一个阶段性的工作。通常人们都认为特奥运动就是一个运动会，赛事来了，我们就组织训练、比赛，赛事完了，运动也告一段落。其实，我们开展特奥运动应该是有持续性的，比赛是其中的一种形式，更广泛的活动在于日常的运动锻炼、交流和分享，所以，它应是一个长期性的工作。

2. 打造特奥文化全方位目标定位

（1）对学生，以提高智障学生的综合素质为根本，提供能够促进其发展的教育和支持，特别是促进其适应能力的提高，让他们理解生活，发现生活之美，勇敢面对各种困难。勇敢尝试，争取胜利，为他们融入社会、适应社会生活提供帮助。

（2）对家长，我们尽可能多地提供支持、服务和帮助。包括孩子的学校教育、家庭教育，以特奥的理念更新家长育儿的观念——共同参与、分享、与孩子同行，以及在具体训练的技能、技巧上提供专业指导。

（3）对社会，我们争取各级领导和社会各界的支持，营造社会大教育、大融合的氛围。同时通过对智障孩子能力的促进，为社会最大限度地减轻负担。

（4）对学校，我们通过特奥理念下的整体规划，以培养、开发学生才能为目的，更新教育观念和人才培养模式，以促进学校师资、办学条件等支持保障体系和建设，构建学校发展的蓝图。

（5）对教师，我们让教师的个人发展前景与学校的发展、学生的成长结合起来，以特奥同行的理念为指导，有效挖掘个体的潜能和智慧，建立打造优质团队的基础，形成相互促进的双赢局面。

三、特奥文化资源的发掘

特殊学校要打造特奥文化，就要最大限度地开发和利用各种有利资源。

1. 现有资源的利用

（1）学校有开展特奥活动的氛围。如多年的实践已形成了开展特奥活动的基础，而学校的个别化教学已初具规模，整个流程日趋科学和完善。

（2）学校现有的特奥骨干力量，如有一支久经赛场的特奥特长队，包括篮球、举重、田径等多个项目，有特奥活动的实践经验，更有特奥的比赛经验，培养了一批特奥领袖，其中不乏成功的骨干力量。

（3）学校有专业体育教师团队以及外聘专业教练。全体特教老师有着专业的知识和技能，可对全体智障生进行特奥知识、快乐体育活动等的常规性训练，并实施个别化教育。

（4）全国和省、市、区残联及教育局领导对我们特奥活动长期的激励、慰问、关怀和支持，为运动员参赛提供了机遇，也为他们的成功开拓了重要的平台。

（5）社区融合教育资源丰富。兄弟学校、许多机构和团队会为我们开展特奥融合活动提供一系列的支持，并通过这一渠道向社区进行特奥文化的宣传。

（6）家长的支持与参与。特校家长接受的培训相比一般家长而言更多，他们接触了医疗、教育等方面的知识，推进新观念也更容易些。他们与特教老师共同进步，也是推动特奥文化的一大群体力量。

2. 未来资源的发掘

（1）随着社会文明的进步，随着奥运、亚运精神的发扬光大，残疾人事业、特教事业将出现一个新的飞跃。社会的文明、社会的包容和融合将为特殊人群的发展提供更广阔的支持，“关爱”、“同行”的理念将更大程度支持着特奥事业，这是社会的潮流，无疑也是一种未来的资源。

（2）未来特奥对象的发展应向学前幼儿及社区青年残疾人士扩展，对象的扩展将带来理念的进步。引进特奥观念，加大学校与社区的合作关系，推进特奥社区的建立。

（3）横向的沟通可产生资源和重组资源，产生 1 +1 >2 的现象。特校及特殊教育培训机构也被视为一种人力资源的补充。各机构间通过人力、场地、经费的资源重组，使特奥文化横向贯穿，个别化教育和支持更为人性化，实现可持续发展。

3. 舆论资源的支持

舆论资源应包括媒体的宣传报道，家长之间的口碑相传以及现代信息技术渠道的充分利用：如进入讨论博客，发送电子邮件，都使特奥文化的传递更多元化、更迅速。

四、打造特奥文化的主题实践

1. 加强特奥理念的宣传

要开展特奥运动，就要加深对特奥运动的理解，我们可通过多种渠道开展广泛的宣传，包括对特奥运动的理念、目的及具体内容、比赛的项目及比赛的规程等的宣传。首先是要在教师中加强学习，教师是特奥活动的领军人物。其次是家长，我们知道，只有家长认识到位了，才能支持并配合我们的活动，才能同孩子一起参与我们的活动。对学生，我们适宜开展形式多样的教育宣传活动，如开办特奥知识讲座、开设墙报宣传栏、观看特奥运会的宣传片、组织特奥专题活动、举行特奥运动的誓师大会等。对特奥运动的理解，我们指导学生从具体、直观、实惠的方面着手，并以此来导向其对理念、理论的理解。此外，还要加强对社区、社会方面的宣传。

2. 强化特长队的打造，力争比赛夺取胜利

我们开展的特奥运动是一项普及性的运动，但在群众性普及的基础上产生特长队，组织好特长队创造佳绩，以面生点、以点促面也是十分重要的。我们组织特长队的目的很明确，是特长培训，也是迎接比赛。我们组织学生参赛是为了培养学生的竞争意识和勇敢尝

试的精神，让他们也和正常孩子一样有机会经历失败的磨炼与享受胜利的欢乐。对特长队的训练，应有周密的计划，包括基本体能技能、个人技术、团队合作、比赛技能，从强度上可分为平日的常规性训练和赛前的强化训练。赛前的强化训练也是重要的一环，如：①加强自信心的培养。②合作能力的培养。③竞技心态的培养。④突发事件的处理和心理辅导。

3. 重视普及性的群体特奥运动，并把特奥运动精神渗透到日常教育教学工作中

特奥运动是一种群体普及性运动，开展比赛是一种形式，更重要的是群众的广泛参与，这为我们推行普及性提出了要求，也提供了空间。体育活动是快乐的，但也是艰苦的，我们需要通过多种方式和形式去引导、教授与鼓励，让体育运动锻炼学生的体魄，更锻炼他们的意志。

学校还可组织丰富多彩的特奥运动主题活动，如“特奥伴我行”、“你行我也行，看我特奥新风采”等，每年都开展体育节、体育花会等活动。让少先队把特奥的精神贯彻到其改革工作中，也是一种很好的尝试，如在达标争章中的一系列活动，设立很有特色的特奥运动章，还有少先队组织网络的架构，很能体现出一种关爱、自强、同行的特点。我们还要把特奥的精神渗透到日常的教育教学工作、学习中，在各学科教学中，我们都鼓励学生去尝试、去努力，不要怕困难，我们的课程整合、课程改革都有这方面的内容。在同学之间，我们多设平台让他们相互交流，通力合作、互相激励，并注意培养他们对事物的兴趣，关注身边的人和事，注意引导学生如何面对顺利和成功，如要有感激之心，知道别人对自己的帮助，成绩面前做到不骄傲，还有如何面对挫折和失败，在失败面前要输得起，要有信心努力战胜挫折。

4. 提供志愿服务，开拓活动、融合活动的新天地

服务队的服务宗旨是奉献、友爱、互助、进步，重要任务就是帮助智障人士开展特奥活动，活动包括：①周六日与智障人士开展体育活动。②对智障人士进行个别辅导，并提供沟通、交往的平台。③对个别智障人士实施送教上门，进行一些体能康复。④开展一些特奥花会、游戏等娱乐活动。⑤对智障人士的家长进行特奥知识的培训。⑥对有志于特殊教育志愿服务的志愿者进行特奥知识的培训等。志愿者服务开阔了特奥运动融合活动的空间，扩大了学校的影响，也开拓了一些新的思路，同时教学相长，对志愿者本身的水平也是一大提高。

5. 培养特奥领袖融合小伙伴，宣传特奥运动、实践特奥运动

在开展特奥运动时，应重视让智障的学生与正常的学生一起开展活动，融合交流。让特殊孩子与正常学生结成一对一的伙伴关系，一起参与培训、一起玩游戏、一起比赛、一起到社区作特奥的宣传等，而且互通书信、互通信息、互通电话、互赠礼物，甚至申请专门的邮箱，开展视频连接对话等。

特奥领袖的培养是开展融合活动、推广特奥运动的重要途径。让运动员小领袖通过培训和参加会议，加深对特奥运动的理解，这一活动使我校与普校的融合活动、融合教育得到了提升。运动员领袖作为特奥运动员的佼佼者，能在各项特奥活动中充分展示自己的能力和自信，对推广特奥起到榜样带动作用。在培养过程中要尽量搭建平台让运动员展示与锻炼自己，特别是其口头表达能力。

五、研究引领，整体规划

1. 让特奥文化不断创新，促进教师专业成长

在教师队伍中，我们弘扬特奥精神，努力让教师学会学习、不断创新、自我完善、自我超越，以打造学习开拓型的专业师资队伍。要重视让学校的发展与教师个人的前景、个人的发展结合起来，以每个人都可以成为优秀的人才这种新成功主义的思想鼓励教师，激发个体内在的进取潜能。有效地挖掘个体的潜能和智慧，构建学校优质团队可持续发展的基础，形成相互促进的双赢局面，形成共同学习、沟通协作、平等互助的团队文化。

2. 让特奥的打造与学生个别化教育计划的实施相结合

个别化教育计划以适应儿童差异为前提，以儿童现有水平为基础，以满足儿童个体发展需要为目的，有明确的发展目标和具体的学习任务，有指标操作性强、便于评价监控的特殊儿童教育与训练的书面教育计划（协定）。当我们把个别化教育的思想与特奥的理念相结合时，将会产生新一轮的碰撞、新一层次的升华。

（1）通过系统的衡量，了解、分析学生的情况，关注差异，有针对性地规划一个阶段（学期、学年）的教育目标，促进教育的组织性并提高教学效率，有的放矢，体现关注和支持。

（2）让家长充分参与到孩子的教育之中，在全过程中成为教学的协助者、支持者和监督者，体现教育网络的扩展。

（3）强调教师的具体责任，使教学目标及效果追踪均有依据，体现我们的执着精神和争取胜利的追求。

（4）集中各位任教老师及家长，协同人员的期望与建议，使计划适于全面、统整，促进彼此间的合作沟通，这也正是我们追求的大教育，社会的和谐和融合。

3. 让特奥文化的打造成为学校发展的内涵

我们开展特奥运动工作，就是要努力将其打造成学校的一种办学特色，但要成为学校的特色，就要有成功的价值观，要培养出人才，还要有影响力。我们打造特色，定位要准确，要结合本校的实际，包括硬件情况、教师情况、学生情况。首先是要与学校的培养目标和发展方向相结合，不要为“特色”而特色，开展起来要对学校和学生起到一种促进作用。另外教师方面也需要有特色、有特长的人才，因为有好老师才能训练出好学生，才能出成绩。当然，教师人才是要加强培养的，不要等到有人才时才去搞特色。

六、建立模式，营造文化

特奥文化应该理解为一种具有独特性、创新性、科学性和稳定性的文化，有它自身的理念和模式体系。

它不是硬件的堆砌；
不是简单的追风；
不是表面的多才；

不是现象的个别；

不是具体的形式；

不是被动的模仿。

特奥事业是一项阳光的事业，它的目标是让智障学生享受教育、享受公平、享受快乐，能与智障的学生一起投入这一事业中，作为教师的我们也感到很“阳光”，参与其中我们更是受益良多。在创建特奥文化的路上，我们要付出许多努力，也许会取得成绩，更会面临许多挑战，但只要我们继续努力，就会创造出无限辉煌，让我们学生的生活之路更加广阔、更加精彩，让他们的明天更加美好。

参考文献

1. 李季．紫色的牛奶——德育特色的打造．讲座，2008（5）．
2. 中国残疾人联合会．特奥项目训练指南．2006.
3. 陈光．以人为本，构建“e”绿校园．中小学校长，2005（7）．
4. 陈云英．学生的个别差异与特殊教育．中国特殊教育，1996（2）．

打造和谐团队　建设幸福特校
——特殊教育学校教师队伍建设实践研究

中山市特殊教育学校　李红奖

【摘　要】站在和谐社会的高度审视特殊教育，审视特殊教育师资队伍的建设发展，努力打造和谐教师团队，建设幸福特殊学校，推动特殊教育的和谐发展，成为我们特殊教育工作者肩负的特殊使命。本文结合我校实际情况，着重从特殊教育教师团队建设的角度探讨“倡导民主管理，搭建发展平台，开展暖心工程”等举措在推动特殊教育的和谐发展方面的影响和作用，致力于打造和谐教师团队，建设幸福特殊学校，构建特殊教育发展的中山模式，为特殊儿童融入社会奠定基础，为特殊儿童的成长保驾护航。

【关键词】和谐；民主；发展；暖心；教师团队

如今，“和谐”已成为时代发展的主旋律。古人提出“和为贵，谐为美”的崇高境界和处世之道，胡锦涛提出“构建社会主义和谐社会”的理念，可以说“和谐”在古今是一脉相承的，它要求我们传承“和为贵，谐为美”的传统美德，以构建社会主义和谐社会。

“和谐”是对立事物之间在一定的条件下具体、动态、相对、辩证的统一，是不同事物之间相同相成、相辅相成、相反相成、互助合作、互利互惠、互促互补、共同发展的关系。

“和谐教师团队”是全体教师各尽其能、各得其所而又和谐相处的幸福大家庭。

“幸福特殊学校”是一群阳光、上进的老师带领一群天真无邪的特殊孩子快乐成长的殿堂。

“怎样建设和谐教师团队，建设幸福特殊学校呢?”这是我们一直在探讨和思考的话题。培育富有幸福感的和谐教师团队，形成全体教师各尽其能、各得其所而又和谐相处的教师队伍是我们教育管理的重要目标。我们认为寻求“和谐”之美，达到和谐境界的关键在于人，因此我们通过内强素质、外塑形象，在全省乃至全国崭露头角，于2009年荣获全国教育系统先进集体，这与我们始终坚持以人为本，把教师队伍建设摆在第一位是分不开的。我们一步一个脚印，在学校的快速发展中不迷失方向，在荣誉面前更是保持清醒的头脑，努力打造和谐教师团队，建设幸福特殊学校。

一、倡导民主管理，营造和谐氛围

我校通过严制度、倡民主、重激励来营造和谐氛围。

1. 严制度

无规矩不成方圆，要管理好教师队伍乃至一所学校，没有规章制度是不行的。我们强调教师的自觉性，定制度不是要为难老师，而是让大家有章可循，明白什么时候做什么事情，什么该做什么不该做以及学校提倡的是什么。近年来我校先后制定了《教师年度考核评价制度》、《部门评价制度》、《班主任评价制度》、《科组评价制度》、《教学常规管理制度》等等，这些规章制度的制定和实行为我校教师做好工作提供了依据，也为建设和谐教师团队打下了良好的基础。

2. 倡民主

为了充分调动教师参与学校管理的积极性，加强广大教师的主人翁意识，我校充分发挥工会和教师代表大会的作用，让教师们积极行使民主权利，发挥聪明才智，为学校管理建言献策。我校新绩效工资分配方案的顺利出台便是我校民主管理的结果。在学校分配方案制定之前，我们先召开教师大会详细讲解市级分配方案的精神和要点，同时组织相关人员依据市的方案拟出学校方案初稿，提交行政会议讨论，结合讨论意见修订出方案2稿，再将方案2稿发至各部门，在部门会议上给老师们详细讲解，并组织教师进行讨论，结合各部门教师的讨论意见修订出方案3稿，并将其提交教师代表大会，在代表大会上详细讲解并充分讨论，结合讨论意见修订出方案4稿，并将其提交全校教师大会，由全体教师表决通过，最后将经教师大会通过的方案送交市教育局审核后执行。在这个方案的制订过程中，虽然几经易稿，显得比较烦琐，但这是教师行使民主权利、参与学校管理的途径，是学校主人翁意识的具体表现。

2013年，我校在制定“十二五”规划时也同样如此，充分发挥集体的智慧，多次组织老师对规划进行学习讨论，并召开教师代表大会进行审议。各位代表积极履行职责，从职业教育、高中教育，到校园安全、工会活动、师生对外交流、体艺特色的提升等方面提出建设性的意见和建议，对完善学校“十二五”规划起到了积极作用。

各种各样的教师座谈会、与教师个别交流、校长信箱是校长收集教师意见、建议的常规途径。我们要求学校行政必须尊重教师，教师提出的意见和建议，合理的立即予以采纳，对于不可行的也要给予解析。几年来，我们广开言路，因此减少了工作中不必要的失误，教师工作的积极性也被更好地激发出来。

3. 重激励

我校以人为本，深化人事制度改革，健全激励机制，让愿做事、能做事、做好事的教师有岗位、有平台，充分发挥奖励性绩效工资分配的激励导向作用，激发教师的工作热情、创造性和积极性。评优评先向工作难度最大、最辛苦的中重度智障班级的带班教师倾斜。

学校每年进行两次全校性的教师表彰活动，一次在上半年进行，主要以教师个人在上一年中教育、教研的成果，辅导学生参赛成绩等为依据进行表彰。具体操作时先由教师个人整理汇总个人的成果上报学校评价组进行审核，评价组再结合表彰方案对教师的各项成果予以记分，最后根据个人所得分数计发相应的奖金。另一次表彰是在下半年进行，主要以教师个人完成学校常规工作情况、在校工作表现为依据进行表彰。具体操作时先由教师个人在部门中进行述职，由部门老师进行相互评议，按照比例评选出部门的优秀教师候选人，提交学校评价组审核。最后按照优秀、合格等不同等级计发奖金。

两次表彰虽然奖金不多，但是能让教师有机会反思、总结自己过去一段时间的工作情况，让教师能更充分地展示自己，也能更好地了解、学习他人的长处。表彰成了教师今后行动的导向，成为教师前进的推力。事实证明，几年来的表彰活动对和谐教师团队的形成起到了很好的作用。值得一提的是，我校行政在评优评先、年度考核、绩效工资改革过程中发扬高风格、高姿态，从不与教师争利，这种“牺牲小我、顾全大局”的精神很令人感动，也起到了很好的表率带动作用。

二、搭建发展平台，提高教师能力

我校通过定目标、铺路子、搭舞台来培养教师能力。

1. 定目标

根据市教育局对教师个人素质的要求，结合我校的实际情况，在教师业务能力方面，我们提出了“四能”的要求，即能讲课、能说理、能谋划、能创新。在教师个人修养方面，我们提出阳光的心态、宽广的胸襟、博爱的情怀、勤俭的作风、团结的精神，以此作为每一个特校人的奋斗目标。我们还努力将这些要求变成一种校园文化，变成一走进校园便可以感受、体会到的一种人文气息，让生活在特校的每一个人在这种文化中受到熏陶和感染。

除了学校给教师定目标之外，我校还通过启动教师个人成长计划让教师自己确定成长目标。每学期初，学校要求教师结合自己的实际情况确定一学期的成长目标，部长和相关行政人员对教师个人成长计划的制订给予指导，目标力求务实，必须是教师通过努力能够实现的。学期结束时，教师对照计划进行反思总结，对自己一学期的成长经历给予评价。每学期，校长对教师的个人成长计划和总结都要逐一阅读，了解教师的发展状况和思想意愿，以便更好地为教师提供指导和服务。

2. 铺路子

教师的奋斗目标确定之后，我们又想方设法为教师们铺设实现目标的路子。为此，学校出台了《名教师培养工程》的实施方案。在方案中，依次设置了教坛新秀、骨干教师、学科带头人、名教师、特教专家所对应的条件，这一个个向上的台阶，为教师的个人成长铺设了一条目标明确的奋斗之路，引领着教师永不停止。

3. 搭舞台

明确了目标，铺设了道路后，我们通过开展各种各样的活动为教师们搭建一个个培训学习、锻炼能力、展示才华的舞台。

近几年，我校教师数量成倍增加，队伍建设和教师培训成了首要任务。一方面，由校长亲自给全体教职工上师德教育专题课，引导全体特教工作者更好地理解特教工作的特殊意义，养成宽容、阳光、积极的心态；经常勉励教师要常怀感恩之心，常修师德之道，为人师表，以一流的服务呵护特殊儿童成长。另一方面注重提高教师的专业技能，在校内设立专家工作室，邀请朴永馨、张宁生、肖非、邓猛、刘全礼、王辉等知名特教专家来校讲学，并深入课堂看课评课。此外，我校分批派老师到中国香港、中国台湾、日本以及国内部分省市参加业务学习；制订教育科研活动方案，组织教师积极参加教育科研活动；打造书香校园，为教师订阅报纸杂志和专业成长书籍，每学期给每一位老师赠送几本相关书籍。这些举措激发了广大教师参与学习、培训、教研、读书的积极性，学习、交流、反思、写作已成为教师专业提升的自觉行为。

我校针对特殊儿童身心特点的差异和身心发展的需要，实施“教育支持计划”，确保每个学生都有教师跟进，每学期有计划，每天有支持，每周有评估，每月有反馈，对每位学生“最需要和最有可能发展”的方面进行支持教育活动。每位教师通过制订落实“教育支持计划”，收获着学生点滴的成长进步，教育教学能力进步喜人，从事特教工作的幸福感和价值感与日俱增。2012 年援助塞舌尔志愿者的于老师发现了自闭症小孩林炽宏的音乐天赋，把他带进音乐殿堂，在粤港心智障碍儿童才艺比赛总决赛上荣获个人器乐少儿组冠军；才来学校工作不久的何老师发现了一直只会让老师头痛的陈维长的舞蹈天赋，在舞台上与他一起跳起拉丁舞，为陈维长的成长打开了一扇窗。这些事例是我校实施“教育支持计划”的结果，很好地阐释了特殊教育的质量观，树立了鲜活的身边典型形象，为此我校还特别把“发现”作为学校 2011 年校园流行词。

特殊孩子行为的问题很多，有时真让老师无所适从。为此我们以班主任日常工作中遇到的难题作为主题开展“班主任论坛”活动。每次论坛活动都有专人组织、主持，邀请有专长的班主任到场，参与者准备充分，参与热情高，讨论时大家就相关班级管理专题畅所欲言、各抒己见，展开自由充分的交流，取得了理想的效果。小论坛也能锻炼大智慧，既让班主任管理班级的能力得以提升，又为班主任解决了一些实际问题。

为了让全校教师都能在活动中得到锻炼，我们积极寻求更大更有挑战性的舞台。2008 年，我们承担了广东省第二届培智学校青年教师基本功大赛的组织工作。为了出色地完成任务，给广东省特殊教育界交出我们中山人的最佳答卷，全校上下团结一心，决策者细心周密地进行部署，执行者一丝不苟地把工作落到实处。中山特教人的真诚付出和扎实工作，令前来参加本次活动的领导嘉宾为之叹服。2009 年学校 20 周年庆典，我们请来了各界人士、全国特教界的学术权威以及全国各地兄弟学校的代表，在这次活动中，我们特校人同样能够拧成一股绳，心往一处想，劲往一处使，把庆典活动办成每个参与者心中难忘的美好记忆。这样的活动不仅展示了中山特校人的风采，更重要的是通过活动锻炼了大家的能力，促进了大家的团结，同时让大家走得更近，心贴得更紧。

我们把每学期一次的文艺演出活动定为校本课程，实际上也为全校师生提供了锻炼和展示的舞台。自 2005 学年起，上台表演的学生越来越多，节目也越来越精彩，孩子们在一次次的节目表演中进步，为了这点点滴滴的进步，老师在背后所付出的是带正常小朋友的十倍，甚至百倍，但是，每每看到孩子们在属于他们的舞台上全神贯注地进行表演，看到家长们流着感动热泪的笑脸，教师们觉得一切的辛苦都在此刻消散，并转化为幸福了！

我校坚持开放办学的理念，向国内外的特教同行、兄弟单位敞开友好的怀抱，毫无保留地帮助向我们求助的兄弟学校和特殊家庭。我校的工作得到了社会的认同，目前已成为广东省特殊儿童随班就读工作指导中心、华中师范大学教育实习基地、广东理工职业学院校外实训基地，长年为市普通中小学的随班就读工作提供咨询指导服务，为华中师范大学和广东理工职业学院的应届毕业生提供实习机会和教学技能指导。我校教师“授人以渔”的同时，自身的能力也得到了不同程度的提高。

因为有了明确的目标和道路，又有各种各样锻炼的舞台，几年来我校教师的业务能力、个人素养得以大幅度提升，青年教师迅速成长。学校大胆启用青年教师，让他们勇挑大梁，近几年我们先后任命了数位参加工作四年左右的年轻教师担任科组长或团队干部，让他们在自己的职责范围内大展拳脚。

三、开展暖心工程，成就幸福事业

我校通过重服务、勤沟通、济困厄来铺垫幸福基石。

1. 重服务

每学期开学之初，校长都会在行政班子会议和全校教师会议中强调全体教职员工要树立三种意识、三种观念，即服务意识、责任意识、层级意识，时间观念、大局观念、发展观念。校长认为人人都应该有服务意识，校长、学校行政处要为全校师生和家长服务，普通教师要为所在班级的教师、学生和家长服务。校长更是这样亲身践行，如在与教师座谈时，或在阅读教师个人成长计划时发现了教师的困难，校长便会想方设法予以解决，尽可能地为教师排忧解难。校长的做法起到了表率作用，自校长而下，无论是行政处人员、部长还是普通教师，在与他人共事时，总设身处地地为他人着想，多从对方的角度思考问题，尽可能地为他人提供方便。教师交接班时，自觉树立“早到几分钟，晚走几分钟”的意识，保证学生时刻在教师的视线内，实现时间上的无缝覆盖。

2. 勤沟通

为了及时了解教师们的思想动向，每学期都要进行“校长一席谈”，校长会分批次与全体教师展开面对面的交流。其他非固定的座谈还有很多，如与刚招聘进来的教师进行座谈，与参加工作1个月左右的教师进行座谈，与科组教师进行座谈等等。通过这些座谈活动，校长充分听取教师的感受、感悟，了解教师的困惑、困难，以便更好地为教师服务，为他们解决实际问题。学校的行政处在校长的带领下，与所负责的部门老师也实现无障碍沟通，很好地贯彻上级和学校的决定，保证了学校教育教学活动的有序进行。

3. 济困厄

急师生所急，想师生所想，这是我校一贯以来的做法。逢年过节，教师生日，学校都会给教师们寄上一份深情的祝福；组织人员看望退休老教师，探访患病的教工；教师子女要上学，找不到合适的学校，学校会想方设法帮忙联系解决。

我校由第二届慈善万人行募集的善款创建而成，是一所由爱心构筑的学校。我校作为文明中山的城市名片，教师坚持“自助”与“助人”，历来活跃在爱心慈善、志愿服务、扶困助残事业的舞台上。2012年7月，援助塞舌尔志愿者于姗永老师作为国际志愿者远赴非洲义务支教一年，为中山志愿服务事业锦上添花；赵娜、李娅等数位教师加入市“助残服务总队”，利用业余时间参加助残活动，传递爱心与慈善；我校青年教师长年为市电视台、市残联、民政局、检察院、公安局、派出所提供手语翻译服务，为残疾人了解时政新闻架设桥梁，为残疾人活动提供人力支持，为破获聋人犯罪案件提供协助。

2005年底成立的特校家长互助会，充分发挥了特殊人群互相关心、互相帮助的宗旨，成立6年来，共筹集60万余元，全部用于病困学生及其家庭，挽回了不少濒临崩溃的家庭，转变了不少家长的认识，改善了不少家庭的生活质量。我们许多老师主动参加到互助活动中，送教上门，送上自己的祝福。这样持之以恒、默默奉献的老师很多，他们的行动也是令人感动的。

“暖心工程”提高了全体教工的凝聚力、向心力、战斗力、创新力，温暖着每位教工的心坎，为构建“幸福特校”起到了奠基作用。

特殊教育是良心事业，只要我们付出真心，就可以把它做成幸福的事业。每天来到学校，见到老师们堆着满脸阳光般灿烂的笑容，看到他们犹如一只大母鸡护卫着自己的小鸡一样护卫着他们的孩子——那些特殊的儿童时，我不由得被他们感动。曾经有一位老师说：“做特校的老师很累，但只是身累，而不是心累。”汤校长常常跟我们同事说：“在特校工作，理解了这份工作则时时在天堂，不理解则时时在地狱。苦与不苦，累或不累，不在于事情本身，而在于你对事情的态度。”作为特校的教师，他们不得不在给学生擤完鼻涕，擦干净屁股后，又拿起笔来写教案，写教育支持计划；他们的手机不得不24小时开机，只为不错过任何一次关于学生情况的了解。这样的工作强度和工作压力能不累吗？但是教师们没有怨言，满校园都是他们忙碌的身影，满校园都可以看到他们热情洋溢的笑容。许多来访者都说，我校的女老师特别美丽，我们坚信人因为有爱才会美，因此我们总把朋友们的话当作勉励和鞭策，努力做到更好。

特殊教育的发展是和谐社会的助推器，特殊教育学校是城市文明的窗口，特教教师队伍是创建幸福中山和谐家园、打造幸福特教学校的关键所在。和谐凝聚了人心，和谐团结了力量，和谐发展了事业，和谐的旋律在校园里奏响，为学校、教师和学生的发展注入活力，中山特教人将以团结和谐的音符推动学校稳定持续的发展。我们会继续坚持“平等、共享、人道、博爱”的办学理念，秉承“尊重生命尊严，创造生命价值”的校训，发扬中山教育人五种精神，做到以机制稳定人，以爱心团结人，以事业凝聚人，从而打造一支德高业精的师资队伍，实现“打造中山特殊教育平台，创建全国一流特教学校”的目标，推动学校的跨越发展，办好让人民满意的特殊教育，为和谐文明中山作出更大的贡献。

参考文献

1. 赵士发．世界历史与和谐发展——马克思世界历史理论的当代研究．北京：人民出版社，2006.

2. 苏建国．塑造·文化·和谐——塑造论哲学探析．北京：华龄出版社，2006.

3. 罗树忠．和谐团队．北京：中国市场出版社，2006.

4. 朱卫国，王廷山．教师队伍建设研究与实践．保定：河北大学出版社，2003.

5. 赵金菊．加强特殊教育教师队伍建设的思考．云南教育（基础教育版），2000（22）.

6. 任健美．试论特殊教育教师专业精神的内涵．中国特殊教育，2006（6）.

7. 蒋云尔，李泽慧．关心特殊教育——构建和谐社会．中国特殊教育，2008（4）.

论特殊教育学校校长如何引领教师专业化发展

汕头市聋哑学校　李伟华

【摘　要】特殊教育教师是一个不为人知而又担负着特殊社会责任的群体，特殊的岗位要求他们有特殊的专业技能，特教教师的专业化发展水平决定着学校办学的成败，如何引领教师专业化发展是特教学校管理者的工作重点。本文从学校管理者的角度阐述了当前发展特教教师专业化存在的问题及如何引领教师专业化发展的问题。

【关键词】特殊教育；教师；专业化；发展

教师是一个特殊的群体，他们担负着特殊的社会责任——教书育人，这就要求教师“学高为师，身正为范”。人们常说：“择校就是择师。”校长要竭力营造“民主平等、公平公正、健康向上”的发展环境，引领教师的专业成长，让教师的人格得以完善，能力得以提升，智慧得以生长，身心得以和谐。只有好教师才有好学校，好教师是一所学校的核心竞争力。

一、特殊教育的专业化

教育需要专业化，特殊教育更需要专业化。这是因为特殊教育儿童大多数在身心发展的某方面存在障碍，身心障碍的学生因个人智力程度、生理障碍程度的差异，致使任教的教师很难使用统一的教材与课程来教学。普通的教育设施、内容、方法不能满足他们的教育需求。注重个别差异，并以康复治疗为取向，强调责任与绩效，鼓励多方合作参与等都是特殊教育专业的要求。特殊教育是一项整合医学、教育、心理、社会等元素来共同完成的工作。它要求特殊教育教师不仅要有系统性的知识，还要有更具针对性的知识来为学生提供合适的教育服务。特殊教育需要教育学、特殊教育学、心理学、社会学、医学等多个学科的参与，且这种参与不是各学科知识的简单相加，而是以儿童的教育需要为中心进行更高水平的整合，以使特殊教育者能在此基础上为特殊儿童提供适当的教育，促进他们的身心发展。这就要求从事特殊教育的校长、教师，包括其他与特教有关的人员，要在专业理念（专业态度、教育理念、专业道德）、专业知识（学科专业知识、教育理论知识、实践性知识）、专业能力（特别是在学科教学能力、教育科研能力、反思能力和课程能力），还有专业伦理、自我专业意识等方面不断发展，内在专业结构不断更新、演进和丰富，以适应新形势对特殊教育的要求。

二、特殊教育教师专业化要求

特殊教育专业化要求从事特殊教育的教师要有更高的专业水平。但目前的现实是特殊教育教师队伍学历层次普遍不高，原因是特殊教育在许多地区不被重视，所建立起来的特殊教育学校的教师也多是从普通学校“筛选”而来，因此特殊教育学校的师资专业水平亟待提高。

特殊教育的对象大多属于弱势群体，特殊教育的产生是为了给他们争取平等的公民权利，因此特殊教育教师不仅是教育者，更是许多障碍者利益的代言人和维护者，为他们的成长和最终融入社会提供服务，并对此负有深深的责任感。在一般人眼里，特殊儿童的残疾或障碍或许更加明显，但特殊教育教师要学会去发现儿童有什么，能够做什么，而不是他们没什么，不能做什么。成功的特殊教育应是一种高期望值教育，教师对自己职业的意义和价值充满信心。特殊教育是一项艰苦繁杂的工作，教师必须具有强烈的责任感和坚实的职业信仰，才能将它顺利推进，职业道德对于特殊教育教师的专业化十分重要。

三、特殊教育教师的专业化发展障碍

据调查结果显示，有50%以上的教师对从事特殊教育持“不乐意”的态度。原因主要有以下几方面：

（1）目前特殊教育还得不到社会应有的重视，不论是从学校建设，还是从设备投入、经费投入方面，就连教学人员的投入也得不到起码的运转要求，高负荷的工作压力使很多特教教师处于难以承受的边缘。一线教学人员压力很大，教师身体健康情况不容乐观。一部分教师病倒又进一步加大还算健康的教师的压力，造成恶性循环，管理者整天忙于安排代课事务。这大大阻碍了特殊教育教师专业化的发展。

（2）由于对特殊教育的意义认识不足，对特殊教育也缺乏一个完整的、独立的评价体系，对特殊教育的绩效评价往往参照于普通学校。如考了多少高分，出了多少名人，如果没有，则一切免谈。从事特殊教育的教师不仅不被社会赞赏，而且连普通学校教师也看不起这一职业。

（3）大部分教师非本专业毕业，觉得没有相应的专业知识从事工作很吃力，特别是康复专业，在继续教育中又得不到专业化的继续教育。“特殊教育太辛苦了。”所谓辛苦，不仅是身体上的，更多的是由心理压力造成的。

（4）教师资源不足，工作负荷太重，教师疲于奔命；教学设备（包括软硬件）不足，可供参考数据缺乏，评量（包括对学生生理、心理和教育教学效果的评估）困难费时费力；专业能力不足、缺乏专家咨询等，都严重阻碍了特殊教育教师教育、教学、教研、科研的进一步发展。

（5）由于对特殊教育这个职业认识不深，有些教师（包括管理者）常会游离于两种状态之间，或认为特殊教育是一个可以糊弄的职业，谁来担任都行；或认为特殊教育太难，这些特殊学生怎么教也教不会，对特殊教育的前途失去信心。

所有这些都阻碍了特殊教育教师的专业化发展。这就要求学校的管理者不仅要在心理上理解教师，更要运用法律、政策武器，为特殊教育、特殊儿童、特教工作者争取权益和发展空间，争取更高的收入、更高的社会地位和专业声望。

四、校长如何引领教师提升专业化水平

推进教师队伍的专业化是特殊教育学校增强发展后劲的需要，是一项为当前拓展局面，为未来积蓄力量打好基础的工作。校长要坚信今天所做的必定会转化成明天的成果。因此，要求管理者以只争朝夕的工作热情做好现在，做好自己。

1. 校长只有做好自己，才能引领别人

做好自己，必须加快自己的专业化发展。学校除了从事教学活动，还是文化组织和学术单位，教师应是有知识有思想的专业人才。学校的行政化管理必定逐步被专业化管理所代替。而所有的专业伦理、内在专业结构永远都处在一个不断更新、演变和丰富的过程，如果校长不能在自我专业意识等方面有不断的发展，不能在专业素养方面让教师信服，想单靠行政命令管理老师，就无力引领教师发展，教师也不会打心底信服校长，学校也就不能形成浓厚的学术氛围。因此，要对学校进行有效的管理和让教师的专业水平不断提升，校长首先要专业化，用自己的专业化发展引领教师的专业化成长。

2. 用正确的价值观、人格引领教师

推进特殊教育专业化发展，校长要引领教师提升从事特殊教育的师德修养，增强责任感和使命感，倾情于特教师生的共同成长，潜心于特殊教育事业的发展。这就要求：首先，校长要以身示范，给教师当好榜样，要用完善的人格魅力去影响教师，用强烈的事业心去感染教师，用任劳任怨的行动去引领教师，用与人为善、知足常乐的心态去熏陶教师。其次，在坦诚的交流沟通中，促进教师综合素养的提高。“为人师表”是教师的本分和传统，尽管目前我们存在诸多的挑战和诱惑，但为了特殊儿童的健康成长，为了教师的价值追求，我们必须直面这些挑战和诱惑，勇于承担起作为一名特殊教育工作者的社会责任，清心寡欲，无怨无悔。再次，校长要积极创造条件，满足教师的发展需求，确保教师身心和谐、健康快乐。要鼓励教师尽可能多地参与社会活动，融入社会，紧跟时代。要想方设法地争取家长和社会对教师工作的理解与支持，形成教育合力，缓解教师压力。要理直气壮地为教师搭建展示平台，成就理想，收获成功。

3. 深入教育、教学、教研、教改一线，用专业、用行动引领教师

学校的核心竞争力由先进的学校文化、优秀的教师队伍、领导班子的决策和中层干部的执行力、必要的办学条件、和谐的外部环境和教育创新能力七个方面组成。提升学校核心竞争力的关键是提升广大教师的业务素质、教学水平和科研能力与水平。在提升教学水平的途径上，提高教师间的听课效果、学科组教研效果以及更科学地评价教师的教学效果是其中的关键。

校长要鼓励教师注重课堂教学研究，打造高效课堂教学。教师专业成长的主阵地在课堂。如何规划、设计、组织、评价课堂教学，如何让教师的课堂教学更有效、更具生命活力，应该是校长和教师共同探讨的永恒课题。这就要求校长不遗余力地创造条件，支持教

师不断变革课堂教学，提高教学效益。一要组织好校本研修，针对学校教育教学过程中出现的问题情境，及时进行诊断和研讨，发现解决问题的策略和方法，并进行总结推广。要特别注意的是，校本研修成败的关键在于是否调动了教师的主观能动性，是否立足于课堂教学、学习方法、问题情境，是否真正发挥了教研组长、骨干教师的引领作用。二要积极开展校际交流，扩展教师的视野，激活教师的思维，在交流和比较中发现自身的不足，并自主进行修正，提升课堂教学水准。三要有计划地组织教师参加各类校外培训，更新观念，拓展知识，让教师在培训学习中反思自己的课堂教学得失，积蓄新的能量，致力于高效课堂的打造。四要竭力构建学习型校园。没有对教育教学的科学研究，教育教学就不会有创新。校长要带头做一名学习型（研究型）校长，形成“人人都想学，知道学什么，明白如何学，个个都在学”的学习氛围。

五、理解、体谅、依靠教师，倾情于与特教师生的共同成长

一切好的工作办法、好的方针政策都来自于基层。办好一所学校就要依靠全体教师，我们办学的智慧、办学的质量都来源于教师。学校只有以师为本，为教师的成长搭建好平台，才能把每个老师的积极性调动起来，使其成为优秀教师，让学生得到优质的教育。

教师是校长的合作伙伴，校长的治校理念、办学思想，要通过教师的理解、认同和行动来实现。校长把教师当伙伴，就要放下校长的架子，用平和的心态去面对教师。做校长和做教师，只是分工不同，千万不要高高在上，更不能为所欲为。“敬人者，人恒敬之；爱人者，人恒爱之”，校长只有把教师当伙伴，教师才可能从心底把校长当校长。校长应把教师当伙伴，和教师坦诚相待，以教师的发展为己任，以教师的快乐为己责。

学校的管理更多地要为第一线的每一名教师服务。在教师遇到困难的时候，校长要迎难而上，真情相助；在教师受到委屈的时候，校长要一马当先，用心化解；在教师获得成功的时候，校长要引以为荣，竭力推广……把教师当伙伴，不仅体现在工作中，还应该体现在生活上。无论是教师及其家人生病受灾，还是教师家里的红白喜事，校长都应尽量亲临现场，缩短心理距离，加深彼此情谊，激发教师热爱学校、忠诚事业的情怀。只有校长把教师当伙伴，教师才可能把学生当伙伴。这样才能真正建立“伙伴型”的新型师生关系，才能实现学校人际关系的和谐，才能构建和谐校园，建设未来的和谐社会。

学校发展的核心要素是教师，教师是推动学校发展的根本力量。校长只有紧紧地抓住这一依靠力量，才能引领学校发展，实现办学理想。把教师当依靠，既要真心实意，又要敢作敢为。真心实意地把教师当依靠，就是要还权于教师。把课堂教学的主动权还给教师，让教师主动地去组织、去参与、去引领、去自评自改，少一些条条框框，多一些宽容理解。

打造高素质的特殊教育专业化教师队伍是一个长期、复杂、艰苦的过程，但只要我们坚定信心，明确目标，努力做好自己，做好现在，坚韧不拔，积极进取，那么，打造一支政治方向坚定、师德修养全面、业务素质精良、身体心理健康、乐于奉献吃苦、勇于开拓创新、具有现代意识、适应未来特殊教育的教师队伍的目标终会实现。

构建"以人为本"的发展平台，促进特殊教育教师专业化发展

广州市越秀区启智学校　黎丽琼

【摘　要】本文从分析特殊教育学校师资队伍中存在的问题着手，探索特殊教育学校师资队伍专业化发展的方法，提出构建"以人为本"的发展平台，促进特殊教育教师专业化发展的观念，通过转变观念达成共识、以课程实施为主体，实施"个别化的教师专业发展"、跨专业团队的合作及建立评价与激励机制等策略来促进教师专业化发展。

【关键词】特殊教育；师资；专业化；发展

特殊教育的发展和普及是衡量一个地区普及教育是否充分的重要方面，是衡量一个地区社会文明程度和公民素质的一把重要标尺。曾经有人说过："没有特殊教育的教育是不完整的教育"，可见特殊教育的社会效益性。

特殊教育的发展在很大程度上依赖于特殊教育教师的整体专业化水平，而教师的专业化发展是一个持续不断的过程。1999 年我国师范教育开放型体制的确立，标志着教师教育正式由"终结型"向"终身型"转换，教师专业发展也就成为其终身教育的集中体现，教师专业化发展离不开其赖以生存与发展的外在环境。为了顺应这一时代趋势，我们需要对特殊教育的师资力量进行建构，构建"以人为本"的发展平台，促进特殊教育教师的专业发展，把特殊教育事业的发展、学校的发展和教师的发展有机整合起来。

一、特殊教育学校师资队伍存在的问题

（一）特殊教育教师专业结构无法满足特殊教育的需求

特殊教育在我国直到 20 世纪 80 年代才受到重视，全国只有不到十间高等院校能培养特殊教育专业教师，智障教育又是特殊教育中起步最晚、发展最滞后的一个领域，接受过专门特殊教育培训的教师不多。目前，我校毕业于特殊教育专业的只有两人，一部分教师是从普通小学分流过来的，一部分则是工代教性质的，更多的是直接从普通师范院校毕业的。

就学校的实际教育工作而言，特殊教育是一种高度专业化的教育。特别是生源的改变，由原来的轻度向中重度转变，原来智障学生向自闭症、脑瘫、阿斯伯格，甚至是多重障碍的学生转变，学生的个体差异性非常大，这些学生的到来，需要我们提供大量的康复

教育，但是，国内基本上没有哪一所院校有可以提供语言治疗、动作康复治疗、作业治疗、感觉统合治疗等相关的专业人员。因此，如何为学生提供适宜的教育、提供支持，对从事特殊教育教师提出了很高的专业化要求。

（二）师资队伍建设缺乏系统的、专业的继续教育规划

随着社会的发展，“终身教育”成为教育发展的总趋势，学校教育对教师的要求也越来越高，目前区级部门的教师的继续教育工作主要是面向普通学校，涉及特殊教育范畴的不多，也没有像普通学校那样要求刚毕业参加工作的老师都必须参加新教师培训班，接受系统的岗位培训，所以智障学校教师整体的特教专业素质存在的问题是明显“先天不足，后天营养不良”这样的一种状况。

然而，与教师亟待加强专业培训的现状相矛盾的是，整个华南地区专门从事特殊教育理论研究与临床实践经验丰富的专家不多，也缺乏专门的特殊教育（尤其是智障教育）的师资培训机构，如果靠普教系统的师资培训机构来培养就显得很被动，也不现实。

（三）特殊教育老师的地位不高，成就感不强，教师队伍不稳定

特殊教育在我国由于发展较晚，教育的对象人数比较少，得不到应有的重视，因此特殊教育的教师地位不高，而且由于教育的对象具有特殊性，教育的效果不明显，所以教师的成就感不高，造成教师队伍不够稳定。从 2007 年广东省做的一份调查可以看出，在问到“你愿意到特殊学校工作的目的是”这一问题时，只有 85 人选择的是 A，即愿意为残疾人服务，仅占 25.2%。

造成特教师资队伍不稳定的原因，基本源于特殊教育工作不被社会赞赏，而且同行的普通学校教师也看不起这一职业；得不到专业上的支持，特别是康复专业，在继续教育中又得不到专业化的继续教育；心理压力大等。教师对从事特殊教育“不愿意”的态度，严重地阻碍了特殊教育教师专业化的发展。

由于教育体制的原因，教师流通的渠道不顺畅，要引进人才较难，目前在特殊学校有这样一种现象，优秀的老师流走了，那些不能胜任的老师又没有地方可去，只能留在特殊教育学校，既占了编制，又不能提供好的教育服务。

二、特殊教育学校师资队伍专业化发展的策略

（一）转变观念，达成共识

1. 认同学校的教育理念

启智教育的流程有教育理念、课程、招生、评估、计划、教学、评鉴七大步骤。排在首位的是教育理念，也就是说不管你打算用什么样的课程、教学模式和教学方法，先要做的事情是确定好教育理念，教育理念是特殊教育的灵魂，指引着课程的发展方向，而课程则是为达成教育理念而存在的。我校的教育理念为：“完善支持体系、促进社会化发展、提高生活质量。”每一个教师都必须认可这个理念，他才能接受学校一系列的改革，才能用心地支持学校的一切工作，也必须在此教育理念的支持下，我们的教师才可能编写出适

合学生发展的校本课程，探索出适合学生的课堂教学模式或训练模式。

在教育实践中，部分教师存在着陈旧落后的观念，对于学校的一系列改革持被动接受的态度，是“要我做，而不是我要做”，没有思考为什么要做这样的改变。转变观念，开展一系列的基本教育规律、观念的培训，着重培训从事特殊教育的教师对待特殊学生的教育观念是非常必要的。

针对这种情况，我们以“沙龙”、“辩论赛”、“研讨会”等形式展开对学校发展的思考，全校教职工以主人翁的身份展开了对学校未来发展的讨论，基本上对学校的教育理念达成了共识，对于自己今后的工作有了更明确的指导目标。

2. 特殊教育不光要有爱心

教师们要清楚地认识到特殊教育并非仅仅靠爱心就能解决问题的，我们要为学生提供科学、有效、适宜的教育教学服务。作为一名特殊教育的教师，所需要的知识应是综合性的、跨领域的，除了需具备教育本身的知识体系外，还必须具备生理、心理、康复、科技辅助、人文素养等知识，并且要掌握相应的专业操作技术（如感觉统合训练、动作康复、作业治疗、语言治疗、结构化、ABA、PECS、PCI 等）。作为特殊教育的教师应先建立这样的观念并认同它，才会乐意接受学校所安排的培训课程，促使自己向某专长发展，促进教师专业化的发展。

3. 打破课时制

一直以来，老师们的工作量是以每周多少课时来计算的，但随着学生问题程度的加重，学生类型的多样化，不管是从管理上，还是教学效果上来看，以往的课时制难以向学生提供最佳的教育效果。因为，学生要学习的东西更多的可以在情景当中进行，吃饭、上厕所等都是极佳的教学场所和时间，我们不能说学生上厕所的时间不是我上课的时间就不教给学生如厕的技能，而特殊教育学校老师的言行对学生的影响是很大的，教师的办公室也设在课室，便于教师及时和学生交流沟通，更加了解学生各方面的能力，增进师生间的情感。

针对这种情况，我们实施了“包班制”。“包班制”的推行增加了老师们的工作量，要做好就必须取得老师们的认同。目前，老师们是比较接受“包班”这种模式的。现在康复老师、艺能科老师一周是 36 节课，班主任老师 29 节课，这种工作强度目前在广州市内特殊教育学校是比较高的。

（二）以课程实施为主体，促进教师专业发展

教育理念和课程体系的建立是教育质量的突破点，而教育实施则是教育质量实现的关键。我校建立起由教导处、各年部教师组成的课程实施小组，以年部（1～3 年级的老师为低年部，4～6 年级的为中年部，7～9 年级的为高年部）为单位，整个年部的老师一起依据学生的个别化教育目标设计主题、探讨主题的框架、活动，搜集素材、设计练习等，并以年部为单位开展针对性的教学研讨活动，探讨不同的课程理念下实施个别化教育计划的有效途径等。这样通过集体的协同合作，可以最大限度地提高老师们评估、课程评量、制订个别化教育计划及实施的能力，研究课堂实效性，促进教师专业的发展。

（三）实施“个别化的教师专业发展”计划

“个别化的教师专业发展”是指根据本校教师在专业发展目标、专业发展需要、优势、性格等方面的差异，对于不同专业发展阶段、不同类型以及作为个体的教师采取不同的专业发展策略。其目的是为了促进各个教师在专业结构方面得到有效的、持续的发展和提高。

学校为每位教师建立业务成长档案，让教师制订个人3~5年的发展规划，把学校的发展与教师个人发展目标有机结合起来。

1. 实施“一纵、一横、一交叉”的培训策略

“一纵”指的是根据教师纵向专业发展阶段特点和发展需求以及存在的特定问题来设计教师专业发展策略。主要分为三个阶段：

（1）“1~4年教龄段的教师。”我们要求新教师有必读的书本、必看的录像课和必须参加的本校的新老师系列培训。要求他们制订自己的成长计划，明确自己的发展方向。学校会有目的地观察老师们的特点，依据学校的发展形势，有目的地引导老师们向一定的专业发展，并提供相应的培训。

（2）“5~10年教龄段的教师。”熟悉学校的工作流程，已形成一定的教学风格，对自己有一个中长期的计划，知道自己的发展方向，给自己定位，并努力朝向自己的发展目标。这部分教师构成学校的骨干力量，是学校开展教学科研的重要实施人员，负责校内教师的培训工作。

（3）“10年以上教龄段的教师。”这群人组成了学校的核心小组，有自己独特的教学方法，有自己的专长，有一定的研究能力，对学校的发展能提建设性的意见，担负起学校的科研工作。据有关研究显示，一个资深教师需要10~15年的时间，资深教师肩负起校内、校外的培训工作，能够面对不同的人群进行自己特长专业的培训工作，是校内开展随班就读指导工作的核心成员。

“一横”指的是根据每个教师所表现出来的个性特征，把个性相似的教师归为一类，探索与教师个性特点相宜的专业发展促进策略。

目前，我校形成了包括资源教师或巡回指导教师、科研骨干教师、班主任、艺能科老师、康复科老师、生活技能辅导员六类专业人员，针对特定类别的教师团体提供相应的培训。

“一交叉”指的是结合教师所处的具体的专业发展阶段、所任教的学科以及个性特征等因素，为每个教师的专业发展定向，探索更具针对性的促进教师专业发展的策略，并根据教师专业发展的实际水平，随时对教师专业发展策略进行调适，确保策略的有效性。学校支持教师自己制订长期的发展计划，并为教师提供专业的培训，这是一个动态的过程，教师可以随时作出调整，学校也会因需要作出调整，但是以教师自愿为主。

2. 挖掘特长教师潜能，启动“特长教师培养工程”，培养和造就一批有特长的教师

办学特色是逐步形成的，而特长教师是形成学校特色的基础和主力军。培训主要是由学校内部培训（即校内优秀特色教师培养特色活动后备教师）、外聘名师指导和送出校门学习三种方式组成。

3. 建立专家人才库及请科研机构来校培训

我校在培训上还坚持“请进来”的工作，聘请一批专家担任学校顾问，针对教师在教育教学中普遍存在的疑难和困惑，开展不同领域的校本培训，并对专家、学者分类造册，根据不同专家的不同专长，合理地、有针对性地聘请。同时，不定时地邀请校外专家、学者来校开展专题讲座，进行“临床会诊，现场诊断”，找出问题及原因，制定对策措施，帮助教师解答疑难，开拓教师视野，丰富教师阅历，增加校本培训的理论深度。并通过请香港、中国台湾或各省市兄弟学校或科研机构来校讲课，增加我校教师接受培训的形式和提高效率。

我校除了请科研机构专业人员来校对教师培训外，还会把我校的骨干教师送去各省市，甚至中国台湾、香港进行长时间的培训学习。这种科研机构代培的形式对骨干教师的培训将起到极大的促进作用。

4. “走出去”，送教师外出参加短期的特教专业培训，或到先进学校参观学习

外出学习是促进教师专业成长的重点内容，既能开阔教师的眼界，又能提高教师的专业水平。我们积极支持教师外出参观学习和参加专项培训，“走出去，学回来”，学人所长，为我所用。并且，将外出学习当作一种福利，积极向上、乐于改革的教师优先给予外出学习的机会。

同时，进一步扩大对外交流，加强国内省内市内的交流与合作，并探讨与国外学校交流，取长补短，扩大影响。继续进行“由点到面”式培训。组织教师外出听课，要求听课人员勤做笔记，外出学习、考察、培训的骨干教师，回校后必须写出学习汇报材料，并利用校本培训时间对全员教师进行培训，传达学习精神。培训可采用专题讲座、经验交流、上汇报课等多种形式，以产生一人学习、多人受益的效应。

（四）跨专业团队的合作，促进教师专业化的发展

特殊教育是一个讲求合作的领域，单纯依靠某一两个人的力量难以为有特殊教育需求的学生提供最适宜的服务，因为学生往往存在着多方面的需求，如学生可能有动作康复、感觉统合治疗、个别化的游戏与文化介入等多方面的需求，这就需要我们进行跨专业团队合作来提供最佳的服务，类似于医院的会诊式合作。

目前我们的跨专业团队合作包括教学与康复合作、教育与医学合作。在跨专业团队的合作当中，不同的教师在知识结构、认识风格、学习心理、思维方式等方面都存在着差异，每一个专业教师所理解到的只是本专业某个特定的方面，也不存在对某一事物的唯一正确的理解。因此，任何一个专业教师若要超越自己的理解，一定要先看到别人与自己理解的不同之处和别人看到的事物的另外一方面，这样才能形成一种更为全面、更为准确和更为真实的理解。有研究表明，在合作氛围浓厚的学校，90%的教师认为，教师教学的新观念最多是从自己的同伴那里学来的；而在合作氛围淡薄的学校，教师的教学思想状态总体上停滞不前。

（五）建立评价与激励机制——教师专业发展的有效保障

现代教育管理“由重视对教育管理过程的监督和检查为主转到以激励教职工的工作热

情、责任感和成就欲为主的管理”。根据马斯洛对“自我实现人”的人性假设，我们可以认为，每个人都是天生追求成功者。他认为，金钱、名誉和社会地位都不是人所追求的最终目标，人的最终目标是追求人的自身价值的体现。因此，我们的评价与激励机制要进行改革，要从“以人为本”出发，用具有挑战性的任务来满足教师自我实现的发展需要，激励其不断进步。以提升教师的专业水平来提高教师的个人价值观，让教师们体验到在特殊教育事业中的快乐与成就感，最大限度地调动教师的积极性与创造性。

参考文献

1. 林润之．构建教师专业发展共同体提高教师专业化发展水平．教育理论与实践，2007（5）．

2. 赵斌．教师专业化背景下特殊教育一线教师的培训现状及思考．中国特殊教育，2007（4）．

3. 周志英．从学校管理视角看特教教师专业发展的障碍与对策．现代特殊教育，2008（12）．

4. 郑俏华．论特殊教育学校师资队伍专业化发展策略．中国特殊教育，2005（8）．

特殊学校职高教师专业化发展的行动研究

深圳元平特殊教育学校　单丽萍

【摘　要】发展残疾学生职业教育，使残疾人掌握一技之长，自立于社会，是特殊教育发展的最高目标，而促进教师的专业化发展是残疾人职业教育积极发展的动力。本文从职业高中教师在专业知识与技能的提高、专业道德建设、专业技能训练、专业学习发展、专业自主五个专业化发展方面，介绍了我校职高教师专业化发展的途径与成果，为特殊学校职高教师的专业化发展提供可参考的实践经验。
【关键词】职业教育；教师专业化；行动研究

一、问题的提出

2007 年党的十七大在重申有关教育发展目标任务的基础上，把“优先发展教育”与“建设人力资源强国”这一新的更高要求紧密结合起来，进一步凸显出职业教育的重要作用。大力发展职业教育和健全面向全体劳动者的职业教育培训机制，以提高劳动者素质，是实现改变经济增长方式的重要途径。特殊教育的最终目标之一是培养符合条件的残疾人具有一定的就业能力，经过教育和职业培训，掌握一技之长并成长为自食其力的劳动者，为社会创造财富。教育发展，师资先行。提高特殊教育职高教师的专业化水平，是特殊教育职业高中教育积极发展的最大动力。

在我国普通教育领域，职高教师的专业化发展已具有一定的规模，并逐步向系统化发展。在职高教师的专业化理论研究方面，近年来也有大量的文章、专著陆续出版。

在国内特殊教育领域，近年来陆续有残疾学生职业培训的文章见诸杂志报纸，也有学者提出了师资培训的问题。但是对于特殊学校职教教师的专业化发展，则没有相关文献资料显示其存在系统的培训和研究工作，教师的师资培训处于各地为政、自我探索阶段。

二、研究依据

（一）理论依据

1. 教师专业化理论

从 1995 年起，我国实施教师资格证书制，这在教师专业化道路上迈开了第一步。教师专业化包括以下几个方面：一是专业知识与技能方面；二是专业道德方面；三是专业训练方面；四是专业发展方面；五是专业自主方面。

2. 职教教师专业化理论

具有教师素质和实践者素质是职教教师专业化发展的方向。所谓“双师型”教师不仅要具备普通教师的一般特点，还要有与职业教育属性相匹配的鲜明特征。“双师型”教师不仅是“教师”，更应是“技师”，职业学校老师既要传授理论知识，还要具有较强的动手和示范能力，符合上述条件并且使之在知识、能力和态度方面有机融合起来，做到能“说”会“练”，才是真正意义上的“双师型”教师。

（二）政策依据

1. 《残疾人教育条例》

第六章　教师

第三十六条　从事残疾人教育的教师，应当热爱残疾人教育事业，具有社会主义的人道主义精神，关心残疾学生，并掌握残疾人教育的专业知识和技能。

第三十七条　国家实行残疾人教育教师资格证书制度，具体办法由国务院教育行政部门会同国务院其他有关行政部门制定。

第四十条　县级以上地方各级人民政府教育行政部门应当将残疾人教育师资的培训列入工作计划，并采取设立培训基地等形式，组织在职的残疾人教育教师的进修提高。

2. 《职业资格证书规定》

国家劳动部、人事部于 1994 年发布的《职业资格证书规定》第二条规定：职业资格是对从事某一职业所必备的学识、技术和能力的基本要求，职业资格包括从业资格和执业资格。从业资格是指从事某一专业（工种）学识、技术和能力的起点标准。执业资格是指政府对某些责任较大，社会通用性强，关系公共利益的专业（工种）实行准入控制，是依法独立开业或从事某一特定专业（工种）学识、技术和能力的必备标准。

三、研究意义

（一）理论意义

（1）根据教师专业化所包含的五个方面的内容，对我校职高教师的专业化发展进行追踪和研究。

（2）通过分析我校职高教师专业化发展的有效途径，探讨如何科学地培养特殊教育的职业教育师资队伍，为特殊教育领域职业高中教育的教师专业化发展提供有效的策略。

（3）论证我校职业高中教育的课程设置、专业发展方向与社会需求发展的适应性，为我校职业高中教育的专业设置和调整提供依据。

（二）实践意义

1. 促进教师个人的成长

教师的专业成长是一个终身学习的过程；是一个不断解决问题的过程；是一个教师的职业理想、职业道德、职业情感、社会责任感不断成熟，不断反思自身行为，不断提升，不断创新的过程。学校努力推进实现教师队伍专业化，固然是为了打造一支优秀的教职工队伍，以担负起建设现代化特色学校的任务。同时，也是为了实现我们每一位教职工人生的价值和生命的意义，使教师有较强的适应能力和竞争能力，使教师有顺利的职业生涯、美好的职业前程。

2. 形成职教教师队伍的凝聚力和战斗力

教师应该学会合作，双赢共进，形成取长补短的协作氛围，共创美好前景。有效的专业发展能为教师的探索、研究、反思、实验、实践提供方法，并为团体中的其他人提供共享的知识和专门技能。所以，关注教师专业化发展，建设教师发展学校，是形成一个具有凝聚力和战斗力团队的关键。

3. 最大的受益者是学生

教师在教育实践中的主体性参与，是教师发展的根本性动力。教师发展的真正价值和意义就在于它是促进学生发展真实的和必要的条件。理想的教育是：在师生共同生活的世界中教学相长，学生在教师的发展中成长，教师在学生的成长中发展。

四、研究的主要内容及成果

从2002年开始职业教育以来，我校的职业教育之路从探索到实践，从探讨论证到付诸行动。我们积极探索技能型人才的培养，以服务为宗旨，以就业为导向，以学生能力为本位，动态调整专业课程设置，着力于学生的职业技能培训和职业道德培养，已经初步形成“职业教育、就业培训、就业安置，相互贯通”一体化的职业教育“立交桥”模式。

我校职业教育的发展之路，也就是职业教育的教师专业化发展的道路。教师的专业化从教师个人到整个职教教师团队的整体提升，从教师个人参加学习到全员培训、“双师型”师资队伍建设，从教师的培训到学生专业技能的提高，我们形成了以学促教，教学相长的联动发展机制。

这里我们从教师专业化所包括的五个方面的内容，对我校智障职高教师的专业化发展途径进行了追踪和研究。

（一）专业知识与能力方面

就我校职业教育部现有在职教师而言，提高专业知识与能力的途径有：

（1）通过各种渠道的继续教育和在职培训、学习。比如，深圳市每年在全体教师中进行的继续教育，我校的教师全员参与；学校每年委托信息中心教师对全体教师进行信息技术应用的培训等。

（2）在教学中解决实际问题，在过程中提高能力，丰富知识。比如，在班级管理中，解决学生之间的矛盾、家长接待、墙报宣传栏的策划等。

（3）通过各种比赛、课题研究、科研项目、公开课等载体，为专业知识与能力的提高提供时机。近年来，我校教师通过参加各级课题研究、每周一次的教研活动、每学期一次的公开课、各种级别的教学比赛等，在实战中提高了知识与能力。

（二）专业道德方面

身为特殊教育的教师，对师德的要求有更深刻的内涵和更丰富的内容。在职业教育过程中，教师不仅个人要有高尚的师德，以自己的言谈举止影响学生，给学生一个阳光正面、积极向上的健康教师形象，更要有丰富的相关职业道德知识，为学生了解各个行业职业道德、行业操守提供有效的途径。

我校教师不但积极提高自己的师德水平，而且在实际工作中做到“身正为范”，为学生学习职业道德、掌握行业道德规范提供范例。我们在职高三年级开设了专门的职业道德课，每周两个课时，由专业教师向学生传授社会普遍的职业道德和各个行业的道德规范。日常工作中，教师们不但严格要求自己的言行，也积极参加师德师风建设等活动，以提高专业道德水平。

（三）专业训练方面

2009 年下半年，我校职业教育部开始了“双师型”教师队伍建设两年培训计划。培训计划的实施，使我组教师不但每个人都拥有合格的教师资格证，而且积极响应学校“双师型”职教教师队伍建设的号召，报名参加各种专业培训，利用晚上、周末等业余时间参加学习，考取资格证书，提升技能。截至目前，我组大部分教师拥有一项或多项专业技能资格证书。

2010 年 7 月，全国首届特殊教育学校职业教育研讨会在我校召开。与会的全国特教同行分享了在特校建立职业教育基地，因地制宜地开展职业教育的经验和做法。我校全体教师参加了研讨会，学习经验，吸取精华，开阔了视野，提升了自己的专业知识。

另外，我们还利用一切可能的机会，参与培训，提高自己。余老师、吕老师前往深圳香格里拉大酒店进行专业学习一周，分别学习西式面点和客房服务专业；李老师赴北京参加学习交流。教师学习回来之后，都与大家交流学习体会，以达到整体提升、促进团队发展的作用。

近年来，我校多次与残联、深圳职业训练学院等单位合作，以联合办班的形式举办专业培训班。由我校提供场地、设备、辅助教师，残联提供经费，深圳职业训练学院提供专业教师，对各专业学生进行培训。在辅助学生培训的过程中，教师也积极学习，通过专业的训练，提升自己的专业水平，也增加了专业教学的经验。

（四）专业发展方面

我校教师以专业教学为依托，在实践中思考反省，探索学习，不断提高自己的专业教学能力，也由此提升了学生的专业水平。

2010 年开始，我校专业课教学开始使用统一格式的教学计划表和教学反馈表。学期初，每一位专业课教师就自己任教的学科形成一份一学期的教学计划，包括学期教学目标及每月教学重点。每个月月末，教师对本月的教学实际作一次评价反馈，形成一份反馈表存档。

在教师不懈的努力下，学生专业技能掌握得非常扎实，大部分学生在毕业前都考取了一项或多项职业资格证书，并在相关行业中顺利就业。

通过实践教学，解决教学中学生出现的问题，教师也提升了自己的专业素养，达到了教学相长的目的。同时专业之间的协作和同专业的交流，也为他人提供可借鉴的方式，反过来又能提升自己。

（五）专业自主方面

我们的专业自主性主要表现在：

（1）调整职业高中课程设置方案。在每个年级的课程设置中，开设六门专业选修课，它们是：办公文员、西式面点、厨艺、客房服务、洗衣服务、中国结艺。在高二年级和高三年级开设两门必修专业基础课：插花艺术和手工。

（2）对个别学生积极进行个别化指导，加强其潜能开发。

（3）编写或修订专业课课标。我们从2009年9月开始编写办公文员、西式面点、厨艺、客房服务、洗衣服务、中国结艺、花艺插花七个专业的课程，现已完成修订稿，并在教学实践中得到应用。2011年，学校将西式面点作为示范性课程，申请广东省中小学地方性课程，现已完成立项表的申报工作。

（4）学生实习。近年来陆续安排学生到康泰制药厂、深圳罗湖香格里拉酒店、深圳福田香格里拉酒店、华大基因研究所等单位实习，使学生在实践中提高了技能，教师也得到了锻炼与提高。部分学生实习结束以后留在实习企业就业。

五、研究反思

（1）行动研究是适合一线教师进行科学研究的最佳研究方法。教育行动研究有两个基本的概念，一是从经验中学习，二是实践者是研究者。一线教师有大量的实践经验，也可以在实践的同时进行研究。所以行动研究是一线教师开展课题研究最合适的方法。撰写教学日志、进行案例研究、形成研究团体、填写分析报告等方式都是教师可以选择的开展行动研究的方法。

（2）我校积极支持教师的专业化发展，计划将职教教师培养成为具有教师资格证和专业技术资格证的“双师型”教师；职业高中组全体教师积极参与培训，提高职业技能；我校将职业教育作为四大品牌之一，职教教师的专业化发展是擦亮这一品牌的有效途径。这一系列因素是我们进行研究的最有力的保障和核心因素。

（3）建立特殊教育的职业教育资源库，是教师专业化发展的有效途径之一。我们也一直向这个方向努力，但限于人力和时间，我们现在只是做了一些具体的数据搜集的工作。希望以此为开端，能得到学校有关部门的大力支持，顺利完满地开展职业教育资源库的建设工作。

参考文献

1. 中华人民共和国国务院．残疾人教育条例．1994.
2. 赵小红．近20年中国智力残疾学生职业教育研究进展．中国特殊教育，2009（8）．
3. 唐春梅，成慧平．特殊教育师资专业化培养的问题与对策．中国特殊教育，2006（8）．

4. 眭乐萍．大力加强职业教育，提高残疾人就业能力——深圳元平特殊教育学校职业教育体系的构建创新．现代特殊教育，2001（11）．

5. 广东省中长期教育改革和发展规划纲要（2010—2020）．2010.

启智学校社会适应课程的开发

广州市越秀区启智学校　谢立瑶

【摘　要】社会适应教育就是适应环境的教育，环境的适应离不开时间和空间的适应。启智学校社会适应课程的设计就在环境分析的基础上进行，是为每一个智障儿童量身定做的课程。社会适应课程在实施中强调完整活动、真实情境、自然作息、实践操作等教学要素，学生在学习中所接触的都是他们身边的人、事、物，掌握的知识或技能又可以马上运用到现实生活中。因此，学生的每一次社会适应课程学习都是高效能和有意义的，它可以使智障儿童更容易适应现实的社会生活。

【关键词】环境分析；社会适应课程；教学

教育的根本目的是促进人的发展。智力落后学校课程设置应“体现先进的特殊教育思想，符合特殊教育的基本规律和特点，遵循智力残疾学生身心发展规律，适应构建和谐社会的要求，为智力残疾学生的全面发展奠定基础”①。启智学校社会适应课程就是在相关教育法规和政策的指导下，充分考虑本地区社会环境的差异、本校生源学习特点和学习需求等方面的因素，自编形成校本课程。其以促进智力落后学生的社会适应能力发展为目的，因此被称为“社会适应课程”。

陶行知认为，教育这一社会现象起源于生活，生活是教育的中心，教育应为社会生活服务。他强调教育应以生活为中心，“没有生活做中心的教育是死的教育，没有生活做中心的学校是死的学校，没有生活做中心的书本是死的书本”。他提出了“生活即教育”、“社会即学校”和“教学做合一”的生活教育思想。启智学校的社会适应课程以促进智力落后儿童的社会适应能力发展为目的，使智力落后儿童通过在校学习，逐步从家庭、学校走向社区、社会，完成社会适应的过程。

一、社会适应课程的基本理念

皮亚杰的认知发展理论认为儿童在对他们的外部世界进行操作和探索的同时，他们积极地构建着自己的知识体系。之后的许多研究表明，儿童思维的成熟依赖于他们对任务和各种实际知识的熟悉程度。换句话说，儿童在不断的实践中逐渐适应了所生活的环境。

① 培智学校课程设置实验方案（2007－02－02 颁布），http：//www. moe. edu. cn/.

在编写课程之前，我们先要弄清几个概念。首先是“适应环境的教育”。社会适应就是要适应社会生活的环境，这个环境包括非生物性的物理环境，以及人与人、人与动物、人与植物等生物间互动的环境。社会适应教育就是适应环境的教育。“适应环境教育的课程是以时间和空间两维度作基点并遵循儿童在时空中的活动为主线，找到与人、事、物的关系，从而把握儿童的完整生活并给予支持和指导。”其中，空间维度的环境分析应尽量涵盖儿童的家庭和家庭以外的生活环境。时间维度的环境分析是对孩子一日活动的分析，从早上起床到晚上就寝含全天各时段，尽可能从时间及与时间对应的各类活动中观察孩子生活状况。启智学校社会适应课程也是从时间和空间两个角度考虑个体的生活适应。从空间的角度看，个体从自我走向社会，会不断地扩展自己的人际关系和活动环境，从家庭到学校，再到社区、社会，他所接触的人也会从亲人到朋友，从熟悉的人到陌生人。这就是个体走向社会的生物环境（人的环境）和物理环境的变迁。从时间的角度看，每一个人的生活习惯各不相同，例如，有的人习惯睡觉前才洗澡，有的人却习惯一回到家就洗澡。智障学生思维不灵活，他们往往只会在熟悉的环境、习惯的时间才能做到适应生活。

其次是“社会适应的过程”。根据中国传统的社会格局，从儿童不断扩展的人际交往关系范围和地域范围的角度上看，儿童的社会化过程类似于由内向外扩展的一组同心圆，这一组同心圆是以个人为中心的，它们由内向外分别是家庭、学校、社区。启智学校的教育以促进智力落后学生的社会适应发展为目的，智力落后学生的社会适应也是一个从内向外扩展的过程，至少包括个人自身的适应、家庭生活的适应、学校生活的适应和社区活动的适应四个过程。启智学校的社会适应课程是以促进智力落后儿童社会适应能力发展为目的，基于本校生源特点、地域条件和自身发展需求而发展的校本课程，它适用于在本校就读义务教育阶段的各类残疾学生，目的是使学生经过学校的教育后，在一定条件的支持下，能独立生活，并获得较高的生活质量。课程内容是以本校学生的日常生活和所在地区（广州市中心城区）的环境生态为基础而编写的，课程强调学生生活经验的积累，为学生提供参与现实生活环境中劳动、社区活动和社会交往的机会。

二、社会适应课程设计的设想

（一）课程设计思路的设想

“社会适应”课程目标的设置是根据本校在读智力落后学生适应日常生活的需要，按照中国传统的社会格局中个人向社会发展的规律，在学生不断扩大的亲缘关系和活动范围中，培养他们适应现实生活所需的基本生活知识和技能。整个课程的内容反映了学生生活的各个领域，包括个人、家庭、学校和社区，因此，课程的编写分为个人适应、家庭适应、学校适应、社区适应四个模块。其中，个人适应体现了个人的基础性需求；家庭适应、学校适应、社区适应则体现了个人在具体生活环境中应用的功能性需求。由于社会活动包括了环境、活动、人际关系、规则等基本要素，在家庭、学校和社区适应模块中也包含这些基本内容。

（二）课程基本架构的设想

课程的设计以智力落后学生的现实生活为主线，从现实生活的具体环境为切入点，按照环境分析的线索来编写课程内容，通过对个体社会活动环境的分析，逐步从主要活动环境（领域）分析出其中的次级环境，再从次级环境的主要活动中分析该活动的核心技能，这些技能包括基本技能（即可以在多个环境中运用的通用性技能）和环境适应技能（即只在某个特定环境或特定活动中适用的技能）。启智学校的社会适应课程把所有基本技能部分归入“个人适应”领域，而环境适应技能部分则按照不同的环境分别划分为“家庭适应”、“学校适应”和“社区适应”三个领域。

启智学校社会适应课程的框架结构如下：

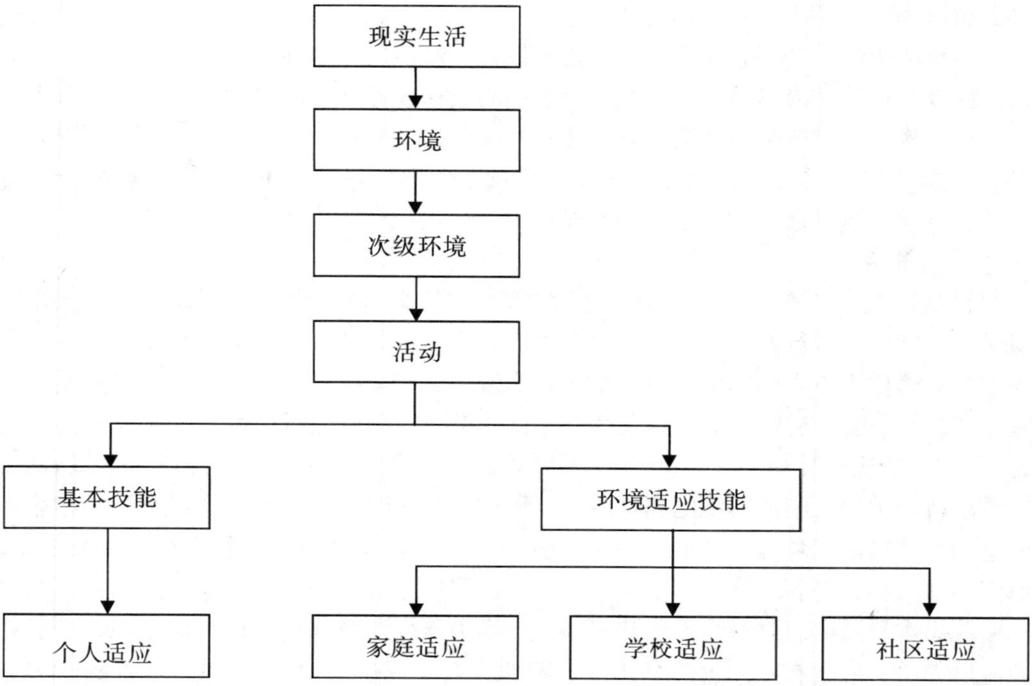

（三）社会适应课程教学模式的设想

1. 教学设计

与一般的智障教育课程一样，社会适应课程教学目标的确定也是一次个别化教育计划（IEP）制订和实施的过程，包括以下十个工作步骤：

（1）访谈重要人员；

（2）决定重要教学活动；

（3）评量学生在重要活动中目前的表现水准和确定学生基本技能的教学需求；

（4）发展参与重要活动的替代/辅助性策略；

（5）制定年度以及教学统合目标，设计个别化教育计划（IEP）；

（6）安排所有学生的课程时间表；

（7）编写教材与评量表；

（8）实施课程；

（9）回顾、评量、修正教学课程与替代/辅助性策略；

（10）评量学生的整体性发展。

但是，相比一般的智障教育课程，社会适应课程更强调真实情境的调查与分析，包括时间和空间两个维度。在确定教学目标之前，教师要对学生的日常生活进行广泛的调查，主要包括学生的日常作息和他们所参与活动的社会环境调查。因此，实施社会适应课程时，要求在学生 IEP 的每一个教育目标中应包括日期、重要活动、自然环境、重要技能、自然标准、教学标准、基本技能、替代或辅助性策略等要素。那么在确定教学目标时，也应具体为在什么时候、什么地方、参与哪个活动、掌握哪项技能。例如，连续一周上午到吉之岛超市购物，学会看价格和付款。

与一般的教学设计不同的是，社会适应课程在制定教学目标时已确定教学情境和教学活动。所以，在教学内容选择的环节中，教师的工作任务是将活动细分成几种难度不同的具体活动。例如，把购物活动具体分为几个购买日用品的小活动，分别为“购买 5 元以下（整数）的牙刷”、“购买 10 元以下（整数）的毛巾”、“购买 10 元以上（整数）的沐浴露”等。当然，这些教学内容也应该与学生 IEP 中的教育要求密切相关。

2. 教学策略

“情境教学法是一种直观、具体的教学方法。教师在教学中努力创设一种与教学内容相似或相应的情境进行教学，做到情中有景、景中有情、情境交融，深化学生对知识的理解和应用。将学生带入实际生活的场景中，实践在学校学到的知识技能，教师就学生在实践时出现的问题进行现场指导，反复练习正确的操作技能，通过多种途径强化学生的规范行为。”社会适应课程中的情境教学强调的是儿童真实的生活情境，是真实情境教学法。教学活动就是学生现实生活中的真实活动。因此，在教学中，教师应考虑每一个学生自然的作息和具体的活动环境。例如，在买午餐的教学课程，我们会在学生正常午餐的时间，到他们经常去的快餐店中教学，使学生在不断练习中掌握相关的知识和技能。

实践操作学习法通过具体操作和实践，使智力落后儿童掌握一些生活常识、物品的用途和使用方法，形成有用的生活技能等。例如，在学习使用 DVD 机时，最好的学习方法就是让他们自己去操作。社会适应课程的实践操作学习，也是在具体的情境中实施的，而且他们在每一次实践后，都会得到一个自然的结果来强化。例如，在休闲活动中，让学生操作 DVD 机，打开影碟，这样他们就可以看到自己喜欢的动画片。

社会适应课程在教学中强调活动的完整性，例如，购物活动是从预算、准备袋子、选择商店、选购物商品、付款到最后核对和取走商品的连贯过程。与一般功能性课程教学不同的是，社会适应课程不会把它们分割成几个课时（如学习计算钱币、学习选择商店、学习购物流程等），而是学生在每一次的学习活动中都经历了整个购物过程。因此，支持或辅助性教学策略的采用，是社会适应课程主要的教学方法之一。例如，学生 L 重点是掌握到超市购买毛巾的流程，但他还不会计算价钱，那么在这个环境里，教师可以为他提供支持或协助，以使他可以完成整个购买毛巾的活动。

（四）教学实践与反思

教学活动以单元主题的形式统领开展。在两年课程实践中，我们设计的教学主题包括一个人生活的衣、食、住、行等各个方面。每一个教学主题也形成了基本的教学活动流程（见以下示例）。

示例1：单独到社区购物

第一步：购物前准备

（1）填写购物单/收集订货单。

表1　购物单

日期	名称	数量	预计单价	预付款	购物场所	托购人

（2）选择购物场所、路线。

（3）作购物预算，准备钱。

表2　预算和个人明细账、总账表

日期	名称	数量	预付款	购物场所	单价	总价	余额
每月/每周合计							—

（4）准备工具。

第二步：外出购物

（1）找或问（看型号、生产日期和保质期、价钱）。

（2）付款和找赎。

（3）清点货物。

第三步：记账

（1）记个人明细账（日期、名称、数量、单价、总价、购物场所），或者填写代购物记录（日期、名称、数量、单价、总价、场所、托购人）。

表3　代购物记录表

日期	托购人	名称	数量	预付款	购物场所	单价	总价	余额

（2）每周/每月算总账（个人）。

家庭作业建议：认识所购买的商品、家庭社区中对应的场所；购买相似的商品；价钱的计算等。

示例2：煮食（买菜做饭）

第一步：选择菜式和作预算

（1）选择菜式（一肉一菜一汤）。

（2）知道需要的食材。

（3）分配任务（购买物品或者提菜等）。

（4）各自作预算。

表4　个人购买单

<table>
<tr><th>食材名称</th><th>大概
数量</th><th>预算
单价</th><th>准备金额</th><th>实际付款</th><th>余额</th><th>实际总价</th></tr>
<tr><td></td><td></td><td></td><td rowspan="2"></td><td></td><td rowspan="2"></td><td></td></tr>
<tr><td></td><td></td><td></td><td></td><td></td></tr>
</table>

（5）准备购物工具。

第二步：到市场买菜

（1）选择摊位。

（2）挑选食材（看是否新鲜、品质如何）。

（3）要求食材加工（如瓜去皮、剖鱼、绞肉滑等）。

（4）付款和找赎。

（5）取食材。

第三步：食材处理和记账

（1）洗、择、切瓜菜、肉或佐料（姜、葱、蒜）。

（2）肉类调味、打蛋。

（3）煮饭（量米、洗米、放煮米水、使用电饭煲）。

（4）炒菜或蒸菜。

（5）煮汤。

（6）记账。

第四步：餐前准备

（1）点就餐人数，取相应的餐具。

（2）烫洗餐具。

（3）摆桌椅。

（4）擦餐桌。

第五步：就餐

（1）餐桌礼仪。

（2）盛汤、分饭菜。

（3）就餐。

（4）餐后分享、评价。

第六步：餐后收拾

（1）清洗自己的餐具。

（2）分配任务（擦餐桌、洗厨具、抹灶台、扫地、拖地、倒垃圾、摆桌椅）。

（3）检查电源、关门窗。

家庭作业建议：帮助家人到市场买菜（1～2种）、认识不同的摊位；按就餐人数量米、用电饭煲做饭；练习炒菜等。

从以上的两个示例中可以看出，我们对不同的单元主题都规范了基本的教学流程，例如，购物主题需包括购物前准备、外出购物、记账三个基本环节；煮食主题则包括选择菜式和作预算、到市场买菜、食材处理和记账、餐前准备、就餐、餐后收拾六个环节。另外，在每一个基本环节中，都详细说明了这个环节的具体活动。规范的教学流程不仅使教师的每一次教学活动都能有序地开展，而且也使智障学生在熟悉的教学活动中更好地学习知识、掌握技能。

在每一次的教学活动中，学生都经历了活动的所有环节，但他们在活动中需要学习的知识和技能可能各不相同。如果学生已经掌握完成这个环节活动的技能，则让他们独立地操作；在学生未能掌握的活动中，教师就给予协助，或者运用支持辅助性策略，帮助学生完成这些环节的活动。例如，在煮食活动中，学生N可以独立完成选择菜式、食材处理、餐前准备、就餐和餐后收拾环节的活动，但在作预算、到市场买菜环节则无法独立完成，需要协助或支持。为此，教师则需要具体地分析学生N在这两个环节中所面临的主要困难。经过分析，我们发现了学生作预算和记账、口语表达等方面技能不足。因此，教师会在这部分教学中给予特别的协助，如作预算或记账时帮助他/她列算式（如把各种商品的金额相加、“付款金额－商品总价”、“单价×数量”等），再指导学生N用计算器逐一计算；又如购物前让学生N先写好沟通卡，购物时让其用沟通卡表达需求。通过这些协助，可以使学生顺利地完成整个主题活动。当然，教师所给予的协助，如果可能，应该慢慢地、有系统地撤除，但如果撤除后影响了学生参与活动的独立性，则可以长时间保留。例如，教师可以逐渐让学生自己列算式来计算，减少在预算和记账时的口头协助，但可以长时间地允许学生使用计算器来计算商品金额。

经过两年的课程实践，我们社会适应课程实施起来常常会遇到一些困难，比如教学进度慢、教学情境创设困难、教师人手不足时难以照顾学生的差异等。但是，我们也逐渐觉得其比一般功能性课程的教学更容易被智力落后学生接受，因为参与的教学活动和教学情境都是他们身边的人、事、物，掌握的知识或技能又可以马上运用到现实生活中。这样，保证了学生的每一次学习都是高效能和有意义的。

参考文献

1. Kathleen Teague Holowach. 中、重度障碍者有效教学法——个别化重要技能模式. 李淑贞译. 台北：心理出版社，1997.

2. 张文京，许家成. 弱智儿童适应性功能教育课程与实践. 重庆：重庆出版社，2002.

3. 劳拉·E. 贝克．儿童发展（第五册）．吴颖等译．南京：江苏教育出版社，2002.

4. 赵树铎．特殊教育课程与教学法．北京：华夏出版社，1994.

5. 陈云英．智力落后心理、教育、康复．北京：高等教育出版社，2007.

6. 许家成．再论智力障碍概念的演化及其实践意义．中国特殊教育，2005（5）．

7. 张文京．环境生态课程编制．中国特殊教育，2000（3）．

8. 张文京．弱智儿童适应性教育再思考．中国特殊教育，2003（5）．

9. 张文京．特殊教育和谐课程探新．中国特殊教育，2005（8）．

10. 徐胜，许家成．智力障碍儿童环境生态课程的家庭教育模式初探．中国特殊教育，2003（3）．

11. 沈剑娜，张文京．情境教学在环境生态课程中的运用．中国特殊教育，2003（6）．

12. 刘在花，赫尔实．培智学校社会适应课程标准研究的初步设想．中国特殊教育，2005（2）．

13. 邓猛，雷江华．培智学校课程改革与社会适应目标探析．中国特殊教育，2006（8）．

14. 王辉．培智学校校本课程研究案例分析．中国特殊教育，2004（9）．

15. 陶德清．特殊教育启智学校课程目标体系的设计．中国特殊教育，2006（6）．

16. 培智学校课程设置实验方案（2007－02－02 颁布），http：//www. moe. edu. cn/.

渗透情感教育　课堂有你更精彩

惠州市特殊学校　李志毅

【摘　要】情感是教育的基石，离开了情感教育，初中课堂教学“关注人的发展”将是无本之木。本文结合笔者平时在教学中的体会，重点探讨如何把数学教学与情感教育有机结合、自然渗透，从而真正实现人人学有价值的数学、人人都能获得必需的数学，使不同的人在数学上真正得到不同的发展。

【关键词】特校数学；课堂教学；情感教育

《数学课程标准》中强调，教师要关注学生在数学活动中表现出来的情感与态度，使学生在获得数学理解的同时，情感、态度与价值观等多方面也得到进步与发展，帮助学生认识自我和建立自信心。

聋校教育新课程改革向我们提出了一个全新的课题。在课程实施中更加强调师生积极主动、共同发展、创造条件开发聋生的潜能，使其获得基础知识和基本技能的同时形成正确的价值观。情感教育是教育的一部分，是培养技能、掌握知识等教学目标的补充。加强情感教育的目的，是对现行教育实践的补偏救弊。聋生由于听力障碍，对世界的认识存在缺陷，常常表现出比常人更为激烈的情感表达方式，因此情感渗透在数学教学中显得尤为重要。课堂教学过程，是师生之间进行信息传输和情感交流的过程。在这过程中，不仅要组织学生完成接受和储存信息的任务，而且要充分调动学生的情商因素，使学生态度积极、心情愉悦、思维活跃，这样才能高效率地进行课堂教学。作为教师，要把培养学生的情感态度与自信心作为教育的一个目标，以此促进学生运用数学解决问题的动力与能力。实践证明，数学能力不仅包括对知识的掌握，更离不开丰富的情感因素。

一、师爱与尊重之情，让学生喜欢你的课堂

我国著名教育家夏丏尊先生在翻译《爱的教育》时说过这样一段话：“教育之没有情感，没有爱，如同池塘没有水一样。没有水，就不成其池塘，没有爱就没有教育。”一位数学教师如果只是单纯因传授知识而去上课，从不关心、爱护和研究自己的学生，即使这些老师的课讲得再好、教学水平再高，教学效果也是难以预测的。因此，教师要想在教学上获得成功，必须要重视对学生进行情感投资，以自己真挚的爱增进师生间的情感交流，唤起学生对师长的爱，进而将这种爱延伸为对其所教学科的好感，最终借助好感培养学生

对该学科的兴趣，正所谓“亲其师，信其道”。这说明，重视培养学生的数学情感对数学教师提高教学效果具有非常重要的意义。

我们可能都有这样的经历：当我们还是学生的时候，因为喜欢某某老师或觉得某某老师更喜欢自己而喜欢他所教的学科，爱屋及乌。聋生也有这样的特点，教师如果在讲课时能首先把聋生的兴趣激发起来，效果要比严肃的说教好得多。这样做，可以创造和谐的课堂氛围。反之，如果师生关系不融洽，聋生怀着不安甚至对立情绪上课，即使教学过程设计得再好，聋生也很难参与进来，收不到预期的效果。所以只有建立良好的师生关系，才能使聋生“亲其师而信其道”。

男生廖某聪明但性格比较孤僻、固执、任性，常因一点小事和同学、老师闹别扭，故意不听课，不写作业，所以学习成绩一直不好。他自己也越学越没有信心。我担任他的数学老师之后，发现他的字写得很好，就告诉他老师很喜欢看他写字，鼓励他把作业做好，并常常在全班同学面前表扬他。当他偶尔举手回答问题时，我总是微笑地注视着他，让他感受到老师十分关注他。课后常常辅导他练字，有空和他拉拉家常，耐心地给他讲解不懂的题，生活上有困难则适时帮助他，让他感受到老师的真诚。还建议班主任选他为数学课代表。经过努力，现在上课他总是精神饱满，兴致勃勃，成绩也有了大幅度提高。可见，教师对学生所表现出来的喜爱之情对于教学活动的顺利开展起着重要作用。

二、宽容与理解之情，让学生既学得轻松又感到幸福

心理学家指出：适度的宽容，对于改善人际关系和身心健康都是有益的。在这里我们所说的“宽容”，绝不是指教师对学生各种错误思想、行为的漠视与放纵，而是教师以一种宽容的情感感化那些有错误的聋生，让他们觉察并纠正自己的错误，这是实施教育的一种有效方法。其前提是对聋生的严格要求，其目的在于给予聋生改正错误的机会。

作为数学教师，要常与自己所教班级的聋生在一起，了解他们的家庭情况、兴趣爱好、喜怒哀乐，以大朋友的身份和他们沟通，这样就能更了解他们（别以为只有班主任才要了解，任课老师同样要了解学生）。了解之后，对他们所犯的错误就能设身处地地为他们着想，平和宽容地对待他们的过错。许多数学老师最头疼的，莫过于聋生不做作业或者做作业非常马虎。今天他说“忘了”，明天他说“语文作业多”。如果聋生不做作业，我们不要直接批评或者处罚，而是应先找出他以前做得好的作业表扬他，再指导他做一些与作业相近的题目，让他建立一种信任感和信心，同时常常提醒他，帮他形成良好的学习习惯。在我执教的班里，只有刚接班时个别习惯较差的学生有过几次不写作业的现象，其他聋生都能按时按质完成作业。我想这可能就是“宽容”的效力。

对待聋生的优点，我们要用“放大镜”；对待聋生的缺点，要用“缩小镜”，真正以宽容的态度处理聋生的错误。有的错误，聋生是会一犯再犯的。有的聋生偏偏会在你强调不可抄错数后，把圆周率“3.14”写成“3.41”，教师要允许聋生的错误反复出现，因为这是正常的，他们毕竟还是孩子，而且是有生理缺陷的孩子。魏书生说：“学生反复100次，教师可以做101次转化工作。”

三、执着与热爱之情，让教学生涯充满激情

情感投资，贵有爱心。作为一名数学老师，自己对数学的情感会潜移默化地影响到学生对数学的情感。教师应热爱自己的学科，应有严谨的教学态度，并有发自内心的对数学的感情和思维，把讲数学课当成一种享受，那么对于你的学生而言，很自然地也会去爱数学，把听你的数学课当成一种享受。积极健康的情感的核心是爱，爱是营造轻松和谐课堂的基石。每个学生都想得到老师的爱，每个学生都应该拥有老师的爱，老师的爱是和风细雨，能滋润学生的心田；老师的爱是催化剂，能激发学生更加积极地参与到学习活动中。教师爱学生，应该包括对学生的关心、信任、欣赏、宽容、尊重和严格要求等。宽松和谐的课堂，教师应该对每一位学生都充满爱心，爱得自然，爱得真切，爱得投入，爱得心甘情愿。正如赞可夫所说："教学法一旦触及学生的情绪和意志领域，触及学生的心理需要，这种教学法就会变得高度有效。"

教师情感生活的核心是热爱学生，从某种意义上说，一个不热爱学生的教师永远不可能成为优秀教师。如果教师讨厌数学，学生便毫无例外地讨厌数学，这揭示了教师对数学的情感会耳濡目染地影响学生对数学学习的情感。在新课程标准改革的今天，教师要把自己的真实情感融化在教育教学中，自然而然地感染学生，这样才能使学生受到无形的激励。另一方面，数学课程标准改革强调的要开展探究性学习，非常适合情感教育的需求。探究性学习重在增强学生学习的主动性，培养学生的责任感，在探究的过程中，学生体验复杂的情感历程，以情感为动力，解决问题，完成课题。比如学了统计知识后，让学生统计一下自己家庭近几年收入与开支情况，统计班上同学家购置手机、电脑的数据，制成统计图或统计表，与前两年作比较，分析数据增长的原因，让学生感受到随着时代的发展，生活水平大幅度提高，科技发展突飞猛进，从而激励学生更加努力地学习，也体验到数学的价值以及学习数学的成功和自信。

总之，感人心者莫过于情。知识只有插上了情感的翅膀，才会富有幽默感与魅力。没有情感，没有爱，就没有教育。数学教育与情感教育在教学中相互交融、相互渗透、相互影响、相互促进。只要我们用热情诚恳的胸怀唤起聋生的兴趣、激情，就会赢得聋生的信任和全身心的参与。让我们师生彼此敞开心扉，去感受课堂中生命的涌动和成长；让我们致力于探索、营造充满情感的课堂气氛，使聋生获得多方面的满足和发展，使教师的劳动呈现出创造性的光辉和充满人情的魅力。

参考文献

1. 中华人民共和国教育部．数学课程标准．北京：北京师范大学出版社，2001.
2. 鱼霞．情感教育．北京：教育科学出版社，1999.

智障生课文教学方法探究

广州市番禺区培智学校　慕晓慧

【摘　要】“课文是有味道的，教师好比厨师，要变着花样做菜。”教师要发散学生的思维，多为学生创设想象的空间，要让学生采用读、思、悟的形式去品读文章。美藏在课文的词语中、句子中，要引导学生去发现。只有发现了美，才能更深入地感悟美，从而更深刻地理解课文。

【关键词】智障生；课文教学；方法

智障生适应社会除了要习得基本的生活自理能力外，学会倾听、学会思考、学会表达也是将来融入社会的必要条件，甚至是重中之重。而课文教学对发展学生的听说读写能力起到不可替代的作用。可智障生由于智力障碍等因素，严重地影响着他们获取知识、经验的效果和学习能力的提高。如何消除智障生怕学课文的心理，调动他们学习课文的兴趣呢？如何才能让学生真正地理解课文呢？下面我结合课堂教学的一些实例，阐述我的观点，与大家共勉。

一、导入新颖有趣

1. 巧设疑，留悬念

宋理学家朱熹有言：“读书无疑者，须教有疑，小疑则小进，大疑则大进。”而提问在于一个“巧”字，巧于教材内容，巧于生活源泉，巧于学生实际，巧于课堂情境。在语文课堂上，老师就是魔术师，要对学生设疑解疑再释疑，让他们永远对下一场魔术充满幻想和期待。

在教《小小的船》这首诗歌前，我先让学生说说都见过哪些种类的船，在学生回答的过程中，我及时辅以相关的图片以加深学生的记忆（例如，帆船、轮船、龙船、木船、游船、橡皮船等）。当学生们对真正的船有了深刻的了解时，我适时引出并板书课题：今天老师带大家学习一首诗歌——《小小的船》，从题目上看，这船大吗？文中的这只“小小的船”到底什么样子呢？它是不是真的小船呢？

此时，根据智障生现有的认知与理解能力，文中“小小的船”指的究竟是什么，让他们自己通过朗读去理解，很难！而好奇是人的天性，当某些习以为常的认知被改变的时候，学生们的胃口没有理由不被吊起来。好奇心就会驱使他们进入最佳的学习状态，化被动为主动，为主动探求新知识聚集动力。

2. 愉悦身心，点燃“爱”意

教《我要的是葫芦》时，我先在课前播放了一首用葫芦丝吹奏的优美乐曲《月光下的凤尾竹》，并问学生知道刚才的乐曲是用什么吹奏的，同学们摇摇头。在他们惊讶的神情中，我展示了用葫芦制作的乐器——葫芦丝，并如数家珍般地介绍了葫芦的用途：葫芦除了可以制作乐器葫芦丝外，还可以当作水壶或酒壶，也可用来盛药（它有很强的密封性能，用来保持药物的干燥，不致损坏变质，所以，它保存药物比铁盒、陶罐、木箱等更好）。此外，葫芦籽可以治蛀牙，把葫芦晒干可以入药……

由于课前播放的是轻松的乐曲，愉悦了学生们的身心，放松了他们的大脑，让他们毫无压力可言。在此基础上再向学生介绍葫芦的用途，则更能加深学生对葫芦的认识，激发他们对葫芦的喜爱。而在爱的基础上学习有关葫芦的课文，学生们很快就会全身心地投入到学习中。

3. 刺激学生的感官

智障生的注意力集中时间较短，要想上好一节课，一定要“牵”住他们的心。所以导入课题时，我有时会借助多媒体播放一些图片、投影、在网上下载的 flash 等，创设一种与教材内容一致的情境，利用情境刺激学生的感官，调动他们学习的热情，以帮助学生直观、形象地认识事物。这样，不但吸引了学生的注意力，而且激发了他们的求知欲。

例如，在教《坐井观天》时，我先在电脑屏幕上显示动态的青蛙和小鸟，并伴有青蛙和小鸟热闹的叫声。富有童趣的画面立即激起了学生创新思维的火花。他们有的说青蛙和小鸟在聊天，有的说它们在打招呼，还有的说……学生的探究欲望马上被调动起来了。

二、以情感为主线，引导学生质疑

现代教学论认为：课堂教学除了知识传递这条主线外，还有一条情感交流的主线。也就是说完善学生个性是现代教育义不容辞的责任。课堂教学环境是否和谐，影响着师生交流的广度和深度，并部分制约着教学效率的提高。知识往往要借助情感这个媒介才能让学生更深地领悟。

在教《我要的是葫芦》这篇课文时，我是这样引导学生的：

学习第一自然段时，我先让学生品读第一段中的“挂”字，让学生初步感知小葫芦的样子和可爱之处，然后让学生想象自己就是种葫芦的人，盯着小葫芦会说什么？喜欢小葫芦，又会为它做点儿什么？（比如：锄草、施肥……）

学生们一下子打开了话匣子，你一言，我一语，把自己对小葫芦的喜爱融入了绘声绘色的描述中。在学生对葫芦的喜爱达到顶峰的时候，我没按故事的发展顺序讲下去，而是打破常规，引导学生看图，把葫芦变黄并一个个落下这一糟糕的消息告诉他们，让他们在短短时间内感受到由拥有到失去这一巨大的反差。在此基础上学习并有感情地朗读课文第四自然段。此时，学生们身临其境，深切地感受到了作者失去小葫芦时难过的心情。

在学生为葫芦伤心难过的时候，我巧妙地抛出问题：学到这儿，有什么不明白的吗？

如我所料，同学们纷纷质疑：长得这么可爱的葫芦怎么会落呢？小葫芦为什么会变黄呢？学生提出疑问后，我把“问题”又还给他们：答案就藏在课文里。请同学们自由地、认真地朗读课文，看看课文哪些自然段为我们解开了“葫芦落掉”之谜（第二、第三自然段）？

智障生很少能主动问问题，而是常常被动地接受新知。此时失去小葫芦的伤心和难过则会促使他们积极地寻找葫芦掉落的原因，会使他们对下面的学习充满期待，并能再次激发他们继续学课文的兴趣，让他们有一种意犹未尽的感觉。就这样，我以情感为主线，让学生从书中找答案，在朗读中细思考。体现了问题“从学生中来，到学生中去”的思想，锻炼了学生探索新知的能力。

三、发散学生的思维，创设想象的空间

“风弄林叶，态无一同；月当流波，影有万变。”就课文教学而言，无论是教学方法，还是信息输送，乃至各个教学环节，都应该重视发散思维，以引导学生到更广阔的天地去探索，去摘取新的认识之果，获取创造的能力。如果教师给智障生们创设想象的空间，并适时地加以引导，让他们觉得有话可说，有话想说，将会收到意想不到的效果。

比如我教《公鸡和狼》这一课时，巧设了以下一连串的问题：狼碰见了公鸡想干什么？公鸡知道吗？你替公鸡着急吗？此时你会怎样对公鸡说？……

此时，善良的公鸡遇到了凶恶的狼，你们能帮公鸡想办法吗？

以下是同学们的对话：

一学生说：“赶快藏起来。”“不行，没时间呀，它俩距离已经很近了。”马上有一学生提出质疑。

一学生说：“赶快飞到树上。”他的同桌马上说：“不行，从课文插图中就可以看到公鸡身边没有树。”

“赶快跑!”“狼跑得可快了，和狼比赛，（公鸡）肯定跑不过他!”班上最聪明的小陈反驳道。

……

同学们七嘴八舌，教室里的气氛一下子紧张而热闹起来。

由于我在给学生提出问题的同时又为学生创设了情境，学生置身于当时的情境中，想象力得到了发展，便觉得有话可说，并且是急于表达。再如：课文最后两段提到，公鸡说：“怎么是我们两个，后面还有一只狗呢!”此时为了拓展学生的思维，我又为他们巧设了以下悬念：此时公鸡如果说：“后面还有一只小白兔呢!”或“后面还有一只小山羊呢!”……这样行不行？为什么？公鸡还可以怎么说？这些问题适合智障生的思维和年龄等特点，他们不喜欢狼，不喜欢公鸡被吃掉，所以争先恐后，踊跃发言。因为学生们参与性强，所以在说和议的过程中加深了他们对课文的理解，也在无形中发展了他们的思维能力，锻炼了他们的语言表达能力。

四、在读中感知，在读中感悟

朗读课文对智障生来说存在较大的困难，尤其是有感情地朗读。但朗读是课文教学中必不可少的。因为只有通过多读，学生才能更深刻地理解课文，才能把自己内心的情感迸发出来，才能受到情感的熏陶。所以课文教学要树立“以读为本”的教育思想，从读正确，到读通顺，再到读美，让学生在“读中感知，读中感悟，读中积累，读中体验，在读中训练学生的语感、思维和表达能力”。

《春雨》是一首朗朗上口的小儿歌，课文中所描写的景物孩子们并不陌生，文中的内容也没有跳跃性的变化，所以理解课文内容不是难点。可如何通过朗读，感受儿歌的韵味儿，激发学生对春雨和大自然的喜爱，培养学生的创造力及想象力是难以把握的。

读书要做到“读进去读出来”。“读进去”就是读中有思考，“读出来”就是读中有感悟。如果单单让学生自己去读，学生对读书的思考和感悟往往会停留在表层，这就需要教师的引导和点拨。

为了让学生感悟到种子、梨树等看到下雨后开心的心情，我从学生的生活实际出发，再次形象地再现了诗情诗景：同学们，你急于把下雨的好消息告诉别人时会怎样做呢？怎样才能把自己的声音传得更远呢？学生们结合生活的场景，把双手拢起来，放在嘴边，拉长声音叫起来：下——雨——了！此时不用老师去泛读，这样的氛围便能很好地感染学生，促使他们自然地融入春雨中，有感而发地朗诵。学生们朗读时，动作夸张，韵味儿十足，对春雨爱的情感一下子就迸发出来了。

智障生喜欢活动，乐于表演。一个眼神、一个动作、一个微笑都能充分反映出他们的内心世界。我抓住学生这个特点，模拟场景，创设氛围，让学生体会文中梨树和种子的内心、情感和动作，让学生们感觉到自己好像就是种子、梨树，以扮演角色的方式，引导他们有声有色有动地朗读。学生们通过情感朗读，逐步理解了诗意，也感悟到了诗歌的韵律美。

五、品词品句，感受语言文字的美

“课文是有味道的，教师好比厨师，要变着花样做菜。”让学生采用读、思、悟的形式去品读文章不可少，而品词、品句也有它独有的妙处。

如《初冬》一课中描写柿子的句子：柿子树上挂着许多大柿子，像一个一个红灯笼。为让学生体会到语言文字的准确和优美，我采取了以下方法：

我先让学生从书本上找出描写柿子的句子读一读，说说句中把柿子比作什么？并让他们仔细看图作比较：为什么把大柿子比作红灯笼？等学生明白后，我再让他们找找这句话中表示动作的词，说说动词“挂”和哪些字的意思相近？（“结”、“长”等），结合图片（挂着的灯笼和树上的柿子）讨论一下，作者为什么不用这些词，而要用“挂”呢？学生通过图片对比很快就得出了结论：因为文中把“柿子”比作“灯笼”，灯笼是挂着的。不是长着的，也不是结着的。另外，“挂”能让人明白柿子是向下生长的，并能让人感觉到柿子很大以及沉甸甸地向下坠的样子。

就这样，通过品词、品句，学生很快就明白了，这句话不但描写柿子很多、很大，还告诉我们柿子的形状和颜色。学生们通过删换比较法深刻地体会到语言文字的准确、优美，同时也加深了对初冬景物的认识。

品词品句的方法有很多，美藏在课文的词语中、句子中，我们要引导学生去发现。只有发现了美，才能更深入地感悟美，从而更深刻地理解课文。

六、让游戏巧妙地进入课堂

智障生身心发展的特点表现为好动、注意力不集中、不愿动脑等，而游戏是他们最喜爱的活动。游戏教学能让学生劳逸结合，轻松地获得新知；能有效地调动学生将无意注意转为有意注意，激发他们人人想参与、人人想表现自己的学习主动性和积极性；能使课堂教学更加生动有趣，轻松愉快。

在执教《小小的船》后半部分（最后一句）时，为了让学生得到适当的放松，能真正地动起来，也为了让学生更好地了解夜空，我适时地播放了《闪烁的小星》这首歌，让学生通过听音乐“找星星”（事先把星星贴在学生课桌的四周，每人一颗）、“送星星回家给月亮作伴”（课前先用一大张蓝色的纸贴在黑板上，当作蓝天；月亮是学习第一句时根据教学内容引导学生自己剪贴的）等游戏活动来活跃课堂气氛，学生们紧张的大脑一下子放松了，参与的积极性极其高涨。他们通过自己的努力找到了属于自己的星星，并通过自己的双手布置了美妙的夜空，跟“月亮”和“星星”有了亲密的接触，那份欣喜、那份激动至今让人难忘。

七、换位思考，体会课文的内涵

智障生思考问题很简单，他们常常从表面看问题，很难理解课文的内涵。而换位思考有时能够给他们带来新鲜的感觉，带来另一种分析结果，甚至会改变他们的思维和判断，让他们有一种“山重水复疑无路，柳暗花明又一村”的感觉。

《一杯凉开水》这篇课文讲打完球后急于喝水的小文把凉开水送给邮递员的故事。一杯凉开水在学生的日常生活中显得微不足道，如果单凭老师的讲解和学生自己的感悟，学生们很难领悟到小文这种精神的可贵之处。此时，我及时引导学生换位思考，如果你想让这杯热水尽快地变凉，你会怎么做？孩子们的积极性一下就调动起来了，他们跃跃欲试，纷纷发言。有的说放在电风扇下吹；有的说把杯子放到一大盆冷水里；有的说再拿一个杯子，把水从一个杯子往另外一个杯中倒，循环往复；有的说多拿几个杯子，把热水多分几份，岂不更快？还有的说放到冰箱里……但一个学生马上提出反对，水太热，如果是玻璃杯放到冰箱里会炸开的，很危险。同学们在换位思考的过程中，深刻地体会到要想使热气腾腾的开水变成凉开水是需要时间的。这就为文中急于喝水的小文把这杯凉开水送给邮递员的情景作好了铺垫。不需老师多讲，学生就能很深地体会到小文这种精神的可贵之处。

参考文献

1. 周一贯等．小学语文尝试教学设计．北京：教育科学出版社，2000.
2. 赵爱萍．现代特教研究．北京：中国文化出版社，2007.
3. 吕叔湘．语文教学．济南：山东教育出版社，1987.

是单人教学？还是协同教学？

——对培智学校语文教学的思考

广州市番禺区培智学校　万莉莉

【摘　要】当前培智学校语文教师缺乏多学科的专业知识和技能，学生语言障碍状况复杂，班级规模较大，使语文教师需要与其他教师协同教学，以更好地应对综合课程的要求，以更有针对性地发展学生的沟通交流能力。培智学校语文协同教学可以按照“组建团队”、“集体备课”、“合作授课”、“共同评价反思”的程序来实施。实施过程中注意把“教师自愿”及“行政安排”相结合来组建团队；团队成员之间具有平等的地位；合理安排师生位置以适应合作授课的需要。

【关键词】培智学校；语文；协同教学

自夸美纽斯创建班级授课制后，世界各国学校基本上是一个教师对全班学生进行授课。直到 1930 年，协同教学正式成为一种计划性的教学形式。协同教学就是两个或两个以上的教师共同对同一学生群体的教学负责。为了与其相区分，笔者把以往班级授课制下的教学称为单人教学。当今，国内外学校多年级、多学科陆续运用了某种形式的协同教学，并取得不错的成效，包括中小学综合实践活动课、小学英语课、中学语文课、大学抽象代数课、智障生体育课等。对比普通教育而言，智障领域的协同教学研究较少。目前，我国有些培智学校语文课施行单人教学，有些施行协同教学。培智学校语文课需要协同教学吗？如果需要，实施程序是怎么样的？在实施过程中有哪些注意事项呢？

一、培智学校语文协同教学的需求分析

（一）从语文教师的多学科专业知识和技能来分析培智学校语文协同教学的需求

课程综合化已经成为当前基础教育课程发展的重要特征，而《培智学校义务教育课程设置实验方案》（以下简称《方案》）在课程设置原则中也提及了综合课程。于是，有些培智学校开始以主题教学的形式设立综合课程。但是，主题教学并非万能，不是所有学科内容都能自然地统整于一个主题下，毕竟各学科内容有其自身的逻辑系统。仅仅为了所谓的主题而生搬硬套地把所有学科内容联系起来，这种做法并不可取。有时把内容相互联系的部分学科综合起来进行教学，同样能达到加强学科间横向联系的效果。例如，语文课《超市购物》的步骤之一“到收银台付钱”可以与数学课的“认识人民币”结合教学；语

文课《衣服》的知识传授可以与洗、晾、叠衣服的家政技能训练相结合。这样，培智学校语文教师要教授上述综合课程，除了通晓语文学科专业知识和技能外，还需要对其他学科的专业知识和技能有一定程度的了解。无奈，如今培智学校中大部分语文教师并不是样样通的多面手，在短时间内培训他们掌握多学科的专业知识和技能也不现实。结果，仅有一位语文教师的单人教学形式在大多数情况下不足以胜任综合课程的教授。为解决这一问题，有些培智学校推出包班制，但包班制的综合教学对教师的体力、精力和能力各方面都提出更高的要求。如果学校允许语文教师暂时能与数学、家政等教师就同一群学生共同设计、实施及评价教学活动，综合课程的教学就有可能更顺利地开展。这样的协同教学可以看作从单人教学走向包班制的过渡形式。已有研究表明，协同教学已经将教师间的合作作为推动课程整合的重要途径。因此，当前培智学校语文教师缺乏多学科的专业知识和技能，需要与其他学科教师协同教学，以更好地应对综合课程的要求。

（二）从学生的言语语言障碍状况及班级规模来分析培智学校语文协同教学的需求

《方案》在提倡综合课程的同时，并没有要求取消语文课，还明确指出语文课程的培养目标是“使学生掌握与其生活紧密相关的语文基础知识和技能，具有初步的听、说、读、写能力；针对智力残疾学生的语言特点，加强听说能力的训练，把传授知识与补偿缺陷有机结合”。这样，矫治学生的言语语言障碍、提高沟通交流能力成为语文教师共同努力的方向。随着随班就读工作的深入开展，我国培智学校学生结构发生了根本性变化，学生的言语语言障碍类型及程度也呈复杂化趋势。另外，培智学校班级规模较大，多数班级的学生为 10～15 人。面对这样的局面，倘若两位或两位以上教师同时出现在课堂上，无论是分组教学还是个别指导，学生实践语言的机会就有可能大大增加。因此，就当前培智学校学生的言语语言障碍状况复杂及班级规模较大的情况看，需要语文教师与其他教师协同教学，以更有针对性地发展学生的沟通交流能力。

二、培智学校语文协同教学的实施程序

参考小学英语协同教学的研究成果，培智学校语文协同教学的实施程序如图 1 所示：

（一）组建团队

协同教学与单人教学最显著的区别在于是否由复数教师共同参与教学活动，所以教师团队的组建是协同教学的基础。培智学校语文协同教学的团队可以分成“固定团队”和“非固定团队”两种类型。固定团队是指在一个或几个学期教学中，语文教师始终与某个或某几个教师形成合作伙伴。固定团队的成员可以来自于相同或不同学科，人数主要由学生言语语言障碍状况及班级规模来确定。非固定团队是指在一个或几个单元教学中，语文教师暂时与某个或某几个其他学科教师形成合作伙伴。非固定团队的成员肯定是不同学科的，人数主要由教学内容来确定，例如语文教师可以和音乐、美术教师三人协同教学说祝福语、唱贺年歌、画贺年卡等过年习俗；语文教师可以和健康教师两人协同教学每个人的成长过程。在实际教学过程中，固定团队和非固定团队可以并存。

考虑到目前学生的言语语言障碍状况及班级规模，培智学校语文协同教学必须组建固定团队，而且成员均是语文教师为宜，这样语文教师的专业知识和技能就能有效促进学生的言语语言能力。另外，合作成功的固定团队维持时间应该尽可能长，以有利于教师对学生情况的熟悉及学生对教师教学的适应。至于非固定团队，语文教师可以视教学内容的需要来暂时组建。由于非固定团队的维持时间一般较短，如几个星期，所以组建时难免会对学校日常人事工作造成影响，这就需要遵循“教师自愿”与“行政安排”相结合的原则，下文将继续阐述。

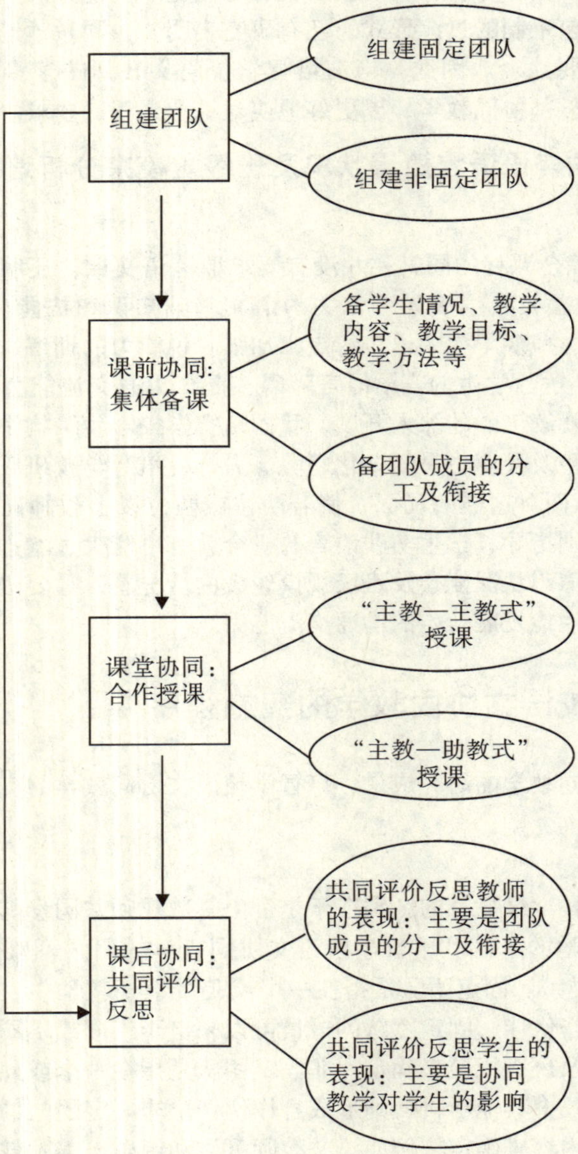

图1 培智学校语文协同教学的实施程序

（二）课前协同：集体备课

单人教学和协同教学都可以进行集体备课。在培智学校中，单人形式下的集体备课主要是同一科组教师为一些比赛课出谋划策。由于学生个体间差异大，即使都是语文教师，在不了解学生的情况下也很难给出有针对性的教学建议，所以集体备课后的教师们仍然是闭门造车。相反，协同教学的教师们经常接触所教学生，能真正立足于学生的水平进行更细致的集体备课。除了分析学生情况、确定教学内容、设计教学目标、选择教学方法、安排教学过程等外，与单人教学不同的是，协同教学形式下的集体备课更关注团队成员的分工，包括是否需要有人专门操作多媒体设备、谁负责哪个或哪些学生的教学、当学生出现问题行为时主要由谁去处理等。每个成员只有在集体备课时协商好各自的角色和职责，才能尽可能保证在合作授课时发挥其最强的能力。以分组教学为例，有时由于学生听说读写等能力发展不平衡，导致课堂上的分组学习情况发生变化。在集体备课阶段，教师们必须商讨清楚采取何种标准对学生进行分组，到了哪个教学环节开始对学生开展分组教学，谁组织管理哪个组别的学生，不同组别学生的学习内容或方法是否一致等。

当不同学科的教学内容需要团队成员轮流呈现时，成员的衔接同样需要在集体备课时作好部署。例如，作为语文教师的笔者曾与一位家政教师就洗衣服的知识与技能进行协同教学，集体备课时就达成共识：考虑到学生思维的刻板性，家政课会沿用语文课所教授的洗衣服步骤儿歌，让学生一边念儿歌一边练习洗衣服。

（三）课堂协同：合作授课

合作教学理论并不倡导教师每节课都合作，而是主张在适当的时候才进行合作。然而，针对培智学校学生的特殊性，笔者建议每节语文课适宜两位或两位以上教师合作授课，这也是组建固定团队的原因之一。按照合作教师的分工，培智学校语文课堂协同可以分为“主教—主教式”授课和“主教—助教式”授课两种类型。有时，同一节语文课上，这两种授课可以交替使用，甚至主教、助教的角色可以调换。

当学生个别差异大，不适合接受班级授课时，或者学生需要更多机会锻炼听说读写能力时，教师们可以选择“主教—主教式”授课方式进行分组教学，以降低师生比，提高学生充分受教育的程度。例如，部分学生存在识字写字困难，常常难以参与到相关学习活动中，于是，合作授课的某些教师可以负责对有识字写字能力的学生开展“寻找目标汉字”、“仿写汉字”的活动，其他教师则重点训练识字写字困难学生“跟读汉字”、“组词造句”的口语表达能力。此时，所有教师都是主教教师。如果教学内容或方法适合面向全班学生授课时，教师们可以选择“主教—助教式”授课方式，即有些教师充当主教，负责整体把握课堂走向；有些教师充当助教，适时配合主教教学，包括维持纪律、记录学生表现、充当学生榜样、提醒个别注意力容易分散的学生、引导个别学生回答主教教师问题等。

（四）课后协同：共同评价反思

与集体备课类似，课后共同评价反思并不为协同教学所独有。单人教学形式下的课后共同反思评价多数针对同一科组内的公开课，对学生情况的不甚了解导致这种评课活动容易流于形式。而协同教学形式下的课后共同评价反思，贵在参与的团队成员比较了解所教学生的情况，从而能切实帮助改进教学。一方面，团队成员需要共同评价反思教师的表现，包括团队组建是否恰当、课前教学设计是否合理、课堂教学语言是否清晰等。与协同教学形式下集体备课的关注点相呼应，课后共同评价反思的重点也是团队成员的分工及衔接。最初开展协同教学时，笔者总觉得被人监视着自己的教学，协同教师也担心自己在课堂上的行为会对笔者的教学造成干扰。课后，大家坦诚地交流，并初步确定新授及巩固练习环节根据学生情况使用“主教—主教式”授课方式，导入、复习、小结等环节使用“主教—助教式”授课方式。随着课后协同活动的开展，笔者与协同教师在合作授课中越来越得心应手。

曾有人批判协同教学研究只关注教师，所以团队成员还需要共同评价反思学生的表现，主要是协同教学对学生学习兴趣、速度、方式、结果等方面的影响。笔者在语文协同教学实践中发现，习惯了班级授课制的学生刚开始并不适应教师们的合作授课。在分组教学时，学生容易被其他组的活动所吸引；在助教教师引导回答主教教师问题时，学生经常无所适从。乍一看，与单人教学相比，协同教学似乎不利于学生的学习。课后，笔者与协同教师进行了深入的反思：协同教学这一新鲜事物难免使学生产生好奇，只要教师们给予学生一定的适应时间，并且协调好大家在课堂上的分工与衔接，学生肯定会从中获益。学期末的评估结果显示，协同教学使学生的听说读写等能力得到了更明显的提高；学生也普遍喜欢教师们合作授课的形式。

三、培智学校语文协同教学的注意事项

迄今已有不少研究提出了协同教学的若干建议，对培智学校语文协同教学同样具有借鉴价值，在此不再赘述。结合培智学校语文协同教学程序，笔者提出以下注意事项：

（一）将“教师自愿”及“行政安排”相结合来组建团队

协同教学的核心概念是一种合作计划、持续的协同、紧密的结合、毫无保留的沟通以及真心诚意的分享之精神。要实现上述目标，教师们必须自愿参与协同教学，并能自主选择合作伙伴。可惜，习惯了单兵作战的语文教师们会存在个性、教育理念、教学方法等方面的差异，这些都成为他们不一定认同协同教学的因素。另外，协同教学毕竟牵涉到教师人力等教学资源的重新分配，有时学校难以满足教师自主选择的要求。因此，学校可以先让部分愿意尝试协同教学的语文教师开办实验班，展现协同教学的成效（包括学生能力的发展及教师的专业成长）以消除其他教师的顾虑，继而遵循“教师自愿”与“行政安排”相结合的原则来组建团队，逐渐推进语文协同教学的顺利实施。

（二）团队成员之间具有平等的地位

虽然在培智学校语文课堂协同中有时会区分清楚哪位教师是主教或助教，但是命名仅为明确分工，并不意味团队成员的地位有主次之分。协同教学一贯坚持“所有教育者为所有孩子而负责”的哲学理念，因此协同教学中的团队成员之间需要具有平等的地位，以发

挥1+1>2的协同教学效果。平等的地位能使团队成员意识自己参与协同教学的重要性，体会到自己有义务为协同教学贡献力量，在集体备课及共同评价反思时真正实现头脑风暴和畅所欲言，而不是碍于同事关系保持沉默，或者人云亦云，或者提出若干不痛不痒的观点。

（三）合理安排师生位置以适应合作授课的需要

笔者曾与一位教师进行“主教—主教式”授课，分组训练学生的听说能力时学生挪动位置来参与分组学习，花去不少课堂时间；两个组别的师生位置不当，容易互相干扰。所以，当培智学校语文课堂上有两位或两位以上教师合作授课时，师生位置的合理安排就显得尤为重要。在教师位置方面，教师最好处于180度的角度上，如A教师在前、B教师在后，或者A教师在左，B教师在右，这可以使全体学生都在教师的视野范围内，从而有利于教师最大限度地帮助学生、最适度地管理学生。在学生位置方面，教师们可以在课前依照分组名单，把同一组别的学生统一安排到离负责教师较近的位置，同时组别间留出恰当的距离，这可以方便师生们迅速进入各自组别，以及各组别在足够的空间中进行有效的师生、生生互动。

参考文献

1. 刘迎春．“协同教学”的理性分析与实践展望．浙江师范大学学报（社会科学版），2010，35（3）.

2. 王少非．协同教学：模式与策略．外国中小学教育，2005（3）.

3. 许晓娟．关于综合实践活动课程中教师协同教学的研究．辽宁师范大学硕士学位论文，2004.

4. 周幼林．协同教学在小学英语教学中的应用研究．重庆师范大学硕士学位论文，2006.

5. 魏荣敏．构筑中学语文教学新模式——“协同教学”初探．山东师范大学硕士学位论文，2008.

6. R. Grassl，T. T. Y. Mingus. Team teaching and Cooperative Groups in Abstract Algebra：Nurturing a New Generation of Confident Mathematics Teachers. *International Journal of Mathematical Education in Science and Technology*，2007，38（5）.

7. 晁卫华．“协同教学”在体育教学中的运用．现代特殊教育，2007（3）.

8. 李晓娟，孙颖，坤荣．关于培智学校包班制实践的思考．中国特殊教育，2010（9）.

9. 杜晓新，王和平，黄昭鸣．试论我国培智学校课程框架的构建．中国特殊教育，2007（5）.

10. 李翠华．合作教学中的师师互动研究．山东师范大学硕士学位论文，2007.

11. Marshall Welch，Kerrilee Brownell，Susan M. Sheridan. What's the Score and Game Plan on Teaming in Schools? A Review of The Literature on Team Teaching and School-based Problem-solving Teams. *Remedial and Special Education*，1999，20（1）.

12. Walther-Thomas，C.，Bryant，M.，Land，S. Planning for Effective Co-teach-

ing. *Remedial and Special Education*, 1996, 17 (4).

13. Hourcade, Jack J. , Bauwens, Jeanne. Cooperative Teaching: The Renewal of Teachers. *Clearing House*, 2001, 74 (5).

融合教育下智力落后儿童阅读能力培养的可行性研究

中山市特殊教育学校　黄　霞

【摘　要】融合教育发展到今天，已不再是一种单纯的安置特殊儿童的方式，而是一种渗透着人文主义精神，促进正常儿童和有特殊需要儿童共同发展的教育思想。因为智力落后儿童普遍阅读能力弱，阅读水平低，思维不活跃，传统语文阅读教学很难提高他们的阅读能力、理解能力、表达能力。因此通过融合教育这种思想，尝试融合阅读教学，让普通小学生与智力落后儿童同坐一室、共同阅读、共同交流、互助合作，从而提高智力落后儿童的阅读水平，开发他们的语言和思维，同时还收获来自同伴的友谊、理解和关爱。

【关键词】融合教育；融合阅读；阅读能力层次；阅读方法

融合教育是指特殊儿童进入普通教育的环境中与正常儿童在相同的环境下，和普通儿童共同学习，最大限度发挥特殊儿童潜能的一种教育方式。最初，融合教育只是对特殊儿童进行的教育安置和教学策略的建议，但是近十几年来，融合教育经历了不同的发展阶段，已不再是一种单纯的安置特殊儿童的方式，而是一种渗透着人文主义精神，促进正常儿童和有特殊需要儿童共同发展的教育思想。其主要特点：

（1）非隔离性和最少限制性。尽量不要把特殊儿童与普通儿童隔开，尽量避免把有特殊教育需要的儿童安置在一个相对独立、封闭的环境中接受特殊教育，主张特殊儿童应在强有力的支持下回到普通的学习和生活环境中，与普通儿童融为一体。

（2）融合教育体现了对各类儿童，包括特殊儿童人格的尊重。“融合教育是指全部接纳”，真诚地接纳所有儿童和他们的家庭并为他们的参与提供支持，促进儿童的归属感，并有助于儿童身心的良好发展。

（3）融合教育促进正常儿童和特殊儿童的共同发展。例如，有发展问题的儿童从融合教育中获得更多的刺激性、变化性和回应性的经验；有更多的机会去观察、模仿具有较高水平的运动、语言和认知技能的儿童，并与正常儿童进行互动，正如 Peterson（1987）所说：“一个要求更高的环境可能会促使儿童进一步发展更合适的行为。”同时融合教育带给正常发展儿童的好处也是多方面的。例如，从与同伴的比较中，正常儿童更易认识到自己的责任，他们在自愿教障碍儿童学习时，自己的技能和理解能力也会得到提高。

一、智力落后儿童阅读能力弱，阅读水平低

智力落后儿童由于生理、心理存在不同程度的障碍，其感知觉、记忆力、思维、语言发展比正常儿童慢得多，如视知觉速度慢，范围狭窄，不够分化、联系少，缺乏感知的积极性；识记速度慢，保持不牢固，再现不准确，不能进行有意义识记；思维发展停留在低水平上，以具体形象思维为主，不会思考，往往“人云亦云”，思维缺乏灵活性和独立性。这些由于智力落后伴随的障碍，极大地影响智力落后儿童语文阅读的广度和深度，主要表现在：

（1）阅读行为方面：智力落后儿童阅读兴趣不浓，缺乏阅读的自主性，不能独立阅读，阅读后没有主动思考的习惯。

（2）阅读能力方面：识字量少，积累少、词汇匮乏，理解困难，语言表达不畅，书写能力参差不齐，阅读的范围狭窄，语文阅读能力整体水平比较低。

（3）阅读支持方面：主要是学校老师支持阅读，其家长不是很关注，亲子阅读少，另外，孩子们很少去图书馆和购书中心看书、买书。

二、本班智力落后儿童的阅读现状

（一）本班智力落后学生的情况介绍

本班学生一共 12 名，男生 7 人，女生 5 人，年龄 14 ~ 17 岁，智力程度属于二、三级智力残疾。其中有 3 名同学脑瘫，行动不方便，借助轮椅和他人帮助；有 1 名癫痫病患者，每天不定时发作且持续时间较长，从发作到恢复意识一般需要 3 分钟，然后是 5 ~ 10 分钟的休息；有 2 名自闭症学生，其中一名基本不开口说话，另一名说话语无伦次；有 1 名视力极弱的学生，通常视力表检测不到其视力的多少，分不清物体离自己的远近高低，定位不准确。其余 5 名都各自有自己的特点，有的学生多动、注意力很差，有的学生手眼协调能力差，不能进行书写。

（二）本班 12 名同学语文阅读能力方面的情况表

表 1 中本班学生阅读能力大概分为三个层次：A 是阅读能力相对强，B 是居中，C 是阅读能力非常弱。三个层次是相对本班学生整体阅读水平而言的。

表 1　本班学生在语文阅读能力方面的情况表

	识字量	朗读能力	自主阅读能力	理解词句能力	语言表达能力	提出问题和解决问题能力	总结归纳能力	复述能力	迁移能力
邓××（脑瘫）	300 字左右	A 能独立朗读	A 能	A 较好	A 用简单语句表达	A 较好	A 较好	A 能够	A 较好
周××（脑瘫）	300 字左右	B 朗读不流畅	A 不能	B 一般	A 用简单语句表达	A 较好	A 较好	A 能够	A 较好
杨××（脑瘫）	300 字左右	A 能独立朗读	A 能	A 较好	A 用简单语句表达	B 偶尔	B 偶尔	B 基本能够	A 较好
张××（自闭）	300 字左右	B 朗读不流畅	B 不能	C 较差	B 用词语表达	C 不能	C 不能	C 不能	B 不能
阮××	200 字左右	A 能独立朗读	A 能	C 较差	B 用词语表达	B 偶尔	C 不能	B 基本能够	B 不能
利××	200 字左右	B 朗读不流畅	B 不能	B 一般	A 用简单的语句表达	B 偶尔	B 偶尔	B 基本能够	B 不能
叶××	250 字左右	A 能独立朗读	A 能	C 较差	B 用词语表达	B 偶尔	C 不能	C 不能	B 不能
梁××	200 字左右	C 能流畅跟读	B 不能	C 较差	B 用词语表达	C 不能	C 不能	C 不能	B 不能
何××（自闭）	200 字左右	D 朗读时不出声	B 不能	C 较差	C 不开口说话，只是点头或摇头	C 不能	C 不能	C 不能	B 不能
侯××（癫痫）	100 字左右	C 只能跟读且不流畅	B 不能	C 较差	B 用词语表达	C 不能	C 不能	C 不能	B 不能
钟××（多动）	100 字左右	C 只能跟读且不流畅	B 不能	C 较差	B 用词语表达	C 不能	C 不能	C 不能	B 不能
康××（弱视）	100 字左右	C 只能跟读且不流畅	B 不能	C 较差	B 用词语表达	C 不能	C 不能	C 不能	B 不能

从表 1 可以看出，本班学生阅读能力主要有三个层次，相对来说，脑瘫学生的阅读能力较好一些，其他学生阅读能力较弱，而且在其他各项能力上也是参差不齐，例如，张××同学虽然认字较多，但在理解、表达、复述等方面能力较差。这里还要说明的是语言表达能力栏中，A 层次是指学生能够根据课文内容跟老师有一定的对话，即针对老师提出的问题学生能够作出一定的回答，但使用的基本都是简单的语句，肯定的陈述句或否定的陈述句；B 层次主要是用词语交流，很少用句子交流，针对老师提出的问题不知怎样回答，用单个词语表达，很少有完整的句子；C 层次学生基本上不开口说话，老师提问，只是点头或摇头来判断，不能作具体回答。

三、融合教育下培养智力落后学生的阅读能力

（一）我校坚持开展融合教育

一直以来，我校长期坚持开展融合教育，指导普通小学的随班就读工作，与多间普通中小学常常举行融合活动，比如与龙瑞小学进行德育融合活动，与石岐中心小学、实验小学进行体育融合活动。每一次我们特殊学校与普通学校的融合活动都举办得非常成功。借此融合活动机会，本研究由学校层面缩小至班级层面，通过我班12名智力落后学生同普通学校龙瑞小学三年级四班的45名学生开展融合阅读活动，目标是提高智力落后学生的阅读能力，开阔视野、适应社会生活。同时培养普通学生从小养成善良、乐于助人的良好品德，共同促进特殊学生与普通学生建立平等友好关系，促进其身心人格的发展。

（二）与普通学校龙瑞小学的互动融合阅读情况介绍

活动时间：双周的星期四下午4：00～5：00

活动地点：龙瑞小学三年级四班教室

活动目标：①促进特殊学生阅读能力、合作能力、语言表达能力等综合能力的提高。②发扬中山先生平等、博爱、人道、共享的精神，关心特殊学生，平等帮助特殊孩子并共同进步。

活动内容：主题活动（见表2）。阅读材料尽量适合特殊学生并由老师收集和修改。

表2　主题活动安排表

阅读时间	阅读主题
第2周星期四	美丽的大自然
第4周星期四	我们的城市
第6周星期四	快乐的节日
第8周星期四	传统诗文
第10周星期四	关心我们身边的人（如父母、老师、同学、环卫工人、警察等）
第12周星期四	童话故事
第14周星期四	实践活动（如打电话、春游孙文公园、参观气象局活动等）
第16周星期四	阅读报告

（三）融合阅读的学习方法

充分发挥老师和同学们各自的特长，逐渐摸索出有利于特殊学生和普通学生共同学习并提高特殊学生阅读兴趣和阅读能力的方法：

（1）生活化教学法：生活是一位好老师，有着丰富的教学资源。在阅读中选择学生周围熟悉的人和事作为学习的材料，让特殊学生在现实生活的情景中学习，不断地积累及重

组生活需要的经验，以培养其独立生活能力和适应社会的能力，达到学会学习、学会生活、学会生存的目的。

（2）同伴之间合作学习法：根据学生的实际情况，把学生分成小组，四个普通学生辅导、帮助一个特殊学生，各组成员分工合作，以强带弱、互助学习，共同提升阅读水平。在阅读实践中，发现那些原本不愿说、不会说的特殊学生在普通学生的帮助和鼓励下，似乎找到了话题，努力地表达自己的意思，尽管语句不是很完整、表达不是很流畅。这充分说明特殊学生在潜移默化地接受普通学生的帮助并尽量与他们融洽相处。

（3）朗读法：在阅读教学中，朗读是最重要的训练。朗读中，特殊学生的眼、口、耳、脑多种感官同时并用，突破字词关，发展语言表达能力和促进特殊学生对语言文字的理解和掌握，所谓“读书百遍，其义自见”。而普通学生各种形式的朗读活动对特殊学生有着强大的刺激作用，从慢读开始，特殊学生有的从喃喃发音到字字清楚地表达，虽然咬字困难、速度较慢，但他们想努力跟上同组同学，同组同学也努力帮助他们朗读，以各种刺激如表扬、击掌、欢呼来激励他们朗读成功，这种融合朗读形式极大地调动了特殊学生阅读的兴趣并保持旺盛的精力。

（4）游戏法：游戏是儿童的最爱。在阅读教学法中，通过创设一些趣味性的游戏活动，寓教于乐，师生互动和特殊学生与普通学生互动，学生在这样轻松、愉悦的活动中获取知识和技能。

方法虽是多种多样的，但学生的阅读能力差异较大，既要适应普通学生又要适应特殊学生，尤其是适应特殊学生，阅读的方法就不能一成不变，个别和整体相互协调，不同的学习小组也许不是同样的方法，小组有小组的方法，全班也有整体的活动安排。这样才能达到真正互动融合阅读，共同进步。

（四）融合阅读的评价方式——激励性评价

课堂上主要运用语言激励评价方式。老师给予所有学生激励性的语言评价，便于形成积极融洽的师生关系；学生之间也要给予互相激励性语言评价，特别要求特殊学生对正常学生表达一些激励性语言评价，例如，“你真棒，我要向你学习”、“你说得太好了”等，这也是对他们进行语言实践能力表达的训练。

其次是对每一小组实行代币制激励法，对表现好的一组给予红星奖励，当红星积累到10颗时，就有“优秀指导奖”、“优秀小组奖”、“进步之星”奖励。

（五）阅读活动过程举例

主题活动之实践活动——打电话,阅读材料来自《故事中国》，经过删改，变成一篇浅显易懂的400字左右的文章。

先突破字词关，让龙瑞小学的学生分组教我班学生朗读，达到流利朗读文章的程度。老师再整体指导重点字词，帮助同学们识记。

然后是分角色朗读，要求特殊学生也扮演一种角色。先是小组进行角色朗读，然后是全班进行阅读展示。

接着是突破理解关，针对老师提出的问题，同学们讨论解决。问题有：孩子给谁打电话？孩子打电话的目的是什么？为什么没有对方的回答？在讨论环节，特殊学生根据龙瑞小学学生的回答能较快理解和领悟，针对简单的问题也敢于回答。

最后通过游戏活动来巩固，目的是为适应社会生活而实践。老师首先创设情景训练，由龙瑞小学学生和特殊学生共同玩游戏，即打电话给110和119，训练他们遇到危急情况时镇定地拨电话号码，并要向对方说出关键的信息，对遇害的地点和情况尽量简单而又明确地表达出来。

“一个要求更高的环境可能会促使儿童进一步发展更合适的行为。”在游戏活动中，特殊学生克服了胆怯、自卑心理并积极参与，敢于表达，即使说错，但在同学的帮助下，再重复表达。这样潜移默化地受到熏陶，特殊学生的实践能力因此得到提升。

四、融合阅读对智力落后学生的影响

在融合教育理念下，经过一学年（两个学期）的融合阅读实践，正常学生的学习并没有受到影响，相反，正常学生幼小的心灵感受到特殊孩子的不幸，在课堂上积极改变从前以自我为中心的个性，对自己的行为提高了要求，带头为特殊学生做好榜样，表现出善良、乐于助人的良好品质。

融合阅读最大的受益者是我们班的特殊学生。不管是普校师生还是本校教师及家长，大家都能感受到每一名特殊学生都是富有潜能的个体，只要用心挖掘、耐心等待，特殊学生的潜能就能得到最大限度的释放。

（1）特殊学生的阅读能力得到了提高。首先是学生的识字量获得了不同程度的提高，掌握了一定的识字方法，积累了许多字词，并养成了良好的学习习惯。例如，学习程度较好的同学遇到不认识的字、不理解的词，有时他们或请教父母，或请教老师，或慢慢地学查字典，这是非常难得的。其次是学生整体朗读水平提高，虽然朗读的速度较慢，但朗读的声音洪亮、清楚、整齐，而且有几个同学现在也能独立阅读课文了。

（2）特殊学生的思维更活跃，人云亦云现象减少。在融合阅读中，特殊学生掌握了一些阅读的方法，如根据“六何法”提问，什么时间、什么地点、什么人物、发生了什么事情，事情开头是怎样的，接着呢？结果如何？为什么要这样做？有了这些读书方法的运用，阅读理解能力得到了增强，提出问题和解决问题的能力得到了提高。虽然有些问题答案不是唯一的，特殊学生受到普通学生回答问题的启发和熏陶，有时也能从多方面、多角度说出自己的真正感受和体会。如学习《渔歌子》时设计一些问题引起同学们思考。有的学生回答：我知道这首词描写的是春天的风景，因为有“桃花”，桃花是在春天开的。“斜风细雨不须归”就告诉我们下着小雨。学生还回答，通过读这首词明白了这位渔翁为什么不回家？因为他戴了雨具，有的学生说“他”想打更多的鳜鱼，其他学生也纷纷发表自己的见解。

（3）特殊学生语言表达更流畅。随着特殊学生朗读水平的提高，口头表达也流畅了许多。小组合作讨论，增强了特殊学生与同伴沟通的欲望。因为在小组讨论时，每个同学都要发表意见，由书写能力强的同学记录下来，表达能力强的学生进行总结和归纳。开始阶段他们表达的速度比较慢，只言片语，或人云亦云，有时回答一些与问题无关的内容。但是我们都鼓励他们说出来，从而丰富他们的语汇。随着讨论活动的持续开展，特殊学生的思维和语言能力慢慢得到了开发，能够有针对性地、真实地表达自己内心的想法。例如，何××虽不主动开口说话，但当老师和同学问及问题时，也能用字、词语来表达，改变了以前那种只点头或摇头的方式。

（4）融合阅读让特殊学生收获了友谊、关爱和理解。特殊学生交际圈子比较窄，除了家人和班级同学外，基本没有别的朋友，朋友少，影响他们积极行为的因素也较少，缺乏与人沟通、交流的情感需要，从而也影响他们智力的提高。融合阅读扩大了特殊学生学习的空间，结识了富有爱心的同伴，在活动中，特殊学生感受到了普通学生对他们的关心和帮助，并结下了深厚的友谊。实践证明每当双方见面时，特殊学生就非常兴奋甚至手舞足蹈。他们手拉手，感觉很亲热，还经常收到龙瑞小学学生的礼物或是卡片，上面写满了真挚的鼓励性话语，非常令人感动。在这样和谐的氛围中，没有特殊普通学生之分，他们都是一群非常可爱的、积极追求进步的孩子。

五、融合教育下智力落后儿童阅读能力培养给予我们的启示

（1）融合教育下培养智力落后儿童阅读能力对课堂教学提出了挑战。高效率、高质量的课堂教学是我们教育者追求的目标，然而特殊学生的身心存在不同程度的障碍，生活适应技能、基本学习技能尚未完全具备，与普通班学生一起上课，这样大班级人数过多，能力层次过多，上课老师无法顾及每一位学生的需要，班级秩序难以维持，例如，当侯××同学癫痫发作时，普通学生会慌乱一团，教学任务会暂停，教学进度也会受到一定的影响。

（2）特殊儿童的多样性以及他们和普通儿童的差异性导致教学内容的安排、教学成果的评估等各方面都受到很大的挑战。教学内容的选择相当难，没有现行的教材，需要老师从各个渠道找，甚至还要改编，所选的材料要兼顾不同特质的学生，特别是符合特殊学生的身心发展，这消耗了老师大量的时间和精力。除此之外老师还要将教学目标分层、细化，并且拟定特殊学生的学习目标，采用不同的教学方法，将学习目标融入不同的学习活动之中，用小组合作的方式兼顾每一位特殊学生的学习。这需要老师具有专业的知识，普通教师和特殊教师要互相配合，互相研究同一堂课，让教学资源整合，使每一个学生受益。

（3）Smith，Polloway 和 Dowliy 指出融合是一种态度、一种价值和信仰系统，而不是一个或一系列行为……融合教育需要得到教育者、家长和全社会的理解与支持，创设不同的环境使特殊儿童和正常儿童、特殊儿童与社会支持者能在一起学习，感受生活，促进特殊孩子的身心人格正常发展。家庭可以开展亲子阅读，社会机构为特殊学生提供更多的阅读资源，如书店中为特殊学生提供读书服务，那么特殊学生的阅读空间扩大，生活半径扩大，生活质量也将提高。

参考文献

1. 邓猛．融合教育的产生与发展．北京：教育科学出版社，2008.

2. 邓猛，肖非．隔离与融合：特殊教育范式的变迁与分析．华中师范大学学报（人文社会科学版），2009（4）.

聋生日记教学调查报告

惠州市特殊学校　沈秀荣

【摘　要】日记是聋生书面语言能力的重要体现，通过日记教学指导训练，可以深化聋生的感受系统，提高他们用语言文字表现实际生活的能力，促进思维、心理和道德情感的发展，有助于他们更好地适应主流社会的生活。

【关键词】聋生；日记；调查报告

一、调查目的

我校聋部有160多名学生，本文就聋生写日记的动机、写日记的能力和教师的指导现状等进行调查，以更好地改进我校的日记教学，提高聋生的书面语表达能力和沟通能力，促进其思维、心理和道德情感的发展。

二、调查（分析）范围

对本校五年级至初三年级的87名聋生进行了书面问卷调查，对聋生近年来的93份日记内容作了细致的分析。

三、调查的时间和方法

调查活动自2011年3月起到2011年6月止。调查方法以问卷调查法和活动产品分析法为主，辅以访谈、观察等方法。

（1）问卷调查法。问卷列出9道题目，为封闭式的选择题，发放的问卷全部收回。

（2）活动产品分析法。通过分析聋生近年的日记，作了纵向和横向比较。

（3）访谈法。与被调查的部分聋生、部分语文老师交谈，了解聋生的日记能力和兴趣等。

（4）观察法。针对聋生调查问卷中填写回答的情况，在课余活动时间，有意识地观察聋生在自然情景中学习、活动、行为的特点，增强问卷的效度。

四、调查结果与分析

题目	问题	设计意图	结果	分析及启示
一	你有写日记的习惯吗	旨在了解聋生写日记的持续性和意志力	a. 经常有 66% b. 没有 19% c. 偶尔有 15%	大多数聋生有写日记的习惯，并且写日记的习惯与教师的要求和个人的书面表达能力有很大的关系
二	你喜欢写的日记内容是	旨在了解聋生感兴趣的日记题材	a. 学校活动或事件 51% b. 个人感受 8% c. 同学聊天 12% d. 家庭生活 29%	学校活动或事件和家庭生活对聋生的影响最大
三	你写日记的目的是	旨在了解聋生写日记的动机	a. 得到老师表扬、父母夸奖、同学的羡慕 25% b. 提高自己的书面表达能力 14% c. 提高观察、感受能力，丰富自己的课余生活 22% d. 记录自己的成长经历 11% e. 获得“三好学生”28%	来自内在动机（b. c. d）占 47%，来自取得肯定和成就的外在动机占 53%，应多设置激励机制，激发学生的日记动机
四	你写日记的好词语主要来源于	旨在了解影响聋生日记能力的因素	a. 语文课本 56% b. 电视字幕、报纸 18% c. 网络语言 14% d. 课外书 12%	语文课本是聋生学习运用语言的重要来源，教师在课堂的教学作用举足轻重。电视字幕、报纸、网络语言的影响均超过课外书
五	你写日记遇到的困难是	旨在了解聋生写日记时的疑难点	a. 觉得没有内容可写 25% b. 懂手语，但书面表达困难 62% c. 没时间 13%	书面语对聋生而言，是重要的也是最难掌握的
六	你希望老师怎样指导写日记	旨在了解聋生在日记写作方面需要的帮助	a. 提示写作题材 63% b. 内容自由决定 14% c. 指导写作思路 23%	绝大部分聋生对日常生活中蕴含的有意义的事件缺乏感受能力，写作方法也较欠缺
七	你喜欢老师怎样批改日记	旨在了解聋生对日记批改的需求	a. 帮助改通顺 35% b. 指导学生自己改通顺 42% c. 定期批改评讲 23%	聋生渴望教师对日记作指导评讲，尤其是针对性的个别指导

（续上表）

题目	问题	设计意图	结果	分析及启示
八	你常进行的课余活动是	旨在了解聋生的课余生活对其日记能力的影响	a. 打球、散步 14% b. 手语聊天 62% c. 上网聊天、玩游戏 13% d. 看报纸、电视 11%	手语聊天是聋生的主要课余活动，满足了他们沟通交流的需要
九	你课外常看的书是	旨在了解聋生的课外阅读对其日记能力的影响	a. 作文选等 26% b. 数学 15% c. 绘画 10% d. 其他（漫画、老夫子）49%	漫画、老夫子等直观形象的读物最受欢迎，这种课外读物内容较浅显，图文并茂，适合聋生的阅读心理

五、结论与建议

（一）从调查、访谈等结果中得出的结论

1. 聋生写日记的意识逐渐增强，整体水平有所提高

随着学校倡导“教学生活化”的理念的深入和大部分语文教师教学思想的成熟，我校大部分聋生的日记水平有了很大程度的提高。表现在：

①题材上，大部分聋生对日常生活的感受较敏锐，日记内容较丰富，主要涉及学校生活、家庭生活、社会生活。近年来，一些学生在日记里吐露了自己的心声，包括青春期对异性的向往，个人生活的一些隐私烦恼，家庭生活的不幸……语文教师对这些日记内容要有足够的重视并加以引导且要尊重与保密。②习惯上，大部分聋生有写日记的习惯且来自内部动机——提高自己的书面表达能力、“提高观察、感受能力，丰富自己的课余生活”、“记录自己的成长经历”，中高年级的少部分聋生来自外部动机——“得到老师表扬、父母夸奖、同学的羡慕”、“获得‘三好学生’”。③善于从生活中学习词语。语文课堂对聋生学习和运用词语有决定性作用，日记里的好词好句除了来自语文课本外，还有来自电视字幕、报纸和网络语言、课外书，因为电视里的人物对话情景性强，尤其是女生，喜欢看生活剧，图文结合有助于聋生学习运用活的语言。

2. 书面语表达依然是聋生的主要障碍

在“你写日记遇到的困难是”调查选项中，有 62% 的学生选择“懂手语，但书面表达困难”，这是他们写日记的最大难题。一方面由于手语交谈有语境和面部表情、体态的帮助，可以省略很多语言成分而不至于影响理解和交往，绝大部分学生对日常生活中发生的事，喜欢用手语聊天。而书面语要经过思维的加工，并且有词汇、语法的限制，聋生表达起来自然要费很大的精力。同时绝大部分聋生对手语词汇表达不出来的书面语词汇，也缺乏求助意识，很少问同学、问老师。

3. 教师对日记批改较重视

①评定方面，大多数教师采用了等级制“优”、“良”、“合格”、“不合格”，部分教

师采用批“阅”和分数制。对于学生的日记，很多教师给了评语，如：“请把字写认真”、“请不要浪费水资源”、“你的日记写得越来越好了”。②教师对日记批改指导的方法有层次性，如有的低年级段的教师对日记精批细改，全篇日记都改通顺了，然后指导学生把改后的日记重新抄一遍；高年级段，随着日记篇幅的增长，句子通顺度的增强，教师改了一些不通顺的句子，指导学生把相应的句子抄写在旁边。这两种日记指导的方法和效果都不错。

（二）建议

1. 训练聋生的感受系统

聋生普遍缺乏基本的生活观察感受能力，很多聋生都经历过一些事，但每当提起笔来，仍觉得无事可写。北京师范大学教授毛继东说“写作中要先建立感受系统而非词汇系统”。本次调查中，部分聋生觉得没有内容可写，希望老师提示写作内容。这部分聋生大多喜欢用自然手语聊天比画，聊过了、笑过了就忘记了，感受肤浅。所以教师要先训练他们对日常生活特别是一些事件如学校活动、班级活动、团队活动、校（班）际活动等的感受能力，积累感悟，再指导思维和情感，这样日记内容才言之有物。

2. 加强手语和书面语的转换，促进书面语能力的提高

聋生在聊天中常用手语对应的书面语词汇，才是聋生最迫切需要学习掌握的，教师应给予足够的重视，并提供相应的指导。对于日常生活中的词语，教师可以在日记指导课上让学生尽情地说，然后互相讨论，确定他们想表达的内容，归纳出常用的词汇，再转换成书面语的形式张贴在墙上的“学习角”，写日记时就可以运用自如。

3. 处理好语文教学和日记教学的关系

在日记教学管理方面，学校实行了优秀日记张贴展览交流制度，但几乎是少数优等生的专栏；学校期末统考把“修改病句”的句子由以前的课外题变为学生日记里最常见的典型病句，以此督促教师重视日记的评讲。全部教师都感到日记的指导训练非常有必要，它对于巩固聋生的语言知识、促进作文能力的提高大有裨益。但近年来，越来越多的聋生希望读高中，对语文知识的传授和阅读理解能力的培养、单元作文的训练已让语文老师觉得每周的语文课时紧巴巴的不够用，平时又要组织学生参加单元考、学校期末考，课时数就更加紧张；加上对日记的个别指导、集体评讲较费时，教师腾不出大量的时间来训练聋生写日记。在调查中发现，对于篇幅短小、句子不通顺的日记，有的教师无法修改就批了“阅”字，据访谈学生表示，这是“零分”的含义，学生对这种评语很有挫折感，希望老师给予一定针对性的指导和评语。还有的聋生受到一些语文教师本身文学素养和书面表达能力的影响，一些班级的日记指导和训练处于自发状态。因此，如何协调好语文教学和日记教学的关系，使之相互促进，还需要进一步探索。

4. 继续做好日记教学和心理疏导、道德教育的关系

从日记调查来看，我们的聋生思想较单纯，没有激烈的心理、思想冲突，更多的是在同学关系的处理、个人利益与思想品德的冲突以及对病痛的恐惧和担忧上。如在学雷锋活动中，一位学生干部认为地上的垃圾不是自己所扔，不愿捡起来，看到老师捡起来，心中惭愧、自责；一名女生因为担心学校停水，不顾同一宿舍里低年级同学先冲凉的规定，自

己先冲凉而遭遇同学鄙视时内心的矛盾；一位聋生吃了不卫生的食品，引起呕吐，心里很恐惧，写自己“想去跳楼自杀”……

学生这些思想和愿望都是他们内心真情实感的流露，是鲜活的思想教育的材料。因此，教师要发挥评语的作用，对学生进行适时引导和帮助，使聋生更愿意在日记里和教师交流，使我们的教育更有效、更全面。

5. 拓宽日记的题材，引导聋生关注广阔的社会生活，训练思维的深刻性

由于聋生寄宿在校，和社会接触较少，日记内容的范围比较狭窄，大多停留在对学校生活、家庭生活、个人感受的描述上，只有极少数优等生的日记内容涉及社会生活和时事新闻，如有聋生写了日本“3·11”大地震后，一些聋生想到日本侵华的罪行后幸灾乐祸的反应和她个人的看法：她觉得这些同学不该如此，因为遭遇地震灾害的人民很可怜；也有聋生写到“谣盐”事件后，一些同学在QQ个性签名上的不文明留言；还有一些聋生因为看电视或玩游戏晚睡受到父母打骂和父母关系紧张而郁闷，同学劝解其这是父母对孩子管教负责的严格的爱……他们主要通过阅读每日的《东江时报》来了解外面世界的变化，但是看报纸时，很多聋生只停留在娱乐通俗版面上，对社会新闻缺乏兴趣。关于西南大干旱、天宫一号升天等重大事件，他们也只是停留在图片的感知上，因此写日记时其思维缺少深刻性，在作文上也是如此。在2008年升中考试作文中描写“5·12”大地震“天灾无情人有情”和在省聋生写作竞赛活动中描写奥运会的感受时，绝大多数聋生只是作描述性的场面描写，很少写议论和情感表达的句子。

因此，教师要多引导聋生留心社会的变化，挖掘一些情感性的日常事例，丰富日记的题材，深化日记的内容，让聋生丰富多彩的内心世界展示在我们面前。

参考文献

1. 季佩玉，黄昭鸣．聋校语文教学法．上海：华东师范大学出版社，2006.
2. 初中学生日记写作现状调查报告．百度莲山课件．

在愉悦中高效学习

——浅谈如何激活语训课堂教学

韶关市启智学校　冯穗元

【摘　要】教师的教和学生的学构成了教学活动中的主要矛盾，教师有效、高效的教必然会带来学生愉悦、持久的学。在传授给学生一定的学习方法之后，教师要充分调动学生的学习主动性，最大限度地激发学生主动学习的欲望。由于听力的缺失，聋生更需要动用多种感官参与语训，使语训过程变成听、说、读、写、想的综合活动，有利于知识的巩固。教师要创设愉快的课堂教学环境，让聋生积极地参与到学习活动中，让其通过动手、动口、动脑从而在愉悦中高效地学习。
【关键词】高效；激情；有心；善变

建构主义认为，知识不是通过教师传授给学生的，而是通过学生积极思考主动构建的。在传授给学生一定的学习方法之后，教师要充分调动学生的学习主动性，最大限度地激发学生主动学习的欲望。由于听力的缺失，聋生更需要动用多种感官参与语训，使语训过程变成听、说、读、写、想的综合活动，信息可以通过多种感觉通道到达大脑皮层，形成广泛的神经联系，有利于知识的巩固。教师要创设独特的、轻松的、愉快的课堂教学环境，让聋生积极地参与到学习活动中，让其通过动手、动口、动脑从而在愉悦中高效地学习。

一、做激情人，带动聋生的参与性

在国际上久负盛名的英国英语教学专家 Jerry Hasmer 提出了语言教学的三个要素：投入（engage），学习（study），运用（activate）。这三个要素是语言教学成功的基本条件，通过它们之间顺序的变换，可以创造出多样的教学模式，取得最佳的教学效果。

投入是第一位，教师通过不同的活动和方法引起聋生对所学语言材料的兴趣，促使他们参与，这就要求教师要做一个激情人，感染聋生，带动聋生积极地参与活动。如果学生不能全身心地投入课堂教学活动中，教师应该首先从自己身上找原因，教师的激情永远是学生高效学习的催化剂，是课堂的灵魂。

（一）树立充满激情的教学态度

课堂效率始于教师自身对教育艺术的追求，对语言教学的理解，对学生的热爱和对教学实践的激情。不管我担任班主任与否，平时我都非常注重把感情投入培养师生关系上，经常有目的、有意识地找机会与聋生沟通：从生活上，做聋生的“好朋友”，关心他们，爱护他们，在孩子们有困难、有心事的时候帮助他们，开导他们；平时在休息的时候，聋生总爱围着我问这问那的，比如：阳同学的额头上长痘痘了问我怎么办，卢同学与我交流“植物大战僵尸”（电脑游戏）里“僵王博士的复仇”一关的通关秘诀……我亦师亦友般地分享着他们的快乐与忧愁。有了感情和默契，在语训课堂中，师生互动越来越融洽，每周的语训课成了我们快乐的约定。

（二）善用充满激情的教学语言

教育家苏霍姆林斯基说：“应该让教师的每一句话都充满了激情，这些话能让学生们欢喜雀跃、激动不已，或心旷神怡、义愤填膺。”教师要善于通过自身的语言素养，融情感于教学，激发聋生的兴趣和热情。将语言和非语言手段巧妙结合，借助姿态、表情和手势等非语言手段传递信息，调动聋生学习的积极性，使聋生乐于积极表达自己的看法和想法，由想动口发展到想动手。在语训课堂中，只要孩子一点点小进步我都不会吝啬我的大拇指；当孩子出现错误时，我会及时拍拍他的肩膀，告诉他下次再加油。

（三）运用充满激情的教学行为

激情可以传递，教师的激情可以唤起学生极大的学习欲望，当学生的激情和学习欲望被激发、被唤醒后，就能够产生不可想象的动力，进而极大地提高教学效率。在语训课堂中，我将激情融入课堂，在每一个细节的处理上，都全身心地投入了自己的情感，尽可能多渠道地加强自己与聋生的沟通和交流，以我的热情唤起聋生的学习激情与兴趣。在游戏、比赛中，我就似聋生的同龄人，全身心投入，用我的饱满热情、亲切和蔼引起聋生的共鸣，带动聋生积极地参与。当然，一旦察觉到聋生的热情有所下降，老师就要及时作出相应的调整。学生是祖国的春天，富有激情的老师是学生的春天，充满活力、朝气的老师永远是学生最喜欢的。

激情是一种发自内在而且又能激动人心的感情，是精神饱满、生机盎然的象征。教师若在课堂教学中以情动情，那么师生之间就会产生情感的共鸣。教与学是一个互动的过程，在课堂上，教师的设计应该得到聋生广泛、积极的参与，这不仅要求教师热爱语言教学，科学合理地设计教学内容与结构，更需要教师充满热情和感召力将聋生带入特定的语言学习情境中，让聋生快乐而又充满情趣地学习，才能有效地实现教学目标。

二、做有心人，调动聋生的积极性

托尔斯泰说：“成功的教学所需要的不是强制，而是激发兴趣。”要激发聋生的兴趣，除了以教师的激情带动聋生参与外，还要有丰富多彩的教学形式和教学手段，而这一切都需要有大量的教学素材作为依托，因此教师要用心收集、整理和甄别教学素材，精心设计素材的呈现时机和方式，在有限的时间内追求和创造最高的教育价值。

在语训的过程中，教师通常会让聋生通过多读达到强化记忆的目的，但单调地重复，聋生只能机械、被动地跟读，很快就会失去兴趣而变得抗拒。如何才能把单调变成有趣，让聋生快乐地重复呢？这就需要教师做一个有心的人，根据语训的教学任务，结合聋生实际情况，创设更多的情境和机会，设计灵活多样的活动方式，调动聋生动起来，让聋生在动手、动口、动脑的过程中获得语言能力的发展。

游戏、玩乐是儿童的天性。“新西兰游戏中心运动”的卡罗琳·胡珀先生说：“孩子们的工作就是游戏，孩子们从他们所做的每一件事情中获得学习。”当学习充满乐趣时才更有效、更高效。课堂上科学地采用游戏不仅有助于聋生体力、智力、交际能力的发展，而且有利于激发聋生的学习兴趣。在认读字、词的时候，我经常使用以下几个语言游戏：

（1）“回声筒”：我大声读，学生小声读；反之，我小声读，学生大声读。我喜欢采取“先抑后扬”的策略。通常我会先大声地读，学生小声地读，这样重复三四次，“压”得学生恨不得我快点小声地读，这样轮到他们大声地读时通常就会全力以赴；甚至只给唇语，都能达到我预期的效果。总之，就是让学生捉摸不透，时刻保持高度集中的注意力。

（2）“大喇叭”：老师在黑板上画一个“喇叭”，在这范围内随意地摆放字词卡，让学生按照老师摆放的位置来调整自己读字词的声量，由小到大或由大到小，又或是时大时小，变化音量来重复读字。

（3）“魔术棒”：点到谁，谁就必须快速站起来大声地读。可以是个人、分组、全体进行，老师根据学生的反应灵活变换参与人数。如连续数次点一名学生或一组学生后突然把“魔术棒”指向另一名或另一组学生；针对学习能力较弱的学生可以多点几次。

（4）“猜拳”：这个游戏的输赢规则与“石头、剪刀、布”是一样的，只是要求学生在划拳时把口令换成所教学的词语，学生有节奏地念词、划拳直到分出输赢就换下一个词语。双音节词的节奏可以是×× ××｜××，如“香蕉、香蕉、香蕉”；三音节词的节奏可以是×× ×｜×× ×，如“西红柿、西红柿”。在这个游戏里，按男女学生分组效果较好。为了自己所在的组获胜，即使还没有轮到自己，聋生为了给正在猜拳的同学呐喊、鼓劲，自然也会跟着一起念，如此聋生就会在游戏中快乐地重复词语。

上述游戏是为了调动聋生更多地开口说词，老师就像一名指挥家，让聋生不由自主地在老师的“指挥”下读得心甘情愿，读得不亦乐乎，在有趣的重复中加深了对词语的记忆。事实上，没有一种“最好”的方法可以适合每一个聋生。教师在选择教学方法时，要考虑聋生的发展特点和各种方法的长处与短处，配合教学目标与教材性质，灵活选择一种以上的方法组合、优化来调动聋生学习的积极性。

三、做善变人，引导聋生的多变性

当聋生兴趣减弱时，需要教师的有效介入，教师要提高观察、指导的能力。在教学实践中，分析聋生兴趣减弱的原因有三：缺乏挑战、缺乏新意、缺乏经验。为了“对症下药”，适应和满足聋生“喜新厌旧”的学习需要，这就要求教师做一个善变的人，善于学习，乐于接受新事物，与时俱进，跑在聋生的前面，引领聋生不断进步。教学方法，要从“一成不变”到“灵活多变”。教师的智慧就是体现在其灵活多变的教学方法中，生动形象的、充满艺术性和感染力的课，会使聋生终身受益。

基于对此的深刻认识，每隔一段时间，我总要梳理、总结用过的方法，在反思中不断有新的启发。在关注个别聋生注意力的基础上，我又将关注点放在如何创设机会让聋生们在合作、交流中学习语言。我在聋生回答老师问题的方式上设计了抽签答题和抢答两种形式，这样，每组同学最后的得分就由三部分组成：同学互相提问得分、抽签答题得分、抢答题得分。尤其是抢答环节，题目充分体现了教学的重点和难点，是当聋生兴趣减弱时的有效变化，对于激发聋生的斗志非常奏效。学生必须在我的指挥棒或口令下了后方可抢答，变“请我答”为“我抢答”。在野生动物世界里只有竞争才能生存和繁衍，在我看来，学生参与学习的“斗志”与动物世界里的生存规则是一致的。

工作之余，我常常从媒体获取新的知识，尽管有些表面看来与语训教学没有直接关联，但它们却是我教学设计的灵感之源。如在央视的“三星智力快车”、“智慧树”、“银河之星”等娱乐栏目的启发下，我在聋生回答问题的方式中注入了竞赛、游戏的元素。这个模式操作的技巧是：进行游戏，必须规则在先，教师课前给出了清晰的游戏规则，学习被分成三个阶段，每一个阶段都有清晰的任务，全班同学被分为四个大组，以小组总分高的一组为优胜者。在“游戏”中，每一个人的成败都可能关系到自己团队的总成绩，每一个个体都已经纳入团队中，聋生不再是以往课堂中的“听众”和“书记员”，而是“挑战者”和“应战者”，这样的角色就要求聋生做好充分的准备。事实上，这样做的深层意义就是把课堂的主体地位还给学生，让学生真正成为课堂的主人。在这种情况下，语训课堂怎能不让聋生“一往情深”呢！

在完成“认识水果”单元的新授后，为了加深聋生对词语的记忆和提高运用词语说句的能力，我模仿“超级无敌掌门人”节目，设计了一个接龙游戏。如第一个学生说：“我喜欢吃葡萄。”第二个学生则说：“我喜欢吃葡萄和香蕉。”以此类推，第十位同学就要说十个水果名称。游戏规则是自己所说的不能与别人重复，而重复的名称和顺序必须是准确无误的，要求一边说一边打手语，一旦出错就退出游戏。在这个游戏里，每一位聋生尤其是排得越后面的聋生，眼睛必须要聚精会神地看着前面的同学说词、打手语，脑袋要清晰地记着谁说了什么，而且自己还要想一个与前面同学所说的不一样的水果名称。游戏在进入第五个同学后，随着难度的增加，聋生的注意力会越来越集中，也会感觉越来越刺激。到了最后第十二名同学，如能全部准确无误地重复出来且自己又与众不同，成功后全场欢呼雀跃，他就会像偶像一样被同学们崇拜！因此同学们都抢着挑战。而我作为老师，偶尔也会参与进去，有时是排在中间，有时在最后，常常和孩子们一起玩得不亦乐乎，让他们也好好崇拜我一下！这样，每节语训课都让孩子们充满了期待。后来，在每一个单元复习环节，我都用这个游戏来巩固聋生所学的知识和提高他们的记忆力，收到了不错的效果。

佐治亚大学心理教育系格林教授认为：“教学效果显著的老师对所教的科目、教学和学生都抱有极大的热情。他们不断鼓励启发学生，他们知道自己不只是在传授知识，还在培养学生的态度，改变学生的生活，帮助他们意识到自己的潜能。对他们来说，教学是一门行为艺术，每一节课都是一次表演，不管他们是教一名学生还是五百名学生，都力求做到最好，乐此不疲。对他们来说，教学不是烦人的事，相反，它是丰富学生知识，增强学生对该门课程的认识的一种难以抗拒的挑战。”不管是老师还是聋生，都应该在语训的教学过程中享受到学习的愉悦与成功。

三千年以前，古希腊学者普罗塔戈曾经说过："头脑不是一个需要被填满的容器，而是一把需被点燃的火把。"教师应该是火柴、打火机，主要职能不是自己燃烧，而是点燃学生的希望之火、智慧之火！教师的教和学生的学构成了教学活动中的主要矛盾，教师有效、高效的教必然会带来学生愉悦、持久的学。教师要以自身的激情、用心和善变来激活语训课堂，激活聋生的思维，在知识交汇时碰撞出智慧的火花，实现师生共同发展。

参考文献

1. 刘世斌．引领聋生高效学习——名师讲述如何提高聋生课堂学习效率．重庆：西南师范大学出版社，2008.

2. 蔡笑岳．心理学．北京：高等教育出版社，2000.

浅谈聋校中年级聋生看图写话训练的研究

韶关市启智学校　钟松英

【摘　要】聋生由于听力障碍，不能听话、说话，影响了与健听人的交流，造成沟通障碍。因此，提高写话能力对于聋生来说显得十分重要。看图写话是聋校中年级语文教学的一项重要内容，是聋生从学句到作文的过渡，更是培养聋生语言表达能力的基础。那么如何提高中年级聋生看图写话的能力呢？笔者结合教学实践经验，就如何指导中年级聋生进行看图写话训练作以下阐述，希望能与各位探讨。

【关键词】聋校；中年级；聋生；看图写话

《耳聋学生心理学》明确指出："耳聋学生对句子的理解和掌握是形成和发展语言的重要能力，是掌握语言的关键。只有能理解句子并运用句子来表达完整的思想，那才算是真正掌握了语言。"由此可见，提高写话能力对于聋生来说十分重要！但是聋生由于听力障碍，无法形成完整的语言信号系统，使得他们的语言发展受到很大影响，造成了与健听人沟通的障碍。作为聋校教师，如何才能提高聋生的写话能力呢？耳聋学生不能听话、说话，"看"就成了他们接受知识的重要途径，因此，我们要从图片入手，从句入手，加强训练聋生看图写话的能力！

看图写话是聋校中年级语文教学的重点，是对聋生所学习的词语、句式及其他相关能力的一种综合训练，更是培养聋生语言表达能力的基础。聋生从三年级开始初步接触看图写句，经过训练，慢慢从写几句话向写一段完整的话过渡，思维也由具体形象思维逐步转向抽象逻辑思维。教师如何引领聋生入门，如何提高聋生看图写话的兴趣与能力显得尤为重要。笔者结合教学实践经验，就探索聋校中年级看图写话教学的策略作以下阐述，与各位探讨。

一、掌握科学观察方法，培养聋生观察能力

观察是知觉的特殊形式，它具有较深的理解性，是一切知识的门户，更是聋生认识世界的重要途径。教给聋生科学的观察方法，培养良好的观察习惯，对聋生思维的训练和写话能力的培养具有重要作用。然而，聋生观察事物时往往存在着笼统性、表面性和随意性特点。面对图画，很多同学都束手无策，不知道要从何处下手才能把句子完整地表述出来。俗话说看图写话，看图是基础。因此，教师在指导看图的过程中要注重教给学生科学

的观察方法，促使学生的观察有序、分清主次、抓住细节、力求全面。聋校中年级的看图写话训练，从图画数量看由单幅图逐渐过渡到多幅图；从图画表现的内容上分为写景物类和叙事类，而观察图画的方法有很多种，具体概括如下：

（1）按方位观察：可以是由高到低、由左到右、由前到后、由里到外、由近到远或从中间到四周等。

（2）按内容观察：可以先整体后局部，先中心后陪衬，先主体后细节。

（3）按记叙要素观察：时间、地点、人物、事件、背景。

（4）按照事物发展的先后顺序观察：先怎样，再怎样，最后怎样。

（5）在看一幅图的基础上过渡到看几幅图，还要注意引导学生抓住图与图之间的联系。先把几幅图连在一起看，把表达的大概情节抓住，知道每幅图共同表现的主要对象是什么，然后再一幅一幅具体细致地看，弄清每幅图内容之间的关系和顺序，这样才能为进一步构思打好基础。

看图写话是对提供的一幅或一组图进行描述的写句练习，这是聋生写句的起点训练，也是聋生从写句到作文的过渡。在训练时，要因图而异，灵活运用，每幅图都要根据不同的画面选择适合的观察顺序，运用不同的观察方法，只有按顺序观察了才能表达有序，而不是杂乱无章。

二、狠抓句式练习，形成良好的思维习惯

我们在指导看图上下功夫，除了让聋生掌握看图的方法之外，还要关注时间、地点、人物、事情，然后慢慢深入到加上合理的想象，这样做的目的在于培养学生对事物的认识能力和概括能力，形成良好的思维习惯。在学习基本句式时，我们应注重由浅入深、循序渐进地指导学生掌握句式，首先从“两素句”开始，过渡到“三素句”、“四素句”和“五素句”。

“两素句”——谁　干什么

“三素句”——谁　在哪儿　干什么

“四素句”——什么时间　谁　在哪儿　干什么

“五素句”——什么时间　谁　在哪儿　干什么　结果怎样（或心情如何）

刚开始学写话，“两素句”和“三素句”最能激发聋生学习的兴趣，教师要经常给孩子们搜集一些主题鲜明的图让他们进行说话写话的训练，他们只要能写清楚图中有谁，在哪儿，干什么就可以了。练习的时候要循序渐进，从“两素句”开始，慢慢过渡到“三素句”、“四素句”和“五素句”。如聋校语文第六册有道看图说话的练习《植树》，教学的时候首先要引导学生根据图画确定故事的时间、地点、人物、事情：星期六早上，三年级的同学在马路边植树。接着请学生们根据画面以及自己的生活实际想象他们是怎么植树的，聋生按照这种思维模式，按从左到右或者从右到左的顺序观察，并根据观察的顺序大胆地“说”，然后书写。有的同学“说”和写道：“星期六早上，三年级的同学在马路边植树。有的铲土，有的扶着小树苗，有的浇水，还有的站在旁边休息。”这样的表达就显得条理清晰。有的聋生还充分发挥想象写了“植完树，大家就坐公共汽车回家了”、“植

完树，大家就高高兴兴地回家了，我们要向他们学习多植树”……这样的练习形式多了，聋生就不会看着图而感到无从下口、无从下笔了。同时，爱说、爱写的兴趣就更浓了，良好的思维习惯也会逐步形成。

三、挖掘教材资源，进行看图写话训练

1. 巧用插图，学习课文

聋校中年级的语文教材蕴含丰富的写话资源，课文篇幅简短、内容通俗，是由一幅或几幅图和表达图意的几组句子按事情发展的顺序组成的。教学时，要图文对照，指导学生按课文的顺序观察图画，学习课文，并借助图画理解语句意思。如第六册的看图学文《春天来了》，教师先指导学生观察远处的麦田、油菜花，再看近处的柳树和青蛙，最后看校园。通过图文对照，理解句子的意思和课文的内容。但是有些语句图中是没有反映出来的，如：麦苗醒了，舒展着叶子，柳树发芽了，青蛙在抓虫，我们在教室里读书等，我们就要启发学生发挥想象，理解句子所要表达的动态美。除此之外，我们还要注重引导学生看图复述课文。复述是通过内部言语形式，对课文的重新概括，必须建立在对课文有一定程度理解的基础上，不仅能使学生对课文印象更加深刻，还能使语言更加规范，从而进行语言积累。看图复述课文能避免盲诵枯记，提高效率。如：第七册《一只小羊羔》就是最典型的例子，要求教师指导学生背诵课文。我抓住文中所有的句子都能在插图中体现出来这一特点，采用集体、个别竞赛等形式，让学生按顺序看图复述课文内容。通过训练，课文内容已不知不觉深深地印在了聋生的脑海里，复述能力也得到很大的提高，最终达到背诵课文的目的。

2. 结合图片，仿写句子

著名的语言学家张志公先生曾说过：“模仿是学习的必经之路。”由此可见，任何一种语言的学习都是从模仿开始的，包括母语学习。特别是聋校中年级学生，他们由于听力障碍，无法形成完整的语言信号系统，再加上生活经验贫乏，语言积累不丰厚，写话对他们来说很困难。因此，我们要从聋生的身心特点出发，凭借文本教材，结合丰富多彩的图片，从看图仿写句子入手，逐渐过渡到仿写课文。聋校中年级语文的句子教学以仿写为主。如在第五册，我们学习了一个新句式：苹果是水果，梨也是水果，它们都是水果。仿写时，我从生活中最常见的物品开始，为学生提供丰富多彩的图片，引导学生运用所学的词语进行仿写句子练习。如出示一组蔬菜的图片，学生则可以看图仿写出以下句子：芹菜是蔬菜，包菜也是蔬菜，它们都是蔬菜。除此之外，还可以出示文具用品、交通工具等丰富的图片，引导学生通过看图进行仿写句子训练，从而使学生熟练掌握这些句式、积累句子，这不仅能提高学生的写话能力，还能为学生写话能力创造自由发展的空间。

3. 画写结合，仿写课文

作家秦牧曾说过：“绘画可以说是用线条和颜色来表现的文学，文学也可以说是用文字来表现的绘画。”聋校教材中有许多文笔优美的课文，根据教材的要求和聋生的实际，模仿例文练习写话，这是读写结合的有效方法。教学中，我深入挖掘教材内容，借助有特色的段落，让聋生进行仿写练习，提高他们的写话能力。如第六册《我的家乡》一文，要

求学生仿照课文，描写自己的家乡。首先，我让学生把自己的家乡画下来，并涂上美丽的色彩；其次，让学生根据自己所画的画，仿照课文说句子；最后，进行仿写。这种画写结合的方式让学生兴趣极高，通过实践，我们欣喜地发现孩子们的写话兴趣高涨，写话能力也有了明显提高。

4. 单图基础，多图提升

看图写话，从形式来说可以分为看单幅图写话和看多幅图写话。聋校中年级看图写话以单幅图为基础，逐渐向多幅图提升。在单幅图教学中，教师重在引导观察的顺序，主要培养聋生看图说写一两句意思连贯的话。对多幅图来说，大多数都是按事物发展变化的自然顺序排列的，教师在指导聋生看图写话时，要注意比较图与图之间的联系和变化，把多幅图画变成一个完整的、连贯的事物。在看单幅图进行写话训练的基础上，进一步培养聋生向看多幅图过渡，对中年级聋生来说，这是一个飞跃，更是一个提升！

四、综合实践活动，提高看图写话能力

1. 写绘画日记

聋校的孩子在绘画方面有一定的天赋，我充分利用了聋生的这一特长，指导学生写绘画日记。如：我们在教室的观察角种了一盆花生，从种下花生的那一刻开始直到收获的季节，我都要求学生把种花生的每个环节以绘画的方式画下来，并在画的下方以文字的形式把花生成长每一阶段的情况记录（描写）下来。我也及时对写得连贯、完整、语序通顺、实际记录的同学给予鼓励。这样的方式，同学们都很喜欢，争着在记录本上写。把抽象的写话训练和形象直观的绘画有机结合，大大激发了聋生写话的欲望。

2. 组织形式多样的看图写话竞赛活动

聋生有了写话的基础之后，要给他们提供表现的机会，鼓励他们敢于表达。我们每学期都开展形式多样的看图写话竞赛活动，如：“绘画日记比赛”、“仿写课文比赛”、“看图写话比赛”等。教师对写得好的学生进行奖励，并把每位同学的作品张贴在教室的“学生个人秀”展示栏里，让大家互相学习。这些竞赛和展示活动，不但培养了聋生积累和运用语言的能力，而且能有效提高学生看图写话能力，更增强了聋生的竞争意识。

3. 从看图写话向生活过渡

叶圣陶先生说过：“生活犹如泉源，文章犹如溪流，泉源丰盈，溪流自然活泼的昼夜不息。”的确，丰富多彩的生活是写作的源泉。看图写话的内容很多都是我们日常生活中所见到的场景，但许多聋生对生活中的场景不留心观察，也不懂得如何用语言文字表达。因此，我们要善于引导聋生发现生活的点滴，尝试说写，真正做到学以致用，活学活用，让聋生养成爱说话、常写话的习惯。在学校木棉花开的时候，聋生们都来告诉我：“花，开了！”、“花，漂亮！”我马上把握这一时机，鼓励大家说一句完整的话：“学校的木棉花开了，真漂亮啊！”我还利用课余的时间，让聋生们把描写木棉花开放的景象用文字记录下来。有的同学写道：“木棉花开了，有红色的、橙色的，好美啊！”还有能力较强的同学写道：“学校的木棉花开了，真漂亮啊！一阵春风吹过，木棉花纷纷落下来，同学们看见了，马上跑过去捡花。”……中年级的语文课文还有很多来自生活的题材，如《秋天》、《让座》等。当生活中出现这些场景时，我们也可以引导学生回忆课文中描写此场景的句

子，同时运用自己的语言把所见到的、所感受到的来“说话”、写话，真正做到学以致用。

“海阔凭鱼跃，天高任鸟飞。”作为聋校中年级教师，发展聋生看图写话能力任重而道远。实践证明，通过以上多种形式的练习，循序渐进地进行教学，不但可以提高聋校中年级学生的语言交际能力，使其形成良好的语言习惯，还为其今后阅读写作、与人沟通交往能力的培养奠定厚实的基础，有利于聋生的全面发展和终身发展！

参考文献

1. 朴永馨．特殊教育概论．北京：华夏出版社，1994.
2. 季佩玉，李宏泰．聋校语文教学200问．北京：华夏出版社，1993.
3. 季佩玉，简栋梁，程益基．聋教育教师培训教材．北京：中国盲文出版社，2000.

用语文新课标打造新样的课堂

——构建“自主、合作、探究”课堂教学方式

湛江市特殊教育学校　李远来

【摘　要】 新课标倡导学生“自主、合作、探究”的学习方式，这就要求教师转变教学观念。本文在“唤起求知欲，引导聋生自主学习”、“鼓励小组合作学习，促进聋生有效互动”、“开展探究性学习，培养聋生语文思维能力”三个方面从理论和实践上阐述了用语文新课标打造“自主、合作、探究”的新样课堂，构建课堂有效的教学方式、方法，促进聋生主动发展，提高聋校语文课堂的教学质量。

【关键词】 新课标；自主；合作；探究；教学方式；构建

《语文新课程标准》指出：“学生是学习和发展的主体。语文课程必须根据学生身心发展和语文学习的特点，关注学生的个体差异和不同的学习需求，爱护学生的好奇心、求知欲，充分激发学生的主动意识和进取精神，倡导自主、合作、探究的学习方式。”这就要求我们教师必须按照新课程标准的要求，合理构建新样的课堂，从而运用多种教学方式和方法，引导学生积极参与，自主学习、合作学习、探究学习，实现语文课程的学习目标。结合本人的新课程教学实践，我对这一问题进行了以下理论与实践方面的探讨。

一、唤起求知欲，引导聋生自主学习

自主学习就是能自己主动地而不是被动地学习，是学生有明确的学习目标，强烈的学习动机，对学习内容和学习过程有自觉的意识和反应的一种学习方式。俄国作家列夫·托尔斯泰曾说过：“成功的教学所需要的不是强制，而是激发兴趣。”在语文教学中，一旦激发了学生的学习兴趣，学生就会对语文产生一种热爱之情，就会自觉地去学习、去钻研、去体验。因此，要培养聋生语文自主学习的能力，教师首先要让学生的情感动起来，创设生动丰富的情境，激发学生学习的兴趣，满足他们不同的学习需要，从而提高语文学习的主动性、自觉性。

1. “我能行”——提高聋生自主参与意识

聋生由于听力障碍程度的不同，听力补偿和语言训练效果的差异，语文能力的发展也具有不同的阶段性。在课堂上，个别听力好的学生总是表现得很活跃，于是，我们聋校的语文课堂成了“教师和少数聋生之间的活动，掩盖了多数聋生的学习需求，实际上是一种

淘汰式的教学”。

新课标首先强调面向全体学生，这就要求教师在教学中要抑制自我中心意识，尊重学生的主体地位，有针对性地采取合适的教学策略，设计不同层次的问题，让能力不同的学生都有参与课堂活动的机会。在实践中，我对学习基础差、参与意识不强的学生，总是设计一些较容易的问题让他们回答，并做到及时肯定，热情鼓励，让学生意识到“我能行”，以此来提高学生的自主参与意识，让学生得以生动活泼、自由的发展。

2. *“我要学”——利用多媒体激起聋生求知欲*

实验心理学家赤瑞特拉通过大量的实验证实：人类获取的信息83%来自视觉。而多媒体技术把视听功能和交互功能结合在一起，为学生创设了丰富多彩、图文并茂的语文世界，使学生形成多渠道、多感官的综合刺激，适合聋生“主要依靠视觉、肤觉、味觉和嗅觉等途径感知外界事物”的感知特点。因此，在语文教学中，应该把“信息技术当作学生获取信息、探索问题、解决问题和构建知识的认识工具。在学科教学中要广泛应用信息技术，实现学科教学与信息技术的‘融合’”。在教学实践中，我充分利用学校的多媒体平台，结合课文内容制作了生动活泼的PPT和Flash课件，有效地激发了学生的学习兴趣，使学生产生强烈的学习欲望，从而形成学习动机，促进学生语文知识的有效掌握。

例如，《看月食》这一课，单凭课文插图，虽然能讲清楚月亮的形状变化，学生却无法切身感受“月食”这一大自然的壮观景象，更无法直观地探究它形成的原因。于是我上网搜集了月食的视频做成Flash课件让学生观看。学生“身临其境”，在观看时都不由自主地随着月亮的变化说出“像小船，像镰刀……”看完月食的动画，有的学生甚至产生了这样的疑问：“月亮为什么会这样呢?”于是，我顺势引导学生去探寻月食形成的原因。再让学生观看“地球转到了太阳和月亮的中间，挡住了太阳光”的三维动画。由于课件直观明了，学生不但理解了课文内容，感受了大自然的奇观，更激起学生探索大自然、探索宇宙奥秘的朦胧意识。

3. *“我会学”——生活情境点燃聋生思维火花*

《聋校义务教育课程设置实验方案》明确指出：“各门课程都应重视学科知识、社会生活和聋生自身经验的整合，加强学科渗透。”在教学中，联系学生的生活经验和生活环境，通过创设“生活化”的教学情境，让学生观察、思考、分析、讨论，能够激发学生的学习兴趣，调动学生自主学习的热情，往往能取得事半功倍的教学效果。

如在学习《上课了》这课时，我把老师站在教室门口时的形象和走到讲台前先做什么，再做什么，接着做什么的情境拍下来，学习课文时播给学生看。由于学生是在看自己上课，所以感到很亲切，看得也很认真，看完后都不由自主地说：“（刚才看的）和课文写的一样。”接着我引导学生结合视频理解课文内容，学生都兴趣盎然，很快掌握了课文的知识，对一些动词的理解也很到位，在之后的仿写作文中，写出了很多精彩的句子。

二、鼓励小组合作学习，促进聋生有效互动

合作学习是教师和学生在小组或团体中为了完成共同任务，而有明确的责任分工的互动性学习。让学生带着任务和问题参与教学过程，既可以使学生的学习目标更为明确，也

有利于培养责任感及团结协作精神。

1.“说一说”——让学生动“口”

新课标要求学生主动学习，这就应让学生敢说、能说、会说，通过“能口则口，能手则手”来表述自己的思想、见解。在实践中，让学生“说一说”不仅可以培养学生的表达和思维能力，还能锻炼学生的胆识，积累学生的语言。

如学习《群鸟学艺》时，在学生看完“群鸟学艺”的动画，学完课文第二自然段后，我让学生运用刚学的学习方法分组讨论，完成以下表格：

凤凰教	群鸟学艺				
	群鸟	想法	态度	做法	结果
	老鹰				
	乌鸦				
	麻雀				
	小燕子				

小组成员分工合作，有的找老鹰，有的找麻雀……每个人都积极思考，各抒己见。最后每个小组选一名代表上讲台汇报。通过讨论汇报，学生对“群鸟”学艺的想法、态度、做法和结果有了全面的理解，在此基础上，我让学生进一步讨论：谁搭的窝最好？哪些鸟没有学好搭窝的本领？为什么？我们应该向谁学习？以此激发学生的求知欲，让学生畅所欲言，充分调动学生动脑动口的热情，从而提高学生的思维能力和表达能力，让学生在“说一说”中求新知。

2.“演一演”——让学生动“身”

聋生喜欢表演，善于模仿。在教学中，教师可以选择一些典型材料，通过朗诵、小品、短剧、游戏等多种形式，尽量让全部的学生都参与活动，使学生在参与过程中增长知识，培养其创造力和团结协作精神。如学习《老鹰捉小鸡》这一课时，我让学生分成两个小组轮流表演这个游戏。这个小组表演时，另一个小组就当“裁判”，看看是否把“母鸡”、“老鹰”和“小鸡”的动作神态表演到位，是否符合课文的描述。由于既可以做游戏，又可以当裁判，课堂上学生气氛非常活跃，个个情绪高涨。表演时，哪个动作表演得不到位，哪个顺序调换了，学生都能一一指出对方的“缺点”，从而加深了对课文的理解和体验，并从中受到情感熏陶。

3.“画一画”——让学生动“手”

新课标强调：“要注重跨学科的学习和现代化科技手段的运用，使学生在不同内容和方法的相互交叉、渗透和整合中开阔视野，提高学习效率，初步获得现代社会所需要的语文实践能力。”在语文课中，根据教材的内容，让学生“画一画”，不仅能锻炼学生的绘画能力，还能大大地激发学生主动感知课文的兴趣，更能让老师考查学生对课文内容掌握的程度。

如在教《家乡的桥》这一课时，我让学生分成三个小组，要求学生把课文中介绍的各种桥，能画的就画出来，看看哪个小组画得最多最好。学生都摩拳擦掌、跃跃欲试。我把画纸发给他们时，他们主动分工合作——画画好的同学主笔，理解能力强的同学讲解，其他同学协助补充。经过一段时间的紧张“创作”，一幅幅惟妙惟肖的“桥”也呈现在老师的面前：石板桥、元宝桥、骆驼桥……有一组同学还画了一幅《小桥流水人家》的画作：高高的石拱桥上面挂着微笑的太阳，几个小朋友正在跳水，桥旁边一棵大树下面，几个小朋友正在下棋……

让学生合作“画一画”，加速了学生对课文语言文字的感悟和理解，同时深化了学生对文本的情感体验。

三、开展探究性学习，培养聋生语文思维能力

探究性学习指的是学生“独立地发现问题，探索解决问题的方法，获得自主发展的学习方式”，其主要特征是“问题性、实践性、参与性、开放性”。在聋校，由于聋生语言能力发展落后于正常儿童，学生质疑问题的能力较差，有的老师就否认学生的探究能力，认为只有“传授—接受”的传统教学方式才能让聋生学得更好，其实这是对“探究性学习”认识上的一种偏差。在聋校的语文教学中，只要引导得当，聋生也能进行积极的探究与实践。

1. 实验探究——引发问题意识

“问题是进行探究活动的起点，并贯穿于探究的全过程。”因此，语文教师对学生提出具有挑战性和吸引力的问题并使学生产生问题意识，是进行探究性学习的关键所在。在教学中，为了让学生主动参与课堂教学，积极进行自主学习和探究，我经常把教学内容设计成学生感兴趣的问题，以此来引导学生积极探索和研究。

如学习《捏鸡蛋》这一课之前，我“复制”了课文的实验：请一位同学上讲台来捏鸡蛋，我让那位学生把鸡蛋握在手心，十指并拢使劲捏，那位学生怎么用力也捏不碎。这时，同学们个个兴致勃勃，争先恐后地举手。我让几位大一点的同学轮流捏，也不行。这时，同学们的脸上都露出了疑问的表情，表现出强烈的求知欲望。于是，我引导说：“同学们，鸡蛋为什么捏不碎呢？有没有什么办法把它捏碎呢？”再让学生自读文本，从文本中探寻答案。学生都迫不及待地投入到“探究”之中，取得了较好的教学效果。

2. 实践探究——自主解决问题

教育家苏霍姆林斯基说过：“在人的心灵深处，都有一种根深蒂固的需要，这就是希望感到自己是一个发现者、研究者、探索者”，而在聋生的精神世界中，这种需要也特别强烈。在教学中，我重视联系聋生的生活和实践，积极引导学生去观察、去发现，以培养学生积极探究的意识。

如《瓜籽怎么放》这一课，“瓜籽究竟怎么放呢？”聋生缺少这方面的生活经验，老农也没有直接告诉小朋友，课堂上学生也分成了两派，有的认为瓜籽嘴儿朝上，有的认为瓜籽嘴儿朝下。我找来南瓜籽，让学生自己种种试试。学生都非常感兴趣，种的时候，令我意外的是，有的同学不但把瓜籽的嘴儿朝上和朝下放，还朝左朝右放了。过了几天，我去上课的时候，学生都高兴地跑来告诉我，瓜籽都发芽了，还拉着我去阳台看。学生通过

探究活动将“真相大白于天下”，老农的话是什么意思也迎刃而解。这样，拉近了语文与学生的距离，从而让学生感受到活生生的语文，生活处处皆语文。

用语文新课标，打造“自主、合作、探究”的新样课堂，构建新课堂教学方式、方法，是新课程教学改革的一大亮点，也是一大难点，不可能毕其功于一役。但我们有信心坚持探索，务求在实施新课程改革中不断完善。

参考文献

1. 语文课程标准研制组．语文新课程标准．北京：人民教育出版社，2003.

2. 周立群，庞车养．与新课标同行：语文新课程教学论．广州：华南理工大学出版社，2005.

3. 季佩玉，简栋梁，程益基．聋教育教师培训教材．北京：中国盲文出版社，2000.

4. 孙杰远．信息技术与课程整合．北京：北京大学出版社，2002.

5. 教育部．聋校义务教育课程设置实验方案，2007.

聋校高中语文元认知阅读策略教学研究

广州市聋人学校　朱锐江

【摘　要】采用前后对比准实验的方法，自编《聋高中生语文元认知阅读策略水平量表》调查聋校高中生的语文元认知阅读策略水平状况，运用自编的语文元认知阅读策略训练材料对聋校高中生进行语文元认知阅读策略教学。结果表明：聋高中生的语文元认知阅读策略水平较低；对聋高中生进行语文元认知阅读策略教学能有效地提高其元认知阅读策略水平和阅读理解成绩；对优生进行语文元认知阅读策略教学的效果好于对差生进行教学的效果。

【关键词】聋校；语文；阅读；元认知策略

读作为一种利用视觉获取语言和信息的方式，是个体生活中必不可少的常规活动。阅读对于听觉通道缺失的耳聋学生来说更是举足轻重，它是聋生获取信息、学习语言、发展思维、认识世界、提高素质、适应社会、提高生活质量最重要的手段和途径，阅读直接影响到聋人回归主流社会。

阅读能力的高低对聋人影响远大于健听人，但聋生的阅读能力却让人忧心。许多类似的研究也都指出，聋生的语文阅读水平普遍比普通学校的健听学生低三到四个年级，部分甚至超出这一范围。大部分聋生高中毕业时，阅读普通报刊还比较困难。绝大部分聋高中生还处于阅读能力、阅读任务、阅读材料三者之间矛盾进一步加剧的困难之中。

造成聋生阅读能力低的原因很多，如聋生的听力障碍，词汇量、语法句法、背景知识缺乏等，但与聋校语文授受式阅读教学的重分析轻整合、重知识轻策略、重师本轻生本等陈旧观念也有很大关系。聋生在阅读上过于依赖教师的帮助，缺少“策略”意识，缺乏独立阅读的能力。

有研究表明，优秀的阅读者和差的阅读者之间的明显差异在于前者在问题解决的过程中知道怎样和何时使用策略，尤其是元认知策略。评价阅读能力的一个重要维度是阅读者对促进文本理解的元认知策略等的掌握和使用情况。元认知阅读策略，是元认知在阅读策略中的体现，主要表现为对阅读活动的计划、监控、调节，如读前策略（定向、预测、想象），读中策略（自我调节与自我监控），读后策略（自我评价和自我反思）。元认知阅读策略是更高水平的策略，在应用元认知阅读策略的过程中，阅读者将相关的信息传送至任务执行的过程，并收集反馈信息以评价任务执行过程的成败，从而提高优化的规划，如此循环往复，阅读水平得以不断提高。

研究表明，高中是聋人阅读策略水平培养的关键时期。那么聋高中生语文元认知阅读策略水平如何？元认知阅读策略对于聋高中生的语文阅读是否有帮助呢？在聋校开展元认知阅读策略教学是否能促进聋生的语文阅读理解能力的提高呢？为此，笔者开展了聋校高中语文元认知阅读策略教学的行动研究。

一、方法

（一）研究设想

本研究主要采用行动研究法中的准实验研究，在聋校高中一年级语文教学中，开展元认知阅读策略教学，进行为期一学期的行动研究，旨在了解聋高中生元认知阅读策略水平，探讨在聋校开展元认知阅读策略教学对提高聋高中生元认知阅读策略水平、阅读理解能力的效应。

（二）被试

研究选择广州市聋人学校高一（1）班学生为行动研究的对象。该班为普通班，共 14 人，男生 8 人，女生 6 人。大部分是未经学前康复或补偿效果较差的学生，语音清晰度较差，具有普遍性和代表性。

（三）材料和工具

1. 调查工具：《聋高中生语文元认知阅读策略水平量表》（Likerts 量表）

量表参考了国内基于健听学生的语文阅读策略教学的研究，特别是第二语言教学的研究，主要是 Uruqhart 和 Weir 的二语阅读策略分类，再结合聋生阅读和聋校教学的实际情况制定。具体为以下三个维度：

（1）读前的预测计划策略，分为 3 个次维度：定向、预测、分配。

（2）读中的监控调节策略，分为 5 个次维度：注意力分配、调整阅读速度、检错、重读、自我坚持。

（3）读后的总结评价策略，分为 4 个次维度：总结、自我效能、评价、迁移。

量表的制定参考第二语言教学的研究，是因为聋生阅读属于第二语言获得。第二语言通常指的是母语之外的另一种语言。对于语前聋生来说，除非经过了早期康复，否则手语就是其母语，是第一语言，民族共同语即汉语应该是其第二语言。聋生的阅读不应等同于健听学生的阅读，而更像是以汉语为母语的学生进行外语阅读，或者是外国学生进行汉语阅读。康拉德（1979）、汉森（Hanson et al.，1984）等曾通过实验证实：用语音形式记忆的聋生比用手势记忆的聋生阅读能力强。用语音还是用手势形式记忆语言对聋生的阅读影响很大，主要原因在于阅读材料是书面语，聋生在阅读过程中不可能全用手势来记忆、理解词句，因此他们必须要舍弃母语转而运用第二语言。聋生阅读能力高低取决于他能否将语言在语音与外形上的特性应用于阅读之中，即取决于他的第二语言水平。

量表（表 1）采用 Likerts 点式计分，每个项目都是正向自陈式的选择题，让学生根据自己在阅读中的实际情况进行选择，选项由“从不这样做”到“总是这样做”共有五个等级（1 = 从不这样做；2 = 很少这样做；3 = 有时这样做，有时不这样做；4 = 经常这样做；5 = 总是这样做），分别计 1、2、3、4、5 分。统计时采用均分制，即各分维度策略分数 = 各分维度策略总分 ÷ 分维度项目数，总策略总分 = 策略总分 ÷ 项目总度，总策略分数理论分数值为 1 ~ 5，中间值是 3，分数越高表明策略水平越高。具体见表 1。

表 1　聋高中生语文元认知阅读策略水平量表

题号	题目（策略）	总是这样做（5 分）	经常这样做（4 分）	有时这样做，有时不这样做（3 分）	很少这样做（2 分）	从不这样做（1 分）
1	阅读前，我知道自己阅读的目的是什么					
2	看到标题和在阅读过程中我会预测阅读的内容					
3	我能决定哪些地方仔细阅读、哪些地方略读					
4	阅读开始后我会排除干扰、集中注意力阅读					
5	阅读时我能根据阅读内容的难易调整阅读速度					
6	我能意识到自己理解方面的错误					
7	如果文章太难理解，我也会想办法解决，坚持读下去					
8	对不太理解的地方我会重读回读					
9	阅读后我会检查阅读目的是否达到					
10	读懂一篇文章后我有成功感					
11	阅读后我会归纳阅读的收获					
12	我会从阅读中总结出有效的阅读方法					

2. 测试材料：《语文阅读测试》A、B 卷

选取记叙文、说明文、议论文各 2 篇，共 6 篇阅读材料，均为现代文，难度相当于普通学校初二上学期中等水平，总分为 120 分，完成时间为 100 分钟。A、B 卷题量、难度相当。

全部选取现代文是因为聋生的日常生活阅读中主要接触的、较有实用意义的是现代文，文言文阅读不在本研究范围之内。

3. 训练材料：自编《聋高中生语文元认知阅读策略培养材料》

教程依据《聋高中生语文元认知阅读策略水平量表》的测试结果，借鉴国外实证研究中被证明有操作性和有效果的元认知阅读策略，根据聋生的实际情况，选取了以下具体的元认知阅读策略作为教学培训的内容：

（1）读前的预测计划策略，具体为：阅读目的定向、阅读内容的预测、阅读精细度的分配安排。

（2）读中的监控调节策略，具体为：注意力的集中和调整、阅读速度随阅读难度的相

应调整、阅读过程中的自我检错、阅读困难处的重读和回读。

（3）读后的总结评价策略，具体为：阅读后阅读内容的总结、对阅读效果的评价、自我阅读效能的评价、阅读方法的总结和迁移运用。

培养材料中选取的阅读材料均为现代文，各种文体（记叙文、说明文、议论文）的材料比例相当，并配有辅助练习。

（四）准实验程序

1. 聋高中生元认知阅读策略水平调查

采用《聋高中生语文元认知阅读策略水平量表》进行前后测试来确定聋高中生的元认知阅读策略水平。

调查发放问卷后，对问卷作必要的说明，要求学生在读完每题后凭第一印象作答，在课堂上独立完成问卷，时间为 15 分钟。

实验前对被试者进行第一次测试，实验后进行第二次测试，对比两次测试的数据，分析聋高中生元认知阅读策略水平的原本状况，元认知阅读策略教学对其阅读策略水平的影响。

2. 聋高中生元认知阅读策略教学

教学训练前使用《语文阅读测试》A 卷对研究对象进行测验。

使用自编《聋高中生语文元认知阅读策略培养材料》，每周利用一节自习课的时间对研究对象进行教学，并进行配套的练习，教学时间为一个学期。

教学训练结束后使用《语文阅读测试》B 卷进行测验。

（五）聋高中生元认知阅读策略教学结构

大量研究显示，阅读策略教学采用直接或显性的训练方式效果会更好。本研究主要采用该教学方式，即教师示范策略运用，直接讲解使用这些策略的原因、场合和时机，慢慢由教师对策略使用的强制要求过渡到学生对策略使用的自我监控。具体步骤结合预测策略教学的例子如下：

（1）描述策略。策略的名称、策略的重要性、何时用、如何用等。

例如，描述读前预测策略：

在阅读全文前，可先从题目预测这篇文章可能在讲什么。或是读文章先不读完，读到某一个段落后，预测接下去的内容或故事的结局。读前先看题目：有些题目是易于“望文生义”的，只要看题目，就能马上找出主旨。读前先看作者：某些作者的写作风格是独特而分明的，有助于预测文章的风格和特色以及大致内容。预测的关键是要学会在阅读中根据文章内容自我提问和解释。

（2）示范使用策略：教师以出声思维的方式（think aloud）说出其运用策略的过程。

例如，用阅读材料《秋天的怀念》示范读前预测策略：

看文章的题目《秋天的怀念》，我根据题目预测，提出三个问题：作者怀念谁？为什么会怀念？为什么在秋天怀念？回答了这三个问题其实也概括了这篇文章的重点，把握了文章的感情基调。

文章第一段，面对儿子的悲观和暴躁的脾气，母亲会怎样做？我预测了母亲的做法。按照日常生活的经验，我认为母亲会赶快搂着儿子，说话安慰儿子。但继续阅读，我发现我的预测错了，文章中的母亲并没有说话，她“悄悄地躲出去”又“偷偷地”听，“当一切恢复沉寂，她又悄悄地进来，眼圈红红的，看着我”，我猜测母亲为什么这样做：母亲躲出去哭，不想让儿子看到她伤心，又担心“我”会做傻事，所以偷偷地听；还有一个原因，妈妈懂得让儿子自己静一静，她理解“我”的痛苦，让“我”一个人发泄情绪，忍耐我发脾气，这是一种可贵的包容。我被母亲的爱感动了。预测，让我发觉作者写法的不普通，他笔下母亲的爱的不普通，对文章的理解更深了，对文章的印象也更深了。

文章第六段母亲的最后一句话是：“我那个有病的儿子和我那个还未成年的女儿……”我会预测母亲没有说完的话是什么。文章最后一段交代了我的预测结果，我的预测是对的。

有时我的预测是正确的，有时可能是错的，如果错了，就必须修正先前的预测，然后再继续往下阅读。预测的结果是不是正确并不重要，重要的是，我的预测是否有根据，是不是合理的。当我读完一本书后，再仔细回想我预测的内容。这样一来，我的阅读会更深入更不容易遗忘。

（3）提供足够的辅助性练习：通过阅读活动，提供聋生使用策略的机会，让聋生把策略运用到阅读中去。练习后，让聋生回顾自己的阅读过程，看是否运用了策略。聋生不能使用出声思维的方式（think aloud），可以让其把自己的阅读和策略运用思维过程用手语打出再用笔写下来形成文字。写自己的策略运用思维过程，既可强化聋生的元认知阅读策略使用意识和习惯，更能练习书面语言的表达，提高语言能力。

例如，给出练习文章《死海不死》，练习从题目预测的策略：

“死海”为什么叫“死海”？为什么又不死？

例如，给出练习文章《德军剩下的东西》，练习从题目预测和阅读过程中预测的策略：

题目中“德军剩下的东西”是什么？文章的男主人公和遇到的妓女会怎样发展？二人会是什么关系？二人的结局会怎样？我的预测对吗？文章的原文与我的预测结果哪个好？为什么？

（4）策略使用的评估。聋生评估自己的策略使用情况是策略训练不可缺少的一部分。上述练习很好地提供了使用策略的机会，聋生要根据标题预测文中的内容；阅读过程中对文章的预测随着文章内容的推进不断进行相应的调整；根据文章结构进行内容预测；根据文章和段落起始句进行预测。在聋生阅读练习完成之后，笔者让他们谈谈他们是怎么预测的，是否觉得内容预测策略对他们有所帮助。同样要求聋生将自己的策略运用思维过程形成文字。

（5）策略的迁移延伸。让聋生说出在其他场合下如何运用内容预测策略，将学习的阅读策略融入日常生活的阅读活动中。

例如，日常读报纸，要特别关注新闻报道的标题，使用从题目预测的策略，帮助自己快速阅读了解新闻报道的内容。

二、结果与分析

（一）从语文阅读前后测试成绩看聋高中生元认知阅读策略教学的效果

表2　前后测语文阅读成绩

学生序号	阅读成绩（前测）	阅读成绩（后测）	提升幅度
1	78.00	94.00	21%
2	72.00	85.00	18%
3	70.00	88.00	26%
4	65.00	74.00	14%
5	62.00	64.00	3%
6	60.00	64.00	7%
7	52.00	50.00	-4%
8	51.00	56.00	10%
9	40.00	48.00	20%
10	37.00	45.00	22%
11	33.00	30.00	-9%
12	25.00	28.00	12%
13	20.00	22.00	10%
14	18.00	19.00	6%
平均值	48.79	54.79	12%

表3　前后测阅读成绩对比 *T* 检验

	Paired Differences					*t*	df	Sig. (2 - tailed)
	Mean	Std. Deviation	Std. Erro Mean	95% Confidence Interval of the Difference				
				Lower	Upper			
Pair 1　前测策略总分　前后策略总分	000 00	6.360 94	1.700 03	9.672 70		2.327 30	-3.529	0.004

分析：

从表2可以看出，语文阅读成绩前测平均分为48.79，后测平均分为54.79，后测分数显著高于前测分数。

从表3可以看出，对聋生的语文阅读前后测得分进行对比 *T* 检验，双侧配对 *T* 检验结果 Sig.（2 - tailed）：0.004 < 0.05，差异性显著，说明聋生的语文阅读前后测得分差异显著，开展语文元认知阅读策略教学有助于提高聋高中生语文阅读理解能力。

（二）从《聋高中生语文元认知阅读策略水平量表》结果看聋高中生元认知阅读策略水平状况和元认知阅读策略教学的效果

表4 前后测元认知阅读策略水平总分

学生序号	前测元认知阅读策略水平总分	后测元认知阅读策略水平总分	提升幅度
1	3.92	4.25	8%
2	3.42	4.00	17%
3	3.25	3.90	20%
4	2.75	3.33	21%
5	3.00	3.50	17%
6	3.25	3.50	8%
7	2.83	3.08	9%
8	2.75	3.17	15%
9	2.58	2.92	13%
10	2.75	3.00	9%
11	2.42	2.58	7%
12	1.67	1.84	10%
13	1.67	1.83	10%
14	1.42	1.42	0%
平均值	2.69	3.02	12%

表5 前后测元认知阅读策略各子策略得分统计

	N	Minimum	Maximum	Mean	Std. Deviation
前测子策略1	14	2.00	5.00	3.214 8	0.974 96
前测子策略2	14	1.00	4.00	2.428 6	1.089 441
前测子策略3	14	1.00	4.00	2.285 7	0.994 49
前测子策略4	14	2.00	5.00	3.571 4	1.016 35
前测子策略5	14	1.00	5.00	3.142 9	1.167 32
前测子策略6	14	1.00	3.00	2.285 7	0.611 25
前测子策略7	14	1.00	5.00	3.571 4	1.089 41
前测子策略8	14	2.00	5.00	3.214 3	0.892 58
前测子策略9	14	1.00	3.00	2.000 0	0.679 37
前测子策略10	14	2.00	5.00	3.714 3	0.913 87
前测子策略11	14	1.00	2.00	1.785 7	0.425 82
前测子策略12	14	1.00	2.00	1.071 4	0.267 26

（续上表）

	N	Minimum	Maximum	Mean	Std. Deviation
后测子策略 1	14	2.00	5.00	3.500 0	1.019 05
后测子策略 2	14	1.00	5.00	2.500 0	1.121 71
后测子策略 3	14	1.00	4.00	3.857 1	1.224 74
后测子策略 4	14	2.00	5.00	3.357 1	0.949 26
后测子策略 5	14	1.00	5.00	2.285 7	1.150 73
后测子策略 6	14	1.00	4.00	3.214 3	0.913 87
后测子策略 7	14	2.00	5.00	2.428 6	0.864 44
后测子策略 8	14	2.00	5.00	3.928 6	0.974 96
后测子策略 9	14	1.00	4.00	2.714 3	1.089 41
后测子策略 10	14	2.00	5.00	1.428 6	0.997 25
后测子策略 11	14	1.00	4.00	3.214 8	1.138 73
后测子策略 12	14	1.00	3.00	2.714 3	0.646 21
Valid N（Listwise）	14				

表 6　前后测元认知阅读策略水平总分对比 T 检验

	Paired Differences					t	df	Sig.（2 - tailed）
	Mean	Std. Deviation	Std. Erro Mean	95% Confidence Interval of the Difference				
				Lower	Upper			
Pair 1 前测策略总分 前后策略总分	-332 14	0.194 63	0.052 02	-0.444 52	-0.219 77	-6.385	13	0.00

分析：

从表 4 可以看出，元认知阅读策略水平总分平均分前测为 2.69，后测为 3.02，后测得分显著高于前测分数。

从表 6 可以看出，对聋生的元认知阅读策略水平总分平均分前后测得分进行对比 T 检验，双侧配对 T 检验结果 Sig.（2 - tailed）：0.00 < 0.05，差异性显著，说明聋生的元认知阅读策略水平总分平均分前后测得分差异显著，开展语文元认知阅读策略教学有助于提高聋高中生元认知阅读策略水平。

同时，表 4、表 5 的数据表明聋生的元认知阅读策略水平总分平均分仅为 2.69，还未超过中值 3，可见聋生的元认知阅读策略水平较低，特别是读前的定向计划策略（子策略 1 ~ 3）和读后的总结评价策略（子策略 9 ~ 12）两个次维度的得分较低，读中的监控调节的次维度中子策略 6（我能意识到自己理解方面的错误）得分也较低。

经过教学后，聋生的元认知阅读策略水平总分和平均分有明显的提升，但仍然比普通学校研究的数值要低。从中也印证了聋生阅读理解能力较低的事实。

（三）优生组与差生组的元认知阅读策略水平的比较

根据阅读测试后测成绩，确定前 4 人为优生组，组别代号为 1.00；后 4 人为差生组，组别代号为 3.00。计算出每组的阅读成绩前后测提升幅度、元认知阅读策略水平前后测提升幅度。见表 7、表 8。

1. 比较优生组、差生组在元认知阅读策略水平上的差异

表 7　前后测用认知阅读策略水平总分统计

	组别	*N*	Mean	Std. Deviation	Std. Error Mean
前测策略总分	1.00	4	3.335 0	0.482 67	0.241 33
	3.00	4	1.795 0	0.433 01	0.216 51
后测策略总分	1.00	4	3.845 0	0.389 57	0.194 79
	3.00	4	1.915 0	0.483 63	0.241 82

表 8　前后测用认知阅读策略水平总分对比 *T* 检验

		Levene's Test for Equality of Variance		T – test for Equality of Means						
		F	Sig.	*t*	df	Sig. (2 – tailed)	Mean Difference	Std. Erro Difference	95% Confidence Interval of the Difference	
									Lower	Upper
前测策略	Equal Variance Assumed	0.014	0.908	4.750	6	0.003	1.540 00	0.324 22	0.746 67	0.333 33
	Equal Variance not Assume			4.750	5.931	0.003	1.540 00	0.324 22	0.744 42	0.335 58
后测策略	Equal Variance Assumed	0.103	0.759	6.312	6	0.001	1.960 00	0.310 51	0.200 21	0.719 79
	Equal Variance not Assume			6.312	5.740	0.001	1.960 00	0.310 51	0.191 78	0.728 22

分析：

从表 7 可以看出，优生组（组别 1.00）的前后测元认知阅读策略水平总分平均分明显高于差生组（组别 3.00）。

从表 8 可以看出，双侧独立 *T* 检验结果 Sig.（2 – tailed）分别为 0.003 和 0.001，均小于 0.05，差异性显著，说明优生组和差生组的元认知阅读策略水平有明显差异，证明元认知阅读策略水平对聋生的阅读能力有影响，聋生元认知阅读策略水平越高，语文阅读能力越高。

2. 优生组、差生组分别在语文阅读成绩前后测提升幅度和元认知阅读策略水平前后测提升幅度上的差异

表 9　优生组、差生组阅读成绩提升幅度和元认知阅读策略水平总分提升幅度统计

	组别	*N*	Mean	Std. Deviation	Std. Error Mean
策略总分提升幅度	1.00	4	0.167 5	0.054 39	0.027 20
	3.00	4	0.067 5	0.047 17	0.023 58
阅读成绩提升幅度	1.00	4	0.197 5	0.050 58	0.025 29
	3.00	4	0.047 5	0.095 00	0.047 50

表 10　优生组、差生组阅读成绩提升幅度和元认知阅读策略水平总分提升幅度对比 *T* 检验

		Levene's Test for Equality of Variance		T - test for Equality of Means						
		F	Sig.	*t*	df	Sig. (2 - tailed)	Mean Difference	Std. Erro Difference	95% Confidence Interval of the Difference	
									Lower	Upper
策略总分提升	Equal Variance Assumed	0.060	0.814	2.778	6	0.032	0.100 00	0.036 00	0.011 92	0.186 08
	Equal Variance not Assume			2.778	5.882	0.033	0.100 00	0.036 00	0.011 49	0.188 51
阅读成绩提升	Equal Variance Assumed	1.147	0.325	2.787	6	0.032	0.150 00	0.053 81	0.018 32	0.281 68
	Equal Variance not Assume			2.787	4.574	0.043	0.150 00	0.053 81	0.007 71	0.292 99

分析：

从表 9 可以看出，优生组的元认知阅读策略水平总分提升幅度平均值为 16.75%，语文阅读成绩提升幅度平均值为 19.75%，差生组的元认知阅读策略水平总分提升幅度平均值为 6.75%。语文阅读成绩提升幅度平均值为 4.75%。

从表 10 可以看出，双侧独立 *T* 检验结果 Sig. （2 - tailed）均为 0.032，均小于 0.05，差异性显著，说明开展语文元认知阅读策略教学后，优生组语文阅读成绩和元认知阅读策略水平的提升幅度均明显大于差生组，即对优生组开展语文元认知阅读策略教学的效果明显好于差生。

（四）分析总结

1. 聋高中生的语文元认知阅读策略水平状况

聋高中生的语文元认知阅读知识比较薄弱，元认知阅读策略十分缺乏。他们拥有一些

原始、模糊的元认知知识，但缺乏策略意识，往往不能主动、恰当地使用它们。

在实际教学中笔者发现高中聋生一般不会主动应用元认知策略，也没有这种体验。阅读成绩好的聋生有一定的元认知阅读策略运用体验，但往往自己没有意识到或意识不够深入，策略的各维度水平参差不齐，也没有有意发展和提高自己的元认知阅读策略水平的意识。阅读成绩差的聋生对阅读活动往往陷入一种长期低效造成的麻木状态，几乎全无阅读策略运用的意识，“拿起文章就读，读完就做练习，遇到困难就轻易放弃，读完做完以后就忘”是对绝大部分聋生阅读活动的形象概括。聋高中生在阅读前缺乏对阅读材料的整体把握、定向和安排，没有在阅读前制订计划的意识和习惯，因此阅读缓慢、漫无目的，特别是带着问题去寻找答案时效率很低。阅读中对材料理解的自我估计能力较差，甚至连自己是否看懂了文章也弄不清楚，往往出现把文章读完了等同于文章读懂了的现象。阅读后缺少对阅读活动的自我总结和反思，对阅读方法的运用没有明确的意识，因此阅读积累少，进步缓慢。缺少元认知阅读策略运用的阅读，练得多也未必能够有效地提高阅读能力。

2. 开展语文元认知阅读策略教学的效果

开展语文元认知阅读策略教学对提高聋高中生语文阅读理解能力非常有帮助，聋生的元认知阅读策略水平有了一定的提升。

从实验结果看，聋生的语文阅读理解成绩和元认知阅读策略水平提高幅度差异显著，这说明对聋高中生进行元认知阅读策略训练能够有效地提高其阅读理解能力和元认知阅读策略水平，这与国内对健听学生相关研究的结果一致。本研究的训练之所以有效，笔者认为可能有以下原因：

首先，训练材料所选取的元认知阅读策略具有有效性和可操作性。结合聋生教育实际，笔者选取了一些有代表性和可操作性的且难度不太大的元认知策略，如定向、预测、注意力分配、回读等策略，这些元认知阅读策略具有较强的针对性和实用性，符合当前聋校语文阅读教学要求，能够较容易让学生感受到运用策略对阅读的促进作用，容易有成功的体验，使学生乐于学习和使用。

其次，注重结合聋生思维特点进行教学训练。聋生由于听觉和语言的障碍，感知主要依靠视觉，因此聋生形象思维发达，而抽象思维较欠缺，教学中一定要充分把握聋生思维的这个特点。在聋校日常教学中，教师普遍比较注重基础知识内容的传授，而忽略策略的教学。即使教授了一定的策略，也是针对某一具体情境进行的，比较零散、不系统。针对这种情况，笔者以一个阅读活动的时间先后为轴，围绕这条轴编排所使用到的元认知阅读策略的学习顺序，并将主要策略总结为一个阅读流程图。这种简明的图示直观地展示了策略运用的过程，非常适合聋生的形象直观思维优势，使学生更容易接受和掌握。又如让学生记录自己的阅读和策略运用思维过程形成文字，同样是利用聋生的形象直观思维优势。

再次，策略学习属于程序性知识的掌握，要使学生掌握和内化相关策略并自觉运用则需要大量的练习。因此，笔者除了编制配套练习供学生在课后使用外，还结合日常的课堂教学为学生提供使用所学策略的机会，增加他们的元认知体验。

3. 开展元认知阅读策略教学的效果的个体差异

对高中聋生进行语文元认知阅读策略教学，对其阅读理解能力的提高和元认知阅读策略水平的提升存在个体差异。

实验结果表明，优生组的语文阅读理解测试成绩和元认知阅读策略水平提高幅度明显；差生组的语文阅读理解测试成绩和元认知阅读策略水平提高不显著。可见，对差生进行语文元认知阅读策略教学的效果不显著，但优生的教学效果十分明显，这一点和普校领域的研究是完全相反的（国外对健听学生的研究表明：阅读策略培训对于阅读能力弱的学生更有效果；国内对普校健听学生的研究表明：对中等生及差生进行元认知阅读策略研究的效果会优于优生，原因是优生的原始阅读策略水平会较高，提升的负幅度不大；差生的原始阅读策略水平一般较低，提升的幅度较大）。之所以会出现这样的结果，笔者认为可能有以下原因：

首先，优生和差生的智力水平存在差异。学生的智力水平是影响其学习效果的主观条件之一，这是公认的观点。从智力测试结果来看，优生的智力水平明显高于差生，差异达到显著水平。个体的智力水平与元认知水平之间密切相关：元认知水平的高低直接制约着个体的智力水平；个体的思维活动能力和智力水平也会影响元认知的发展，而元认知在阅读中起到重要作用，因此，个体的智力水平与阅读理解水平之间存在相关性。优生由于智力水平较高，对元认知的理解和应用能力也较高，经过教学和训练，他们的元认知水平也相应较高。

其次，优生和差生的语言水平和学习能力存在差异。聋生的语言水平是影响学习效果的重要条件。一般来说，在聋校优生的语言发展水平都会较高，语言能力较强，学习成绩也较好，语言与成绩成正比关系。元认知是一种思维的高级形式，需要语言载体的支撑和强化。优生由于语言水平较高，对元认知的理解和应用能力也较高，经过训练，他们的元认知水平也相应提升较大。

再次，聋生的整体阅读理解水平是全面落后于普校学生的。即使是聋校里的优生，其阅读理解水平也与其就读年级应有水平不相称，并未达到优秀的层次，因此，优秀聋生实验前的元认知水平相比健听学生本来就不高，也缺乏自觉运用的能力。好的聋生有好的基础，经过适当的训练就有明显的提高。归纳来说就是聋校优生的可提升空间大于普校优生，聋校差生的可提升空间远小于普校差生。因此，实验的结果与普校的研究相反。

4. 结论

（1）聋高中生的语文元认知阅读策略水平较低。

（2）对聋高中生进行语文元认知阅读策略教学能够有效地提高其语文元认知阅读策略水平和语文阅读理解能力。

（3）对高中聋生进行语文元认知阅读策略教学对其语文阅读理解能力的提高存在个体差异，优生的提高非常明显，差生提高不明显甚至没有提高。

（4）在聋校高中阶段，对聋生开展语文元认知阅读策略教学和训练有重要的实用意义。

参考文献

1. 赵锡安．听力障碍学生教育教学研究．北京：华夏出版社，2006.

2. 范允龙．特殊儿童心理学．贵阳：贵州人民出版社，2004.

3. 梅次开．聋高中语文教学的一些实践与认识．特教天地，2002（3）.

4. 曾祥敏．国外近十年阅读策略训练研究述评．西南交通大学学报，2008（8）.

5. 张茂林，杜晓新，张伟锋．听障学生篇章阅读的策略运用特点研究．中国听力语言康复科学杂志，2006（10）

6. 陈向阳，戴吉．初中生元认知阅读策略训练效应的实验研究．心理科学，2007（5）.

7. 杜晓新，冯震．元认知与策略．北京：人民教育出版社，1999.

8. 丁勤．初中生英语阅读策略及培训的研究．广州：华南师范大学出版社，2008.

9. 丁晓良．中学语文阅读策略及其教学研究．上海：华东师范大学出版社，2002.

10. 倪文锦．语文教育展望．上海：华东师范大学出版社，2002.

11. 何文明．聋生语文学习情况调查研究．中国特殊教育，2001（1）.

12. 靳洪刚．语言获得理论研究．北京：中国社会科学出版社，2004.

朗读与聋校中学语文教学

广州市聋人学校　张晓娜

【摘　要】朗读在聋校中学语文教学中的作用不可忽视，但从教学第一线的实际情况看，朗读教学几乎不受重视。对于这种情况笔者认为应加强学习，提高认识，抓实阅读教学中的朗读训练，从而提高语文老师的朗读水平和实施朗读教学水平；同时也激发学生有感情地朗读课文的兴趣，培养学生良好的朗读习惯，能够从读中加深对语句、文章的理解，从读中熟悉语句，从读中提高学习语文的趣味，从读中把课文语句、篇章转化为自己的语句、篇章。

【关键词】朗读；聋校；中学语文；教学

一、朗读在聋校中学语文教学中的作用

普通中学语文教学中一直存在着不重视朗读的现象，更何况是在聋校。因为很多老师觉得学生发音不准，句读不对，误读、落读，语调读不好，读的声音太难听，学生读是在浪费时间，是在揭聋人的短处。因此许多教师把教学重心放在对作品的评价分析上，只注重传授知识，把学生当作接受知识的容器，使学生处于被动学习的状态，有的甚至一堂课或一篇文章教完也没让学生读一遍，早读也很少听到朗朗的读书声。事实上，我们说要重视朗读，是要让学生充分地读，在读中整体感知，在读中有所感悟，在读中培养语感，在读中受到情感熏陶。

古人云“读书百遍，其义自见”；朱光潜先生指出“读有读的道理”；吴伯箫也曾忠告“把工夫下在多读原文上也”；我国著名聋生教育专家、聋校语文教材主编季佩玉先生也强调教学要着力于反复组织聋生多读、熟读，进行阅读训练初读，这些都说明了“读”在聋校中学语文教学中的作用。是的，朗读的过程是“取他人之作，由自己所读，为别人所听的过程”。朗读就是阅读、思维、想象、口诵等各种能力的综合运用。“朗读和默读是阅读教学中最经常的训练。”读，能帮助理解语义，能帮助再现情绪，能帮助领悟内涵，能充实认知结构，能提高语言水平，能发展思维水平。

那么老师在教学中，应如何合理利用朗读这种教学手段，又该如何让学生充分发挥朗读的作用呢？

二、朗读教学，老师扮演的角色

首先，教师自己必须意识到朗读是教师的一种基本技能。也许老师说聋校的学生听不

见，读不出来，但是学生起码看得见，学生感受得到。同时现在很多学生都做了人工耳蜗，有的配了合适的助听器，他们是懂得欣赏的。如果你在带读的时候，自己都不认真朗读或者读不出感情，学生又怎能进入状态，怎样跟着你读呢？只有认识到朗读教学的重要性和掌握了朗读教学方法，才能使朗读在教学中发挥作用，才能真正把朗读落到实处。语文教学过程不仅仅要求教师教学时要有充沛的感情，更重要的是要把这种情感有效地传递给学生，并调动学生的情感参与，来正确体会教材所蕴含的情感。俗话说“打铁还要自身硬”，能给学生一碗水，教师不但要有一桶水，而且应该是高质量的水才行。作为语文教师，自己不善于朗读，当然不可能指导学生学习朗读，如果连课本都读得平淡苍白，句读不分，怎么能带领学生进入文字作品的佳境，去领略文字作品的意味，去追求语言表达的完美呢？其结果往往使学生对语文学习感到乏味和学习爱好的转移，更谈不上对朗读有什么兴趣了，那的确是十分可惜的。

其次，教师朗读时必须在严密的语意和深刻的蕴含上下功夫，从作品中给学生以启迪，并用鲜明而有分寸的态度、丰富而深切的感情给学生以感染。这是因为中学生作为朗读对象，随着文化水平的提高，人生阅历逐渐深广，注意力趋于集中，趋于稳定，思考力强了，自尊心也更强了，因此，由于老师的再创造，学生可以比自己看文字作品时体会得更深，他们的判断、品评也会更为切实。譬如《羚羊木雕》中分角色朗读课文，老师要把“妈妈”坚定、严厉、固执的表现读出来，也要把“爸爸”虽然声音平静，但是却带着一种不可抗拒的力量读出来，还有“我”的委屈、痛苦、被逼无奈，“奶奶”的商量哀求，万芳的爽直，万芳妈的通情达理读出来，这不下一番功夫是读不了的。又譬如《海燕》，要读好文章的停顿、语速，读出感情，才能读出散文诗之韵味，也才能让学生真正理解海燕的勇敢、顽强、乐观、自信。

再次，在课堂上，我们有时会看到个别老师带读，读着读着就渐渐没了声音，可能是教师在朗读课文的时候被某些学生的表面现象所束缚，被个别学生所左右。如在大多数学生听力不够好的班级，学生们似乎显得文化水平较低，学习热情不高，教师可能就降低了给他们朗读示范的兴趣，这样做也许会损伤他们的朗读兴趣，损伤他们的自尊心。我们一定要善于捕捉朗读对象中蕴藏的积极因素，特别是看到听力恢复得比较好的学生，看到那些喜欢朗读和朗读能力较强的学生，看到朗读的诱导、感染作用，许多学生会把积极性调动起来，这样估量和分析，这样认识和感受朗读的对象不是更能激发朗读者的朗读愿望，促进对象交流的活跃吗？

最后，老师必须把朗读技巧教给学生。朗读的基本技巧有：停顿、重音、语速、语调。当然学生并非一朝一夕就能学会并且运用这些技巧，而且对于不同程度的聋生应该有不同的要求，毕竟由于学生的年龄、智力、听力状况、残余听力的利用程度、入学的早晚、原有的语言基础、家庭配合、个人的心理特点等诸多不同因素，很多学生的发音不准是很难纠正的，但是老师要注意指导聋生“正确地读”、“有表情地读”、“流畅地读”。正确地读，要求正确地停顿，不读破词断句。因为学生读破词断句会影响对文章的理解，因此读的指导很重要，通过老师的指导和学生的积极学习，才能达到较好的朗读效果。因此老师的责任任重而道远。

三、朗读教学，指导学生的途径

首先，应该让学生多朗读，从而培养语感，有助于学生理解作品。但在我们的中学语文教学中，有些语文教师却忽视了朗读这个环节。四十五分钟的时间大部分花在了提问上。教师问之无穷，学生答之无尽，而用于朗读的时间却极少，表面上课堂气氛热闹非凡，而事实上学生收获甚微。还有许多老师比较重视讲，认为与其让学生多读，不如自己多讲一些。其实，语文学习是重过程而不重结论的。正如古话所说："授之以鱼，莫如授之以渔。"把文章的层次、段意、中心思想这些结论，或者这几条"鱼"送给学生，并不是我们的最终目的，我们应该重视培养学生语感的过程，提高他们的"捕鱼"能力。所以，与其多讲不如让学生多读读、多念念，自己从朗读中体会、领悟。不过，我们所说的教给学生"捕鱼能力"的这种朗读教学法，是指除了以朗读为主外，还灵活地配合讲讲、练练、议议等多种形式，即以口语为主导的全沟通教学，这样才能使一节课有足够的容量，有合理、适度的负担，这样也更能使学生由于全脑活动，大脑皮层神经细胞受到刺激，而始终处于振奋状态，在轻松愉快中，达到既定的教学目标，真正体现教师的主导性和学生的主体性，在有限的教学时间内最大限度地增加教育产出，提高教学质量。就此，我们在教学中要保证学生朗读的时间，去掉那些烦琐的分析，努力让学生在读中感悟。我国著名聋生教育专家、聋校语文教材主编季佩玉先生说过"要让学生有表情地读"，要求投入课文内容，有流露，可以借助手势、表情等理解地读。通过反复的、熟练的读，形成语感，最终把书本上的词汇、句子、篇章变成自己的。这样远远胜过那些支离破碎的分析和枯燥乏味的提问。因为只有充分地读，才能积累语言材料，才能应用，即学习把书本上的语言运用到生活实践中，学会用语言表达自己的思想。

其次，学生朗读，老师需要防止学生有口无心，声不表意，声不传情，有字无词，有调无句，听不出完整的句与段。朗读时应如《朱子训学斋规》提到："读书有三到，心到眼到口到，三到之中心到最急。"朱熹从背诵的要求指出："心不在此，则眼不看仔细，心眼既不专一，却只漫读、诵读，决不能记，记亦不长久。"这些话，重视心倒是对的，一方面是对文学作品的用心思索、用心体会；另一方面是对自己朗读的用心品味、用心检验。当然认为朗读只是为了记、为了长久不忘就显得太狭窄了。朗读的目的和作用远比记住、背诵来得丰富和深广。现代教育大家叶圣陶先生就是从教学的角度提出："令学生吟诵，更使他们看作一种享受，而不看作一种负担。一遍比一遍读来入调，一遍比一遍体会亲切，并不希望早一点能够背诵，而自然达到纯熟的境界。"抱着这种享受的态度是最容易得益的途径。

再次，指导学生朗读的另一个重要途径是根据教学目的，由浅入深地引导学生反复朗读，通过反复朗读，揣摩领会文章的思想内容和表达手法，从而有助于提高学生运用语言文字的能力。其实我相信每个教师在自己的计划中都会写到要让学生能有感情地朗读课文，为培养学生语文的语感打下基础，并切实提高学生的语言能力。但在实践中就不一而论，但是我们仍然要坚信有些语文知识，通过课文的朗读可利于学生理解掌握。譬如《北京的春节》，要求老师带着学生有感情地朗读课文，了解老北京春节的习俗，初步感受民俗文化的智慧。又如《卖火柴的小女孩》，也是要求老师带着学生有感情地朗读课文，把握课文内容，关注课文中人物的命运，体会作者的思想感情。总之很多课文通过老师带领学生读通、读熟，才能真正读懂课文。而有些课文配合角色朗读，更能理解其主要情节和重点语句。

最后，课堂朗读要培养学生的兴趣，应该经常变换形式，防止学生厌倦。训练的形式要根据课文的特点和训练的目的而定，可以在教师讲解和示范朗读前，由学生个人试读，试读可以让学生初步接触课文，同时教师可以从中发现不足，在讲解或示范朗读时，则能提高学生的朗读能力、理解能力、欣赏能力。当然为了提高学生兴趣，还可以仿读、接替读、轮读、齐读、分角色读等。朗读这种重要的训练方式，不但可以帮助学生理解课文的词句篇章，领会语言的感情色彩，再现作品中的形象，使学生受到思想教育，而且可以提高学生的听说读写能力，并培养良好的语言习惯和热爱祖国语言的感情。特别是在全面推进素质教育的今天，更好地培养学生适应社会需要的能力显得尤为重要。因此，一定要重视朗读训练，让其发挥应有的作用。所以教师除课堂采用朗读教学手段外，平时也可以组织朗读竞赛。我们学校的老师就曾多次组织学生参加朗读竞赛，并获得较好的成绩。很多优秀的学生在朗读多篇好文章后，那潜移默化的成果就会日益显露出来：学生不但可以在自己写作时模仿、消化好的文笔，还可以在说话时对照、应用好的辞章，从而使他们的思维精密、情感丰富，文字表达和口头表达趋于准确和生动。

总之，“好酒不品不知其味，好文章不读不知其美”，聋校中学语文教学中不能没有朗读。毕竟在聋校中学语文教学中，我们注重的不是在朗读中学生发音的标准、语调的正确，最重要的是通过朗读这种途径达到让学生从读中加深对语句、文章的理解，从读中熟悉语句，从读中提高学习语文的趣味，从读中把课文语句、篇章转化为自己的语句、篇章。因此，让朗读声回到聋校语文课上来吧！

参考文献

1. 马玉华．浅析在语文教学中“以读为主”的教学方法．http：//www.cqvip.com/Main/Detail.aspx？id＝37010058.

2. 季佩玉．聋校语文教学法．上海：华东师范大学出版社，2006.

3. 陈军．新课程视野中的聋校语文教学．厦门：厦门大学出版社，2009.

浅谈聋生阅读能力的提升策略

珠海市特殊教育学校　姚水生

【摘　要】阅读能力是聋生语言、学习、生活、发展的必备技能。本文阐述了当前聋生阅读能力整体低下的诸多表现，如阅读水平低下、阅读兴趣不足、阅读指导不力、阅读氛围欠佳。接着，分析了影响聋生阅读能力整体低下的具体原因。最后针对性地给出了提升聋生阅读能力的策略，即激发聋生阅读兴趣，在爱学上想办法；培养聋生阅读习惯，在乐学上作文章；教给聋生阅读方法，在会学上下功夫；督促聋生阅读深化，在博学上动心思。

【关键词】阅读能力；聋生；提升；策略

书籍是人类进步的阶梯，阅读是个体学习、生活、发展的必备技能，在学业、日常生活、就业等方面都扮演相当重要的角色。阅读能力是聋生终身言语及全面发展的基础，在其语言能力形成、获取知识信息、认识世界与自我、促进学业与教育、发展情感与思维、得到审美体验与享受、回归主流社会及提高生活质量等方面起着关键而积极的作用。然而，由于种种原因，目前聋生阅读能力普遍低下，很难满足他们进一步学习、工作和生活的需要，也直接影响到聋生回归主流社会。如何提升聋生的阅读能力，是当前聋生阅读教学的一项重要课题与任务。

一、当前聋生阅读能力的表现

提高聋生阅读能力是聋生阅读教学的核心目标，当前聋生阅读教学现状令人担忧。笔者结合自身教学实践和与相关语文老师的交流，并结合对班上聋生进行的调查访谈以及国内外相关研究成果，总结出当前特殊学校聋生阅读教学存在以下情况：

一是阅读水平低下。聋生的阅读水平较同龄健听学生普遍较差，而且这种差距越到高年级越明显。大多数聋生经过九年义务教育的学习后，阅读能力还是无法与自身年龄成正比，阅读速度慢，语感能力差，词义曲解、误解，读后不知其义，甚至仍读不懂一篇文章。

二是阅读兴趣低落。聋生整体阅读兴趣不高，大部分聋生感到阅读是件很困难很烦人很吃力的事，字多不想看。聋人听不到，信息量小，说不出，从他人处习得语言较少，读是可以的，但偏偏不喜欢，没有课外阅读的兴趣和习惯。没兴趣其实是读不懂，阅读障碍重重，必然导致趣味索然。

三是阅读指导不力。聋生由于丧失了听力，缺少来自生活中的声音刺激，因而从聋生生存发展的角度来讲，他们的内心是很需要通过课外阅读来弥补自身认知的缺陷的。然而，聋生在阅读过程中自觉性低下，心理消极，缺乏自制力，没有耐心，懒散拖沓，注意力分散，不能掌握一定的阅读方法，读中思考少。再加上目前特殊学校聋生的语文教师过多关注聋生的语文课堂学习，相对忽视对聋生阅读的指导，学习进展缓慢，阅读效果甚微。

四是阅读氛围欠佳。聋生阅读时间少，拥有的书籍少，未能把阅读作为一种积累、内化的过程，没有形成良好的阅读习惯，阅读量相当有限。也有一部分聋生比较喜爱读书，但所读之书非常单一，阅读面狭窄，想象贫乏，创造受抑。相对而言，聋生阅读氛围整体较差，缺少系统的阅读活动与阅读计划。

二、影响聋生阅读能力的因素

（一）听觉障碍限制与语言基础不足

听觉的丧失给聋人语言和阅读的发展造成很大影响，致使其语言发展、阅读发展滞后。第一，由于听障学生丧失听力，听不到外界的声音，许多信息他们都不了解，缺少反映事物性质的声音信号和表达这些事物的词语的语感，语言积累不够，知识面窄。第二，听障学生记忆语言文字材料很困难，容易遗忘。在平时的教学中经常发现学生对两三天前学过的文章，几乎没有什么印象；阅读一篇较长的文章时，读到后面的内容，容易忘记前面的内容。学习过的相关语文知识、词语等遗忘率也很高。第三，由于语言发展迟缓的影响，听障学生的思维远远落后于正常学生。对聋生而言，听力障碍导致了信息吸收的封闭与狭窄，他们无法通过语音自然地接触汉语言，学习汉语言的主要途径被限制在课堂与文本接触上。由于师生沟通的困难与聋生听觉的障碍，聋生课堂学习语言的实际效果并不令人满意，并导致聋生语言基础薄弱与阅读水平低下。

（二）兴趣动机薄弱与阅读习惯不良

兴趣是一个人积极探究某种事物的认识倾向。在阅读活动中，兴趣是阅读动机最现实、最活跃的成分。然而，聋生大多没有课外阅读的兴趣和习惯。造成聋生对阅读不感兴趣的原因：一是感到阅读理解困难，即聋生不能通过教师的讲解准确地掌握文本内容。相当一部分聋生对阅读的作用理解不深刻，阅读动机不够正确。还有的聋生阅读鉴别能力很差，在选择读物时显得盲目和随意，同学读什么书，我读什么书，碰到什么书，就读什么书，不会也没有去选择真正能满足个人需要、提高素质、体味人生的高品位书籍来读。二是阅读习惯不良，表现在阅读量太少，阅读时间难以保障，阅读缺乏计划和指导。

（三）教学模式陈旧与阅读指导不力

聋生因为听力障碍与沟通障碍，其阅读能力的发展很大程度上必须依赖于课堂教学中老师的指导与训练。遗憾的是，聋生阅读教学一直以来耗时多、费力多，效果却甚微，往往是老师讲了半天，学生依然是“雾里看花”，似懂非懂，阅读课没能教会聋生阅读。究其原因，包括笔者在内的许多阅读教师和语文教师在教学中固守传统教育观念和教学模式，阅读教学不能针对聋生现有的知识水平来设计教学过程，没有真正意识到聋生的主体地位。在备课时，只注重教师与文本的对话，却忽略了学生与文本的对话，教学方法仍以满堂灌的讲读课为主，按照教学参考书上的内容机械地讲解，教学中偏重主观分析，轻启发引导，学生上课除了记就是背，毫无兴趣可言。再就是，教师过多地关注语文课堂教学效果，而忽视对聋生阅读方法和技巧的系统指导与训练，这是造成聋生阅读水平普遍低下的一个重要原因。阅读能力的形成，离不开一定的阅读方法和技巧。但在实际的教学中，有的教师忽视了对学生的阅读作指导与训练，有的教师虽然有意识地对学生进行了这方面的指导和训练，但指导和训练比较随意，缺乏系统性与长期性。

（四）文化环境空泛与阅读氛围不佳

“语言环境及社会文化因素是影响语文学习成效的先决条件。”文化环境和阅读氛围对聋生阅读能力的形成和发展起着感染与熏陶的作用。影响聋生阅读的环境因素有家庭环境、学校环境、社会环境。有的聋生家庭文化环境较差，家长没能重视辅导和督促聋生阅读，使得聋生在课余时间没有养成自主阅读的习惯，也没有自主阅读的能力，这是目前听障生阅读能力低下的重要原因。学校环境主要反映在教师、教材以及同学、班级的阅读风气上。一是教师缺乏对聋生阅读的重视和信心；二是真正能引起学生阅读兴趣的教材篇目不多，很多阅读教学内容与聋生生活经验和语言基础相距较远，学生缺乏真实感受，不能引起聋生的阅读兴趣；三是学校和教师对聋生阅读风气的培养与引导不力，甚至对聋生的阅读问题存在放任自流的现象，教师缺乏信心，聋生缺乏兴趣，阅读氛围很难形成。社会环境主要是指家庭周围的社会人群、电视广播、文化传统等。现代社会视觉媒体越来越广泛和普及，而且视觉冲击更符合聋生视觉语言特性，相对于文字阅读更具有诱惑力，因此，以电视、网络为主的视觉媒体活动尤其是电脑游戏占据了聋生大部分的课余时间和精力，导致聋生课外阅读量小，阅读时间少。

三、提升聋生阅读能力的策略

（一）激发聋生阅读兴趣，在爱学上想办法

要提高聋生阅读水平，需要激发聋生浓厚的阅读兴趣。兴趣是最好的老师，学生的阅读情绪很大程度上是受兴趣支配的。对于聋生而言，提高阅读水平，首先需要注意提高他们对阅读的兴趣。苏霍姆林斯基说：“学生的第一件爱好就应当是喜爱读书。这种爱好应当终生保持下去。”美国教育家布鲁纳说：“学习的最好刺激，乃是对所学材料的兴趣。”聋生阅读教学应承担起激发聋生阅读兴趣和欲望的责任。作为聋生阅读教师，应将聋生领进书籍的海洋，让他们体验到阅读的快乐，让他们感到读书有趣、有味，诱发他们的读书热情。

首先，教师应向聋生讲清阅读的意义，将远大的理想、正确的人生观与读书的意义结合在一起讲，使学生明白要让自己成为一个知识富有、参与社会的人，就要爱读书，多读书。其次，教师要掌握激发聋生阅读兴趣的方法和技巧，如设置悬念法、故事奇闻诱导

法、直观形象法、课外阅读诱导法等。最后，教师可以为学生提供一些阅读材料，然后举行阅读、复述比赛。教师也可以有意识地设置一些聋生会感兴趣的问题，然后让他们主动地去查阅相关资料并做好读书笔记，教师予以批改。

（二）培养聋生阅读习惯，在乐学上作文章

要提高聋生阅读能力，需要培养聋生良好的阅读习惯。聋生良好的阅读习惯是在长期的阅读实践中培养起来的，并且也不易在短时间内发生改变。培养聋生良好的阅读习惯的目的是“不待人教，自能读书”。在语文阅读教学中，关于聋生阅读习惯的培养，笔者认为可以从以下几个方面入手：查阅的习惯、下批注的习惯、做读书卡片的习惯、思考质疑的习惯、与他人交流阅读心得的习惯。

聋生良好阅读习惯的养成，必须依靠反复的练习。首先要树立长期坚持的观念，在确保学生足够的阅读时间的前提下，要建立健全相应的制度来约束和规范学生的阅读。如每天下午安排半小时在教室进行集中阅读，教师充分重视这一环节的指导。再如要求学生摘录好词、好句、好段，适当做读书笔记，以及要求家长协助监督等。此外还要做好阅读后的搜集整理工作，指导他们把有关内容记录下来，并鼓励他们灵活运用到自己的作文中去，同时要求他们适当记忆背诵，把知识内化。

（三）教给聋生阅读方法，在会学上下功夫

指导聋生阅读方法，丰富聋生语库，夯实聋生阅读基础，是发展其阅读能力的必备条件。阅读教师只有加强阅读方法的指导与训练，才能促进聋生自主高效地阅读。只有聋生自如地进行自主性阅读，才能从根本上提升他们的阅读能力。

如何指导聋生自主高效地阅读，许多专家及同行的科学方法值得我们借鉴，笔者归纳如下：其一，读物选择的指导。教师应指导聋生选择适合自己阅读的书籍，对于读物的内容、层次、形式进行有针对性的选择，因人而异，各求所需，最大限度地满足学生的阅读兴趣。其二是文本理解的指导。教师应指导聋生如何科学地对待文本中难以理解的词句，积极地为聋生走进文本搭造平台、架设桥梁、编织纽带。针对聋生对阅读内容难以理解和记忆的困难，可以设法利用图表、图片、多媒体或是通过组织学生讲故事、演短剧、观影片的活动交流阅读内容，增强记忆。其三是读书笔记的指导。教师应指导聋生对语言材料进行深层次的阅读，对于阅读过程中遇到的优美词句、经典故事、名人名言等予以摘抄；对于阅读过程中内心的情感与体验、思考与见解用读书笔记的形式记录下来，从而促进阅读的深入。其四是阅读方法的指导，如重述、返回、建立关系、形成问题、找出文句间的逻辑关系、找出重要的信息等。其五是阅读技巧的训练，如朗读、默读、精读、泛读、略读、速读、跳读、猜读、复读、比较读、扩展读等。

（四）督促聋生阅读深化，在博学上动心思

打造聋生阅读活动平台，确保广泛阅读。阅读活动平台可以成立聋生课外阅读兴趣小组，为他们选择合适的书，与每位学生签订“读书合同”，在聋生阅读量上予以约定。也可以开展读书竞赛、读书卡片展览、我最喜欢的一本书（文章或格言）的介绍等活动，通

过竞争的方式激发聋生阅读的欲望；或是利用聋生美术的优势，鼓励聋生为图书配画插图，以此体现聋生读书的成就感。通过精心的培养与指导，在校内和班里形成良好的读书氛围，使聋生愿意在书的殿堂里徜徉，让他们感到读书其乐无穷，促使其阅读兴趣得以强化和持久，养成良好的阅读习惯。

优化聋生阅读环境氛围，保障持久阅读。创设优质阅读环境氛围，构建积极阅读评价机制，对聋生课外阅读的状况予以考查，对聋生持久阅读予以激励，有利于提升聋生阅读能力。一是定期对聋生阅读的数量予以考查，展开阅读数量上的纵向与横向比较。二是采取灵活多样的评价方式对聋生的阅读效果进行全方位的考查，如开展“读书汇报会”等活动，让聋生说出自己读到的故事；或是通过读后感的写作，了解聋生阅读的收获等。三是为聋生创设阅读环境，鼓励亲子阅读、同伴阅读、师生阅读，增加阅读广度，进而提高聋生阅读能力，弥补听力缺陷，了解周围世界，参与社会生活。

参考文献

1. 杨飞燕．听障高中生阅读能力现状调查及其思考．南京师范大学硕士学位论文，2006.

2. 刘卿．高职聋生阅读教学研究．南京特教学院学报，2007（4）.

3. 梁好．制约聋生课外阅读的因素及应对策略．

http：//www. studa. net/Education/081116/1145391 －2. html.

4. 凌志根．高年级聋生课外阅读现状分析与对策研究．

http：//www. pep. com. cn/xgjy/tsjy/jxlw/tsjyjxlw/201008/t20100820_697382. htm.

5. 唐勤．有效促进听障学生阅读教学的策略．

http：//www. longjy. com/web/viewarticle. asp？ userid ＝806390&lanmuid ＝6745486&contentID ＝2379734.

6. 朱经明，王凤妃．多媒体听障者成功奋斗故事协助听障学生理解主要概念及提升自我概念成效之研究．亚洲大学硕士学位论文，2007.

7. 邵慧绮．听障生的阅读指导．

http：//pub. mlc. edu. tw/viewitem. jsp？ itemid ＝000000000152404.

8. 张晓梅．聋校语言教学方法的调查与研究．东北师范大学硕士学位论文，2006.

9. 饶瑞皇．听障学生的教学策略．2009 年度听障学生校园学习无障碍研习，2009.

10. 顾丽霞．特殊教育聋生语言教学法的现状与对策研究．天津大学硕士学位论文，2005.

聋校低年级语文教学生活化

肇庆启聪学校　闫　妍

【摘　要】本文针对目前聋校低年级语文教学的现状，遵循听力障碍学生学习语言的规律，在现代化生活教育思想指导下将教学内容与聋生的实际生活结合起来，充分利用、开发生活中学词识句的天然素材，创造条件让聋生的语言学习尽可能地回归到自然的途径上去，以达到语言和思维的同步发展。
【关键词】聋校；低年级；语言教学；生活化

在聋校，听力障碍学生不能依靠听觉形成语言，他们在一定程度上依靠以视觉为主的其他器官。在特殊学校的环境中，在有限的课堂教学里，他们只能学到极少的语言。这种单靠书本提供语言材料，以课堂教学形式来发展语言的途径，使聋生的语言学习受到了极大的限制。所以，聋校的语言教学不能只满足于课堂上将语文课本上的知识传授给学生，而是要努力让生活成为聋生学习语言的另一个有效资源，把语文课与生活结合起来，充分利用、开发生活中学词识句的天然素材，抓住生活中的点点滴滴，努力创造条件让聋生的语言学习尽可能地回归到自然的途径上去，以达到语言和思维的同步发展。如何有效地进行聋校低年级的语言教学呢？本文从聋生学习语言的规律和教学实际出发，探寻训练途径。

一、带生活情境入课堂，再现生活场面

（一）在课堂中再现生活

聋校低年级学生由于听力受损，认识事物以简单、直观、具体的方式为主。因此，若想将书本中抽象的事物具体化、复杂的东西简单化，提高低年级语文教学质量，我们可以在课堂教学中对生活的片段、情境进行逼真的再现，把教学内容置于真实的生活背景之中。尽可能地把教学内容还原到生活的语言原形之中，引导聋生通过对生活情况的理解而达到准确运用语言表达，并能把口语表达写下来，促使其书面语能力逐步发展。如刚入学的聋生，最头痛的是学习称谓问题，他们把所有成年男人叫“爸爸”，把所有成年女人叫“妈妈”。为帮助其形成正确的概念，教师可拿出班上同学各自父母的照片或生活录像，为学生创设一个生动直观的语言环境，将人物和称谓一一对照，反复比较，帮助学生理解这两个称谓的具体含义，形成其语言表达的准确性。又如：录下清晨的操场、课间的教室、

中午的食堂等场景，在学习“有的……有的……还有的……”这一句式时，利用多媒体展示，引导聋生先利用口语表述，再将说的话写下来，老师及时指导，促使聋生进行语言（尤其是书面语）训练，提高语言能力。

（二）在课堂中模拟生活

有些生活的情景是适于模拟表演的，聋生的视觉优势使得他们的模仿能力较强，只要教师导演得法，聋生就可以把他们的日常生活搬进教室，将教学活动置于模拟的生活背景中，在“生活中”学习语言。例如，在教学“欧燕芳会跳绳”、“李家杰不会跳绳”这两个句子时，我先请小芳、小杰两位同学进行动作演示：小芳一个接一个地跳绳，引导学生理解“欧燕芳会跳绳”，小杰一次也没有跳过绳子，引导学生理解“李家杰不会跳绳”。接下来我指导学生把两位同学演示的过程进行比较，领悟“会”与“不会”的意思，在学生理解的基础上提出句式“（谁）会（做什么）”、“（谁）不会（做什么）”，最后请其他同学演示跳绳、做数学题、跳舞，让学生看演示根据句式说写句子，如：“小明会跳绳”、“小源不会做数学题”、“小淼会跳舞”。同时鼓励聋生表演更多的生活片段，把平时的生活情景重现，并将观察到的情景写出来。通过以上表演，学生很快理解了词句的现实意思，原本抽象的书面符号在学生面前鲜活了起来，一动胜百读，学生可以在动一动、演一演、玩一玩、做一做中将具体的事物形象和语言文字紧密结合起来，让他们在情境中边玩边学，既有利于抽象理解，又有利于应用表达。

二、充分利用环境资源，创设学习语言的环境

（一）在校园环境中学词识句

初入学的聋生在语言发展上几乎是一片空白，虽然他们从小在生活中不断地认识周围的事物，但对于认识的事物不知道如何用语言来表达。教学中，为了帮助他们发展语言，解决这种语言形式和内容相脱离的状态，教师可将教室内的物品（黑板、讲桌、投影仪）、校园里各种活动场所、活动器材、花草树木都贴上词语标签，宿舍宣传栏上写上天气情况，饭堂写出菜名，专门为学生制作附有字幕讲解的电视片，每周六放映给学生观看……逐步改变聋校“生活处处皆手语”的现状，努力让聋生在认识事物的同时随时接触语言，建立事物与文字形式之间的联系，引导他们感受“生活处处皆语言（书面语）”。

（二）在社会环境中学词识句

聋生因自身残疾影响，与外界接触不多，活动区域狭小，生活体验、语言实践的机会相对较少，所以要设法组织各种各样的活动，提供多见多识的机会，使聋生得到更多的体验和感受，并在这一过程中及时告诉聋生相应的语言，为习得大量的词语创造条件。二年级时，在学习了课本上的九种车辆名称之后，我就带学生来到了马路边，看到各式各样的车，孩子们强烈的表达愿望一下子被激发起来，七嘴八舌地说“这是公共汽车”、“那是摩托车”……但这时一些学生还不满足，看到老师没教过的车辆，便争先恐后地拉着我问：“这是什么？那是什么？”于是我便拿出事先准备好的词语卡片，指导学生来认识这些

车辆名称。通过这样的指导，学生认识了二十余种车辆名称，并且有些学生在造句中已经不满足于运用书本上学习到的车辆，而是更多地运用上了补充学习的词语。在学习“蔬菜”、“家电”、“衣服”、“水果”等类词语时，我们也采用了这样的方法，取得了理想的效果。社会上可供学生学习的地方太多，如菜市场、百货商店、花卉市场、服装店等，这些地方的商品上都有标签，写出了物品名、价格等，可以指导学生去看这些标签，积累词语，然后带回课堂交流，指导他们认识各种事物从而扩展词汇量。

（三）在家庭环境中学词识句

家庭是聋生生活时间最长的地方，家长对聋生的语言发展有着不可忽视的作用和影响。我们应充分利用家庭的资源，让学生在家庭中学词识句。为此，我们在语言教学过程中注意同家长保持密切联系，建立联系手册，将每天语言教学的内容写在本子上，部分学生周末回家以后要求家长加以配合辅导，并要求家长结合家庭生活实际，随时把在家庭生活中见到的生活现象，制成词句卡片，把生活中的语言形象和语言形式有机地结合在一起，帮助聋生掌握大量在学校课堂内学不到，在生活中却经常见到、用到的词句，从而积累语言材料。另外，我们还让家长为聋生建立了“笔谈本”，指导他们随时捕捉语言学习时机，帮助学生运用巩固在学校里学习的句式，让聋生在生活实践中练习说写句子，把语言的理解和运用有机地结合起来，提高了语言的使用率，一定程度上解决了聋生语言学习与应用脱节的问题。

三、在人际交往中学词识句并运用语言

聋生学习语言的目的是为了获得运用语言的能力，而运用语言的能力是在使用的过程中发展起来的。交往是使用的必需条件，因此，在对聋生进行语言教学的过程中，应该给他们创造语言环境，给予他们参与交往、使用语言的条件和机会，使他们在实践中学习交往和发展语言。

（一）生活用语时时说

要想提高聋生的语言能力，聋校教师应借鉴外语教学的有益经验，根据学生日常交往的需要在当天实际生活中选择谈话内容，积极创设“对话情景教学”。在课堂教学各个环节里，在日常的生活环境里，坚持交际训练，随时随地跟聋生说，天天重复使用，让聋生在对话中增加语言强化次数，从而发展语言。如早晨可说“××，早上好”、“今天你几点钟起床？早餐吃什么”……课堂上说“昨天是星期几”、“今天是几月几日”、“今天，我们学习了几个词语啊”、“昨天，谁打扫教室”、“今天是谁值日”……课间说“下节是什么课？哪个老师来上课”、“你喜欢上什么课，今天语文课学了什么”……为了丰富学生的日常用语，我们还可以组织教师分年级编写《聋校日常用语一百句》，发放给全校教职员工和家长，鼓励他们在日常生活、课内外活动中抓住每一个有利时机与聋生进行语言交流，并定时进行口语测评，保证聋生的语言表达能力能够在交际中不断提高。

（二）在具体活动中学词识句

聋生因听力障碍，不能在自然的语言环境中习得语言，学会说话。因此，每一项活动都是一次很好的学习机会，其丰富多彩的语言情景对于形成和发展聋生语言有着不可忽视的作用。在活动中，聋生语言交际的需要也最直接，最为迫切，教师要做一个“有心人”，当聋生需要表达自己思想感情时，教师应因势利导提供规范的语言材料，及时地引导聋生利用语言手段来满足活动中交往的要求，把语文课与课外活动有机结合起来，不失时机地向学生提供新词语，使他们以轻松自如的心情去学习表达，自然地发展语言。例如：某日，学校组织学生去医院体检，教师就及时提供“医院”、“医生”、“体检”等词语材料，并指导学生说“我们去医院体检”的句子。回来后，组织学生对话“今天上午，我们到哪里去干什么”让学生回答，并要求学生回家后将这项活动内容告诉家长，自然而然地以语言的方式达到交际的需要。

（三）在生活环境中积极发展语言

语言只有多学多用才会真正有所发展，聋生的语言能力要得到真正的培养和提高，那就要特别注重语言在现实生活中的运用，为此，我们结合学校的常规工作和日常生活，制定了一些语言运用的制度：在班级的黑板报上开辟了“写话角”，每天将孩子们写得好的句子抄到上面，并在班级内进行表扬；学校制定聋生借东西、请假、外出须写明原因和定期向家长写学习、生活汇报信等制度；建议家庭成员常给聋孩子回信等；与普通学校开展“手拉手”活动，聋生大方热情地与健全学生交友，积极主动地给同龄人写信，在实践活动中吸收、理解、巩固语言材料，充分体会到书面交际的用处和快乐，有效地发展了他们的书面交际能力。

四、在课外阅读中学词识句丰富语言

要想真正提高聋生的语言能力，我们必须改变目前聋校语文教学中存在的一个学期只学一本教科书的现状，引导学生广泛阅读书刊，提高词句的复现率，这也是增加语言强化次数的有效方法。针对低年级聋生语言积累少、阅读还存在一定困难的特点，我选择了低年级聋生能主动关注、感兴趣的阅读材料，如语言浅显易懂、内容丰富多彩的看图识字、看图说话和绘本类的书籍，规定每天下午半个小时的阅读时间，给他们讲解书上的内容，帮助他们了解图画和文字的对应关系，当学生阅读遇到困难时，为他们解释书上的语句，帮助他们读懂书中的文字。为了让学生养成良好的阅读习惯，我会定期在班内开展故事会，让孩子们用自己的方式（口语、手语、表演、图画等）讲解读过的书。孩子们兴致盎然，在不知不觉中提高了对书面语的理解和运用能力。

生活处处皆语言，生活是聋生学习语言的源泉，是课堂教学生活化的延伸。聋校低年级语言教学应努力从生活入手，尽量让词句贴近学生的生活，包围学生的生活，让学生在生活中理解、使用、感悟，创造出一条扎实有效的发展耳聋学生语言的新路子。

参考文献

1. 浅谈低年级识字教学.

http：//blog. sina. com. cn/s/blog_ 511f8231010094bv. html.

2 浅谈聋生语言能力的提高.

http：//www. chineseaudiology. com/jiaoyu/html/20091020115822. html.

3. 家校合作：发展学生的语言能力.

http：//www. jyly × ×. com/main/research/showinfo. asp？ infoid = 980.

4. 余敦清. 听力障碍与早期康复. 北京：华夏出版社，1994.

5. 顾爱玉. 聋校语言教学的自然性、整体性和交际性.

http：//www. shedunews. com/apps/home/space－70647－do－blog－id－507. html. 2009. 12. 16.

语文教学要贴近生活

肇庆启聪学校　祝晓霜

【摘　要】聋校语文教学改革，关键在于贴近学生生活，这是"根"。语文与生活是血肉相连的。我们只有以课堂为期待起点来实施生活化的教学，加强课堂与生活的沟通，让教学活动贴近生活、联系实际，才能帮助学生更好地理解课文内容，并真正受到启迪；才能赋予课文以生命和活动，更好地揭示其全新的潜在意义；才能引导学生更好地懂得生活，学会生活，创造生活，做生活的智者，更做生活的主人。要提高语文教学效率，就必须给语文教学注入活水，让语文贴近生活，把学生的目光引向生活，让学生参与生活。

【关键词】语文教学；贴近生活；引向生活；参与生活

聋校中有不少聋生不能正确地、完整地、独立地读懂课文或通俗文章，写出的文章句子不完整，意思不连贯，语法错乱现象很普遍。也常常听见一些聋校语文教师诉说自己的困惑：聋孩子学习语文十几年，总写不出像样的作文来。这里除了聋孩子本身生理缺陷的因素外，还有语文教学脱离生活的原因。语文教学脱离生活主要表现在两个方面：一是教材，二是教法。要提高语文教学效率，就必须给语文教学注入活水，让语文贴近生活，让学生参与生活。

通过多年的观察和思考，我得出了这样一个结论：我们的语文教学患的是营养不良症，它远远脱离了生活，犹如杜源汲水，无论我们怎么兴风，它都难以起浪。而这正是语文教学效率低下的症结所在。

语文教学脱离生活主要表现在两个方面分别是教材和教法。先说教材，我们语文课本上所选取的文章大多是历史上素有定评的名家名篇，同现代社会生活之间存在着较大的"时差"，现代社会生活中充满活力的语言现象和富有色彩的语文范例，很难及时在课本中得到反映，这难免使学生产生厌学的情绪。

再说教法。虽然推进素质教育的口号已经喊了多年，然而只要深入到教学第一线去看看，就会发现普遍存在着这样一个令人担忧的事实：为应试而教学。教师们往往以知识的灌输和题型的训练代替语文能力的培养，考什么便教什么，把有血有肉的文章变成一个个"知识考点"的载体，教师把精力完全花在拟题、印题、改题、讲题上；学生则整天泡在听题、记题、做题、改题里不能自拔，学生变成了做题的机器。为了应试，师生死抠那一个学期仅有的二十篇课文，颠过来倒过去抱着课本打滚，两耳不闻窗外事，两眼不看课外文，堵塞了向生活、向社会吸取营养的渠道，也剥夺了学生参与生活、感受生活的权利。

要提高语文教学效率，就必须给语文教学注入活水，让语文贴近生活，让学生参与生活。

其一，千方百计让教材贴近生活。

语文教材形式多样，文字优美，内容丰富，为学生轻松学好语文创造了有利条件。教学中，我们不要把教材中生动活泼的语言文字变成死记硬背的材料，要挖掘教材因素，开展语文活动，使语文活动课成为语文教学的重要组成部分，让教材贴近生活。例如，课本剧表演会加深学生对人物的理解；办语文小报会增强学生语言文字的运用能力；做语文游戏会提高学生语文学习的积极性等。而那些历史上的名家名篇我们也要学，因为我们不能割断历史，而且这些文章也是文质兼美、语言文字规范的典范。同时，我们要适时补充一些反映现代生活的“时文”，让学生感受作者是怎样用语文知识和技能来反映今天的生活，或者反过来说，今天的生活、今天的问题，该怎么用语文知识和技能来反映。这无疑会激发学生极大的学习兴趣。

其二，拓宽学习语文的渠道，把学生的目光引向社会、引向生活。

刘国正多次强调，“语文天然是与生活联系在一起的”，“语文一旦与生活联系，马上就生动活泼起来”。美国教育家华特·科勒涅斯有句名言：“语文学习的外延和生活的外延相等。”因此，我们要在传授知识、分析课文、训练能力的过程中，有意识地联系生活，使学生感到自己平时的所见所闻、喜怒哀乐等都可以在语文中得到再现，让学生感到语文与生活息息相关，语文无处不在、无所不有。这就找到学习语文的源头活水，掌握了学习语文的“法宝”。生活是学习的大课堂，让学生到生活中学语文，让语文学习贴近丰富的生活，无疑为学生的学习插上一对有力的翅膀。学生在丰富多彩的生活中收集信息，将会受益匪浅。当走在马路上，看到一些有关交通安全的警示句，可以让学生记一记，收集在一本小册子上；当漫步在街头巷尾时，可以引导学生记录一些商业大厦、店家的广告语等。生活是语文教学的源泉，把生活引入课堂，课堂才有生机。善于把学习与生活结合起来，让学生从生活中得到领悟和启迪，再把感悟融入生活，使之达到文中有我、我与文融的境界。让我们的学习从生活中来，又到生活中去，全面提高学生的语文素养。如朱自清的《背影》抒发了父亲对儿子的深情以及儿子对父亲的感念之情。要想让学生理解和感受文中的深情，获得人生的启迪，就必须调动学生的情感体验，引起他们的共鸣。如何才能达到这个目的呢？我想应该有这样一个原则：课堂要顺应学生的情感脉络，贴近学生的生活。依据这样一个原则，我有以下几点考虑：①让学生在课前搜集亲情方面的名言名句，鼓励大家声情并茂地在课堂上展示，从而感染、触动其心灵中最柔软的部分。②课堂中留有空余时间给学生回忆自己人生经历中父亲对于自己的深情和关爱，并讲给大家听。想达到那种预想的效果，要靠个别程度好的同学的带动，教师也要有点煽情的本领。③让学生以课本剧的形式再现父亲爬月台买橘子的环节，帮助大家理解父亲的良苦用心。

同时，要扩大学生接受社会信息的听读面。“时文”要读，电视、中外名著要看，名胜古迹要赏，山川河流要游……总之，一切有语文滋养的活动，都可以让学生去参加。

其三，教学要让学生参与生活。

语文教学一定要变狭隘的封闭式教育为开放性的大语文教育，让学生投身于生活，在生活中学习语文，在生活中用语文。大家都知道，传统的课堂教学中，学生学习的空间较为封闭、狭小，眼界限于书本、限于教室，这种封闭的时空观使语文教学不知不觉地被学校的高墙将其与大自然、社会生活隔开。特别是学生作文脱离了他们的生活，“向壁虚构”已是突出的令人忧虑的现象。许多学校几乎不带学生去认识周围世界，不去接触生活，只是关在屋子里读作文选，背好词佳句。学生只记得词，不懂得词的形象和感情色彩，于是写秋天用了许多写春天的词语，词语堆砌，词不达意。生活是绚丽多彩的，有形、有色、有情、有境。语文教学应与生活相通，学生学习活动的空间拓宽到生活和社会的各个领域，学生可以到大自然中去学习，到社会实践中去学习。学生学习活动的对象也不再只限于有字的教科书，而是延伸到自然界和社会这部“活”的无字书。著名教育家陶行知先生说得好：“花草是活书，树木是活书，飞禽、走兽、小虫、微生物是活书，山川湖海、风云雷雨、天体运行都是活书。活的人，活的问题，活的文化，活的世界，活的宇宙，活的变化，都是活的知识宝库，都是活的书。”这部宏大、深邃的“无字书”会让学生认识奇妙精彩的世界，了解广阔复杂的社会，体味丰富多彩的生活。实际上，学生应用语文知识和技能参与生活的机会很多，只是以前我们死死抱着课本不放，害怕参与了活动而影响书本知识的学习，从而束缚了学生的手脚。如今，我们必须放开他们，鼓励他们投入生活的海洋。例如，元旦、春节，可让学生编写春联师生互赠；各种各样的会议，可让学生轮流拟写通知；哪位师生获了奖可让学生写贺信；每天早晨可让学生轮流报告校内新闻；还可组织学生上街纠正广告牌匾的错别字；热心参加社区活动，提出学习和生活中遇到的问题……组织趣味语文的游戏，在活动中学习语文，学会合作。尝试用语文知识和能力解决简单的生活问题。利用图书馆、网络等信息渠道获取资料，能策划简单的校园活动和社会活动，对自己身边的、大家共同关注的问题，或电视、电影中的故事和形象进行讨论，学习辨别是非曲直。

教师应绷紧这根弦——教学要贴近学生生活实际，教学要为学生服务。因为，学习本来是源于生活而又回归生活的。生活中处处有语文，也处处用语文，正所谓“一切生活皆语文”。因此我们应该解放教学思想，改变教学理念，做到“语文生活化”、“生活语文化”，让学生在生活中学习语文，以将语文学习还原到生活中去，只有这样，我们的课堂才更真实，更具活力；我们的学生才更聪敏，更富个性。“世事洞明皆学问，人情练达即文章。”只要注入了社会生活的活水，语文教学这棵大树就会枝繁叶茂，结出丰硕的果实。

参考文献

1. 孙春成. 新课程语文教育随笔. 广州：广东教育出版社，2004.

2. 语文课程标准研制组. 走进课堂——初中语文新课程案例与评析. 北京：高等教育出版社，2004.

通过课外读写提高聋生书面语能力的行动研究

佛山市启聪学校　肖艳丽

【摘　要】本研究主要通过看图作文、阅读训练、阅读后写读书笔记、写日记、诗歌朗诵等课外读写的不同方式，探索它们对提高聋生的书面语表达能力的作用，揭示聋生书面语偏误的内在原因，以及我们所应该采取的教育对策，旨在为聋生创造一个良好的课内外教学环境，以切实提高聋生的书面语表达能力。

【关键词】课外读写；聋生；书面语表达能力；提高

一、问题的提出

手语是聋生的母语，汉语则是我国聋生要掌握的第二语言，即汉语书面语。一直以来，教师对聋生的书面语言能力的发展抱有失望的情绪，有太多不尽如人意的地方，聋生可以不“说”汉语，但是不能不写汉语。随着社会的发展，聋生可接受越来越多的教育，就业范围也在不断扩大，社会给了他们更多的就业机会，从应聘、签订劳动合同、工作中的技术要求、作总结到考核评估的整个劳动过程中，都要与人交往、沟通，充满了以语言文字为主的信息资料等的阅读和表达。种种情况都对聋生的书面语提出了更高的要求。手语和书面语是两种不同的语言，聋生用手语可以“说”得眉飞色舞、流畅自如，但用书面语表达出来就不那么顺畅、有神采了，常常是不正确或者不通顺。看看下面几种现象给我们一种什么感觉或是思考呢？

现象一：这是一个八年级的聋生写的作文《帮助奶奶做家务》的片断，文章如下（未修改，有较多语病的原文）：早晨，小红和小思去奶奶家玩，看到奶奶在院子里洗衣服，周围里有很多的古宫的老房子，树林绿了，地上很平。奶奶洗完衣服，小红突然跑到奶奶面前拿着衣架，找出来一条竹竿挂在衣架上，挂上去，很矮了。听到妹妹的哭声，小思跑过去看，发生了什么事？原来妹妹很顽皮在玩石头，当石头甩过去的时候把屋里的玻璃打碎了，所以妹妹蹲在地上哭了起来，小思劝劝她，不要哭，破了玻璃算了，小思也帮着奶奶晒衣服，奶奶笑哈哈地说：“你们真是一个热爱劳动的孩子们！”

现象二：课间或是中午下午放学后，随便到各教室门前走走，会看到三五成群的学生在“神侃”，当然是用自己的手语。偶尔会发现几个专心写作业的，也有抱着书籍看的，两眼眯成了一条线，时不时也会笑出声来，走进一看，原来是漫画书，《老夫子》之类的，也有寥寥几人闷头阅读作文书、课外杂志的……

现象三：《中国特殊教育》杂志刊登的刘卿写的一份调查研究中有这样的叙述：为了研究九年制聋校毕业生在聋校学习九年后书面语言能力整体水平到底如何，作者对2007年、2008年和2009年报考南京特教学院的聋生语文升学考试试卷进行了分析。三年参加考试的聋生总计205人，共收集试卷205份。语文考试试卷是结合我国小学五六年级的课程标准编制的，其难易程度相当于普通小学五六年级的程度。通过试卷分析发现考试平均分较低，三年的平均分都在60分左右，大部分聋生的语文成绩集中在50～70分。从试卷可以看出聋生的书面语言能力发展缓慢，不能很好地理解、运用语言；思维发展迟缓，对文字深层次的内在联系缺乏准确探究，逻辑思维水平较低。

透过这三种现象，相信我们也可“管中窥豹、略见一斑”了，现象一中的作文片断可谓思维混乱、语病百出，在这里不作分析和校正，意在引起我们对问题的探索。天津市教育教学研究室的刘岚在《提高聋校课堂教学有效性的若干建议》中提出：“聋生的学习能力九年义务教育，绝大部分聋生都达不到小学毕业的水平，聋生的学业成绩平均要比同龄的普通儿童低三到四个年级不等。数学学科的学习成就普遍好于语文学科的成就，但若遇到以文字表述的应用题仍具有明显的困难。根据标准化成就检测的结果显示，18岁的聋生可能只有四至五年级学生的阅读能力，而写作还要更差一些。”表达不顺畅，阅读的积极性又不高，聋生书面语发展、阅读情况的现状着实令人担忧。

二、问题的归因

聋生书面语能力发展中存在着很多问题，这是由多方面原因引起的。

（一）语言发展滞后，思维发展缓慢

健全儿童在进入小学读书以前，日常生活中的语言交流已经积累了大量的词汇、语法、句法，为小学阶段的语文学习打下了良好的基础。现在人工耳蜗技术使一些经济条件好的聋生可以通过医疗手段和康复训练学会说话，回归主流，进入普通学校读书。但还是有相当一部分的聋生在入学前仍然沉浸在无声世界，入学后学习语言文字基本上是零基础，对于一些词语、句法都很陌生，学前语言习得的缺失又阻碍着新词语的学习，最终导致词汇量较小，不能或者很难理解句中一些抽象词语的特殊含义。

在思维发展过程中，聋生擅长以视觉为主的形象思维，抽象思维的发展则较迟缓。他们在形象直观分析方面表现得较好，较为细致、具体，而在概括事物的本质特征方面则有些困难。逻辑思维发展缓慢影响了聋生对词、句、语句之间语义联系的理解，直接影响到他们的课内外阅读质量，在阅读时更多地关注孤立的词语和句子，很难理解一段句子语意之间的内在关联，对文章的中心和内涵常常把握不准。

（二）词汇语法不同和思维方式不同带来的困难

手语和书面语无论是在词汇还是在句法上都有很大的差别。书面语的词汇主要分为实词和虚词。实词主要表示明确的意思，虚词在句子中主要起语法功能。手语的词汇主要由手语词语、表情词语、身体词语和聋式词语组成。手语中的虚词很少，意义靠手势的停

顿、身体的移动和面部表情变化来表达。如：

书面语：你吃饭了吗？

手语：你饭吃了吗？（在打手语时，先打“你”，再打“饭”，然后打“吃”同时表情显示出疑问的神态）

书面语有单句和复句之分，句式比较长；手语大多是单句，复句较少，手语句式表达灵活，常常用“倒装”，书面语则使用标准的汉语句式。手语是主干语，修饰词多通过表情动作演示；书面语是修饰语，修饰词与中心词联合起来表达完整的意思。

人的思维活动主要靠词、词组、句子和句群等语言形式来表达，思维不能离开语言又支配着语言的产生，而语言是思维的载体，也是表现思维的形式。手语的思维方式是形象、块状、画面的，是空间性思维。书面语是顺序、线性、声音的、时间性思维。聋人在这两种思维之间转换时，常常会导致词语、语序、句式上的偏误。两种思维方式的区别增加了聋人学习书面语的难度。

（三）阅读量小和不良的阅读习惯

从入学到九年级毕业语文教科书共有十八本，进行课改以后删掉了原课本中一些陈旧的不合时宜的内容，增加了普通学校的部分课文，总阅读量没有增加多少，因此远远满足不了聋生发展的需求。大量的课外阅读是必要的，但是基础差，阅读中连篇累牍的生词、拙劣的阅读技巧，课外读物犹如一部部天书，使聋生可怜的阅读兴趣逐渐消退，阻碍了聋生的阅读。阅读量小，信息量少，生活经验贫乏，这些都不能为聋生提供广阔的知识背景，在教学和阅读中新旧知识之间的联系、整合就变得困难，知识体系的完善、扩充显得困难，这些都影响着聋生的阅读能力、书面语能力的提高。

从现象二中可看出，在校聋生的情况大致如此，走读生回到家里的情况也好不到哪里。不喜欢读或者看一些漫画、八卦杂志，没有形成良好阅读习惯，随意性较大，意识不到“我要读”，更没达到“我乐读”的境界。“得法于课内，得益于课外”，有限的教学时间教师还是以教科书为根本，教授基础知识，基本词汇、语法、句法、篇章。《全日制聋校课程计划试行稿》对阅读教学提出的基本要求是：正确理解词义、句意、段意和课文内容，能读懂日常通俗文章，有初步分析、概括段意和文章主要内容的能力。在汹涌澎湃的教改大潮面前，我们调整了教材内容，不断尝试新的教学方法，努力为聋生创设一个更有效的课内学习环境，但我们不能忽视课外阅读的重要性，“书读百遍，其义自见”、“读书破万卷，下笔如有神”，多读多思考对发展聋生的阅读、书面语能力的作用不言而喻。

（四）不利的语言环境

语言环境是让学习者完全沉浸在存在大量语料的地方，聋生由于听力障碍，丧失了和健听人自然交流的语言环境，对于周围环境中现有的大量语料无法达到“可理解的输入”。聋生笔谈交流速度、空间、时间都受到限制，这些都直接影响着书面语使用的频率和程度。在社会上看健听人和健听人交往、聋人和聋人交往是人之常情。从家庭看，如果父母兄弟会手语还有随时闲聊的机会，不然的话，家长和孩子的沟通也不是很多。无论主观条件或是客观条件，无论社会上的大环境还是家庭中的小环境，聋生都缺少使用书面语的条件和机会。这也是聋生书面语学习能力提高的一个很大的困难。

三、研究的目标、内容和方法

研究目标：鉴于影响聋生书面语学习发展多方面的困难，学生书面语中出现的各种问题怎样才能得到有效的缓解和改善呢？我们尝试通过具体实践、课外阅读、写作等探索出一些有效的能切实提高聋生书面语表达能力的途径和方法。

研究内容、方法：

指导思想：于永正老师说：“语文就是让学生识字、写字、读书、作文；就是读读写写，写写读读。”阅读和写作是语文教学的生命线，阅读与写作结合是一种教学理念，也是一种教学原则。在实践过程中，在指导学生学好、读好课本的同时，鼓励学生多读课外书，形成阅读经验，为写作积累语言和素材；另一方面，阅读时需边读边写，提高书面语能力。

本研究分为以下几个阶段开展：

表 1　研究内容、方法

研究阶段	研究时间	研究内容	具体做法	研究方法
第一阶段	2007 年 8 月—2009 年 7 月	看图作文、 阅读训练题、 收集专题资料	每周写一篇看图作文，做一篇阅读练习题，围绕某个专题收集资料	行动研究法、问卷调查法
第二阶段	2009 年 8 月—2010 年 7 月	看图作文、 阅读训练题、 课外阅读写读书笔记、 手语故事	每周写一篇看图作文，做一篇阅读练习题，每周写三到四篇读书笔记，每周抽一节语文课在班上开展讲手语故事活动	
第三阶段	2010 年 8 月至今	看图作文、 阅读训练题 写日记、 课外阅读写读书笔记、 诗歌诵读、默写 创办《心语报》	每周写一篇看图作文，做一篇阅读练习题，每周一、周三、周五写三篇日记，周二、周四写读书笔记，课间操时间朗诵诗歌并选时间默写，创办了中学语文科组《心语报》	

四、行动研究过程

研究对象：本校中学语文组共有五个教学班参与，两个职高班不参与，七年级、八年级、九年级、高一、备考班，共计聋生 52 人。本案例中的实例与调查分析均以本班为例。

（一）第一阶段研究过程

从 2007 年 8 月到 2009 年 7 月经历了两年时间。

在郑校长的提议下，经过科组老师的讨论，根据学生的实际情况，我们科组老师要求学生每周写一篇看图作文，每周至少做一篇阅读理解，多则不限。将看图作文、阅读练习装订成册于开学初发给学生，一般作为课外阅读、写作作业，必要时老师在课堂上讲解一些阅读和写作方法并对学生出错的地方加以改正。

我们班每两个月有一个专题，请同学们围绕这个专题查找资料，可查找图书报刊资料，网上资源也可，保存于老师准备好的专门的 U 盘里。全班共用一个文件袋，把同学们查找到的资源打印出来存到里面，可供全班学生轮流阅览。

1. 看图作文的提出及实践

当意识到我们的教育教学效果与我们的初衷相差甚远时，聋生的书面语仍是一个大问题，程度差的同学通篇没几句通顺的话，好学生写出的也没有想象中的好。当某老师发牢骚“怎么这个样子啊，写得一点都不通”时，立刻会有人接过话茬“聋生是这样的啦”，看着一个个出奇愤怒的老师，看着一张张写满不满的面孔，是的，做这样的老师确实不容易。那学生呢，他本来就写不通顺，还要被逼着写，还要挨批，很不情愿地完成任务，还要灰头灰脸地等着被评说。我想那些本来写不通的同学更郁闷吧，如此往复，何时是尽头啊！

为了缓解这种状况，在郑校长的倡导下，我们语文科组制订了看图作文的计划，开始时学生不知道怎么写，逐步引导学生观察图画，看画面上有哪些人、什么时间、在哪里、做了什么事情。有时，时间地点可以不写，写清楚什么人做什么事情就可以了。写人物，可以描写人物外貌、动作、神态、心理活动和对话；写动物，可以介绍它们的外形、颜色、生活习性、活动状况；写事情，要按照先后顺序把事情的经过交代清楚。有一幅幅的图画作为写作素材，消除了聋生“无话可写”的烦恼，在写作的过程中还可以培养聋生的观察、想象能力，并提高了书面语的应用表达能力。

下面是一个七年级同学写的一篇看图作文。

看图作文　雷锋桥

提示：画面上有哪些人？他们在做什么？溪水上为何架桥？又为什么叫雷锋桥？将主要人物的语言、神态、动作进行具体的描写。要求语言通顺、条理清晰。

学生写的作文：

雷锋桥

小红、小华和小明，他们三个每天上学放学的时候，要路过一条小河，因为这条小河上没有桥，所以他们只能踩着石头过河。

有一次，他们走到河中央的时候因为石头很滑再加上小红的脚没有踩稳，突然摔倒了。小明看见了赶紧去拉小红，小华见了赶紧说：“不要拉了，弄不好你也会掉进河里的。”小红想：这下要穿着湿衣服去学校了，一个解放军刚好从这里路过，看见了这一幕，他扶起小红后，心想：如果没有桥的话，会有更多的人掉进河里的。于是，解放军叔叔又找来两个人去运木头，木头运到河边以后，他们就开始修桥了，他们挽起裤腿，在冰冷的河水里，河水刺骨的凉，他们的脸冻得红红的，但他们没有退缩，他们挥舞着大锤、铁锹，在他们三人的共同努力下，一座木桥修好了，而且修得非常坚固。

回家的路上，走在平稳的桥上，他们想起了解放军叔叔，这座桥给他们带来了方便，为了纪念解放军叔叔，人们都叫它“雷锋桥”。

这是班里一位成绩较好的学生写的，语句较通顺，把几个小学生上学过桥时摔倒、解放军帮助小红、为了方便人们出行几个解放军修了一座木桥“雷锋桥”的经过叙述得清晰明了，文中还有两处心理描写写出了小红和解放军叔叔当时的想法，值得表扬，这是一篇比较成功的看图作文。

虽然刚开始有些同学有点摸不着头脑，但在老师的指导和多次练习下，慢慢大部分学生都掌握了一些基本的看图作文的写作方法。在这个过程中，教师不断强调：看一幅图，写一件事情、描写一个景物，要抓住主要人物、动物、景色来写，写之前先想好，先写主要人、物，然后再写其他内容。看几幅图的时候，则要注意图与图之间的连接过渡。在写作时，要强调由主及次，由远及近，从上到下，不能看到什么就写什么，胡子眉毛一把抓，这样写的文章才会中心突出，有主有次。掌握基本方法，把看图作文写好。由于是聋生，在作文中总是或多或少有些词语、语句、语法方面的错误，而这也是难免的。

2. 阅读训练题的提出及实践

阅读是聋生获取各种信息和融入主流社会的重要途径，阅读教学也是聋校中学语文教学的重点和难点，他们的阅读实际上也低于同龄健听人的水平。阅读主体为了理解所读内容、提高阅读效率，对自己的阅读过程进行调整和控制的规则、方法及技巧就是阅读策略。成功的阅读者可灵活使用各种有用的阅读策略，而较差的阅读者则做不到，主要包括：在不理解文章含义时采取的重新浏览原文、画出重点、分段阅读、自问自答、做摘要、分析文章结构等策略；进行推理判断时，需要利用自己已有的经验，注意文章的内在逻辑性，提出问题、进行合理想象等策略；在评价监控是否理解了文章的内涵时，衡量这种理解是否正确并进行自我调整。

聋生大都擅长视觉或空间定向，在视觉方面有较明显的优势，在阅读过程中更多使用心理图像的策略，有研究表明，鼓励和引导聋生在阅读中积极使用这种策略，可促进其回忆、再认、推理、评估等方面思维的发展。

这些向我们说明了一个问题，就是要通过一定量的有目的的阅读训练，使学生学习掌握一些阅读策略，即我们平时所说的阅读方法。和聋校教材配套的练习册中有相应的阅读练习题，在文章的选择、包含的内容方面都不够全面，我们有必要重新加入一些适合本班学生难易程度的、时代性强一些的阅读文章作为补充。

也有研究表明，阅读之前出示一些关于该篇文章的问题能有效促进聋生对文章的理解，假如是阅读之后再出示这些问题则不具有这样的效应，这充分显示出提问策略对聋生的阅读理解有着积极的影响。为了帮助学生习得或掌握一定的阅读策略，我们可以在学生阅读一篇文章之前出示一些问题，例如：

我爱水，所以我爱大海，爱长江，也爱小溪流。但是我最爱的还是湖。

静静的湖，像是一块无瑕的翡翠，在阳光的照射下，闪烁着美丽的光泽。

我喜欢独自一个人坐在湖畔，看着平静的湖面幻想。我想，湖中一定有一个明亮的水晶宫，那是鱼儿的家园，不然它们为什么会整天那么欢快？水晶宫里一定有一块巨大、发光的翡翠，不然湖水为什么会绿得这样美？我凝视湖面，偶尔投一枚石子，让它激起一道道波纹，或是放一只纸船，让它随着湖波飘荡。

静静的湖是可爱的，但雨中的湖更动人。细丝般的春雨飘下来，不停地织啊织，织出湖——这块绿色的“锦”。“锦”上无穷无尽的圆环，像美丽的姑娘绣出的朵朵鲜花。

雷雨到来时的湖真热闹。你看，天空中一道亮光，那是开幕的礼花上了天。你听，“轰隆”，礼炮响了，大会就要开始了。等大雨落下，联欢会立刻开始。你看到湖面上朵朵竞相开放的雨花了吗？那是正在翩翩起舞的金鱼姑娘头上的玉花。你想知道节目是否精彩吗？那“哗哗”的雷鸣般的“掌声”会把一切都告诉你……

湖是美的……

这是一篇优美的抒情散文，我们可以在学生阅读之前出示下列问题：

（1）作者从哪几方面描写了雨中的湖？（锻炼聋生阅读策略中的结构辨认、信息综合的能力）

（2）文中的“礼花”是指________，“礼炮”是指________，“玉花”是指________，“掌声”是指________。（锻炼聋生理解句子之间的联系，理解句意、推理的能力）

（3）根据短文的中心给短文加个题目。（锻炼聋生整体理解文章，概括总结能力）

（4）“联欢会”的地点在________，参加“联欢会”的有________。（锻炼聋生理解句意、判断、推理的能力）

（5）这篇文章记叙了________，表达了作者________的感情。（锻炼聋生理解文意，概括总结，结合自身经验进行联想、推论的能力）

经过这样的反复训练，聋生对阅读策略有了一定的感性认识，会逐渐形成自己的阅读技巧与方法，在一定程度上有助于学生的阅读理解。

本班学生 2008 年与 2009 年期末试卷中阅读成绩对比表（阅读总分值均为 15 分）

	盈	思	刚	茗	卿	杰	宏	能	炜	新	妹
2008 年	4	6	8	8	11	10	6	5	2	5	9
2009 年	5	8	9	8	12	13	5	6	4	7	9

从两次期末测验成绩来看，大部分同学的阅读理解能力有了一定的提高。聋生由于掌握的词汇量少，语法句法知识欠缺，各科知识贫乏，和正常学生相比对语言文字的理解能力明显落后，所以在进行阅读训练时不能简单照搬普通学校的阅读训练方法。

3. 搜集专题资料

搜集资料是课程改革作业的一项新形式，当然我这样做不是为赶时髦，而是想通过多种途径使学生去阅读，去关注身边的人和事，去关注一些新闻，做一个“社会”人。曾经布置学生搜集过“奥运会”的专题资料，每周有两人负责搜集，别的同学自愿参与，班长将搜集的资料整理好，存放到班级文件袋里，供全班同学传阅。

搜集资料的途径很多，把报纸上的新闻信息剪下来；在网络上搜集，如谷歌、百度等搜索引擎可以帮我们找到很多相关的资料；在书籍中查找资料也是一种搜集资料的好办法。由于有的学生家里没有资料来源，对这项活动兴趣不高，还有的同学搜集到资料，不会自己加工处理，乱糟糟一大堆放着，别的同学看得也不是很清晰，所以这个活动开展了一个学期就停下来了。

4. 效果

经过两年的时间，我们欣喜地看到学生有了可喜的变化，无论在平时的测试还是在学校阅读竞赛、作文竞赛中，老师都感到学生的整体水平有了提高。学生对看图作文已经比较熟悉，多少都能按照图意来进行表达，观察图画的能力也增强了。在写命题作文时，学生的思路比以前开阔，写出来的书面语不那么呆板了，能灵活运用一些简单的句式句法丰富语言，丰富作文内容。

看图作文主要是通过观察图画，把画面与自己记忆中的某些已有经验进行联系，启发记忆中存储的东西。把这些东西经过筛选，结合图画，用恰当的书面语表达出来。通过看图作文，既能训练观察能力，又能锻炼学生的思维能力，还可以把学过的文字重新组合进行书面语练习。这种方式较符合聋生的认知特点，是一种发展学生语言、提高书面语写作水平很好的方式。

在适量的阅读训练中，学生掌握了一些基本的阅读策略，如初步运用综合、归纳、概括等方法来把握文章的主旨；用推理、判断等逻辑思维对所读文章进行由此及彼、由表及里的分析判断，对文章进行一些理解；根据上下文和文章的关键语句、关键词懂得作者的情感态度等，这仍是我们教学中的重难点，需要继续努力，使学生对阅读策略有更深的认识，并能在阅读中灵活运用。

由于搜集专题资料的效果不是很明显，在操作过程中有很多难以控制的因素，对学生行为的评价衡量也是一个问题，所以这项举措并没有达到预期的目标。

5. 反思

在摸索中前进，边做边想，这阶段积累了看图作文、阅读训练的基本资料库，学生的书面语有所进步，但仍存在着较大的问题，有语法错误的句子随处可见，对文章深层次的理解仍显困难，学生对课外阅读的兴趣不是很高，知识面狭窄。如何提高学生的课外阅读兴趣，在阅读中增长知识、增强语感，切实掌握规范的书面语表达？什么样的阅读教学策略真正适合聋生？是否适合所有的聋生？如何更有效地克服聋生阅读策略的发展缺陷，提高他们的阅读能力？这些都是我们今后实践过程中应引起注意的问题。

（二）第二阶段研究过程

从2009年8月到2010年7月，鉴于看图作文和阅读训练在发展聋生读写方面有明显的促进作用，这两种方式我们都保留了下来，并一直都在做相关训练。这个阶段主要是培养学生的阅读兴趣，尝试利用手语故事在教学中起到的作用。

1. 培养阅读兴趣，写读书笔记

阅读是聋生加强对外联系的一扇窗，通过阅读可以了解更多的信息，了解丰富多彩的世界，扩大自己的视野，学到更多的知识，通过不断的阅读积累，可以逐渐提高阅读水平，增强书写表达能力，使写出的句子更通顺，更合乎语法规则。然而学生的阅读状况却不容乐观，下面是对班级学生阅读情况的调查与分析：

阅读情况调查问卷

班级________ 姓名________

1. 你认为有时间阅读课外书吗？ A. 有 B. 没有

2. 你认为读课外书有意义吗？ A. 有 B. 没有

3. 你每天花多长时间读课外书籍？

A. 3小时以上 B. 1~3小时 C. 1小时以内 D. 0

4. 你去过图书馆读书吗？

A. 经常去 B. 偶尔去 C. 不去

5. 你平均一年买几本书？

A. 10本以上 B. 5~10本 C. 5本以下 D. 不买书

6. 你每个学期看几本课外书？

A. 10本以上 B. 5~10本

C. 5本以下 D. 不看课外书

7. 在阅读中遇到不明白的地方，你通常会怎样做？

A. 查字典 B. 查相关工具书

C. 请教他人 D. 忽略、跳过不重视

据调查结果分析：这是一份侧重阅读态度的调查问卷，全班共12名学生，有一半的学生认为没有时间阅读，有4名学生认为读课外书没意义，每天读课外书的时间基本都在一小时以内，有几个根本不读课外书，基本上都没有去过图书馆，每年买书的数量很少，有5名同学不买书，全班每个学期平均看课外书不超过5本，在阅读中遇到不明白的地方，通常都会采取请教他人的方式。总体看来，学生的阅读兴趣不是很高，宁愿花时间去打球，也不愿读书，对读书的乐趣和好处没有意识到，不会积极主动去图书馆或去书店购买自己喜欢的书籍。我们尝试利用一些方法以提高他们的阅读兴趣：

（1）变“要我读”为“我要读”，树立典型。

通过语文课和班会，向学生讲清楚阅读的好处，激发学生自主阅读的欲望，使学生从内心感觉到要读，学生从课外阅读到的信息在全班进行交流，其他同学可以对信息发表自己的看法，譬如报纸上有一篇关于台湾大选的文章，班级里有一位同学读了，便让他讲给其他同学听，听的同学可能觉得不过瘾，便要自己去查找、阅读相关资料。之后在班级里展开讨论，让同学们互相交流读报心得体会，可达到团结互动、互相学习的目的。选择班级里最爱阅读的同学作为榜样，对他多指引，要求他定期阅读规定的篇目书籍，由他来带动同学们的积极性。同时他在班级里也可以发挥“小老师”的作用，同学们有什么问题可以向他请教，同伴互助有时胜过老师的单一说教。

（2）向学生推荐好的文章或者好书，帮学生订阅杂志。

学生阅读面窄，他们常常不知道读什么好，如果老师给他们适度介绍读物，他们也会很乐意去读的。例如，说一些报刊上的新闻给他们听，一听他们有点兴趣了，然后介绍报纸给他们看，或者直接介绍哪类报纸有哪些内容等；也可以推荐一些适合他们读的童话书、故事书，如《白雪公主》、《美人鱼》、《格林童话》、《一千零一夜》等。有的同学读了，就请他们讲给全班同学听，读的人多了，就组织学生比一比，看谁讲得好。我为班级的学生订阅了《小学生学习报》、《少男少女》、《半月谈》、《世界博览》、《科学画报》、《文史知识》，这些杂志都是月刊，每次有新书来，同学们都很激动，抢着要看。

（3）写读书笔记。

俗话说“最淡的墨水，也胜过最强的记忆”，一方面课外要多阅读，使学生学会有理解地阅读，就是能用眼睛和思想把握住句子的一部分或完整的较短的句子，然后当眼光离开书本时，便能同时进行思考——不仅思考着眼前所读的东西，而且思考到与所读内容有联系的某些画面、形象、事实等。学生如果不能做到流利地、有理解地阅读，也就来不及思考，不动脑筋、没有思考的阅读，只能使儿童的头脑变得更迟钝。另一方面要勤做笔记，我们要求学生每周写三到四篇读书笔记。读书笔记的形式有很多种，可以摘抄美文佳句和精彩段落，积累材料，以后作文时也可以拿来用。也可写读后感式读书笔记，在读到自己喜欢或感动的文章或书籍后，把自己的感想、收获、体会写出来。要求做笔记时要认真思考，不要一味地抄原文，既花费时间，又起不到应有的作用。要像蜜蜂采蜜一样，采到花粉后要经过自己的加工、处理、吸收，才能酿成甜美的蜜。我们对学生所读书籍进行引导，引导他们阅读一些难度适中、积极健康的书籍。同时要边读边记录，边读边思考，写读书笔记，关注阅读写作的数量和质量。每学期举行一次阅读竞赛、一次读书笔记竞赛活动，督促学生养成良好的读写习惯。

2. 手语故事

我们每周专门抽一节课的时间，请同学们讲手语故事，可以以多种形式开展。手语是聋生的第一语言，在运用自己的语言讲故事上，很多同学表现出了与运用书面语时不同的精神状态，一般这节课同学们都很活跃，处于一种开放状态，同学们也精心准备故事内容，讲到精彩处，全班则笑成一团，连平时最迟钝的那个学生也在讲故事时露出了在其他课上难得一见的灵光。

聋生手语是形象化手势，是聋人特有的文化，是在聋人群体中广泛交流思想、表情达意的工具。不同地域的聋人由于生活习惯、文化背景的差异，打出来的手势不完全一样，但总的来说大同小异，并不妨碍互相交流。文法手语则是用手势加上汉语的语法、文法规则来表示的一种特殊表达形式，也叫“人工手语”，在中国叫“手势汉语”。在聋生的学习中，老师应该教授他们：两种语言学习聋人手语和书面语。但手语和书面语要分开来学习，在高年级的教学中常利用手势汉语来帮助识记书面语。

显然，手语故事受到同学们的欢迎，激发了他们的好奇心和兴趣，对于发展思维也有一定的作用。

3. 效果

在第一阶段的基础上，我们继续通过看图作文和阅读训练来巩固效果，也新增了阅读后写读书笔记和手语故事两种方式。与第一阶段相比，在这个阶段，同学们的阅读量增加了，有了一点阅读兴趣。手语故事更是使聋生身心处于开放状态，积极性空前高涨，愉悦高兴之余，专门拿一节课来讲手语故事对于紧张的、学生要掌握大量知识的课堂有多大好处呢？则感觉不是很明显。

4. 反思

写读书笔记是一种很好的方式，既勉励学生多读，又让学生在读的过程中有所思，带着思考来读，以这种方式读书如果坚持下去，相信会给学生带来意想不到的惊喜，既能提高聋生的阅读能力，又能促进他们书面语的发展，提高其书面语表达能力。与正常学生相比，聋生之间也是有差异的，而这种差异并不表现在听力损失多少，听力补偿如何。有资料表明，听力损失较轻的聋生并不比重听者在学业上更优秀，听力补偿得好也并不意味着在各方面会好过全聋者。在课外读写方面，以统一的标准来要求全体学生，显然有些是达不到的，怎样将读写要求分层，对不同层次的聋生，提出不同的学习要求，让不同的学生在学习中都得到发展，这也是在以后实践中要注意的问题。

（三）第三阶段研究过程

从2010年8月至今，在这一阶段我们继续每周写一篇看图作文，做一篇阅读训练，每周一、周三、周五写三篇日记，周二、周四写读书笔记，课间操时间朗诵诗歌并选时间默写，创办了中学语文科组《心语报》。

我们学校的陈校长是一个爱读书的人，他总是让教师多读书，也让教师鼓励学生多读书，为打造“书香校园”而努力。在这个阶段加强对聋生的阅读指导，读故事书、读报纸、看新闻，进一步让学生接触一些优秀的儿童文学作品，还有当代中小学生写的一些文章。

1. 写日记

校园生活是单调而又丰富多彩的，把发生在学习、生活中的事情写下来，把自己对于某些事情的想法、看法写出来，这就是日记。坚持写日记，可积累知识、生活经验和写作素材，有助于培养聋生的观察能力、理解能力和书面表达能力。

有些学生对日记的格式不是很清楚，通过课堂讲解告诉学生日记的格式及日记一般包括哪些内容，怎样写日记。先在第一行中间写上某月某日，星期几，有的还要写上当天的天气情况。第二行空两格开始写正文，一般写当天发生的有意思的事情，或者自己观察的事物和现象，也可对某些事情发表自己的议论，反映自己当天的思想感情。篇幅长短皆可，值得注意的一点是，日记内容要真实，自己怎样想的就怎样写，养成诚实的良好美德，不说假话、空话，不无病呻吟。生活是多姿多彩的，每天都以不同的面孔呈现在我们面前，我们可随意采撷朵朵浪花，通过自己的仔细观察，用自己的笔把它们记录下来。下面是七年级学生写的两篇日记：

2011年3月17日　　星期四　　天气：晴

今天下午第三节课，我们班的同学都到A座二楼小礼堂观看魔术表演。

到了礼堂，我们选好位置坐好，等待着表演开始。表演开始了，同学们聚精会神地看着神奇的变化，会场上不时响起热烈的掌声。

出来了一位头戴三角帽，身穿红衣服的小丑，他手里拿着个空箱子，我们左看右看，都没看到什么东西，只见演员这边晃晃，那边晃晃，箱子在他手中转来转去，不久奇迹出现了，空空的箱子变出了好多的糖果和利是封。他把这些东西分成三份，给了另外三个演员。准备发给同学们。同学们激动地涌到台前，争先恐后地抢糖果，很快糖果被抢完了。

我们心里想：小同学真不懂事，抢东西吃是很没礼貌的表现。闭幕了。我们慢慢走出二楼会议室，脑子里还想着刚才的表演，真有趣啊！

2011年5月12日　　星期四　　天气：晴

今天是四川汶川地震纪念日，我下午起了床，回到教室里。坐在座位上发呆。我想起了两年前的今天我们在为四川的兄弟姐妹默哀。

一场突如其来的地震给四川的人们带来了多大的灾难，看着北川中学学生的尸体，看着救援队员在细细地搜索废墟里残留的生命，看着一张张惶恐的脸，都给我带来很大的震撼。学生没有了学校，很多人没有了房屋，没有了粮食，全国的人们都向他们伸出了援手。

第二篇是班里成绩较好的一位同学写的日记，可以看出，他能抓住一天中较有意义和印象深刻的事情来进行描写，描写得比较具体完整。他是一个很喜欢看实事新闻的学生，对佛山以及国内新闻都予以关注，所以他在日记中会联想到四川的汶川大地震，对于聋生来说有这样的思想是很不容易的，反映出他阅读面较广、思维活跃的特点。

2. 朗诵诗歌

在做操之前，由语文老师带领同学们先朗诵两遍诗歌，然后做操。聋生跟着老师边读边打手语，周一、周三朗诵同一首古诗，周二是本周小结时间，周四、周五朗诵同一首现代诗。朗诵的同时要求学生记忆，一般选择早读时间让学生默写，老师也会选择一个时间点把诗歌大意向学生作简要说明。同学们全神贯注地朗诵诗歌的神情有点"文化人"的味道了。简单的诗歌学生还能理解，有些较复杂的诗学生理解起来就有些困难了，背景知识不够丰厚，对有些诗的意境把握不准。不过读读经典总是好事，多接触中国的古典文化，受受熏陶也好，这与现在的小学生流行读、背三字经的道理有些相似。

3. 创办了《心语报》

《心语报》是我们科组师生共同编辑、组稿、设计并请美工老师帮忙出的一份报纸，每个月出一刊。《心语报》一刊四版，A3纸打印，第一版实事新闻，选择本月国内外一些受人关注的大事；第二版杏坛春晓，展览学生作品，如日记、读后感、看图作文、命题作文等；第三版美文欣赏，佳作推荐；第四版小作家，每月选一名爱阅读、爱写作的同学，附照片、简介及其作品，日记或读后感在此展示。

这给学生提供了一个表现的平台，能被选为小作家是一件很光荣且开心的事情，对其他同学也能起到激励的作用，只要喜欢阅读，多读多写就有机会成为“小作家”。

4. 效果

这个阶段感觉学生的文化气息更浓厚了，校园的文化气息也浓厚了许多，向“书香校园”又迈进了一步。爱阅读的同学较以前有所增加，在其他科目的学习上也更认真了。

5. 反思

坚持写读书笔记、写日记在提高书面语表达能力的同时，也能锻炼一个人的恒心、坚持做某件事情的信念。写日记是一个良好的习惯，尤其在青春期如果能帮助聋生将自己的心声通过抒写倾诉出来，有利于他们的心理健康。大脑越用越灵，经常诵读记忆古诗文，有人把它形象地比喻为是做“脑体操”，可增强学生的记忆力。报纸的创办为学生的阅读写作找到了加油站，每月的小作家就是大家学习的好榜样，也是大家前进的方向。

在看到成绩的同时，我们对工作也进行了重新审视，第三阶段的工作量很大，内容繁多，切切实实将每一项都落到实处，就需要我们妥善安排时间。还有由于个体间差异性分层教育的问题，将学生分为A、B两类，将课外读写任务分为必要任务和选择任务，必要任务为A类学生必须完成的，选择任务布置稍微简单一些的，使B类学生经过努力也能达到目标，保持他们参与的积极性。

五、行动研究结论

本研究主要通过看图作文、阅读训练、阅读后写读书笔记、写日记、诗歌朗诵等课外读写的不同方式，探索它们在提高聋生的书面语表达能力方面的作用，虽然聋生由于自身耳聋的原因在书面语的表达上存在着较大偏误，实践证明，这些方法在提高聋生书面语表达能力方面，在促使其改变语句、语法的偏差方面都起到一定的作用，让我们用自己的努力为聋生创造一个良好的课内外教学环境，切实提高聋生的书面语表达能力。

现在我们仍处于第三阶段的实践时期，“路漫漫其修远兮”，我们将本着学习—实践—反思，再学习—再实践—再反思的历程，努力学习，积极实践，认真反思，在指导聋生课外读写，提高聋生书面语能力方面作更深入的探索。

参考文献

1. 张宁生．听觉障碍儿童的心理和教育．北京：华夏出版社，1995.
2. 赵锡安．听力障碍学生教育教学研究．北京：华夏出版社，2006.
3. 苏霍姆林斯基．给教师的建议．北京：教育科学出版社，1998.
4. 梁丹丹．聋生汉语构词偏误的描写与统计分析．中国特殊教育，2008（12）．
5. 刘卿．九年制聋校毕业生书面语言能力发展研究．中国特殊教育，2010（6）．
6. 任媛媛．聋人学生汉语书面语语法研究综述．中国特殊教育，2011（3）．
7. 陈蓓琴．思维与语言：维果茨基理论及对聋生书面语写作能力培养的启示．中国特殊教育，2011（2）．

附 件

第二期《心语报》

心语报 2011年 第2期
启聪中学文科组

主编：[illegible]

01 新闻

日本大地震已确认14133人遇难

新华网东京4月21日电 日本警察厅说，截至当地时间21日18时，3月11日发生的日本大地震及其引发的海啸已确认造成14133人死亡、13346人失踪。日本警察厅说，在地震灾情严重的宫城县有8570人遇难，在岩手县有4078人遇难。目前仍有约13.27万人在各避难所避难。

另据日本总务省消防厅截至21日的统计，在日本大地震及其余震中受到不同程度损坏的房屋超过30万栋。由于宫城县和岩手县等地重灾区的房屋受损情况尚未完全统计出来，受到损坏的房屋数量将进一步增加。日本东北部海域3月11日发生里氏9.0级地震并引发海啸，造成了重大人员伤亡和财产损失。

日本的核辐射对我国的影响有多大

日本原子能安全与保安院12日上午做出决定，将福岛第一核电站的核泄漏等级由目前的5级提高到7级。这意味着，福岛第一核电站的核泄漏规模达到了与切尔诺贝利核电站同样的等级，属于最高级。

日本核辐射对我国影响有多大呢？目前为止，影响甚微，不过这一阵子最好不要吃海鲜，因为日本核电站已经向海洋排放了数万吨废水，这些废水有放射性，恐引起海洋生物的变异。核泄漏一般的情况对人员的影响表现在核辐射，也叫做放射性物质，放射性物质可通过呼吸吸入，皮肤伤口及消化道吸收进入体内，引起内辐射，γ辐射可穿透一定距离被机体吸收，使人员受到外照射伤害。

内外照射形成放射病的症状有：疲劳、头昏、失眠、皮肤发红、溃疡、出血、脱发、白血病、呕吐、腹泻等。有时还会增加癌症、畸变、遗传性病变发生率，影响几代人的健康。一般讲，身体接受的辐射能量越多，其放射病症状越严重，致癌、致畸风险越大。

世界读书日的由来

小知识

[illegible]

名人名言

我一生的嗜好，除了革命之外，就是读书。我一天不读书，就不能够生活。——[illegible]

心语报 2011年 第2期

04 写作之星

日记

2月25日 星期五 天气：晴

难忘的学生会干部竞选

我是一个不敢上台亮相的小女孩，可是这一次学校进行的学生会干部演讲竞选却使我改变了自己。

这次学生会干部竞选，我们的班主任张老师决定选我、区静怡和吴颖去参加竞选，老师微笑着鼓励我们说："下午第二节课，我们学校要选举第一届学生会干部，你们都是我们班的精英，希望你们通过自己的聪明才智，为学校、为同学们做更多的事情，也锻炼自己的能力。"我想：既然老师这么信任我，我就应该好好准备。

因为对不敢上台亮相的我来说，上台表现不好，真是太丢脸了，打击也太大了，所以我便认真地写了一份参加竞选的发言稿。

下午3：15分，同学们早早地来到A座一楼大会议室里，安静地坐下来。主持老师说："现在请参加竞选的同学按顺序上台发表自己的演讲。"我心想：还没轮到我，这倒好，可以看看别的同学是怎样演讲的，也让我学习学习。

演讲开始了，全场鸦雀无声。先是文体部干部候选人按班级顺序轮流演讲，这些同学从容地走上讲台，作了精彩的演讲。紧接着，生活部、纪检部……就要轮到学习部了。依然等待，我那刚刚平静的心又猛地跳了起来。终于轮到我了，我走上前台，面对着老师和同学们，我的心"怦怦怦"地跳得厉害，我把发言稿递给丽老师，我暗暗叮嘱自己：不能慌！不能慌！我的心渐渐平静下来，双手熟练地打着发言稿内容："尊敬的各位领导、老师，亲爱的同学们……"

我终于一口气"读"完了我的发言稿。接下来，祈老师和徐老师给我提了一个问题，我勇敢地回答，老师竖起大拇指，冲我笑了笑。我一颗忐忑的心终于放松下来了！

王焕欣，启聪部九年级学习委员，她是一个热爱写作的女学生。这个学期中学部学生要求每天写一篇日记，她能做到每日一记。日记里，写着她的喜怒哀乐，写满她的所思所想，日记见证了她的成长，她不但写日记，还坚持写课后读后感。通过坚持不断地写日记，写读后感，写课后作文，她的写作水平有了长足进步。可见，"一分耕耘，一分收获"。希望小欣在未来的日子里，能做到坚持写作，快乐写作。

作文

这件事真让我痛苦

最近一段时间，有件事使我很痛苦，因为我爸爸生病了。我衷心祝愿：爸爸能早日康复，不要让我们全家人担心爸爸。

记得那是去年1月19日，爸爸住院前一天，爸爸、妈妈语重心长地对我说："小欣，你要做个责任心强的大姐，你必须好好做家务，照顾好弟妹，姐弟之间千万不要闹矛盾，知道吗？"我心事重重地点点头，说："爸爸、妈妈，我知道了。你们该好好保护自己，我们会管理好自己的。"爸爸、妈妈离家住在医院里，一住就是两个星期。在这两个星期里，从白天到黑夜，我忙个不停地做家务，好似妈妈一样忙碌。寒假，天气非常寒冷，我的双手很冷，但仍然坚持为弟妹洗碗、洗衣服、拖地……我有一颗强烈的责任心，并努力坚持下去。

有一天，晚上11点钟，我看到弟弟睡熟了，就帮他关灯，然后悄悄地掩上门。最后，我回到睡房，躺在床上准备睡觉，可我翻来覆去就是睡不着，我心想：爸爸的病那么严重，需要妈或二叔照顾，而今爸爸妈妈离家，我要学会独立生活，吃苦耐劳。我非常希望爸爸早日康复……一想到爸爸的病，我心里就非常难过。

在爸妈不在家的日子里，我和弟妹独立生活，艰难地度过每一天，我们学会了面对生活中突如其来的困难，它会一直留在我心中，让我永远也忘不了它，这件事使我深深地明白：终有一天，父母都会离开我，我必须独自面对生活中遇到的种种困难。

现在我就要努力面对困难，与困难抗争。

夸夸我的家长

在我的心目中，父亲是高大、威严、又关心我的；妈妈也是慈爱、温柔、关爱我的。在我17年的人生中，我深切地感受到父母为了养育我多么辛苦、多么努力，他们给我营造了一个温馨、幸福的家。

在我的人生旅途中，多么难忘那一件件往事啊！

——爸爸妈妈对我的管教是极为严厉的。记得有一次，我和弟弟因为一点儿小事吵了嘴，爸爸妈妈知道后，便严厉地批评了我，那目光就像一根针一样扎进了我心里。然后，我向弟弟道歉，或许是怕了那严厉的目光，从此，我乖了许多，不再刁蛮任性了。

——爸妈对我又是极为关心的。有一次，我生病了，躺在床上痛苦地呻吟。这可急坏了爸妈。他们急匆匆地带我到医院看病，回来后，又细心地给我喂药，忙得不可开交。妈妈轻轻地抚摸着我的额头，温和地说："小欣，想不想吃苹果？"我艰难地点了点疼痛的头，妈妈以最快的速度削了一个，并一点一点喂给我吃。爸爸小心翼翼地端着杯子，关切地说："小欣，你必须多喝水，知道吗？"我点点头，接过杯子，慢慢地喝着温暖的水。我心里无言感激：爸爸妈妈无微不至地关心我，以后，我也要照顾、关心父母。

——爸妈对我又是极为宽容的。我的数学期末考试没有考好，我垂头丧气地走回家，满脸愁容看着妈妈，把考卷拿给妈妈看，妈妈认真地看着试卷，语重心长地说："小欣，这次考试考不好，我们要吸取教训。妈妈只是希望你更加努力学习。"我说："妈妈，以后我一定好好学习。"妈妈点了点头，对我充满了信心。

我爱普天下平凡而伟大的父母，但更爱疼我、爱我的爸妈。

读后感

《故宫博物院》读后感

故宫，是我们耳熟能详的文化古迹，我没有亲身游览过故宫，这是很遗憾的。但我读了《故宫博物院》，弥补了这个遗憾。

作者详尽地介绍了故宫的位置、历史、功能，他按故宫的建筑由南到北观察，一一介绍了建筑规模宏伟壮丽、布局和谐统一的故宫。

读完这篇文章，我不禁深深地感叹：古代劳动人民是多么勤劳和聪明啊！他们用辛勤的血汗换来了金碧辉煌、规模宏大、壮丽的故宫。可是我转而又想：古代帝王为了满足自己的私欲，一显尊贵的地位，却劳民伤财，大兴土木，修建这么庞大的宫殿，真是太不关心老百姓的死活。几千年过去了，故宫成了一道重要的旅游名胜古迹。我想去故宫博物院游览，只可惜我还在读书，没有钱。不过没关系，等我长大以后，找到工作了，我相信这个愿望一定会实现的。

名人名言

鸟欲高飞先振翅，人求上进先读书。——李苦禅

浅谈聋校作文教学生活化

阳江市特殊教育学校　高　飞

【摘　要】在聋校语文教学中，一提到作文，教师怕教，学生难写。虽然教师已经花费大量时间去指导，学生仍写不出令人满意的作文。通过对这几年教学的总结，我认为责任不在于学生，而在于教师，是我们教师使学生远离了丰富多彩的习作源泉——生活。聋校教师在作文教学中，必须打破传统的课堂教学常规，突破传统作文的限制，给学生足够的空间，丰富学生的生活经验，引导学生在生活中获得感悟，通过作文来表达自己的情感，写出真正有血有肉的作文来。

【关键词】聋校；作文教学；生活化

生活是作文的源泉，背离生活的作文是空洞的，是没有情感的。教师在进行作文教学时，大部分会以教材中提供的材料来展开。但我们聋校的教材编写已经有几年了，与学生们的现实经历还是存在着一定差异的。教师按照传统教学方法，从审题到立意到动笔写，学生的脑海里难以找到与之相匹配的生活材料。对于聋生来讲，他们由于听力的丧失，对生活的感知缺乏完整性，生活经验更加贫瘠，头脑中难以形成一个完整的知识体系。所以说，在聋校作文教学必须走生活化道路，从生活中来，让学生贴近生活，学会观察体会；再让学生到生活中去，引导学生描写原汁原味的生活。

一、从生活中来，让学生贴近生活

（一）以图引路，逐步走向生活作文

《语文课程标准》明确指出：“写作教学应贴近学生实际，让学生易于动笔、乐于表达，应引导学生关注现实，热爱生活，表达真情实感。”如何让学生乐于表达呢？聋生虽然丧失了听力，但他们的形象思维较好，用形象的图画引路，为学生提供素材，让他们有话可写，有情可表，再逐步训练他们的抽象思维，逐步走向生活作文。看图作文是最直观、最基础的作文训练，对于聋生来讲，这种作文训练是颇为适宜的。教师应根据不同的作文训练要求，提供合适的图画，提供的图画要与学生的学校生活、家庭生活、社会生活有密切的联系。

如我们在指导学生完成《你最喜欢的小动物》这样一篇作文时，学生对“动物”这一词语的理解还存在一定的误差。当教师出示一幅可爱的小狗挂图时，问学生，你们喜欢它吗？学生有的说喜欢，还有人说自己喜欢小花猫，教师再出示一张小花猫的图片（课前需多准备几张图片），同时教师还出示一些反映这些小动物平时生活习惯的图片。紧接着

教师根据作文要求提出一些问题：你为什么喜欢它？你家里养过吗？在养小动物的过程中发生了什么故事？学生看到图片，话匣子就打开了，有的说图片所反映的和自己以前养小狗的情景很像，有的向同学们介绍他家以前养的小花猫是多么的可爱……这样的一节作文课虽然教师设计得也不是很复杂，但就是那几张生活中的图片，让学生有话可写，同时也让学生明白作文本来就是生活的文字化，从而不再惧怕作文。

（二）把学生生活化的手语表达转变为书面语表达

聋生中普遍存在一种现象，就是在教师讲解作文要求以后，大部分学生能用手语清晰地表达出他们作文中所要表达的中心，但手语表达的内容都偏生活化。生活化的手语是聋生对生活最直接的表达方式，如果教师能够巧妙地帮助学生把生活化的手语表达转变为书面表达，那么转变后的书面文章将是最能表达聋生心里所感、脑中所思的内容。

如在指导学生完成《校园的早晨》这样一篇作文时，校园的早晨对学生来说很熟悉，是每天都要经历的。作文要求学生观察校园的早晨，看看早晨校园里会发生什么。这篇作文是在学生有观察的基础上进行的，所以学生也有话可说。教师将学生的表达全部记录下来，甲同学：早上打扫卫生完了，我去打篮球完了，去教室读书。乙同学：我参加舞蹈训练，很累。丙同学：我看见老师批改作业、备课，很勤劳……学生说完以后，教师按照学生刚说的也用手语表达一遍给学生看，学生们都笑了，他们似乎都重新看到了生活，这生活是活灵活现的，而且出自他们的语言。并且，他们从当时的生活中抽身出来，隔一段时间再来审视自己的语言，审视自己的一些观念。此时教师根据学生所说加以指导，让学生在原有的基础上，把作文写得更充实、更具体，把自己的生活化手语表达转变为书面语表达。

（三）观察学生的生活，选取写作材料

在作文教学中，不仅学生要学会观察，教师也应该做个有心人。聋校的学生大都是寄宿生，他们生活在教师身边的时间比在父母身边的时间长。教师对他们的了解更多，看到发生在他们身边的事情更为丰富。教师要做个有心人，把每个学生发生的特殊事件都记录下来，以后为学生写作备用。

如在指导学生完成《给家长的一封信》时，学生无从下手，不知道在学校发生的哪些事情可以写。这时教师拿出平时的记录本跟学生分享：××六一儿童节时代表班级表演了小品，获得了全校的一致好评；××在校运动会乒乓球比赛中获得了冠军，在比赛过程中他很紧张，是全班同学给予了他鼓励，他才战胜了自己，也战胜了对手；××家庭困难，父亲生病住院，班主任向学校提出申请，呼吁全校师生为他家捐款；××在全国书画大赛中获得了第一名的好成绩，在这成绩的背后自己是付出了很多努力……当教师将一个一个事例说出来时，学生们都豁然开朗，原来在自己的身边发生了这么多可以写的事情；同时学生也会受教师的影响，做一个有心人，将自己身边的事记录下来，待到写作文时，拿出来翻一翻，或许灵感就来了，可见作文离不开生活。

二、到生活中去，让学生走近生活

（一）把生活引入课堂，激发学生作文的兴趣

学生是生活的主人，他们经历的事是无穷无尽、丰富多彩的，可一到写作文时就一片朦胧，无从说起。为此，《新课程标准》明确指出："写作教学应贴近学生实际，让学生易于动笔，乐于表达，应引导学生关注现实，热爱生活，表达真情实感。"我们的生活虽然丰富多彩，但做到留心观察生活的学生不多，加上聋生对生活理解的狭隘性，难免觉得生活中没什么可写的。因此，作为聋校语文教师，指导作文时应帮助学生打开窗户，帮助学生回忆生活，把生活引入课堂，激发学生写作文的兴趣。

如在指导聋校语文十四册基础训练二中的《在文明礼貌月》作文时，作文要求把在校内外经历的或看到的一件好事写下来。学生单看作文要求，知道要写一件好事，但怎样去找这样的素材呢？学生一直紧皱着眉头，看着教师。此时，教师就应该帮助学生将生活引进课堂，以表演的形式来引导学生回忆。想一想，三月学雷锋月里，你帮助过谁？若你没帮助过别人，那你看到谁帮助过谁？学生可以展开讨论，说一说当时事情是怎样发生的。几个例子勾起了学生对生活的回忆，他们不再感到无内容可写，而是有了一种急于表达、写作的欲望。

（二）充分利用生活素材，让学生进行即兴作文

生活中充满着写作素材，教师在作文教学中，也应该充分利用现成的生活素材，让学生即兴作文。生活正在发生，让学生在体验中完成作文，这对聋生而言是最适宜不过的了。

如一天下午最后一节课，教师正在上阅读课，一阵电闪雷鸣后开始下起了大雨，学生的心都随着大雨的来临飞到外面去了。教师灵机一动，停下课来，让学生都站到窗台旁，要求学生仔细观察雨前—雨中—雨后各是什么情景，之后写一篇作文，把自己的所见、所思、所感写下来。学生热情高涨，写出来的作文更真实、更生动。

其实这样的机会在平时教学过程中是经常遇到的，有这么好的写作素材放在面前，教师当然乐于取之用之。

生活化的作文教学符合聋生学习的习惯，聋校教师要让学生明白作文与生活的密切关系，从生活中来，到生活中去。用生活的观念指导作文，用生活的色彩装扮作文，用生活的情感营养作文，这样写出来的作文才是有生命的。

参考文献

1. 潘新和．新课程语文教学论．北京：人民教育出版社，2005.
2. 季佩玉，李宏泰．聋校语文教学200问．北京：华夏出版社，1993.
3. 李海林．论真实的作文．中学语文教学参考，2005（10）.
4. 陈军．聋校语言教育研究．北京：北京艺术与科学电子出版社，2008.
5. 毕世杰．新课程下语文作文形式的改革．语文教学通讯，2005（12）.
6. 人民教育出版社语文编辑室．全日制聋校实验语文教材．北京：人民教育出版社，1996.

针对聋生特点教学　切实提高聋生语文素养

茂名市特殊教育学校　李凯敏

【摘　要】本文认为在聋校语文教学中，要针对聋生特点，强化语文训练，切实提高聋生语文素养。并探讨了直观教学、激发兴趣、加强阅读教学、强化复述练习以及写作训练等具体教学方法。
【关键词】特殊教育语文教学；聋生特点；教学方法

聋校语文教学大纲明确指出："语文教学的目的是向学生进行发音、说话、看（听）话教学，进行祖国语言文字教学；培养学生能够正确地理解和运用祖国语言文字，具有初步的看（听）话、说话能力和阅读、作文能力。"所以，我们在聋校语文教学中，要克服语文工具性淡化的倾向，针对聋生特点强化语文训练，切实提高聋生语文素养。

一、针对聋生形象思维的特点，采用直观教学

聋生具有抽象思维弱、形象思维强的特点。在教学中，我们要注意扬长避短，尽量把对语言文字的理解融合在可观可感的具体形象之中。例如，一个教师在教学何其方的《秋天》时，找了三幅与诗歌相应的优美图片。第一幅是"农家丰收图"，第二幅是"霜晨归渔图"，第三幅是"少女思念图"。这样不仅使原本深奥的诗句变得明了易懂，更能利用画面帮助学生体味诗歌明净清远的意境。采用直观教学，要积极与信息技术相整合，现代信息技术不仅能为聋生提供直观、形象、动感的视觉形象，还对聋生感知事物、学习语言、发展思维产生积极的影响。如教《我的战友邱少云》一课时，要求聋生了解人物的心理活动。如果单凭阅读文字、想象当时的情境来表述人物的心理活动，聋生往往无从着手。我们可以把"邱少云的周围，枯草在燃烧，浓烟滚滚……直至生命的最后一息，也没有挪动一寸地方，没有发出一声呻吟"这段文字制作成课件放给他们看。这样，抽象的文字描述就转化成了可观看的直观、形象、动感的视觉形象，最大程度地方便了聋生理解。

二、淡化分析，切近生活，激发学习兴趣

在教学中应该克服脱离聋生实际水平的语法、句法、修辞，深挖重点语句的内涵，分析作者遣词造句的手法、文章写作特色、写作意图等教学活动。应多创设情景，将课文语言与学生的生活经验相联系，使学生在生活中寻找、学习、体会。如在教学《爸爸真好》、

《我的妈妈》、《师生情》、《背影》等课文时，可以联系课文，让学生回忆自己的父母、亲人、老师对自己关爱的实例，讲述自己父母的辛劳与不易。在我的实际教学中，往往有同学在讲述和听讲的时候泪流满面。再如学习《变了，故乡》一课时，教师可以引导学生写一写身边的事物，如学校、家乡、社会等的变化。这样，学生就会感到语文是和自己的生活密切相关的，从而激发他们学习语文的兴趣，进而主动学习语文。

三、加强阅读教学，体悟语言规律

阅读是个体学习、生活、发展必备技能，对丧失听力的聋人来说，阅读不仅是其获取信息的重要途径，也是回归主流社会的必需能力。同时，阅读教学也是聋教育教学历来的重点。所以，我们必须加强阅读教学。在聋生阅读教学中，老师一定要善于创设阅读环境，比如：在教室里设立图书角，向学生提供一些真正适合他们阅读的书籍；每天安排固定的阅读时间；老师给予阅读指导，及时解决阅读中孩子遇到的困难；结合学生的阅读现状，给予充裕的阅读时间，以使他们有充分时间完成文本信息的加工等。只有把每篇课文读到“文若己出”的程度，学生才能把课文的语言纳入自己的语言储备之中，才能不断提高对语言敏锐的感受能力，才能体悟到语言表达的内在规律，真正形成自己的表达能力。我在教学中十分重视组织学生进行读词、背词、读句、背诵课文、默写课文等的练习。通过多读多背多默写的练习，形成聋生熟练的口语技能和以语导文的意识，从而正确掌握字序、词序和句子顺序，掌握书面语的规则，有效地克服书面语中的错误。

四、强化复述练习，培养书面语能力

在教学过程中不难发现，那些语文成绩优秀的学生，在复述课文时，思路清晰，用词准确；而那些语文成绩一般或较差的学生，在复述课文时，思路混乱，词序颠倒，语法不通。但是这些同学经过教师的指导、点拨，也可以把课文复述得比较正确。因此，在聋校小学语文教学中应该经常进行复述练习，消除手语和书面语的语法障碍。要把引导学生读课文、复述课文当作聋校语文教学最主要的方法。在教学中，千万不要因聋生说话艰难而放松复述练习，导致书面语如无源之水，无本之木。复述练习一定要循序渐进，刚开始时，因语言表达能力、技巧等方面原因，学生复述往往接近于背诵。但基础逐渐好起来后，就会慢慢放开，此时要注意训练学生用活语言，如改变句子结构，精简内容，甚至仅复述大意或内容概要。复述练习不但可以锻炼聋生口语表达能力，增强聋生书面语言能力，还可帮助聋生提高注意力，进行有效记忆，克服学完就忘的毛病。

五、灵活写作训练，造就书面表达能力

在以往的聋校教学中，语文教学往往存在“重讲轻练，重教轻学”的偏差，强调了聋生语言能力训练，忽视了聋生书面语言的练习，课堂教学多是字、词、句的分析讲解，而忽略了语文能力的整体训练，造就了聋生学习语文的困难，尤其是聋生书面语的表达词不

达意，跟不上手语、口语。为了改变现状，我们在语文教学中，应加强重视对聋生进行仿写训练，以培养聋生书面语的表达能力。基于上述认识，每学完一个单元之后，我都会组织学生模仿本单元文章的写作手法进行“小练笔”：如模仿《少年闰土》写写自己的爸爸或妈妈（爷爷或奶奶、好朋友等）；学习《我们的学校》后要求学生仿照课文的写作顺序，用书面形式把自己的学校介绍给别人等等。学习语言贵在“用”，边学边用、学以致用是不断提高、不断进步的关键。在教学中，老师要善于创设和利用许多机会，让聋孩子反复使用书面语，在运用中去学习和改进。比如：让聋孩子坚持每天写日记；开展看图写句的比赛、作文比赛；通过健残学生手拉手活动，为聋孩子找一个朋友，引导他们联系生活，定期进行书信沟通；让学生自主办班级小报……

六、培养自学能力，开发聋生学习潜能

聋生有听力障碍，学习能力相对正常儿童较弱，目前很多特殊教育老师在语文教学中往往停留在传授语文知识和技能上，而忽视聋生自学能力的培养，更没有重视学生学习潜能的开发。叶圣陶先生说“教是为了不教”。这一教育名言，不但适用于普通学生，更适用于特殊学生，因为我们的特殊学生，最终要融入社会，就必须具备良好的自学能力，不断进行知识更新，才能更好地生存、发展。要培养聋生自学的能力，首先，必须转变教学观念，正确处理好教与学的关系，真正让聋生成为学习的主人。其次，要引导学生通过自学完成一定的学习任务并掌握自学方法。再次，必须开启聋生思维的门扉，让聋生经常处于积极的思考状态之中。鉴于此，教师必须善于提问，以激起聋生探索的欲望；教师必须根据教材要求，结合聋生的学习特点、知识基础和学习环境，把有关学习方法的理论变为可供聋生在学习时实际操作的具体步骤。通过不断的实践，让他们一步一步掌握自学的方式、方法。

教无定法。总之，我们要根据聋生的身心特点和接受水平，采用多种多样、行之有效的教学方法激发他们学习语文的兴趣，通过加强阅读教学、强化复述练习、灵活的写作训练等学法指导培养聋生的自学能力，开发聋生的学习潜能，切实提高聋生的语文素养。

参考文献

1. 郭英敏．试析目前聋校语文教学中存在的问题．中国特殊教育，2000（4）．
2. 高燕．更新语文教学观念　提高聋生语文阅读水平．现代特殊教育，2002（1）．
3. 吕亚萍．聋生语言学习的特点及其教育对策．中国听力语言康复科学杂志，2007（4）．
4. 李刚．开发学习潜能　培养自学能力．新课程研究（教师研修），2009（4）．
5. 李保红．谈怎样在初中语文教学中培养学生自学能力．现代教育探索，2009（9）．
6. 祁缨．在聋校语文教学中运用多媒体网络技术的思考与实践．科技信息，2009（7）．
7. 张爱芝．聋生写作训练浅析．商情（教育经济研究），2008（1）．
8. 白瑞霞．聋生作文素质训练探究．科技信息（科学教研），2008（8）．
9. 古立勇．在聋生语文教学中如何加强阅读的指导．眉山日报，2008－11－27.

直观教具在盲校诗歌教学中的运用

广州市盲人学校　王育茹

【摘　要】直观教具可以为学生提供丰富、鲜明的感性材料，有助于发展学生的观察力、思维力和想象力。大量符合各种感知觉特点的直观教具是提高视障学生运用感官认识事物的有效手段。盲校教具的主体是听觉教具和触觉教具，在诗歌教学中运用这两种直观教具能帮助学生更好地理解诗歌，感受诗歌的音乐美和形象美，取得较好的教学效果。

【关键词】直观教具；盲校；诗歌教学；听觉教具；触觉教具

直观性，是盲校教学必须遵循的重要原则。而直观教具是实现直观教学的重要手段之一，它可以为学生提供丰富、鲜明的感性材料，使抽象的知识具体化、形象化，既能提高学生的学习兴趣，又有助于学生更好地理解所学知识，有助于发展学生的观察力、思维力和想象力。大量符合各种感知觉特点的直观教具是盲校直观教学实践的基础，是提高视障学生运用感官认识事物的有效手段。在盲校诗歌教学中引入直观教具，能使学生更好地理解诗歌的形象性和音乐性，从而取得较好的教学效果。以下结合我校的诗歌教学实践谈谈直观教具在盲校诗歌教学中的运用情况。

一、直观教具的定义

直观教具是指在教学中为学生提供感知材料的实物、模型、图表等教学用具。一般包括实物、模拟实物（包括标本、模型和其他复制品）、描绘事物形象的图表、再现事物现象及其过程的现代化设备等。

二、盲校直观教具的分类

由于教学的需要，盲校需要用到各种类型的教具，按照教具是否与明眼学生共享，可以分为普通教具与特殊教具。按照教具的感觉属性可以分为视觉教具、听觉教具、触觉教具、多感官教具和计算机多媒体教具等。按照教具的来源，还可以分为可以在市面上购买的现成教具和师生人工制作的自制教具。

1. 视觉教具

在普通学校，最大量使用的是视觉教具。盲校也需要视觉教具，但应用范围主要是有残余视力的低视生。不过，并不是所有的视觉教具对低视生都是有效的，尤其是细节较多、对比度小的教具。对于以触觉为主要感觉通道的全盲生，原本需要的视觉教具应转化为触觉、听觉或其他感觉的教具。当然，并不是所有的视觉教具都可以转换为其他感觉教具，特别是只属于视觉属性的有关颜色、亮度等方面的教具。

2. 听觉教具

与普通学校相比，听觉教具在盲校的特殊性较小。目前，除了一些特殊的多重残疾学生，大部分盲校几乎没有兼听力残疾的学生，普通学校中使用的听觉教具都可以直接在盲校使用。盲校所有学生都需要普通学校用到的听觉教具，包括课文录音、音乐、歌曲等各个学科所使用的声音材料。部分视障学生还需要一些由视觉教具转化来的听觉教具，如专门为全盲生录制的有声读物，也是听觉教具的一种。

3. 触觉教具

触觉教具算是盲校特有的一种教具类型。在普通教育中，几乎没有触觉教具。有些普通教具有触觉可感知性，但它们多数只具有无效的触觉信息，不足以达到与视觉相同的认知目标，如地球仪，尽管它的高原部分是凸起的，但对视障学生而言几乎是毫无意义的。个别普通教具带有有效的触觉信息，如数学中的长方体、圆柱体等实体，尽管它们的触觉信息在普通教育中几乎不发挥作用，却足以使视障学生产生具体的表象和正确的概念。由于普通教育几乎不研究触觉教具，因此盲校直观教学研究的重心应在触觉教具。

4. 多感官教具

多感官教具是指具有两种或两种以上感觉属性的教具。它可以同时作用于两种或两种以上的感觉，其直观效果往往好于单一属性的教具。其实，很多实物教具通常都是多感官教具，只是它们的视觉属性一般不能被视障学生感知。例如，制作模型、图片等触觉教具时，如果注意使用鲜艳的、对比度大的色彩，就可以使其成为“视—触”多感官教具，这对于低视生能起到视觉训练、视觉康复的作用。又如，在制作某些触觉教具时加入音响效果，就可以使其成为“触—听”多感官教具。

5. 自制教具

由于直观教具在我国还是一个比较薄弱的环节，适合视障学生使用的直观教具相对而言比较少。因此，自制教具在盲校也是很重要的。一般来说，可以通过两种方式自制教具：一是对普通教具进行改造，把普通教具的某些视觉特征改成触觉特征或听觉特征，使视障学生能够有效地使用该教具。例如，可以把图片中的图像制作成立体的形象。二是专门制作，没有普通教具作基础，或普通教具的设计原理从根本上不适用于视障学生，那就要根据学生的认知特点自己创制教具了。

三、盲校诗歌教学运用直观教具辅助教学的策略

直观教具在盲校诗歌教学中，主要运用在小学低年段。这是因为低年段的视障学生年龄小，缺乏实践经验，更偏重感性认识，抽象思维能力较弱，形象思维还处于主导地位，更需要一定的直观感性经验作为支持学习的基础。盲校教具的主体是听觉教具和触觉教具。以下就结合我校在诗歌教学中运用这两种直观教具进行辅助教学的实例来具体谈谈直

观教具的使用策略。

1．听觉教具在诗歌教学中的运用

听觉教具主要指所有的声音材料，包括适用于普通学校的所有音频材料和专门为视障学生录制的有声读物。一般而言，听觉教具在教学中的运用，主要包括以下三个方面：一是示范朗读，二是用于朗诵的背景音乐，三是用于导入新课或课外拓展的相关音频材料，如谜语、故事、歌曲等。例如，《小小的船》是叶圣陶先生写的一首语言优美、形象生动的儿童诗。在教学时，可以在导入时播放关于月亮的谜语，激趣导入；学习诗歌时播放诗歌的示范朗读，让学生聆听、跟读；在课后拓展时播放同名歌曲《小小的船》，让学生学唱，从而加深学生对诗歌的印象。又如学习王维的《送元二使安西》时，可以在引入新课时播放歌曲《送别》，营造与好友离别的气氛；教学过程中可以播放诗歌的示范朗读，指导学生正确、流利、有感情地朗读；还可以用《阳关三叠》作为背景音乐，让学生进行配乐朗诵，让他们在略带淡淡的愁绪的乐曲中，感受诗歌中的离情别意及对远行友人的关怀。

听觉教具在盲校的特殊性较小，普通教育中使用的听觉教具都可以直接在盲校使用，基本上不需要改变使用方法。但是，教师应该意识到听觉必须与其他感觉结合，才能帮助视障学生理解、形成概念。听同一段声音材料，明眼学生是在已有视觉表象的基础上进行理解、加工，而视障学生可能没有表象基础。因此，必要时教师应先通过语言讲解或借助触觉、视觉等为听觉教具的使用打下基础。例如，听一段学生比较陌生或理解起来有困难的声音材料时，可以发给学生一张印有声音材料文字内容的盲文资料，让学生一边听一边摸读。

2．触觉教具在诗歌教学中的运用

在普通教育中，几乎没有触觉教具。但在盲校，触觉教具有特殊的地位，因为触觉是与视觉平行的感觉，原先由视觉反映的形状、大小（极端情况例外）等属性都可以由触觉教具反映出来。有了适当的触觉教具，视障学生就可以通过“以手代目”的形式，用手去触摸“观察”。按照直观层次从高到低，触觉教具依次包括实物实景、生物标本、模型、触觉图片等。在盲校的小学语文教材中，为了增加学生的感性知识，积累感性材料，几乎在每一篇课文后面都会有“认识角”这一栏。在诗歌教学中，为了更好地了解诗歌中的具体物象，体会诗歌的形象性，可以在运用听觉教具的基础上，适当地引入触觉教具。例如，教学《小小的船》时，除了可以使用诗歌朗读、同名歌曲等听觉教具外，还可以让学生触摸小纸船，感受弯弯的月儿的形状，从而更好地体会诗句“弯弯的月儿小小的船”。又如，学习杨万里的《小池》时，为了让学生对“小荷才露尖尖角，早有蜻蜓立上头”有更具体形象的认识，可以让学生触摸含苞的小荷实物和蜻蜓标本。下面表1是在盲校小学一至四年级的诗歌教学中使用触觉教具的情况：

表1　盲校小学诗歌教学使用触觉教具情况

册数	诗歌	所用教具	教具类别
一年级上册	《鹅》	白鹅	模型
	《画》	挂画	实物或触觉图片
	《四季》	草芽、荷叶、谷穗	实物 + 模型
	《小小的船》	小船、星星	实物 + 模型
一年级下册	《村居》	杨柳、纸鸢	实物
	《所见》	黄牛、鸣蝉	模型或标本
	《小池》	小荷、蜻蜓	实物 + 模型
二年级上册	《山行》	石径、枫叶	实物 + 标本
	《“红领巾”真好》	红领巾、鸟巢	实物 + 模型
二年级下册	《宿新市徐公店》	黄蝶、菜花	模型或标本 + 实物
	《绝句》	黄鹂、白鹭	模型
三年级上册	《夜书所见》	梧桐叶、蟋蟀	实物 + 模型
	《九月九日忆山东兄弟》	茱萸	实物或图片
三年级下册	《咏柳》	柳树、碧玉、绿丝带	实物
	《嫦娥》	屏风	模型
四年级上册	《望洞庭》	银盘、青螺	实物 + 模型
	《乡村四月》	杜鹃鸟	模型或标本

使用触觉教具要注意以下三个方面：首先应尽量利用实物。因为视障学生直接感知真实的物体，就能对其大小、形态和属性有比较完整而确切的感性认识。其他触觉教具如生物标本、模型、触觉图片等，由于与实物在触觉上总有一定的差距，所以使用效果都不如实物好。其次，触觉感知速度慢，整体性差，蜻蜓点水式的触摸难免形成片面的认识。因此，使用触觉教具时要留有充足的时间，让学生逐个部分感知，甚至需要从部分到整体，再从整体到部分反复感知。在可能的情况下，教师要使用多份同样的教具，避免一人用、多人等，最好2～3人一件。再次，在指导观察时，教师应连贯地提出问题，引导视障学生有条理地认识该物的全部形态及特征，启发他们在感知的基础上积极思考。

四、盲校诗歌教学运用直观教具辅助教学的注意事项

实践证明，用教材的语言文字唤起的表象，远远不如刺激物直观作用于感官所产生的知觉那样鲜明、具体。为了有效地发挥直观教具的作用，教师在运用直观教具辅助诗歌教学时应注意下列几点：

1. 教具直观与语言启发相结合

使用直观教具时应与讲解结合起来。在使用教具的过程中，教师的语言说明是十分重

要的。教师在出示教具前的介绍、在学生观察教具中的引导、观察后的总结以及学生之间的交流、讨论等，都是必不可少的环节，这对学生加深认识、形成正确概念、理解教学内容是很有必要的。例如，触摸实物时，对需要用视觉感知的部分，教师要用语言说明；运用模型时，教师先要概括介绍其名称、制作材料、各部分名称和主要特征，还要说明实物的大小及当前这个模型的形态。总之，教师在指导学生的观察活动时，要根据学生已有的知识经验提供学生不能直接感受到的知识，用自己的语言进行生动的比喻、形象的描述，强化学生的感性认识，达到直观的教学效果。

2. 合理使用教具，避免“负效应”

直观教具是为教学服务的，直观是手段，教具是媒介，过则不及，繁则不达，选择和使用教具必须少而精，适度适量。一方面，要围绕教学目标、重难点适当地选择和使用直观教具，不要为了用教具而用教具，防止与教学目标无关的内容喧宾夺主。另一方面，要根据学生的实际情况选择教具，如使用视觉教具时，要尽量选择那些颜色鲜艳、对比度大的，使其更方便低视生使用；使用听觉教具时，要选择一些音量适中、音质比较清晰的声音材料。如果选择一些音量过小、音质比较差的声音材料，学生就会听得很辛苦，不但挫伤他们的学习积极性，而且会影响教学的效果，产生“负效应”。因此，使用直观教具时一定要考虑其适用性，避免“负效应”。

3. 重视教具的自制与研发

由于缺少现成的适合视障学生使用的教具，自制教具在盲校也是比较重要的。而且，自制教具是师生共同进行教学研究的一种好形式。自制教具不仅能弥补现有教具的缺陷，满足教学所需，且具有效果明显、演示方便、显效迅速、直观性强等特点。

一方面，教师是制作教具的主力军，自制教具能促使教师钻研教材，熟悉教学内容，改进教学方法，提高教学效果。学校应积极组织全体教师参加教具制作的学习与培训，激励任课教师开动脑筋自制教具，开展经常性的评优活动，并予以奖励。此外，还要注意搜集、积累、保存优秀的直观教具，使之能够循环再用，并对优秀的作品加以推广。

另一方面，要让视障学生主动参与教具的制作，这是将间接经验转化成直接经验的有效方法。既能培养他们的动手实践能力，又能培养他们浓厚的学习兴趣。而且，通过自制教具，还可以强化视障学生的感性认识，引导他们发现问题，寻找答案，得出结论。例如，在教学《小小的船》时，可以在教师的指导下，让视障学生自己动手折纸船和星星，经过这样的实际操作，学生就更容易理解诗句“弯弯的月儿小小的船，小小的船儿两头尖”的意思了。

五、结　语

实践证明，在盲校诗歌教学中贯彻直观性原则，根据学生的认知特点选择适当的直观教具，充分发挥听觉教具和触觉教具的作用，使学生获得鲜明、生动、深刻的印象，不但能提高学生的学习兴趣，促进其对诗歌内容的理解，达到良好的教学效果，同时，也有助于发展他们的观察能力、形象思维能力。因此，在盲校诗歌教学中运用直观教具进行辅助教学具有一定的实践意义，是提高课堂教学效率的一种有效方法。

参考文献

1. 钟经华．视力残疾儿童教育学．北京：华夏出版社，2006.

2. 钟经华．教具在盲校直观教学中的应用．中国特殊教育，2005（5）．

3. 钟经华．盲校直观教学理论的探讨．中国特殊教育，2005（4）．

4. 梅雪．盲校直观教具的使用．现代特殊教育，2008（7~8）．

5. 孙书香．盲校语文教学的直观性．中国残疾人，2005（12）．

6. 陈永君．教具——直观教学的重要手段．中学课程辅导·教学研究，2010（10）．

7. 李玉恒．语文课程改革与直观教学．郑州铁路职业技术学院学报，2005（2）．

8. 徐美素．运用直观教学提高课堂效率．http：//www. j × × x. ykedu. net/jsfz/blog/archive. aspx？id =3261&blogid =1018. 2009 －07 －16.

附　录

教学案例

为了更好地说明如何在盲校小学诗歌教学中运用直观教具进行辅助教学，现以我校邝敏慧老师任教的一年级上册《小小的船》一课为例，展示教学实践的整合情况。

表2　《小小的船》教学设计

[教材依据]

人民教育出版社义务教育课程标准实验教科书，一年级《语文》上册

一、教学内容分析

这是一首儿童诗。诗歌以优美的语言、形象的比喻，描绘了一幅奇妙的夜景图：月儿是小船，“我”正坐在“船”上看着蓝蓝的天空和闪闪的星星……想象奇特，易于激发学生的朗读兴趣和想象力。

二、教学对象分析

一年级的视障学生摸读盲文的速度较慢，对诗歌意境的理解能力与领悟能力较弱。

三、教学思想与设计理念

（1）通过引导学生反复诵读，体会诗歌的韵味和美好的意境。

（2）注重实践，让学生在教学过程中主动学习、探究，体会晴朗夜空的美景，引发学生的学习兴趣，并从中获得知识和能力。

（3）寓美育于语文教学中，让学生在学习中受到美的熏陶。

四、教学目标

（一）知识与能力

（1）通过反复诵读，体会诗歌的韵味和美好的意境。

（2）通过交流、讨论，拓展学生的思维，培养学生的想象能力和语言表达能力。

（二）情感与价值观

（1）培养学生合作探究的精神。

（2）培养学生朗读诗歌的兴趣。

（三）过程与方法

（1）过程：激趣导入、诵读感知、领悟诗意、讨论探究、课外延伸。

（2）方法：直观法、朗读法、讨论法、引疑导释法、情景教学法。

五、教学重点、难点

通过反复诵读培养学生的想象能力和语言表达能力。

六、教具的选择与使用

（1）触觉教具：小船、月儿、星星、小女孩的模型。

（2）听觉教具：月儿船的故事、诗歌朗读、歌曲《小小的船》等音频文件。

七、教学过程

教学环节	教具使用
一、创设情景，激趣导入 （1）猜谜：有时落在山腰，有时挂在树梢。有时像个圆盘，有时像把镰刀。（谜底：月亮） （2）听故事。（＊音频文件） 在一个晴朗的夜晚，一位小女孩看着蓝蓝的天空，闪闪的星星伴着弯弯的月儿，美极啦！那弯弯的月儿就像只小小的船。看着看着，她仿佛觉得自己就坐在这只小船上呢！	使用听觉教具：故事的音频，激发学生的学习兴趣。

（续上表）

二、初读诗歌，整体感知 （1）摸读课题，解题。 引疑：读了课题后，你知道了什么？ （2）提出学习目标： 这只小船指的是什么？这首诗歌告诉我们什么？这是我们这节课要学习的内容。 （3）听诗歌录音。（＊音频文件） 思考：这首诗有几句话，每句话讲什么？ （4）跟录音摸读诗歌。（＊音频文件） （5）根据教学内容适当触摸教具： 弯弯的月儿、小船、星星（＊实物模型） 思考：你摸到的月儿和小船有什么特点？	（1）使用听觉教具：诗歌录音，作为学生朗读的示范材料。 （2）使用触觉教具：用黄色卡纸剪成的弯弯的月儿、星星和小纸船。通过触摸比较月亮、小船外形特点的共同之处，为理解诗句作好铺垫。
三、细读感悟，领悟诗意 （1）品读："弯弯的月儿小小的船。小小的船儿两头尖。" ①自由摸读，找出不明白的地方。 ②再读诗句，理解词义：弯弯、小小、小船、尖 ③感情诵读，领悟诗意。 （2）小结学法：朗读、学词、学句子、朗读。 （3）学生自学品读："我在小小的船里坐，只看见闪闪的星星蓝蓝的天。" （4）感情诵读，再听故事。（＊音频文件）	使用听觉教具：故事的音频，加深学生对诗歌的印象。
四、再现诗境，吟诵成背 （1）师生合作板画，再现诗境。（＊实物模型） 教师协助低视生把小女孩、月儿的模型贴在黑板上，全盲生把星星贴在四周，共同完成板画，再现诗境。 （2）分组练习背诵，师生合作背诵，全体有感情背诵。	使用触觉教具：板画的实物模型，帮助学生再现诗境。
五、学唱歌曲，课外拓展 学唱歌曲《小小的船》，加深对诗歌的印象。（＊音频文件）	使用听觉教具：歌曲《小小的船》，进行课外延伸。

提高盲生阅读能力方法初探

广州市盲人学校　吕晚霞

【摘　要】阅读能力的提高，不仅需要时间，更需要行之有效的培养方法。面对盲生这一特殊的阅读群体，我们要了解其特点后制定好培养方法，提高他们的阅读兴趣，上好阅读课，使他们养成良好的阅读习惯。我们要指导他们进行课外阅读，提高他们的阅读能力，让盲生爱读、会读、读懂、会用。

【关键词】盲生；阅读能力；方法

阅读是语文教学的重点，也是语文教学的难点。阅读教学不仅具有获取信息、积累知识、培养能力、开发智力的价值，还具有陶冶情操和塑造品格的价值，是培养学生阅读能力，实施人文教育的途径。语文新课程标准（7～9年级）的要求中明确提出阅读不但要“能用普通话正确、流利、有感情地朗读”——读，还要“在通读课文的基础上，理清思路，理解主要内容，体味和推敲重要词句在语言环境中的意义和作用”——理解，更要“对课文的内容和表达有自己的心得，能提出自己的看法和疑问，并能运用合作的方式，共同探讨疑难问题”——质疑，最重要的是“有自己的情感体验，初步领悟作品的内涵”、“对作品的思想感情倾向，能联系文化背景作出自己的评价；对作品中感人的情境和形象，能说出自己的体验”——感受，阅读不是单纯地读，更要理解和体会，要运用。所谓阅读能力，是指在阅读实践中和阅读后的理解、分析、概括及联想能力。阅读能力的提高不可能在短时间内就能实现，而花费大量的时间也不一定就具有极强的阅读能力，还必须要有行之有效的培养阅读能力的方法。

一、盲生阅读现状

阅读教学是盲校语文教学的重点，更是难点。盲生的阅读水平普遍偏低，阅读能力不高。去年，我校图书馆为了提高盲生的阅读能力，采用问卷调查法和随机访谈法在校内进行了调查，问卷发放覆盖不同年龄段学生，共发放214份，收回210份，有效问卷210份。其中，小学低年部78份，占总人数的37%；小学高年部71份，占总人数的34%；初中部35份，占总人数的17%；职高部26份，占总人数的12%。还对部分学生进行了访谈调查。

从调查结果看，喜欢和很喜欢阅读的学生占总人数的88%，77%的学生每天会用1小时以上的时间进行阅读，进行阅读的方式有摸读盲文书籍、听读电子书籍等，喜欢阅读的种类以小说和历史书为多。从以上的调查可见，盲生的阅读兴趣比较高，但阅读时间并不是太多，阅读面也比较窄。而且盲生的阅读效果不理想，在近三年初中期末考试的阅读题中，无论是课内阅读还是课外阅读，学生的得分率都不高。

二、盲生阅读能力较差的原因

盲生为什么阅读能力会比较差？分析一下，主要有以下几方面原因：

1. 受视力的影响，盲生不能“看”

盲生进行阅读的途径主要是摸读（阅读盲文读物，他们“看”书是通过手触摸盲文）和听读（听电子读物或通过读屏软件听计算机下载的资料），而最主要的途径还是摸读。现行盲文是一种拼音文字，是靠声母和韵母组成一个“字”的，所以，一本汉字的语文书就要三本厚厚的盲文书。而且现行盲文没有标调，学生要摸完一句话才能知道大概的意思，这就需要花费大量的时间，比我们看汉字书要慢很多。这也为盲生阅读带来了困难。由于受经济的影响，不是每个盲生的家庭都能用上装有读屏软件的计算机，所以听读并不是最普遍的。而且我们都有这样的经验，听到的往往记不牢，而看到的却能记得比较好。所以盲生通过“听”获取的知识往往比不上通过“摸”记得牢。

2. 受工具书的制约，盲生阅读效果不是太理想

在语文新课程标准里，对阅读提出了“在通读课文的基础上，理清思路，理解主要内容，体味和推敲重要词句在语言环境中的意义和作用”这一明确要求。对词义的理解，我们平常人可以借助查阅字典、词典等工具书，但盲生则不行，受盲文的篇幅影响，盲文版工具书不是每位学生都能拥有的，即使在图书馆也难得存有，那盲生又怎么可以利用工具书来帮助理解呢？这也使盲生的阅读受到制约。

3. 受资源影响，盲生可借阅的盲文读物数量及种类都不多

盲生获取盲文读物的途径主要是到图书馆借阅或到盲文出版社购买。图书馆盲文读物资源有限，种类及数量远远比不上汉字读物，学生需要的书籍，大部分在校图书馆内没有，盲生可选择性比较小；盲生借阅还要受图书馆开放时间的影响。盲文书籍在普通书店里是没有销售的，要购买目前只能联系北京盲文出版社或上海盲文出版社，比较周折，而且盲文书又厚又大，存放不方便，因此学生家中很少能有盲文课外书，这也必然制约了盲生的阅读范围。

4. 受家庭的影响，盲生得不到较好的阅读指导

据了解，很多盲生的家长很少关注自己孩子的课外阅读情况，部分家长认为盲生在校上好课就好了。由于工作较忙，许多家长也没有空闲时间辅导盲生阅读。同时，盲生大多在校住宿，得到来自家庭的指导是少之又少的。

三、提高盲生阅读能力的方法

阅读能力是人们在生活中必须具备的一种重要能力，也是学习、工作必不可少的能力。而阅读教学作为语文教学的基本环节，在培养阅读能力上起着重要的作用。对阅读教

学的对象——盲生这一特殊群体来说，阅读能力的培养尤为重要。从长远来说，阅读将伴随他们成长、伴随他们终生，良好的阅读能力和阅读习惯将使他们终身受益。提高盲生阅读能力就是要让盲生提高爱读—会读—读懂—会用的能力。

1. 营造良好的阅读氛围，提高阅读兴趣，让盲生爱读

教师是课堂教学中一个重要的角色，是课堂教学的设计者、引导者，更是参与者。培养学生阅读的兴趣，教师的作用是必不可少的。

（1）教师应不断提高自身的素质，注意让学生从教师的良好修养中感受美、接受美、启迪美，在课堂教学中形成强大的吸引力，用自己的情感感染学生，从而使学生产生浓厚的阅读兴趣。

（2）树立民主平等的教学观，开放自己的心灵，构建民主、平等、和谐的师生关系，要彻底摒弃“师者为尊”观念，要让每一个学生有安全感，有被尊重的体验，努力创造一种和谐、宽松的学习氛围。

（3）改变课堂形式，寓教于乐。充分发挥师生的互动，让学生的思维在互动中跳跃。在教学活动中，我们不能只要求学生“动”，教师也要“动”，要与学生互动。我们还要合理运用竞赛方式，在你追我赶中提高盲生的学习动力。也可利用小组合作学习的教学形式，给学生提供开展互助学习的机会，使他们在小组中相互交流，彼此尊重，共同分享成功的快乐，真正体现学生作为学习主体的主动性，使学生产生“我要学”的强烈愿望，从而提高他们的主动性、创造性，增强他们对阅读的兴趣。

2. 提高阅读课质量，培养阅读习惯，让盲生会读

“没有规矩，不成方圆”，要提高学生的阅读能力，就要着重于阅读常规习惯的训练，让盲生会读。

（1）培养盲生“多读”的习惯。读书百遍，其义自见。培养盲生一读正音，二读析义，三读理解，四读质疑，五读提炼的读书习惯。由于盲文是拼音文字，且多不标调，所以盲生第一次阅读文章必然要大声朗读，可以齐读，也可以个别读，目的是先正音，读准调，同时也要在同音字中找准字词。这一步对盲生来说是阅读的第一步，也是最重要的一步。所以必须要让学生读出来，即使不读完全文，也可分段来读，老师才能正确指导。有些老师会用听课文朗读来省去这一步，但笔者认为还是不妥，如果学生不读，光靠听是没有效果的，下次他们自行阅读时也就不会记得是哪个字哪个词了。第二次读就是析义，这次可以是学生默读，找出重要或不理解的词语，对文章的字、词、句意进行分析理解，因为盲生没有盲文工具书，所以这也需要教师的指导。第三次读就是学习相关的修辞、语言特点，这时就可以用课文朗读来进行阅读，边听边理解，掌握文意和特点。第四次读就要精读，要在读中质疑，在读中归纳，在读中学习。第五次读就是要内化于心，提炼升华，运用自如。

（2）培养盲生做笔记的习惯。盲生做笔记不如平常人那样自如，但我们还是要求他们尽量做好笔记。盲生做笔记可以有两种方法，一是用盲文记，一是用录音录。用盲文做同步记录速度非常慢，不利于教学，所以我倾向于第二种——录下讲课的过程，下课后慢慢整理。为了让学生更好地学习，我也会整理自己的教案，作出重点，通过计算机传给学生阅读，便于他们对知识的整理与掌握，也利于他们阅读能力的提高。

3. 利用课外材料，加强阅读训练，让盲生读懂、会用

由于各种原因，学生的课外阅读面非常狭窄，光靠课内阅读是不能很好地提高阅读能力的。因此，我们要积极寻找适合学生的更多的课外阅读资料，加强盲生的阅读训练，以促进盲生阅读能力的提高。

（1）紧扣课内阅读文章的学习，寻找与课内阅读文章相关的课外阅读资料。可以寻找同一个作者相同类型的文章，也可以寻找同一主题的文章让学生阅读，目的是配合课内阅读的学习，同时也拓宽学生的阅读范围，学生读起来不费脑筋，有兴趣，有成效。如教授鲁迅的《从百草园到三味书屋》一文，就可让学生阅读鲁迅的《故乡》，因为两篇文章都有相关内容的描述，可互为补充，同时同一作者的文章风格相同，手法也相近，便于学生的学习与理解，提高阅读的能力。

（2）根据学生的水平选择课外读物。从文章的难易程度来看，如果所读材料生词过多，难免要不停地查阅字典，盲生没有盲文工具书，必然会打击其阅读积极性。如果句子过分复杂，每句都要反复推敲，那么必然很快失去阅读兴趣。因此给盲生选择的课外阅读材料应内容丰富，题材广泛，体裁多样，趣味性强。如我们在学习《春》时，我就会给学生推荐朱自清的另一篇散文《绿》，这两篇文章风格相近，手法也相近，学生阅读时是很感兴趣的。

（3）根据学生的水平在课外阅读材料后要设计相应的练习。光是让学生自己阅读，老师不进行指导，学生也只是流于“读”。勤于思考的学生自然会去思考，并从思考中有所收获。而不善于思考的同学可能也只能读读而已，并不能真正去领会课外材料的作用。老师能就课外阅读进行全体性的辅导固然好，但一般情况下我们课内阅读的时间本来就不太足够，又怎能花时间进行课外阅读辅导呢？这时候阅读练习就起了很大的作用了。我们不必把这些练习看作是对学生的检验，而要看作是对学生的指导，所以设计的练习不需要死板，而要有创意，要引导学生体验和运用。

参考文献

1. 叶圣陶. 叶圣陶语文教育论集. 北京：人民教育出版社，1980.
2. 崔干行. 谁能让语文变得有趣. 广州：中山大学出版社，2008.

引时文之水　注课文之渠

湛江市特殊教育学校　陈　欢

【摘　要】在盲生语文教学中，为有效地践行新课标“语文课程应注重应用，加强与社会发展、科技进步的联系，以适应现实生活和学生自我发展的需要”的基本理念，笔者打破“课本即法律”的陈腐思想，适当地引入现实生活中学生喜闻乐见的时文，与课文进行辅助性、对照性、补充性和拓展性整合，使语文教学趣味化、时尚化、生活化。

【关键词】时文；课文；整合；辅助；对照；补充；拓展

自20世纪80年代以来，盲校语文课程资源的开发随着课改的浪潮成为课程实施过程中一项重要的工作。课文无可非议是最重要的课程资源，但它却不是唯一的课程资源。

众所周知，课文大都经典耐读，爱素好古。新课标指出：“语文课程应注重应用，加强与社会发展、科技进步的联系，以适应现实生活和学生自我发展的需要。”这就要求我们在语文教学中融入时代气息。对于盲生来说，视觉的缺陷、环境的封闭使他们无法从外界获取足够信息，知识面过于狭窄，严重阻碍了他们求知的步伐，无法达到盲校语文课程标准中“初中生能利用图书馆、报刊、广播、电视、网络等，搜集自己需要的信息和资料”的要求。在这种情况下，作为另一种有效的课程资源——时文就呼之欲出了。

一、何谓时文

所谓时文，旧时是对科举应试文体的通称，现在是指新近发表在报纸、杂志、网络上的一些顺应时代潮流而作的散文、随笔、小品等。时文往往反映了现代生活和时代要求，贴近学生的生活和生存环境，更符合“加强课程内容与学生生活以及现代社会和科技发展的联系”这一新课程改革理念的要求。时文在文字表述上也更符合学生的欣赏水平和习惯，这就使得时文在激发学生学习兴趣方面相对优于经典。而关注学习兴趣在新课程改革中业已提到一个新的层面，如孔子也强调“知之者不如好之者，好之者不如乐之者”。盲生在阅读了优秀的时文后可以受到启迪，增长自己的见识，激发自己的思维。

因此，我们必须改变原有的以语文课本为课堂教学全部内容的观念，树立“大语文”的教学观，打破“课本即法律”的陈腐思想，关注现实生活，联系现实生活，融通现实生活，引时文之水，注课文之渠，以适应现实生活和学生自我发展的需要。

二、如何将时文之水注入课文之渠

在从事初中语文教学的四年中，我大胆地引进社会新闻、《青年文摘》、网络龙源期刊等时文资源，尤其是盲生特别感兴趣的有声读物，把这些资源汇入课文中进行有机整合，达到优势互补，变“教教材”为“用教材教”，让学生走进更为广阔、更为丰富的学习空间中去。

（一）辅助性整合

这种整合多出于理解和思维的需要。在引导盲生理解课文时，总会遇到可能是共同的或者个别的困难和障碍。从帮助学生理解与把握教学重点，扫除这些疑难和障碍的目的出发，我会引进一些能起辅助作用的时文进行阅读与讨论，这往往是很必要的，是有实效性的。

例如，在八年级下册第二单元《雪》的教学中，针对学生视力缺陷及其所生活的城市——湛江终年不下雪的情况，为了让盲生了解雪，在讲解课文之前，我便播放了一首散文诗朗诵《江南初雪》，让低视生在画面与声音中感受雪，让全盲生在美妙的朗诵中细细品味雪的魅力，同时我还发给每位学生从冰箱中取出的冰霜，让他们在视听、触摸中走进雪的世界。通过此环节的学习，同学们都对雪有了明确的认识，在“说说我心中的雪”这一环节中，有的说：“雪像杨絮，轻盈而纯洁，纷纷扬扬地洒满天际，远远看去就像铺上了一层洁白的地毯。”有的说：“看着视频中的雪，我想起了一句谚语‘冬天麦盖三层被，来年枕着馒头睡’，我想，这就是‘瑞雪兆丰年’吧！看来雪不仅美，还能给农民带来丰收。”还有的说：“好比我们学校的南方老师和北方老师性格一样，南方的雪和北方的雪是不同的，一个温润，一个豪放。”学生们的感受使我非常顺利地过渡到课文讲解环节，教学效果也大大提高。

（二）补充性整合

为了让学生对课文所涉及内容了解得更全面，我适当引进课外时文，对课文教学进行追加补充，这种作用在语文教学中是很常见的。如我在教授七年级下册第六单元《狼》时，为了让盲生在充分认识课文中狼的狡诈、贪婪、凶残的同时，也认识到狼的另一面，我及时引进杂志《好妈妈》中的《喜欢灰太狼 or 喜羊羊，用孩子的眼睛看……》和《中学生优秀作文》中的《〈狼图腾〉读后随笔》，通过这两篇文章，学生在对熟悉作品《喜羊羊与灰太狼》、《狼图腾》的分析中了解到了狼团结、智慧、幽默、有责任心的一面，打破了原有认识的局限性和浅薄性。这些时文能有效地帮助学生更深刻地认识“狼”，也使学生能够学会辩证地看待身边的事物。

又如教《济南的冬天》时，我补充《济南的秋天》让学生感受到济南山水的美，真正读懂“上帝把秋和冬全赐给了济南”这句话。

（三）对照性整合

对照就是对与课文内容和写作角度类似的，或对同一题材、同一题目、同一体裁的时文，从立意、构思、语言、风格、中心思想等方面进行对比分析，“异中求同、同中辨异”。在教学过程中因势利导，充分发挥学生的比较阅读能力，激发他们研究问题的热情，开拓他们的思维空间，提高他们分析问题、解决问题的能力。

从思维训练的角度看，对照可分为求同对照、求异对照两种类型。

1. 求同对照

求同对照，即是将相同的知识，或性质相似的材料放在一块加以比较，使学生利用新旧知识之间的联系，加深理解，增强记忆。《从百草园到三味书屋》一文中有如下一节："三味书屋后面也有一个园，虽然小，但在那里也可以爬上花坛去折腊梅花，在地上或桂花树上寻蝉蜕。最好的工作是捉了苍蝇喂蚂蚁……”教学时，我将周作人的《书房》诗提供给学生：

（1）书房小鬼忒调皮，扫帚拖来当马骑。额角撞墙梅子大，挥鞭依旧笑嘻嘻。

（2）带得茶壶上学堂，生书未熟水精光。后园往复无停止，底事今朝小便长？

一加比照，学生极易明白：鲁迅的文章与周作人的诗作，都反映了旧时书塾生活的枯燥乏味，体现了少年鲁迅向往自由、追求欢乐的心态。

2. 求异对照

世上没有两粒完全相同的沙子，也没有两片完全相同的树叶。求异对照顾名思义，就是比较事物之间存在的差异。在教学实践中，求异对照是大量的、经常的、广泛的，其使用频率远远超过求同对照。

在讲授朱自清的《春》时，我拿朱自清的另一篇散文《绿》与之对比赏析。两篇文章在寓意语言等方面有相似之处，但在构思与景物描写方面又有明显的差异。《春》、《绿》都是写景散文，但景物特点不同。为了让学生找出这种“异”来，我暗示学生从作者写景时各用了哪些修辞和表现手法入手，最后加以概括。学生们发现，《春》中的景物有一种动感，是一组富有勃勃生机的群体。如写小草“偷偷地钻出来”——多顽皮；写春花“你不让我，我不让你，都开满了花赶趟儿”——多么热闹；写春风“像母亲的手抚摸着你”——多么温柔体贴；写春雨“密密地斜织着”——一种无修饰的动作。而《绿》被作者写成了一幅画：这是一幅精美动人意味隽永的画面，作者调动了比喻、拟人、排比等修辞手法和联想、想象、衬托等写作技巧，多层面、多角度地用意象突出画面的韵味，使一潭绿水绿得轻盈优美（如带如裙），绿得清亮明净（如眼如油），绿得纯净典雅（温润的碧玉），绿得醇香醉人（女儿酒）。通过对比学习，学生们很快掌握了教学内容，还同时学了两篇课文。

实践表明，对照赏析对增强盲生思路的开阔性和灵活性，提高学生的分析能力和综合能力，以至于写作能力，都有着较好的效果。

（四）拓展性整合

拓展性整合是一种出于情感态度价值观的需要，是开阔学生的视野，丰富学生学习空间的一种有效整合。如在教完八年级下册第一单元《再塑生命》后，为了让学生更深刻地认识到海伦·凯勒的成功是对自己高标准、高要求、不断向命运挑战的结果，我就播放了《青年文摘》中一篇有声小说《不要给我任何借口》，使学生在美国第一位盲人州长帕特森的励志故事中能树立自信，试着以正常人的标准去要求自己。通过学习，一个学生就在当周的日记里写道：“海伦·凯勒、帕特森、美国总统罗斯福，他们都是能主宰自己命运的残疾人，而我在面对困难时，只会抱怨，只会逃避，这么大的人，就连扫地不干净也给自己找看不见的借口。现在我就要从扫地做起，以一个正常人的标准从严要求自己，我想这样我会离成功越来越近。”

八年级上册第二单元《老王》是著名作家杨绛的一篇小说，善良贫困的主人公老王所处年代离学生的生活实际比较远，难以触动他们的心灵。基于这个原因，我联系新闻报道，找到了大洋网《信息时报》中的《救起小悦悦婆婆：只想着救人没想回报》一文，来深化“对以老王为代表的底层劳动人物在不幸生活中不改善良淳朴天性的讴歌”这个主旨。其实，越是发生在我们生活中真实的故事，就越能触动学生的心灵。当时课堂上许多学生都展开了激烈的讨论与反思，有一位学生流着眼泪说：“虽然小悦悦走了，但我们要永远记住这位奶奶，她和老王一样，都是处在社会最底层却富有爱心的好人。这个社会虽然有时是冷漠的、斤斤计较的，但我们不能学那18个没有良知的路人，是他们间接造成了小悦悦的死，如果我在场，我也会毫不犹豫地伸出双手救起小悦悦！”多么真实而精彩的发言啊！听了这句话，我很感动，这不就是我想要的教学效果吗？其实，语文教学除了要教给学生必要的知识和技能以外，还要能激发起学生向真、向善、向美的美好情感。时文的辅助教学，使这两项任务都落到了实处，教学效果也就自然好了。

三、成效与困惑

在语文这块春天的园地中，如果说文本教学是娇艳争春的牡丹，那么时文欣赏就是生机勃发的青青小草，既衬托了牡丹的娇美，又默默奉献着自己的一脉叶香，在语文这块春天的园地中吐露着芬芳。

引时文之水，注课文之渠，既有效地利用了手中的语文资源，又拓展了语文的课堂空间，增加了盲生的知识储备，开阔了盲生的眼界，丰富了写作题材，使学生增长了见识，丰富了谈资，更重要的是培养了学生学习语文的兴趣，提高了语文能力，有利于实现“要我学”到“我要学”的重要转变。

但在实施过程中我也有许多困惑，例如，时文与课文所占时间的最佳比例是多少？在时文的备课中，因为不像课文一样有许多的参考资料和大家之言，对文章各方面的把握是否能做到精准，如何把时文教学与盲生实际有机结合在一起等。这些问题都有待于我们在以后的教学实践中去解决。

总之，只要我们秉着“语文课程，应注重应用，加强与社会发展、科技进步的联系，以适应现实生活和学生自我发展的需要”的理念，从盲生的实际出发，以课文为主，时文为辅，认真钻研，探索创新，坚持不懈，将时文之水有效注入课文之渠，智慧之花定会在渠中尽情绽放！

参考文献

1. 语文课程标准研制组．语文新课程标准．北京：人民教育出版社，2003.

2. 语文课程标准研制组．全日制义务教育盲校语文课程标准．北京：人民教育出版社，2004.

3. 刘小明．课外阅读也要与时俱进．语文学习，2009（7）.

4. 王少非．新课程背景下的教师专业发展．上海：华东师范大学出版社，2005.

轻中度智障低年级数学游戏教学的设计及课堂实践研究

佛山市启聪学校　左　灿

【摘　要】针对目前基础教育阶段小学数学课堂教学中存在的某些问题，并结合当前基础教育课程改革的要求，根据轻中度智障低年级学生的身心特点，开展了数学游戏教学的研究和实践。本文首先对数学游戏的概念进行了界定，初步探讨了数学游戏的分类，分析了数学游戏的特点，提出了在轻中度智障低年级中进行数学游戏教学的意义。接着结合案例折纸游戏之图形大变脸、抓珠游戏和黑白棋游戏先后分别研究了轻中度智障低年级数学游戏教学内容的选择标准、游戏设计的原则和方法以及如何在课堂教学中实施游戏的问题。对于在游戏教学设计与实践过程中容易出现的一些问题，本文也提出了相应的解决对策。最后总结概括了轻中度智障低年级数学游戏教学的一般程序，并指出要做到游戏法与其他方法有机结合，共同提高教学质量。

【关键词】游戏教学法；数学；智障低年级

一、导言

（一）问题的提出

2001 年《基础教育课程改革纲要（试行）》（以下简称《纲要》）的颁布，标志着我国基础教育进入一个崭新的课程改革时代。为适应新课程标准的要求，越来越多的教学方法被应用到课堂教学中，游戏教学也是其中之一。心理学家认为：“缺乏直接兴趣，会使学习成为枯燥乏味的负担，反之，学生对所学的内容感兴趣，就会产生强烈的求知欲，学习积极性就会明显提高。”游戏教学法就是利用游戏这种富有魅力的活动方式，激发学生学习兴趣，并在活动过程中让学生能学习知识、发展能力。这一方法突出体现了学生在教学中的主体地位，强调情感和活动的因素在教学中的作用。因此，在小学低年级把数学游戏引入课堂教学，符合课程改革的要求。许多学校（包括笔者任教的一所特殊学校）也在纲要颁布后进行了积极的探索，并取得了一定成就，但目前仍存在一些不尽如人意的地方。

1. 提高学生数学素质和改变学生学习方式的需要

《纲要》在具体目标中指出“加强课程内容与学生生活以及现代社会科技发展的联系，关注学生的学习兴趣和经验”；“倡导学生主动参与、乐于探究、勤于动手，培养学生搜集和处理信息的能力、获取新知识的能力、分析和解决问题的能力以及交流与合作的能力”；在课程结构中提出“强调学生通过实践，增强探究和创新意识，学习科学的研究方法，发展综合运用知识的能力”；在教学过程中指出“教师在教学过程中应与学生积极互动、共同发展，要处理好传授知识与培养能力的关系，注重培养学生的独立性和自主性，引导学生质疑、调查、探究，在实践中学习，促进学生在教师指导下主动地、富有个性地学习。教师应尊重学生的人格，关注个体差异，满足不同的学习需要，创设能引导学生主动参与的教育环境，激发学生的学习积极性，培养学生掌握和运用知识的态度和能力，使每个学生都能得到充分的发展"。由此可见，《纲要》不仅要求在课程中要关注学生个性，而且在教学过程中也应注重学生的个体差异，这充分体现了"以学生发展为本"的思想。而要以学生的发展为本，就必须充分调动学生学习的积极性，激发学生的学习兴趣，创造更多的机会让学生参与，让学生在"做"中学，把数学游戏引入课堂就是一种很好的方式，因为数学游戏在目前上课时用得不多，所以学生会很感兴趣。同时，数学游戏能照顾到所有的同学，让他们真正参与到课堂中来，而不是教师一个人演，其余人看。由于数学游戏的形式多样，既有小组的合作学习，又有个人的独立思考，因此不同层次的学生能力都会得到不同程度的发展。

由此可见，国家的基础课程改革，十分注重学生的参与意识、情感体验、探究发现和创新能力，十分重视教学方式的改革，提倡灵活的课堂教学方式，因此在这个改革大背景下，把数学游戏引入课堂教学是很有必要的。特殊教育作为基础教育的一个分支，也在这方面作了一些努力。如笔者所在学校"杜威的教育思想在智障儿童教育中的实践与研究"课题组的成员近几年尝试编写了一些教材，在编写适用于轻中度智障学生使用的数学教材时，就特别注重根据教材中每个知识点的特点设计了丰富多彩的游戏。

2. 当前小学数学课堂教学中存在着一些不尽如人意的地方需要改进

目前，国家基础教育课程改革正如火如荼地进行，各地在新的课程理念的指导下，也取得了一定的成果。但是不可否认，课堂教学中仍存在一些不尽如人意的地方。比如，虽然现在的教学强调合作交流，但有部分的合作交流是流于形式的。如我们常见到有的小组始终只有一两个优等生发言，其他人一言不发，心不在焉地坐着；有的小组互相推辞，谁也不发言；有的小组借此机会闲聊、说笑或者做与课堂学习无关的事。在这些情形中，参与面不广，旁观现象普遍，是小组合作交流存在的主要问题，也是影响交流有效性的直接因素。再比如有时一堂课看起来热热闹闹，可静下心来想想这节课的知识含量却不高，或者说将要传授的知识被花里胡哨的形式所掩盖了，没能真正达到让学生在做中学的目的。另外，有的探究课，本来是教师作适当的铺垫，让学生成为学习的主人，自己去探究、去发现，可结果是学生完全在教师设计好的问题下一步一步把结论挖掘出来，这样既淹没了学生的创造性，又不利于学生个性的发展。针对目前存在的这些问题，为了改变这种"个别对话"的现状，把师生的个别对话转变为教师和全体学生的对话，以及把生生的个别对话转变成所有学生之间的对话，提高热闹课堂形式下"做中学"的效率，达到让学生真正探究的目的，笔者尝试把数学游戏引入课堂，并在尝试的基础上从理论上进行研究。

综上所述，数学游戏作为一种教学方式引入课堂，由于本身的趣味性和竞争性，对激发学生学习数学的兴趣，让学生在交流合作中学习、理解、领悟数学知识，在探索中培养学生合作、观察、思考、猜想、验证、证明、探究的能力，提高学生的数学素质和修养都是非常有现实意义的。

（二）数学游戏概念的界定

游戏是一种极为古老、普遍的活动，但要问游戏是什么？前人们从人类学、哲学、心理学等角度给予了不同的解释。

1．人类学观点

有人类学的文献显示：游戏是人类从儿童成长为大人的过程，是极自然的事。从文献中所讨论的各国文化来看，其间的游戏方式、游戏器具等，均具备了自然的条件，都是合乎他们的民族文化而来的，这也反映了游戏是儿童成长的自然倾向和需要。所以若从文化人类学的角度来看儿童的游戏，其实就是人类文化传递的一种学习活动。

2．精力过剩论

哲学家 Herbert Spencer 在 1954 年将游戏界定为无目的消耗精力的过程。他的基本假设为：人和动物都是受到基本的需求而认真地从事工作，而游戏则是基本需求满足之后，发泄剩余精力的工具。

3．放松和休闲理论

人在生活及工作中会消耗脑力及体力，这将造成疲劳，因此需要充分的休息和睡眠。只有游戏或休闲活动，才能提供恢复健康的功能。

4．练习理论

在游戏中，儿童对游戏的过程感兴趣，而非对行为的成果感兴趣，儿童的游戏行为会随着发展而有所改变。

5．心理分析学派观点

1920 年之后的心理分析学派、认知学派，不仅试着描述游戏存在之因，更意图指出在儿童发展上游戏所扮演的角色。心理分析学派的创始者弗洛伊德（Freud）认为，游戏在幼儿情绪发展过程中扮演着重要的角色，游戏具有宣泄的效果；儿童在游戏中可以暂时抛开现实，扮演与现实中不同的角色，以使自己受创的情绪得到舒解。

6．认知学派观点

认知学派强调游戏与认知平行发展。随着认知能力的增进，儿童所从事的游戏形态亦将有所不同。皮亚杰认为，游戏是个体对环境刺激的同化，使现实符合自己原有的认知方式。儿童可以透过游戏去练习并巩固最新的技巧，进而达到熟练的程度。因此，对于认知学派而言，游戏是幼儿发展未来抽象思考能力的必经过程，游戏也被视为一种创造思维的行为，被认为是儿童未来创造力及变通能力的基石。

“游戏”一词在 1999 年版的《辞海》中是这样定义的：它是文化娱乐的一种，有发展智力的游戏和发展体力的游戏两类。前者包括文字游戏、图画游戏、数字游戏等，习称“智力游戏”。后者包括活动性游戏和非竞赛性体育活动。

纵观上述，虽然游戏的理论基础论调不尽相同，但我们可以从中窥见几个要点：不管游戏的意义为何，它与人类的生活都是息息相关的；游戏是儿童学习成长中极重要的一环；儿童可借由游戏的过程来学习成长。

本文所论述的数学游戏是指那些带有趣味性、竞争性和娱乐性，含有部分未知的或全然未知的结果，学生可投入很大兴趣，并通过研究得出结论的寓数学知识或数学原理于其中的游戏。从本质上说，游戏也是一种“做”。这种“做”既有全班同学共同参与的，又有部分同学参与的；既有小组合作完成的，又有学生独立完成的。但无论是哪种方式，不同层次的学生都会得到不同程度的发展，在游戏过程中，学生可进行操作、观察、猜想、验证、证明等，还可把所学的知识进行推广和应用，在做游戏的过程中培养学生的操作、领悟、探索、发现和创造能力，使不同的学生获得不同的情感体验。游戏的功能就是为了实现知识在学生头脑中形成由具象到表象再到抽象的过程。

数学游戏的内容根据不同的分类标准，可以有不同的类别。对数学游戏进行分类，可以使我们更全面地认识数学游戏，更好地发挥数学游戏的作用。无论采用哪一种分类标准的数学游戏都应该对学生的数学学习起到积极作用。下面是按不同标准来分类的几种数学游戏。按不同的教学内容来划分，把数学游戏分为代数游戏、几何游戏、概率游戏、算术游戏、图论游戏、函数游戏等。由于在整个游戏过程中，存在着不同的层面，因此按不同的游戏层面可把游戏分为描述层面、理解层面、应用层面、探究层面、发现层面、创新层面等。描述层面指的是对游戏内容的描述，理解层面指的是对游戏内容所蕴含的数学知识或数学原理的理解，在理解的基础上能够灵活运用就是游戏的应用层面，探究层面是指在游戏过程中，对已有数学知识或未知数学知识的探索，再在探索的基础上进行发现，有的也可以在发现的过程中达到创新层面。但是并不是每个游戏都单纯反映某个层面，不同的游戏侧重的层面也不尽相同，如转转盘组数比大小游戏，按教学内容来划分，属于代数游戏，但它主要侧重的是理解层面和应用层面。如七巧板拼图游戏，主要侧重理解、探究、发现和创新层面等。因此，不同游戏侧重点也不同，并不是所有的游戏都具有同样的功能。

（三）数学游戏的特点

1．挑战性

在一个游戏活动中，教师通常会设定某种思考任务或目标，学生则设法运用既有的数学智能来达成该任务或目标，而学生要达成目标需通过某些限定条件的挑战，限定的条件愈多代表挑战性愈大。游戏的挑战性必须适中，否则不易引起学生兴趣。

2．趣味性

游戏之所以称为游戏，往往是因为游戏的过程具有某种机遇的因素，造成游戏的趣味性与机遇性。在游戏的过程中，参与者经常有积极的情感体验，如心情愉快，和同伴在游戏的过程中增进友谊，体验成功的滋味等。即使某些游戏具有竞赛的成分，但竞赛往往也能激起人类好胜的天性，并形成活动的挑战性与趣味性，增加学生参与活动的动机与兴趣。

3．教育性

好的数学游戏要能帮助学生养成数学的概念，让学生学会运用数学或学到精通数学的方法，以不着痕迹的教学方式达成教育目标。

（四）数学游戏教学的意义

数学游戏是一种蕴含趣味性、竞争性、群体参与性，且寓数学知识或数学原理于其中的游戏。古往今来，数学教育的理论和实践都已证明游戏对于数学教育具有极大的价值，美国著名科普杂志《科学美国人》中著名的“数学游戏”栏目的开辟者马丁·加德纳也曾经指出：“唤醒学生的最好办法是向他们提供有吸引力的数学游戏、智力题、魔术、笑话、悖论、打油诗或那些呆板的教师认为无意义而避开的其他东西。”

把数学游戏引入课堂教学，其意义可在学生的情感体验、学习态度和学习效果等方面得到体现。如游戏教学由于其群体参与性，每个学生都是游戏中的成员，都要有竞争的意识，因此可以调动每位学生的积极性。由于游戏的结果——胜负学生可以马上看到，因此能让不同层次的学生获得不同的情感体验。数学游戏虽然是游戏，但每个游戏都蕴含着比较抽象的数学内容或数学原理，加上缜密的游戏规则和游戏设计，可以很好地改善“课堂看起来形式热闹，而实际知识含量却不高”的情况，也可以很好地改善“学生在教师设计好的问题下一步一步发现唯一正确答案的假探究”的情形。

1. 数学游戏有利于激发学生学习数学的兴趣

学习兴趣的缺乏往往使学生视学习数学为一种苦役，并导致数学成绩下降。据有关调查分析，一个学生之所以成为数学“差生”，其主要原因之一，就在于他们缺乏学习数学的兴趣，认为数学枯燥乏味，甚至厌恶数学。因此，教师首先要保证数学教学不乏味。由于数学游戏集知识性和趣味性于一身，可以很好地调动学生学习数学的积极性，尤其对小学低年级阶段的学生来说，他们的好奇心、好胜心和求知欲都非常旺盛，对新事物的接受能力也比较强，对新颖的教学形式非常感兴趣。因此，数学游戏引入数学课堂教学是很有必要的。另外，数学游戏可以为学生的学习提供宽松的活动空间，数学学习可以在这种宽松、能够自我把握的环境中进行，这样就更有利于激发学生学习数学的兴趣。

2. 数学游戏能提高师生或生生之间交流的有效性

“在班级授课制中，学生学习不是一个自我封闭的系统，而是一个学习互动的开放系统……一个缺少与人交流的学生，他就无法站在学科知识之外整合与提取学科知识。”个体之间的交流在学校课堂教学中越来越受关注。随着时代的发展，各国和各地区都逐渐意识到，数学在当今各学科中用途急剧增加的一个重要原因就是数学能简明地表达和交流思想。而且，从学生数学学习的角度讲，数学游戏中的交流可以帮助学生在非正式的直觉观念与抽象的数学语言符号之间建立起联系，可以帮助学生把实物的、图画的、符号的、口头的以及心智描绘的数学概念联系起来。可以发展和深化学生对数学的理解。因为在游戏过程中的解释、推断和对自己思想进行的口头和书面的表达可以使学生加深对数学概念和数学原理的理解。由于数学游戏是以开发和利用课堂中人与人之间的关系为基点，以群体参与性为基本动力，以集体活动或个人活动为基本教学形式，以游戏为基本手段，因此，数学游戏教学可以很好地改善目前教学中存在的“师生个别对话”或“生生个别对话”的情况，可以为学生提供更大的合作交流空间，使教室中每个成员都参与到游戏中来，实现班级所有同学的交流，从而实现层次不同的同学都得到不同程度发展的效果。

3. 数学游戏为学生主动体验并再创造数学知识提供了良好环境

现代教育强调在教学活动中要尊重学生的主体地位。数学游戏就充分突出了学生的主体地位。这种地位是在游戏中生成，在游戏中赋予，并在游戏中发展的。在游戏教学中，由于其教学形式的开放性，可以为学生的学习提供一种很好的主动建构的环境。“在整个情境中，人们共同参与活动，他们是合作者或者是发生交互作用的各个部分，因为即使在竞争性的游戏中，也是参与和分享共同的经验。换句话说，那些参加游戏的人并不觉得他们是在受某一个人的指挥，或者正在从属于某些场外的高级人员的意志。”另一方面，因为游戏的内容和规则等是由教师设计和制定的，所以数学游戏教学中学生的自主活动并不单是学生个体独自进行的，而是在教师指导下“再创造”的过程。数学游戏教学作为一种特殊的活动，它的内容是间接经验，学生不可能也不必要完全重复前人发现和创造的过程。“再创造”也只是简约式地再现数学结论的发现过程。在教学过程中教师应该善于分析教材内容，根据内容的性质，引导学生去经历、体验数学的发现过程，即使是一些结论形式的数学知识，也应是学生积极参与的，而不是简单地由教师直接告诉。另外，在学生体验数学知识再创造的过程中，还可以充分培养学生的自信心。因为他们在竞争的过程中会体会到成功的欢乐，在获得愉快体验的过程中能掌握数学知识或数学原理。通过探索发现新的知识内容，可以养成积极的学习态度，这对他们以后的发展也很有好处。

4. 数学游戏能有效补偿智障学生的缺陷

目前较流行的美国智力落后分类（采用比内—西蒙量表测试）：智商在67～52的为轻度智力落后，智商在51～36的为中度智力落后。根据笔者所在学校对小学一年级新生进行的智力测试的结果分析，在本校低年级学段（一至三年级）接受较系统的数学知识学习的智障学生的智商普遍在40～65，依照标准，这些学生属于轻度或中度智障。按照教育的可能性分类，他们属于可教育或可训练群体。这些学生学习能力较低，尤其是智力因素的活动水平低，加上非智力因素不优良，几乎整个决定了他们的学习效果极微小。因此，在具体的教学过程中，教师应设法提高他们的学习兴趣，激发其学习动机，引发其内驱力，从而提高学习效率。游戏教学法就是可以向智障学生传授知识、培养技能、矫正缺陷的一种教学方法。它除了能有效激发学生的学习兴趣，还能促进智障学生身体的发育，使其神经系统与身体的各个器官、组织得到活动与锻炼；也可以促进这类学生道德品质与个性的形成和社会性的发展，扩大其社会生活的范围，建立良好的人际关系。游戏活动常常是在假设和想象中完成的，是想象和现实生活的一种独特的结合，也是人的社会活动的一种初步形式，可以使学生提前体验成年人的社会生活，扩大生活经验，是教育智障学生的一种行之有效的方法。

二、轻中度智障低年级学生数学游戏内容的选择

良好的游戏内容是实现教学目的的基本保证。它规定了教学活动中传授和学习知识技能的范围和性质，发展认识能力和培养思维能力的要求。游戏内容可从教科书中发掘，当然也可从课外或现实生活中选取。游戏内容在整个教学过程中，占有极为重要的地位。它决定了游戏规则的制定，游戏实施的成功与否。教学目标的完成，游戏假设的实现，若无游戏内容的保证，势必落空，可以说游戏内容的质量直接影响着教学的质量。因此，游戏内容的选择非常重要，它是教师和学生开展教学活动的基本依据，也是衡量和检查游戏教学质量的基本依据，若没有它，游戏教学就很难进行。

（一）数学游戏内容的选择标准

1. 数学游戏内容的选取应体现数学学科性质

游戏内容首先要反映数学内容的本质，有助于学生对数学知识的认识和理解，要体现数学研究的思想方法和应用价值，有利于营造广阔的思维活动空间，使学生的思路越走越宽，思维的空间相对广阔。游戏内容应选择学生感兴趣的、与其生活实际密切相关的素材，现实世界上的常见现象或其他科学的案例，展现数学的概念、结论，体现数学的思想、方法，反映数学的应用，使学生感到数学就在自己身边，数学的应用无处不在。比如，根据智障低年级学生好奇心强，喜欢图片等直观事物的特点，在学习了各种简单的基础图形之后，让学生做操作性的数学游戏——七巧板拼图游戏，告诉学生游戏规则，让他们自己动手拼出各种图形，并发现蕴含在其中的数学关系。此外，也可做折纸游戏，在这个游戏中，学生可进一步了解这些图形的特点，同时还可以发现有些事物是可以灵活多变的，当然，这类游戏还可以锻炼手的协调性，提高智障生的动手操作能力等。

2. 数学游戏内容要具有游戏性

游戏教学要想激发学生的学习兴趣，就要保证游戏内容具有游戏性。这里的游戏性是指数学游戏要具有交互性和娱乐性，可以根据需要设计成游戏，制定相应的游戏规则，游戏中包含竞争和胜负，并且胜负当时可以看到，可以造成一种悬念，激发学生的好奇心和好胜心。因此，游戏内容的选择要新奇有趣，使学生乐于接受，能够激发学生学习的积极性和求知欲，能够吸引学生的注意力。在实施过程中，游戏性则体现在游戏的形式、操作、策略等各方面。具体是指规则的设计要像游戏，利用各种方式，把抽象、枯燥的数学知识形象化、趣味化，有效地激发学生学习数学的兴趣，促进师生和生生的合作交流，培养学生积极的探究精神，促进学生身心健康成长。

3. 数学游戏内容要具有挑战性

维果茨基提出的“最近发展区”理论认为，必须确定个体心理的两种发展水平：一是现有水平，即个体在现实的独立活动中所达到的解决问题的水平；二是潜在水平，即个体在有指导的情况下凭借成人的帮助所达到的解决问题的水平，这两种水平之间的差距就是个体的最近发展区。数学游戏内容中的问题要在学生的最近发展区内。如在学习比较百以内数的大小时，让同桌两人玩扑克游戏，每人各自任意抽出9以内的两张牌，组成一个两位数，然后把两个人的数放在一起比较大小。然后教师把全班的数据收集整理，这样经过几轮游戏之后，孩子们就有可能找到比较百以内数大小的方法。这样的游戏带有挑战性，即要求游戏的内容要建立在学生现有知识经验基础之上，难度既要是通过学生的努力可以有所突破的，又要不是轻而易举可以获得的。

4. 数学游戏内容要适合学生的认知发展规律

有心理学家分析，可能由于智力落后儿童神经冲动的特性即传导速度的减缓、传导容量的缩小、传导缺乏准确性和皮层之间整合能力的降低，才导致了他们在感知、注意、记忆、思维等认知行为上与正常儿童的差别。国内研究表明，经九年教育，轻度智力落后儿童在数学方面仅达到普通小学二三年级的水平，即说明其学习水平和正常儿童存在巨大差异。教师以往的经验表明，轻中度智障学生在低年级学段末（即三年级末）的数学能力一般只达到普通学校小学一年级水平。因此，选择数学游戏内容时，既要考虑到学生的智力发展水平，又要考虑到学生现有的知识状况。游戏涉及内容的深浅，学生研究范围的大小，都必须与学生的知识结构相适应，必须依据学生现有知识和能力去拓宽知识，提高能力。

（二）典型案例：折纸游戏之图形大变脸

1. 游戏概况

（1）背景。

折纸是我国一种传统的手工艺术，民间由来已久。手工折纸材料易取，无时间、空间限制，且造型富于变化，生动活泼可爱，有的能做玩具，如纸飞机等；有的能做装饰，如花等。一张小小的纸片，可以变化出千百种不同的形状，这就是折纸的魅力和乐趣所在。实践证明，折纸是一个手脑并用的过程。孩子通过折折、玩玩、说说等一系列活动，把各种抽象的概念和方法，贯穿于具体形象的操作之中，这既能满足他们的好奇、好动、爱探索、爱模仿的心理特点，使其在折纸活动中获得成功和满足；同时也能促进他们观察、注意、思维、动手、想象等能力的发展。

（2）游戏准备。

根据班级学生人数准备相同数量的边长为 20 厘米的正方形纸，教师另备一张自用。

（3）教材分析。

教材编排特点：本校教师根据学生的身心特点和已有教学经验，制定了适用于轻中度智障学生的生活数学教学大纲，并根据这一纲要编写了校本教材。在这套教材有关平面知识的内容方面，一年级下学期教材安排了长方形和正方形的认识，二年级上学期安排了三角形、梯形、圆形的认识。所以结合教学内容，整合了这两本教材有关平面图形的知识点，开发了“我是小小魔术师”的折纸游戏。

这个游戏可在低年级学段二年级和三年级的学生中实施。

（4）游戏目标。

知识技能	过程方法	情感态度
加深对长方形、正方形、三角形等简单平面图形的感性认识。	在教师的示范和指导下能模仿并正确地操作； 通过不同的折叠方法培养学生的精细动作能力。	通过游戏增强学生认识各种平面图形的学习兴趣； 体验折纸游戏的魅力； 在游戏的过程中获得成功的体验。

（5）游戏过程。

首先，将正方形纸对折成长方形，再对折成正方形。

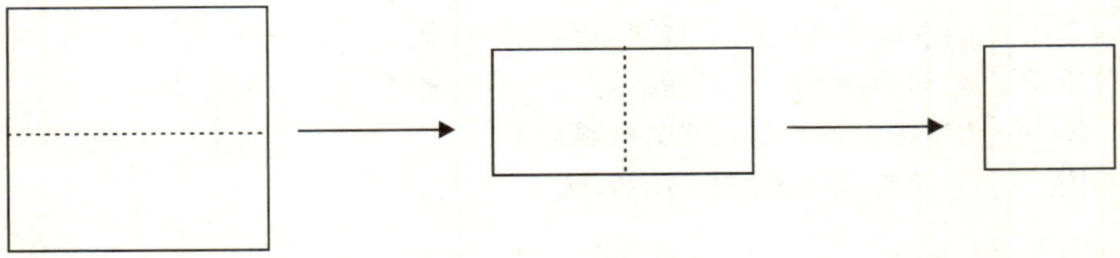

其次，将正方形纸对折成三角形，再对折变成一个更小的三角形。

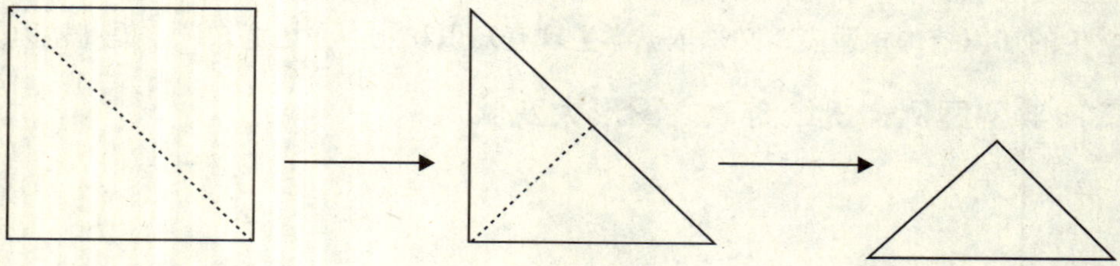

最后，将正方形纸按虚线对折后，一面为三角形，另一面为梯形。

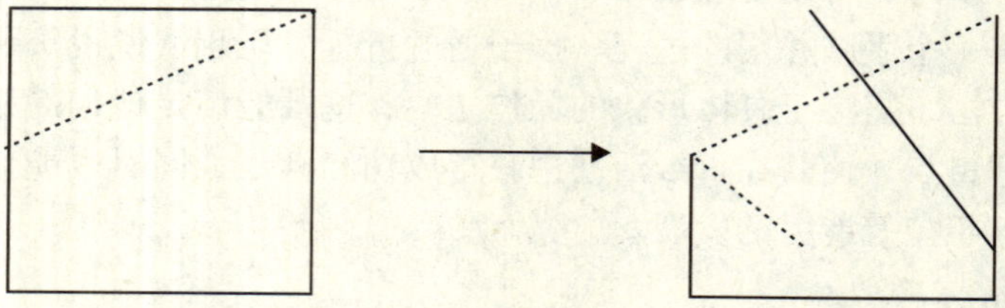

2. 教学实践总结

教学实践表明活动效果比较显著，现简要作以下几点总结：

（1）游戏知识综合性强。

“图形大变脸”游戏综合了校本教材低年级学段平面图形的知识。在游戏的过程中，通过不同的折叠方法，学生对长方形、正方形、三角形、梯形这几种不同的图形的特点有了更深刻的认识。

（2）游戏符合学生的身心特点。

折纸实际上是个艺术性较高的行为活动。折纸造型丰富多变、手法多种多样。“图形大变脸”这个游戏在折纸类游戏中操作相对简单，符合轻中度智障低年级学生的身心特点。因为这类学生的思维比较简单，大多以直观思维为主，他们的精细动作能力也还比较低下，不适合进行复杂的手工劳动。

（3）游戏激发了学生参与的兴趣和愿望。

在教师开始介绍这个游戏时，学生就被教师手中拿着的一张并不太大的纸张吸引住了。许多学生刚刚从教师手中拿到纸，就迫不及待地自己研究起来。游戏活动的展开，又为学生提供了竞争的机会，如比一比谁折得又快又好。这更加激发了学生参与的热情。所以在游戏活动结束后许多同学还很小心地把纸保存起来，说要留在下课的时候再玩。

（4）游戏能培养学生精细的动手操作能力。

在“图形大变脸”游戏中，也能很好地考查学生精细的动作能力。如游戏的第二个内容，在把正方形对折成一个三角形这一步骤时，正方形中的两个对角必须完全重合，这就要求学生具备一定的手眼协调能力。如果学生的这一能力还比较低下，正好可以借游戏机会在模仿他人和在教师的指导下通过锻炼使自己这方面的能力得到提高。

3. 游戏内容中存在的不足之处及改进措施

（1）问题一：学生对指导语理解不够清楚。

本游戏分三个部分进行，每个部分中涉及的折叠方法都不相同。因此，教师在游戏的过程中使用了很多不同的指导语，这让思维和语言能力低的智障学生在游戏的过程中难免出现无所适从的现象。

改进措施：游戏用的纸张中的虚线用三种不同的颜色进行区分。

（2）问题二：游戏内容趣味性不够。

虽然学生参与游戏的积极性比较高，但整体感觉游戏内容比较单调，影响了游戏的趣味性。

改进措施：将纯色的正方形纸改成同样大小的正方形图片。

综合以上对两个问题的改进措施，改进后的游戏用纸效果如下：

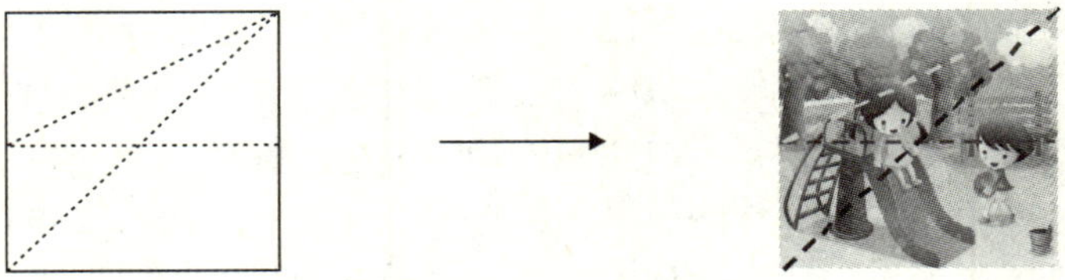

再次用改进后的纸张进行这个折纸游戏，游戏效果更加显著。如学生对游戏更加感兴趣，这可能和他们思维发展较低，比较喜欢图片等直观类教具有关。另外，教师在指导学生游戏时，发现学生更容易明白指导语的意思了。如当说用哪条虚线对折时，只需向学生说明是哪种颜色的就行了，而不用像以前那样以位置区分这几条虚线。因为这个年龄段的智障生区分事物的颜色优于区分事物的位置。还有，在此游戏的过程中，教师要求学生说一说折叠后原来的图片有什么变化等。这样通过对比，发现改进后的游戏又多了一个效果，那就是可以培养学生的观察和语言能力。

三、轻中度智障低年级学生数学游戏教学的设计

为了使游戏顺利开展，需要设计较为完备、严密的规则。游戏规则是根据游戏任务而提出的，每个游戏参加者必须遵守的行为规范及行为结果的评判处理规定。它是游戏教学中控制学生认识活动和游戏活动的主要武器。教学正是通过游戏规则来引导游戏朝既定的方向发展，通过游戏规则把教学任务有机地结合起来。游戏规则的制定必须遵循一定的教育学和心理学基础。前面说到数学游戏有很多类型，不同类型的游戏有不同的游戏规则，但不论哪种游戏规则，游戏教学必须遵循一定的原则和方法。

（一）数学游戏教学设计的原则

1. 数学游戏教学的设计应发挥学生的主体作用

美国教育哲学家、心理学家杜威的一个很重要的教学理念是“做中学”、“从经验中学”。在他看来，儿童所有的学习都要涉及“做”，只有通过“做”的过程所获得的知识才是“真正的知识”。因此在教学实践中，他主张教学应从学生的经验和活动出发。杜威的这一思想启示我们要“以学生的发展”为中心，各项教学活动要为学生的发展服务。现代教

育思想也强调在教学活动中要尊重学生的主体地位，只有使学生积极地参与到教学活动中来，才能使学生在学习活动中真正体验到学习的美好，发自内心地热爱学习。主体性是在活动中生成、活动中赋予，并在活动中发展的。因此，要使学生成为数学课堂教学的主体，就必须让学生进行自主的数学活动。在设计数学游戏规则时一定也要考虑到这一点。

2．数学游戏教学的设计应考虑群体参与性

数学游戏要达到发展学生能力的目的，具体来说，就是要让不同的学生在游戏过程中获得不同程度的发展。要实现这个目标，就必须考虑学生群体的参与性。这种参与既可以是以小组为单位的参与，也可以是全体学生的参与，这种参与使得每个人在游戏中扮演着相同或不同的角色。在参与中充满着交流，这种交流不仅包括对话等语言的交流，也包括表情、肢体语言等无声的交流，这些交流可以更有效地发挥学生学习数学的积极性，使不同的学生获得不同程度的发展。在这方面，教师必须要考虑到学生的个体差异性。在智障低年级班级中，虽然学生人数一般在10～15，但学生的认知水平和生理特点各不相同，如有的学生思维和语言能力相对较强，但四肢活动不灵活，有的学生语言表达能力很差，连一句完整的话都说不出来，但观察能力又比较强等。因此在游戏教学设计考虑学生的参与度时，要按照学生不同的身心特点选择适合他们的角色和任务等。

3．数学游戏教学的设计应有助于学生进行积极的探索活动

游戏教学作为发现、创造的过程经历着游戏材料的数学组织化、游戏材料的逻辑组织化、数学理论的应用三个阶段。弗赖登塔尔则把它概括为“数学化”。所谓“数学化”，就是运用数学的思想和方法来分析和研究客观世界的种种现象并加以整理和组织的过程，它包括由生活世界到符号世界的横向数学化和在符号世界里朝纵深方向发展的纵向数学化。“数学化”所反映的是一个发现、创造的过程，可以说这就是数学活动教学中学生“再创造”的活动模式。正如弗赖登塔尔所说，“与其说让学生学习数学，不如说让学生学习数学化”。游戏教学中教师应了解学生的生活实际和学生已有的数学经验，确定学生学习新的数学知识的认知支点。对在第一阶段中得出的初步的不确定的结论进行理论证明，从而将数学材料组织进入逻辑体系之中，这是数学材料上升为数学理论的阶段，其关键是让学生用直觉、辨析、抽象的方法寻找证明的方向和线索。最后是数学结论的应用，是把得到确认的、证明过的结论用到具体的问题中，特别是用于解决非常规的实际问题，从而评价学生的数学学习，同时也使学生真正地理解数学、体会到数学的用处。

4．数学游戏教学的设计应体现开放性

现代教学论强调，教学活动应是一个开放的系统，这样才能促进学生的学习生动活泼，个性得到充分的张扬和发展，数学教学也应该是一个开放的教学。但是，由于数学本身抽象的特点，呈现在学生面前的往往是冷冰冰的学术形态，在形式上追求系统、统一和简约，这种方式不易于学生进行“火热”的思考。因此在设计游戏教学时一定也要体现教学的开放性。不要只是囿于传统的教学方式，可以打乱原来课堂的拘谨秩序，如可以让学生自由组合，分小组完成任务，对课堂上解决不了的问题，也可以放到课后让学生解决。总之，在进行游戏教学设计时，一定要充分考虑到教学的开放性问题。游戏教学设计好了之后，就要根据具体制定的游戏教学来实施游戏计划了，在教学过程中，教师要时常注意学生所遇到的问题，给予适时和适当的引导，对课堂上学生反馈的信息进行加工处理，发

展学生良好的科学思维。游戏结束后，教师要对游戏结果进行反思，通过学生的反应以及学生的小结或课后的成果，看是否达到了预期的效果，学生对于讲授的数学知识是否真的理解了，学生的水平是否在游戏过程中切实得到了提高，学生的能力是否得到了拓展，以便对以后的教学提供帮助。

（二）典型案例分析：抓珠游戏

1. 游戏概况

游戏目标：

知识技能	过程方法	情感态度
正确数出数量在 20 以内的物品的数量；会比较 20 以内数的大小；会用“一定”、“可能”或“不可能”等词汇描述生活中一些事件发生的可能性。	让学生在抓一抓、数一数的过程中进一步熟练掌握数数的方法。通过记录、比较、验证等方法分析事情发生的确定性和不确定性。	在有趣的游戏中感受事件发生的不确定性，体会数学学习的乐趣；培养学生与他人交流的意识和能力，养成学生认真思考、积极反应的学习习惯。

实施过程：

（1）游戏准备。

①学生每 4 人组成一个小组；

②教师按小组数准备相同数量的口袋，在每个口袋里装入 20 颗珠子，有的是红色，有的是绿色。

（2）假设猜想。

①如果让你从口袋里随意抓一把珠子，可能是什么颜色，不可能是什么颜色？

②每次最多能抓到多少颗珠子？

（3）验证。

教师发给每个小组一张表格，要求小组里的每个成员都要从口袋里抓出一把珠子，把结果记录在表格里（在数量一栏里写数字，在颜色一栏里打“√”），然后再把抓出来的珠子放回口袋里。

抓珠游戏记录表

内容 学生序号	珠子数量	珠子颜色	
		红	绿
1			
2			
3			
4			

（4）整理归纳。

①整理记录结果：从数量上看，每个学生抓的珠子的数量不一定相同，有的多，有的少；从颜色上看，有的同学抓的珠子有红绿两种颜色，有的只是其中的一种颜色。

②归纳：通过刚才的游戏，你发现了什么？

2. 对游戏设计的评价

（1）从学生的参与度来评价抓珠游戏的设计。

这是一个以小组形式全班学生共同参加的游戏。全体学生共同思考，讨论分析，每个人在游戏当中都有自己的任务。通过脑、眼、手、口等多重感官共同作用，学生都以高度的热情加入到了这个游戏活动中来。

（2）从关注学生的认知规律来评价抓珠游戏的设计。

智障低年级学生的思维特点是形象思维占主导地位。为了让他们更加容易理解知识的含义，教师在教学中需经常采用直观的教学手段。抓珠游戏就是体现这一教学特点的例证。智障学生理解“可能”和“不可能”这些抽象的字眼是相当困难的。游戏中珠子这一实物的利用可以减轻他们学习中的困难。

（3）从教学的开放性来评价抓珠游戏的设计。

应该说，从这个游戏的整体设计来看，它呈现出一种很开放的状态。从一开始学生对教师提出的两个猜想的讨论，到学生亲自动手验证，再到最后的整理归纳，学生一直在进行积极的探索活动，打破了以教师传授为主的教学方式。学生在一种自由、活泼、民主的氛围中研究问题、解决问题，他们的数学能力、语言能力、思维能力都得到了提高。

（4）从关注数学知识的内涵来评价抓珠游戏的设计。

我们在研究中发现，在数学课堂的游戏教学中，存在着一些过于娱乐化甚至去数学化的现象。游戏对学生具有特殊的发展价值，在教学中谋求游戏般的趣味、娱乐，追求一种游戏的境界本是无可厚非的事情。但是，我们认为，教学毕竟是一种有目的性的活动，通过教学要使学生掌握数学知识，习得数学技能，形成态度与相应的品质，丰富数学知识内涵。但数学游戏教学的去数学化现象却有可能损害数学教学在这方面的功能，从而失去教学的真正价值。本案例避免了这一现象的发生。如游戏的过程中就包含对数数、写数、比较数的大小这些最基本的数学素养的培养。所以，抓珠游戏的设计者在考虑激发学生学习兴趣的同时，也注重对学生数学知识、数学技能、数学思想的培养和渗透。

四、轻中度智障低年级学生数学游戏教学的实施

根据以往相关的教学研究分析，数学游戏教学的实施方式有的是融入于正式课程之内，有的是在正式课程之外利用数学营队的方式额外加以数学游戏的教学。而前者从时间上划分又可分为两种情况，一种为整节课都利用游戏教学法来上课，另一种是选取一节课中的部分时间来进行游戏教学。研究发现，无论哪种实施方式，都可以增加学生的学习动机，提升学生的正面学习态度。教师在遵循一定的教学实施的原则和要领的前提下，可以根据实际的教学情况来选择、使用合适的游戏教学方式。

（一）数学游戏教学实施的原则

1. 游戏的难度要适中

多数人天生具有追求成就、追求超越、接受挑战的动机，只要挑战的难度不是太高，通常会被激发出求胜动机。游戏如果太难，如游戏规则过于复杂或游戏目标太高，会让学生觉得没有成功的机会，从而产生畏难情绪，导致游戏无法开展或半途而废。相反，如果游戏过于简单，又会让学生失去挑战感或好奇心，因此教师在实施游戏教学时需注意游戏的难易度要适中，避免“一伸手就能摘到果子”或“跳起来都摘不到果子”的现象。

2. 游戏的方法要多样化

教师要尽量让游戏多样化，不能一成不变。如果每次都采用同一个游戏或使用同样的道具、同样的规则，使某种游戏向程式化发展，时间长了，就会失去游戏的趣味性与吸引力，也不易达成多样化的教学目标。所以，教师在教学中应开发和使用多种游戏。像玩扑克、争上游、找朋友、小猫钓鱼、摘苹果、帮白兔收萝卜、坐火车等都是适合轻中度智障低年级学生玩的游戏。

3. 游戏的规则要公平与简洁

前面说到游戏之所以能吸引学生的注意并让学生积极参与到活动中去，很重要的一个原因就是很多游戏具有竞争性。教师在制定游戏规则时，一定要体现公平性，在执行游戏规则时，要公正地对待每一位学生，否则会引起学生的不满，产生抵触情绪，这样很不利于游戏的开展。同时，游戏规则也不能太复杂，要简洁明了，以便学生较快地理解和遵守，这样可避免在游戏过程中造成误解与争执，也可避免学生产生厌烦心理从而对游戏失去兴趣。

4. 兼顾游戏的过程与结果

大多数游戏看不出学生在解题与思考上的多样性思维过程，只能看到思考的结果与表现，因此教师可能会疏忽学生在玩游戏中的思考过程。因此教师最好在一个游戏结束后，适当地进行总结，引导学生讨论游戏成功的策略。特别是对那些挑战性强的游戏，可让获胜者谈谈自己的体会。教师还可提出类似以下的问题启发学生回忆与总结：你在游戏过程中发现了什么问题？遇到了什么困难？你是怎么想办法解决的？……

5. 兼顾实力与机遇因素

虽然机遇的因素是游戏教学法的乐趣之一，但是如果每一个游戏都是靠机遇决定胜负，会降低学生努力的动机，也减少了游戏教学的教育功效。反过来，如果每一个游戏都一定要靠实力取胜，对部分学生而言，会逐渐丧失参与游戏的乐趣和动机，因为他们很快就会知道自己是稳输的。因此，教师在采用游戏教学法时，要兼顾实力与机遇两个因素，才能让学生觉得学习多姿多彩。

（二）典型案例分析：黑白棋——10 以内的加法

1. 游戏概况

教材分析：

许多普校教材如北师大版教材把 10 以内的加法和减法整合编排，加减法一起学习，但是考虑到智障学生的智力水平和学习能力，我们在编写校本教材时，是安排先学习加法，后再学习减法。10以内的加法计算是学习10以内减法计算的重要基础。

学生分析：

一般情况下，低年级正常学生的注意力只能连续集中15分钟左右。而这个学段的智障学生的注意力持续的时间更短。通过以往的教学实践发现，智障学生学习减法比加法更困难。这个游戏的应用，可以更好地吸引学生的注意，提高学习效果。

游戏目标：

（1）知识与技能目标：熟练准确地计算10以内的加法。

（2）过程与方法目标。

①在玩游戏的过程中，经历运用计算结果推进游戏进程的过程，能遵守游戏规则。

②在两人轮流放棋子的过程中，互相监督计算的过程，使学生逐步提高计算的准确性。

（3）情感态度价值观目标。

①通过游戏活动提高学生计算的兴趣。

②给学生提供与人合作的机会，提高学生与人交往的能力。

③在游戏的过程中获得成功的体验，并正确对待每次取得的成绩。

游戏规则：

甲执白棋，乙执黑棋，两人根据非重复计算的结果任意在加法表和答案卡中放若干枚棋子。轮流进行，直到加法表所有空格填充完毕。而在占据答案卡位置时应遵守“覆盖原则”，即后算得此答案者，覆盖先算得者。最后，计算答案卡中每种颜色的棋子数，谁比较多，谁就获得游戏的胜利。

实施过程：

（1）了解加法表和答题卡，说明游戏规则。

（2）学生开始游戏。

每两人一组，甲执白棋，乙执黑棋。两人轮流进行，根据非重复计算的结果任意在加法表和答案卡中放若干枚棋子。如：甲算1+3=4，就在加法表对应位置和答案卡第4格处放一枚白棋；乙后算，如2+2=4，也根据自己的计算结果在加法表和答案卡中放置棋子，轮流进行，直到加法表所有空格填充完毕。而在占据答案卡位置时应遵守“覆盖原则”，后算得此答案者，覆盖先算得者。即如果是刚才这种情况，那么乙获得答案卡第4格的占据权，第4格应为黑棋。最后，数一数答案卡中每种颜色的棋子数，谁比较多，谁就获得游戏的胜利。

加法表

+	1	2	3	4	5
1					
2					
3					
4					
5					

答案卡

1	2	3	4	5	6	7	8	9	10

2. 游戏实施过程总结

（1）机遇与实力并存。学生刚开始游戏时，会偶然获胜。渐渐地，他们会发现，有些答案只出现一次，必须先占据答案卡里的方格（如 2 和 10）；如果答案出现两次，得让对方先占据方格（如 3）。还有的答案出现三次以上（如 6），情况就更复杂了。这样下去，学生就能探索出获得胜利的策略。而悟性高的学生就有可能在这场游戏中胜出。

（2）游戏实施方式灵活多样。由于这个游戏并没有规定一定要从哪里开始计算，学生自由度高。第一轮比赛结束后，可重新再进行第二轮、第三轮等。每一轮比赛的着手点可完全不同。另外，学生可交换使用黑棋和白棋。比赛对手也可变换。如甲和乙比赛后，甲又可以和丙再接着比赛等。通过游戏实施方式的不断变化，学生会在较长时间内保持对游戏的兴趣。

（3）游戏可发展学生的多种能力。第一，这个游戏可提高学生的计算能力。如果有的学生已能较好地口算 10 以内的加法，通过这个游戏，可以使计算更加熟练。而其他学生则可以在游戏的过程中通过自我纠错或他人的提醒、帮助、监督等轻松活泼地提高计算水平。第二，这个游戏重视对学生思维发展的作用。此游戏能在学生心中掀起一种探究的激情，引起学生思考，寻求最佳的获胜技巧。第三，学生在游戏中可学习怎样与他人合作和交往。如互相监督遵守游戏规则，尊重他人的成果等。

五、轻中度智障低年级学生数学游戏教学存在的问题及对策

由于游戏教学法的诸多作用，它是非常适用于智障教育的一种教学方法。但是游戏教学不是一件简单的事情，从选择游戏内容到设计游戏规则再到实施游戏等的过程中，教师需严密构思、精心组织。因此在这一系列的过程中，难免会出现一些不尽如人意之处。下面将对在研究和实践过程中发现的一些主要问题进行总结，并提出相应的对策，以改进和提高数学游戏教学法的质量。

（一）轻中度智障低年级学生数学游戏教学容易出现的问题

1. 游戏内容与教学内容相偏离

运用游戏教学本来是使教学内容变得更加有趣、生动而有艺术性，是具有积极意义的，然而，笔者发现有的教师运用游戏内容时与教学内容严重脱离实际，有的甚至风马牛不相及，游戏教学便成了一般的娱乐活动，其结果只是给孩子们带来精神上的愉悦。如一位教师在教授“比较 20 以内数的大小”时，组织学生做“按个子高矮顺序排队”的游戏，其游戏内容与教学内容明显偏差。这种为游戏而游戏的做法，完全失去了游戏对于学科教学的意义和价值。

2. 游戏形式陈旧单一

运用游戏教学可以活跃课堂气氛，增添学习兴趣，或更加吸引学生的注意力。然而陈旧单一的游戏形式，会给学生带来厌倦感，也影响了对学生多种能力的培养。如有的教师

上课时经常运用“找朋友”、“对口令”等游戏。起初，同学们还有新鲜感，能积极地参与游戏活动，后来运用多了，便觉得腻味，有时甚至还产生反感情绪，给教学带来一定的消极影响。

3．游戏组织混乱

课堂游戏组织无力，学生活动的秩序较差，结果收效甚微。这种局面产生的原因有许多，如游戏规则制定不合理、教师指导语不清楚、游戏的过程中出现意外情况等。如一位教师为调动学生做计算题又快又准的积极性而组织“争红旗”游戏，把8名学生分成两组，出示8道计算题，以老师所发粉笔为“接力棒”，一个接一个做题，看哪一组做得又快又准，获胜方将可争到“红旗”，其余学生当啦啦队。这样的游戏表面上很热闹，然而真正参与计算比赛的只有8名学生。其余学生只是在座位上逍遥自在，打闹起哄，营造了一个看似热闹，实则混乱的氛围。这样的游戏的意义究竟有多大呢?

4．游戏运用量多质低

课堂教学中游戏运用量多质低的现象也很普遍。如有的教师在课堂中花大量时间带领学生做游戏，老师和学生都忙得不亦乐乎，整节课进行得轰轰烈烈，可游戏结束以后，再回想学生在这些活动中有哪些收获时，竟难以发现这些游戏对学生的学习真正有帮助。如有个教师在学生学习加法运算时，采用了五种形式的游戏：对口令、找朋友、摘苹果、小猫钓鱼、蜜蜂采蜜。学生忙得手脚不停、疲于应付，而教学效果却事倍功半。

（二）解决问题的对策

为了真正提高运用游戏进行教学的质量，避免上述现象的出现，在课堂上运用游戏教学还须注意以下几点。

1．运用游戏目的要“明”

游戏教学是寓教育教学内容于游戏之中，以提高教学效率的一种方式。它与一般游戏的区别在于它是应用于教学过程中、结合教学目的而从事的游戏活动。其根本目的在于达到一定的教学目的，而一般游戏的目的旨在娱乐。因此，每一个教学游戏的设计都必须服从教学的需要，服从教材的需要，把抽象的甚至于枯燥无味的数学知识与学生喜闻乐见的游戏形式有机地结合在一起，既要充分体现数学教学的特点，又必须充分具备游戏的特征。教学游戏的目的是“教学”，手段是“游戏”。教学为神，游戏为形；教学为内容，游戏为形式。离开了教学内容而设计的游戏，不是教学游戏，而是一种娱乐游戏。因此，在使用游戏教学时一定要注意这一点。

2．设计游戏时构思要“精”

一个好的教学游戏，无论是内容还是形式，都应该对学生产生强烈的吸引力，也就是说，设计游戏要树立精品意识，满足学生喜新奇、恶呆板的心理。所以，在设计游戏时，一要注意不断推陈出新，给学生耳目一新的刺激。教学中的游戏构思新点子越多，游戏过程就越有新意，学生参与游戏的积极性也就越高。其次，还要善变，千篇一律的东西不但不能引起人的注意，还会使人产生疲劳感。俗话说，“兵无常势，水无常形”，运用游戏时要特别注意变换的技巧，以去重复之弊端。此外，还要注意求活，在组织开展游戏时，强调教师的组织作用，更要重视学生的主体作用。要在游戏中留有让学生创造、活动的天地，让学生用脑想、用眼看、用耳听、用嘴说、动手做，学生始终是游戏的真正主人。

3．组织游戏时秩序要“严”

游戏的顺利开展需要较为完备而严密的规则。游戏规则是根据游戏任务而提出的，每个游戏参加者必须遵守的行为规范以及行为结果的评判处理规定。游戏规则是游戏教学中控制学生认识活动和游戏活动的主要武器。教学正是通过游戏规则来引导游戏朝既定的方向发展，通过游戏规则把教学任务有机地结合起来。游戏的成功开展还必须在学生共同参与协作下方可完成，因此游戏不是少数学生的专利品，应面向全体学生。此外，组织游戏过程要完整、善始善终。游戏之前要讲明有关规定，游戏过程中要处理好个体与群体的关系、竞争与合作的关系，游戏结束后，要结合游戏开展讲评。

4．运用游戏的时机要“巧”

教学游戏的运用并不意味着整个课堂充满游戏，也不意味着每一节课都非要安排游戏不可。不同的课中，不同的游戏所运用的时机不同。教师应根据教学目的、教学内容、课堂教学具体情况等巧妙安排，灵活运用。具体来讲，应做到：课始运用，先声夺人；课中运用，有张有弛，动静交错；课尾运用，高潮迭起，让人流连忘返。

六、结　语

综上所述，游戏教学法在轻中度智障低年级学生数学课堂教学中具有积极的意义。为了真正发挥好它的作用，教师需精心选择游戏内容并设计游戏规则，然后根据计划严密组织和实施游戏活动。在教学过程中，教师要时时注意学生所遇到的问题，给予适时和适当的引导，对课上学生反馈的信息进行加工处理，发展学生良好的科学思维。游戏结束后，教师要对游戏结果进行反思，通过学生的反应以及学生的小结或课后的成果，看是否达到了预期的效果。发现问题后要找到相应的解决方法，并通过再次实践以检验这些方法的有效性。基于以上分析，可把游戏从选材到实施再到反馈的一般程序概括为：

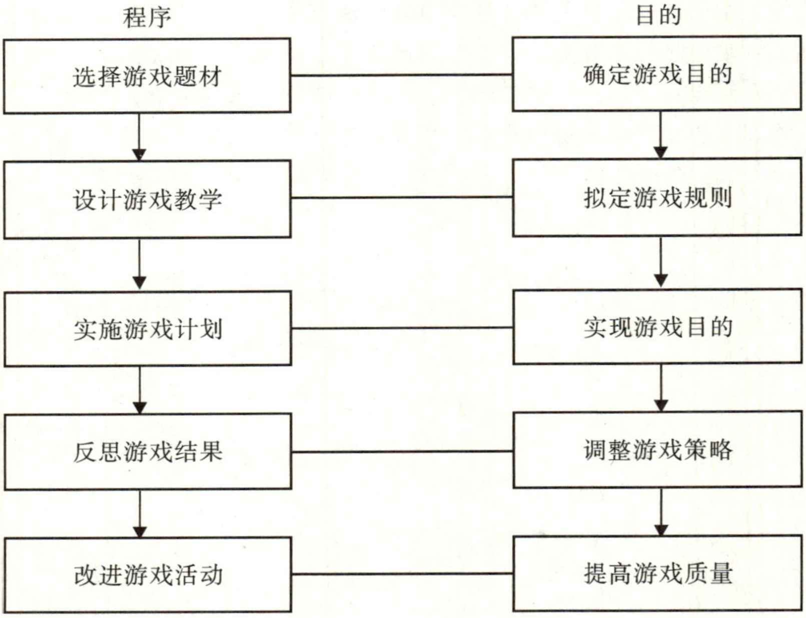

数学游戏引进课堂，引进教学，使其成为教学内容的一个组成部分。既可在平时的上课当中加入数学游戏内容，也可专门开设有关数学游戏的讲座，这就需要工作在第一线的教师和教研人员积极挖掘游戏材料，积极进行实践，并且进行深入研究，为教学形式的改革和学生学习方式的变革作出更大贡献。

由于这项工作尚属于初步研究阶段，加之笔者水平有限，一些想法和做法不免浅薄，所以还有待今后进行更系统深入的探索和实践。同时，我们应该承认，游戏法作为诸多教学方法中的一种，它并不能代替一切。所以，我们研究如何在轻中度智障低年级学生数学课堂中进行游戏教学时，也要坚持实事求是的科学态度，做到游戏法与其他方法的有机结合，共同提高教学质量。

参考文献

1. 钟启泉. 基础教育课程改革纲要（试行）. 上海：华东师范大学出版社，2001.
2. 朱水根，王延文. 中学数学教学导论. 北京：教育科学出版社，2001.
3. 周彬. 课堂密码. 上海：华东师范大学出版社，2009.
4. 杜威. 我们怎样思维·经验与教育. 姜文闵译. 北京：人民教育出版社，2004.
5. 肖非，刘全礼. 智力落后教育的理论与实践. 北京：华夏出版社，1996.
6. 刘福云. 游戏在数学教学过程中的运用. 现代特殊教育，1994（6）.
7. 南京师范大学主编. 教育学. 南京：河海大学出版社，1999.
8. 张大均. 教育心理学. 北京：人民教育出版社，2003.
9. 李为. 浅谈幼儿折纸游戏的指导策略. http://www.ankang06.org/space/? action-viewspace-itemid-13196787，2010-09-28.
10. 俞哲. 游戏概念探究. 华东师范大学硕士学位论文，2004.
11. 章显联. 数学游戏与数学课堂教学. 数学教学，2005（8）.
12. 符胜凛. 在生活的细微处渗透数学游戏. 教育导刊，2002（10）.
13. 陈益. 游戏：放松的智慧. 南京师范大学博士学位论文，2003.
14. 王光明，鲍桂花. 组织数学游戏，让学生做数学. 天津教育，2001（7~8）.
15. 李玉龙. 小学数学课的游戏教学. 现代中小学教育，2010（12）.

附　录

本研究研讨课教学设计案例

课题	11 的认识	学科	生活数学
授课班级	二年级（1）班	授课时间	2011. 3. 30
学习内容分析	本节课是单元教学 11～20 各数认识的第一课时。之前学生已认识了 10 以内的数，对数的意义已有了一定的了解。对数的认识包括读数、写数、数数、数字的意义、比较数的大小等。从这个单元开始，学生也将开始了解有关数位的知识。		
学生分析	智障二年级（1）班共 11 名学生，其中 3 人脑瘫、1 人唐氏、1 人癫痫、1 人自闭伴癫痫、1 人有多动倾向。本班学生中，有 8 名学生的数学学习能力相对较好，如能读、写、数 10 以内的数。在 11 名学生中，有 6 人说话语音较清楚，语意较准确，能使用句子，并乐于表达；另有 4 名学生能发出较清晰的声音，但说话极少；1 名学生说话类似于“叫”。		
教学目标	1. 知识技能 A 层（轻度）：（1）能读、写数字 11，能按从 1～11 的顺序唱数； （2）能准确数出数量不超过 11 的物品的数量。 B 层（中度）：（1）能读、写数字 11； （2）在他人的引领下按从 1～11 的顺序唱数。 2. 过程方法 （1）借助数字卡片、磁吸、图片等直观教具让学生认识数字 11； （2）通过穿珠比赛等游戏活动提高学生学习的兴趣。 3. 情感态度 （1）体验成功的快乐，增强参与活动或游戏的信心； （2）体会数学与生活的密切联系。		
教学重点	读、写数字 11；正确数出数量是 11 的物品。		
教学难点	准确数出数量在 11 以内的物品。		
教学准备	数字卡片、磁吸、数字练习纸、不透明的袋子、11 个乒乓球、图片、穿珠工具、红花。		
教学设计理念	智障类学生尤其是低年级学生注意力较易分散，保持注意力集中的时间也较短，为了让他们能更主动、积极地投入到学习中去，在课堂中应多使用图片等直观教具，内容浅显易懂、符合学生实际；做游戏是受孩子们喜欢的教学形式之一，在课堂中运用恰当的游戏能更加吸引学生的注意力，提高学生的学习兴趣、积极性，从而提高课堂效率。低年级学生年龄较小，智力发展程度较低，不宜设计有较多指导语的游戏，并尽量做到每个学生都能参与。		
教学过程			
教学步骤	师生活动		设计意图
回顾旧知 引入新课	（1）学生说出数字卡片上的数（10 以内的数）。 （2）将 1～10 按从小到大的顺序排列。 （3）教师出示若干图片，学生数出所示物品的数量。 （4）在 10 个磁吸的基础上，再加入 1 个磁吸，引出“11”。		为学习新知作好铺垫。

（续上表）

教学步骤	师生活动	设计意图
新授	一、读、写数字11 1. 11的读法及这么读的原因 （1）读11并分析为什么这样读。 （2）按从小到大的顺序读1～11。 2. 11的写法（用手比画和用笔书写） 3. 游戏：摸球袋子里装有11个乒乓球，从1到11每个球上写了一个数字，学生摸到球后说出上面的数字，看谁能摸到写了数字11的那个球 二、数字11的意义和用途 （1）数字11的意义之一：表示物品的数量。 出示若干数量是11的物品，数出它们的数量。 （2）图片出示现实生活中可以看到或用到数字11的情景。 （3）游戏：穿珠比赛。穿11个珠子，看谁穿得又快又对。	读、写数是认识数字的最基础的知识。 加深对数字的认识；体验游戏带来的学习乐趣，增强参与活动的积极性。 通过数字11进一步理解数字的意义和用途，体会数学与生活的紧密联系。 培养学生数数和精细动手能力。
总结	这节课学习了什么？	巩固和加深对数字11的认识。
课后作业	（1）练习写数字11；　　（2）寻找生活中的“11”。	

学生生活数学解决问题教学的研究

广州市荔湾区致爱学校　江金莲

【摘　要】培智义务教育课程实验改革向我们提出培养智障学生应用数学解决日常生活中一些简单问题的能力的教学目标。解决数学实际问题是培智数学的核心目标，本文试从新课程理念、课堂教学模式、教学策略三个方面对提高智障学生解决数学实际问题教学工作进行初步的探讨。
【关键词】培智课程改革；智障学生；解决生活数学问题

一、提出问题

2007 年我国颁布的《培智学校义务教育课程设置实验方案》中对生活数学课程明确提出“培养学生具有初步的计算技能、初步的思维能力和应用数学解决日常生活中一些简单问题的能力”的目标。因此如何根据特殊教育的基本规律和特点，遵循智力残疾学生的身心发展规律，提高智障生解决生活数学问题的能力，为他们适应社会生活奠定基础，成为培智学校生活数学教师的核心课题。

二、分析问题

（一）培智学校义务教育课程实验改革理念

培智学校义务教育课程实验改革的理念是为学生提供一个有利于他们学习和发展的教学活动和教育环境；注重课程与教学的实效，以发展和促进学生的能力与技能为中心，为他们今后走向社会、参与生活、实现就业、自食其力奠定良好的基础。

（二）智障儿童的心理特点与解决问题状况

智力落后儿童感知觉速度缓慢，视觉、听觉、触觉、动觉等感觉一般比较迟钝。知觉速度缓慢、容量小、不够分化联系与缺乏知觉积极性。记忆障碍是智障生认知活动主要缺陷之一。智障儿童的心理特点决定了我们在解决教学问题中的教学方法有别于普通小学数学的教学方法。

我们小课题组对 30 位智障学生家长进行了《关于解决生活数学问题的家长调查问卷》的调查，以研究智障生解决生活数学问题的现状。通过比较分析我们可以知道：绝大多数家长赞成学习生活数学的重要意义，赞成培养孩子解决生活数学问题的意识与能力。有

50% 以上的家长经常有意识地引导孩子认真观察生活中的数学、运用所学数学知识解决生活中的简单问题，不到 50% 的家长是不经常地、无意识地甚至基本没有培养自己孩子解决实际问题。有 30% 的学生能独立解决实际问题，而有大部分学生是在半辅导或全辅导下解决实际问题。

三、解决策略

（一）落实《生活数学》课程理念，突出解决问题教学目标

解决生活数学问题是培智数学教学的核心，智障生学习解决问题是教学的重要目标之一。在落实《生活数学》课程理念时要突出解决问题的教学目标。依据人类一般认识“直观—思维—实践”的基本路线，在组织教学与教学内容时要遵循以下原则。

1. 遵循“生活问题数学化”原则

人类的一般认识过程总是起于对现实世界通过感觉、知觉、表象的方式把握其感性认识，然后通过比较、分析、综合、抽象、概括等过程获得对其本质的认识。这一认识过程表现在数学教学过程就是“感知生活中的数学—形成数学概念掌握算理算法”的过程。

实际生活中存在的数学现象与问题是学生学习数学的第一手材料。特别是学生身边发生的实例，更有利于智障生学习与吸收，储存进他们的长时记忆当中。数学原本就是从生活中来的，我们提倡“生活问题数学化”的开发理念，以生活实例为出发点让学生观察生活、发现数学、学习数学。

在实际教学中我们不仅在概念教学中要联系实际，注意运用“生活问题数学化”原则选定或编写教材让学生学习各种数学概念，还要在每次计算教学中结合实际的例题而展开教学。

2. 遵循“数学知识生活化”原则

人们经过对事物与现象完成“直观—思维”的理性认识后，再通过实践对所获得的理性认识进行检验，在实践中巩固认识，形成技能。这个认识环节表现在数学教学过程就是“形成数学概念掌握算理算法—运用数学知识解决实际问题”。遵循“数学知识生活化”原则编写教材。无论是在概念教学、计算教学还是综合实践教学，在每个知识点的教学后面精心设计两三道生活应用练习题，以培养学生解决生活数学的能力。学生在掌握准确的计算方法后再一次回到实际问题中，运用所学知识解决实际问题。这样遵循着智障学生小步子多循环的教学规律，在长期科学系统性的训练中慢慢地养成学生解决实际数学问题的习惯。

在选用或编写教材的过程中，依据人类认识规律、遵循“生活问题数学化”和“数学知识生活化”原则，突出解决生活数学问题教学目标重点，就做好了提高智障生解题能力的前期准备工作。好的准备等于成功了一半。

（二）优化课堂教学模式，提高解决问题教学的有效性

1. 运用创景导学模式，激发学生解决问题的兴趣

“进入情景，发现问题”：在新授课的引入设计上采用创设情景，激发动机，从中发现

问题。利用电脑多媒体或者创设真实的情景去冲击智障生的感知觉，激发学生的好奇心与解决生活数学问题的兴趣。

2. 运用探究式教学模式，提高学生解决问题的自主性

数学高度抽象的形式化特点需要教师调动起智障生的自主性、独立性、主动性，需要学生的主体参与才能提高学习的效率。让他们经历数学化的过程，这是数学教学的第一原则。

我们也让智障生在探究学习模式中成为“小主人”，这样就能有效地引导智障生自信、积极、认真地思考，就能使学生更积极地寻找解决问题的思路和答案。

3. 在个别化教学中，让不同的学生用不同的方式解决同一个问题

智障学生在行为习惯、智力水平、个性气质等方面存在不同的差异，一个班每个学生都不同。个别化教学模式就是设计教学目标个别化、进行个别化的教学、个别化的练习，实行因材施教、实施异步教学，使学生在原有基础上得到逐步提高和发展，最终达到实现学生的个别化教育教学目标。

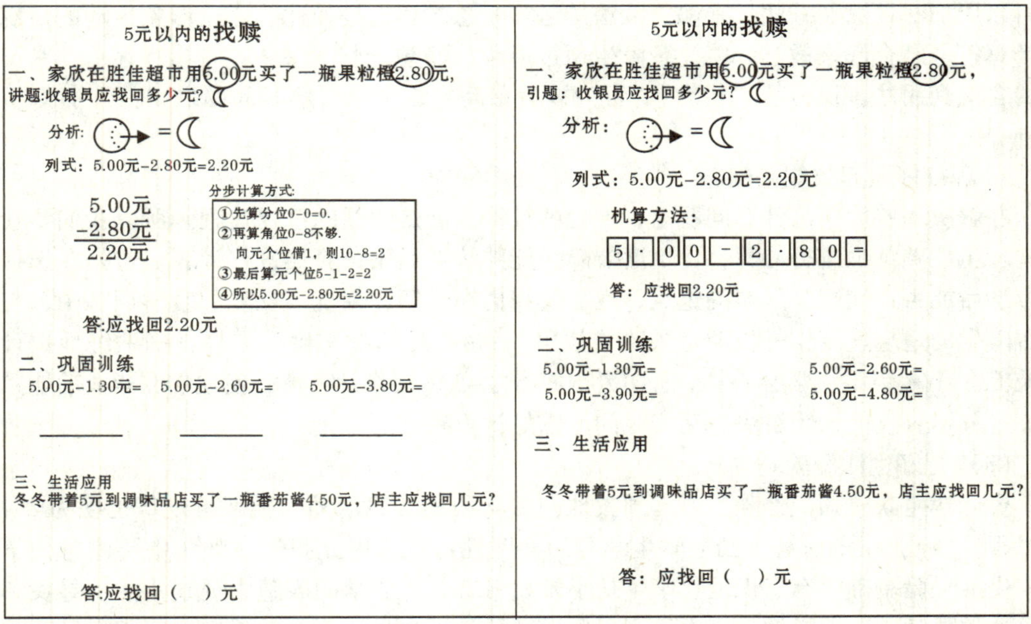

图 1

如图 1 让中度学生进行心算，让重度学生按计算器计算（图中方格表示计算器上的按键），在集体教学、小组合作的配合下，分层教学模式能发挥出独特的教学功能，让不同的学生运用各自的方法解决问题。

（三）运用循序渐进的系统教学策略，突破智障生解决问题教学的难点

数学是一门系统性、逻辑性很强的科目，虽然智障学生只需要学习其中与生活有关的

简单的数学知识，但是由于前面分析所说的他们的记忆思维能力迟钝、缓慢，让他们掌握小学三四年级以下的数学知识而能独立解决生活实际问题的教学目标是教师们的艰难任务。这样一个长期的教学难题需要我们运用循序渐进的系统教学策略去攻破它。

1. 打好基础，奠定解决问题的能力

解决教学问题是一个长期、复杂的系统工程，但问题的最终解决离不开已有的知识、技能和生活经验这三大重要的基础。打好基础有利于提高解决问题的教学质量。

（1）打好数学概念基础。

数学概念是数学思考的基本元素。学生只有明确数的概念、时空的概念与运算的概念，才能正确认识现实世界中的数形关系。因此在概念教学比较多的低中年级学段的教学中，老师要注意让学生形成明确的数学概念，特别是运算概念。运算概念是今后学生学习选择正确方法解题的基础，它们好像一串“钥匙”，一把“钥匙”开一扇“门”，如果概念不清，以后解决问题之门就不能轻易解开。如在《1 +1》一课的教学中老师要有意识地利用例图小朋友两手抓气球的情景渗透加法的运算概念教学：“ + ”就像这个小朋友的身体与伸开的双手把两边的气球合起来，因此以后凡是计算把两边的东西合起来求一共是多少可以用加法计算。减法、乘法、除法的运算概念教学也是如此，通过形象生动的情境图与计算符号结合起来教学，能让智障生通过形象的联想记忆“ + ”“ − ”“ × ”“ ÷ ”各自的含义和用法。认清了“钥匙”，可为以后中高年级学习时解开问题之“门”打好概念基础。

（2）打好运算技能基础。

在解决一些简单的计算问题时，准确的计算技能是解题的重要过程。所以我们要让中度智障生能熟练地进行心算，让重度智障生能熟练地运用计算器进行计算。这是在选择解题方法后能否正确解答问题的重点，也需要我们在长期、系统、反复的教学训练中，与中度智障生的遗忘速度作好长期持久的“战争”，耐心地辅导重度生掌握正确熟练地按计算器技能。让A组学生学会心算，让B组学生学会熟练操作计算器，使他们在毕业前能熟练掌握各种运算技能，为解决生活实际问题铺好计算基础。

（3）打好生活经验基础。

要让学生获得知识经验，就必须教他们参与各种实践活动，新课程改革也视为“做”的过程，“经验”的过程，凸显学生学习的实践性特点。因此我们在教学中要注意让学生积累生活经验基础，有意识地让学生从小开始带着一双数学的眼睛去观察生活、寻找和搜集身边的数学：在课堂教学当中组织一些活动让学生亲身经历、动手实践以积累经验，为解决实际问题铺路架桥。例如，我们在认识“时钟”时，上课前老师带学生到钟表店观察，在实际操作中让学生动手拨动指针为其认识几时几分打下基础。

2. 抓住关键，学会分析问题

在智障生掌握了一定的运算概念、计算技能之后，在教学解决实际问题之前，存在着两个关键的环节。先让智障学生理解问题、学会用简单的语言分析问题，再找准解决问题的方法。

（1）要会正确、有序地观察问题，理解问题。

让学生正确理解什么人在什么地方干什么，第一数量是几，问题是什么。智障生学习速度比较慢，老师在教学中一定要放慢速度让学生反复回忆生活事件中的数学量与问题理解并消化，为下一步进行简单分析、找准方法解决问题作好准备。而且要长期强化训练养成这种感知情境、收集数学、理解问题的习惯。

（2）分析问题、选准方法。

在解决问题教学中让学生运用简单的数学语言分析问题是个一举两得的事情，它既可以锻炼智障生的数学思维，也可以提高他们的语言表达能力。正如前面说加、减、乘、除号像一串“钥匙”，一把“钥匙”开一扇“门”，通过说一说让学生回忆旧知识，分辨清楚各种方法与关系，选择其中一个正确的方法来解开问题之“门”。例如：

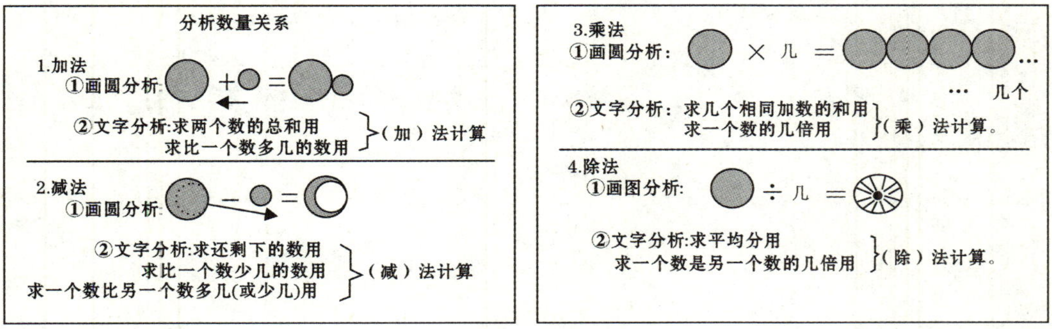

图2

当学生分析问题选准方法之后，就要列式计算解答问题，问题就这样顺理成章地解开了。打好知识技能基础与抓住分析关键是顺利解决问题的必经之路。

3. 在综合实践与生活实习中磨炼出解决实际问题的能力

新课程标准中“数学知识从生活中来，到生活中去”阐明了数学教学的规律，解决实际问题教学更是如此。所以让智障生从生活实例中学习解决问题并运用到解决身边实际问题有着更深一层的意义与需要。因此在教学当中的大部分问题应紧贴学生亲身体验生活的实际，让他们少一些“纸上谈兵”，多一点锻炼“实战经验”。所以我们在教学中应注意从以下几方面努力培养学生的“实战”能力。

（1）开展实践游戏活动，锻炼独立解决问题的胆量。

学校每上完一个单元的教学内容，我们都会创设模拟场景让学生充当不同的角色玩购物游戏，如买文具、小超市、水果店、买酱油、买菜、致美食园等。以生动有趣的情景激发学生参与实践的勇气，锻炼智障学生独立解决数学实际问题的胆量。

（2）回家实习，形成独立解决问题的能力。

在实践游戏课后，布置回家实践练习的作业：帮助家长购买日常小用品。让智障学生回到自己生活的小区实践练习，并记下自己的例子带回学校与同学们交流、分享、学习。

多年的教学实践证明打好知识技能基础、抓住分析关键与大胆实践是循序渐进而系统教学的策略，它们是突破解决问题教学难点的法宝，只要我们能扎实细致地做这三方面的工作，便可以让大多数智障学生独立而准确地解决数学实际问题。

综上所述，在《培智学校义务教育课程设置实验方案》颁布之后，培智学校各科教学新课程标准未下达以前，我们特殊教育一线教师可以在自主创新中、从课程开发中努力寻求落实解决实际问题的脚本；从确定教学模式中寻求提高解决问题教学有效性的方法；从运用系统教学策略中寻求突破解决计算问题教学难点的途径，以提高智障生学习生活数学的教学质量，也能为培智《生活数学》课程改革作一些尝试性的探索，取得一些教学经验。

参考文献

1. 陈云英．培智学校课程设置与改革研究方案．现代特殊教育，2003（7）．

2. 陈云英．智力落后心理、教育、康复．北京：高等教育出版社，2007.

3. 马云鹏．小学数学教学论．北京：人民教育出版社，2003.

4. 钟启泉，张华．课程与教学论．广州：广东高等教育出版社，1999.

5. 宋淑持，孙丽谷，张企曾，余海建．小学数学应用题教学研究与实践．上海：上海教育出版社，1994.

试谈培智学校生活数学的有效教学

广州市海珠区启能学校 黄健发

【摘 要】培智学校生活数学的课堂教学困难重重，但在一定程度上实现有效的课堂教学仍是必须且可行的。结合生活数学的学科特点，通过设置多元教学目标、安排生活化教学内容、实施分层教学的教学管理，以期使智障儿童在课堂上学有所得。针对智障儿童的心理与行为特点，采取合适的课堂行为调控措施，促使智障儿童积极参与到课堂之中，进一步实现课堂教学的有效性。

【关键词】培智学校；智障儿童；生活数学；有效课堂教学

一、引 言

随着我国基础教育课程改革的不断推进，“课堂教学有效性”已成为一个常谈常新的教育话题。尽管有效的课堂教学也是培智学校一线教师始终坚持着的追求，但是“培智学校的课堂教学是高投入低产出的微效教学，甚至是有投入无产出的无效教学”——似乎是个无可辩驳的现实，这尤其反映在生活数学的课堂教学之中。一线教师的教学实践告诉我们，生活数学的课堂教学效率低下的主要原因是智障儿童的能力差以及学科的难度大：数学，不论内容如何简化，其基本结构和数理的依据都是一般儿童的发展水平，哪怕是数前概念和最简单的数理，也要以儿童已有的自然数基本概念和实物数数的经验为基础，然而智障儿童却难以达到这样的认知水平。但是，客观存在的困难并不允许教师放弃教学，放弃培养智障儿童能力的机会。本文就培智学校教师如何突破重重困难，实现生活数学有效课堂教学，使每一位智障儿童都能够参与到课堂中并学有所获，尝试进行可操作性的探讨。

二、有效课堂教学的实施

（一）开展大胆创新的教学尝试

实现有效的课堂教学，需要我们关注课堂教学活动的开展，思考如何实施教学的问题。与普通学校相比，在培智学校里面，教师往往在教学内容、教学组织形式、教学方法等方面拥有更多的选择自由，因此，我们可以在多个方面进行大胆、创新的尝试。

1. 教学目标多样化：掌握数学知识或许不是首要任务

据有关研究表明，中度智障儿童可掌握的数学知识并不多，而对于重度智障儿童来说，更是少得可怜，在智障儿童学习能力有限的情况下，如果把大部分的时间和仅有的一点学习能力用在学习数学概念、公式、问题的读写算上，即使他们认识几个数学概念、会做几道算术题，也难以运用这些知识解决实际的问题，使其生活状况发生或多或少的变化。因此，作为培智学校的数学老师，我们首先要“接受现实”，同时摒弃传统的“分科”思维，在努力促使智障儿童掌握基本的、对他们日后生活意义较大的数学知识（如20以内数的读写、数数、简单的加法与减法运算、人民币的认识及简单使用等）基础上，以综合主题课的形式渗透思想教育、语言训练甚至是肢体康复，进行缺陷补偿；充分利用数学课堂，利用每节课35分钟的时间，渗透各种生活常识与技能，塑造智障儿童健全的人格、培养他们的生活能力、启迪他们的数学智慧。

另一方面，需要对智障儿童的智力情况、学习基础、数学知识的学习情况进行摸底、调查，并以此为依据，设置不同层次的教学目标，如在10以内加法运算的教学中：对能力较强的A组学生，不仅要求正确计算，还要求进行口算；对B组学生，要求他们正确地进行计算，适当的学具提示十分必要；而对能力较低的C组学生，只要求达到翻书找口诀计算或使用计算器计算的目标。

2. 教学内容：只教生活化、现代化的数学知识

《基础教育课程改革纲要（试行）》指出，要“加强课程内容与学生生活及现代社会和科技发展的联系”。对于智障儿童来说，这其中的“生活”显得格外重要。在选择教学内容时，我们会发现有些内容与生活联系紧密，有些则不明显，甚至已脱离智障儿童的能力水平，脱离了他们的生活环境以及生活需要，如人民教育出版社全日制培智学校《数学》试用教材中的“珠算加减法”、“分的认识”、“万的认识”、“分数的意义”等内容，已经与现实生活严重脱节，且难度较大，需要我们对课堂教学的内容进行认真的选择、增删以及重新安排，也就是说把教材中缺少生活气息的题材，改编成学生感兴趣的、活生生的题目，使学生从生活经验出发，发现身边的数学，从而提高学生用数学思想来看待实际问题的能力。例如，同样是百以内数的加减法，将过去“零件加工数量”、“修路长度”一类的应用题素材，转变成“我家所在小区二期建设规模”、“学校盆栽数量”、“122公交车上（下）车人数”等话题，则是简单而实在的处理方法。

3. 组织形式：必须进行差异化的分层辅导

分层教学的理念不仅体现在教学目标的设置上，更应该落实到课堂的组织形式上，即我们在课堂上，针对智障儿童的能力水平进行差异化分层辅导：对A组学生的指导重在多做练习，注意指导他们分析题目，理解解答过程，拓宽知识面，提高他们的数学思维能力；对B组学生的辅导着眼于良好学习习惯的培养，给予他们充足的提示与时间，帮助他们攻克数学学习的难点，获取学习的信心；针对能力最差的C组学生，我们要善于抓住教学过程中听、说、想、写的一切机会调动他们感官上的刺激，手把手地教会他们读数、数数等基本技能。也就是说，我们必须合理地安排教学时间，集体教学与分组教学、个别辅导相结合，兼顾每一位智障儿童，实行有针对性的教学。

（二）积极应对智障儿童的课堂行为问题

有效的课堂行为管理是实现有效课堂教学的关键因素，也是培智学校有效课堂教学的

最直观表现。智障儿童的课堂行为问题是消极、负面的，给生活数学课堂教学带来了极大的挑战。笔者对自己所在学校的生活数学课教师进行了简单的访谈，总结出智障儿童在课堂上表现出的不良行为主要有：沉默寡言，不愿投入到课堂学习中；坐立不安，东张西望，随意走动；不与教师合作，对教师的提问或要求置之不理；喜欢恶作剧、故意节外生枝引起他人注意；常与相邻同学发生纠纷，互相干扰，甚至打架等，同时通过观察发现，这些不良行为明显比他们在其他学科课堂上所出现的问题严重。因此，教师必须结合生活数学学科的性质，运用灵活有效的管理策略，恰当处理智障儿童的课堂行为问题，以保证课堂教学的效率。

1. 熟悉智障儿童的行为特点，运用积极的方法预防并控制不良行为的发生

大部分智障儿童的课堂行为是“公平”的，会在任何的课堂上表现出来，数学老师就应该与其他科任老师们共同交流与合作，吸取管理经验，全面了解智障儿童的情况，提前做好应对预案；而有的行为问题只出现在生活语文、生活数学等难度较大学科的课堂上，数学老师也应该有所了解，细心观察并分析其中可能的因素，从而在座位调整、课堂环境布置、教学方法、师生交流方式等方面作出恰当的安排，避免或减少行为问题产生的可能性。例如，与生活数学比较，智障儿童更喜欢上唱游与律动、绘画与手工一类的课，在这些课堂上，他们的行为问题的发生率往往会低于在生活数学课堂，那么我们应该就此进行可能性的比较与分析——动手操作的机会是否充足；教具和课件是否能够更加生动有趣等，从而尝试并采取必要的措施，提高课堂管理的有效性。

2. 促成智障儿童的成功体验，使他们感受数学学习的快乐

兴趣和动机的引发与保持，既是智障儿童掌握数学知识的重要心理因素，又是他们自觉减少行为问题的心理条件。一方面，教师要充分挖掘生活中的数学题材，善于设置游戏化或生活化的情境，帮助智障儿童运用数学知识解决实际的问题，让他们了解数学的生活价值；另一方面，老师要注意从每一个细节出发，无论是数学问题的正确解答，还是举手发言积极性高，或是眼睛能够看着黑板……都应将其视为“了不起的进步”，给予智障儿童及时而夸张的肯定与表扬，激发他们愉悦的情绪，从而化解智障儿童对数学的畏惧以及对数学课堂学习的排斥心理，引导他们将注意力转移到学习活动中，无心“捣乱”，达到有效的课堂管理效果。

三、结　语

综上所述，追求生活数学课堂教学的有效性，实际是需要我们在教学实施与课堂管理方面下功夫。我们应该将智障儿童所要掌握的数学知识与技能定位在简单的数学概念认识、数的认识和运用、简单计算、时间认识、人民币认识等内容上，注意将智障儿童的生活经验引入课堂，创设生活化的情景，引导他们从中感受数学的意义，获得数学学习的自信与乐趣；同时通过有效的课堂管理策略，培养智障儿童良好的课堂行为，引导他们积极地参与到课堂学习之中。

希望在我们的努力下，能够促使培智学校生活数学的课堂教学达到如下效果：促进智障儿童对数字的认识；使他们认识人民币，学会购物及简单理财；提高他们的语言表达、

动手操作、社会交往等能力水平；提高学习兴趣，培养智障儿童乐观、自信的情感；学会运用数学知识解决实际问题，掌握生活技能。

参考文献

1. 向友余等. 近年来我国数学学习障碍研究述评. 中国特殊教育，2008（7）.
2. 马新梅. 中度弱智儿童数学可接受能力的调查. 中国特殊教育，2004（3）.
3. Kenneth Shore. 如何应对学生的课堂问题行为. 曹绍炼编译. 教育科学研究，2005（5）.
4. 李艳. 用积极行为支持应对智障儿童课堂上的问题行为. 文教资料，2008（13）.
5. 陈汉红. 试探课堂问题行为. 广西教育学院学报，2005（2）.
6. 高春兰. 浅谈智障学生有效教学的理念与策略. 素质教育论坛，2008（2）.

聋校新课程数学综合实践活动课的设计与实践

东莞启智学校　廖健华

【摘　要】小学数学综合实践活动课集学科性、综合性、实践性为一体，是国家规定的必修课之一。笔者结合个人实践从四个方面详细阐述了如何上好数学实践活动课：①丰富实践活动形式，做到生动有趣。②拓展课堂，扩大实践活动的空间。③立足于生活，让实践活动贴近孩子们的生活。④精心组织实践活动，焕发学生主体活力。实践证明，把握好这四点就能够有效地开展好综合实践活动课，从而激发学生学习数学的兴趣和主动性，培养学生的“问题意识”和创新能力，促进学生数学思维的发展，有效地提高聋生的生活适应能力。

【关键词】聋校；数学；综合实践

2007 年颁布的《聋校义务教育课程设置实验方案》明确指出“综合实践活动是国家规定的必修课。综合实践活动的课时，可以与学校安排课程的课时结合使用”。综合实践活动以活动为主要开展形式，让学生联系社会实际，通过亲身经历进行学习，在“观察”、“实验”、“探究”等一系列的活动中发现和解决数学问题，体验和感受生活，积累和丰富直接经验，培养创新精神、实践能力和终身学习的能力。基于上述认识，上好综合实践课既是适应教育改革发展的需要，也是数学教育改革的必然。那么，如何正确认识数学实践活动，如何上好数学实践活动课，数学实践活动课以怎样的模式呈现便是我们迫切需要解决的问题。

下面是笔者在开展数学综合实践活动中的一些认识和体会。

一、丰富实践活动课的形式，做到生动有趣

要使实践活动课灵活多样、生动有趣，有效激发学生参与的积极性，老师应该在两个方面做好工作。一是老师要根据教材内容，确定适合的课型。在设计一个数学活动之前，教师必须认真地研究教材，明确教学内容，根据这些内容来选择合适的课型才能达到良好的效果，一般来说，根据活动课内容的特点，结合不同年级学生认知结构和思维水平，活动课可分为如下课型：数学史话课、趣味数学课、思维训练课、实践应用课、竞赛辅导课等。二是老师要结合每个年级不同学生的特点、身心发展规律以及数学活动自身的特点，精心创设和谐的学习情境与丰富多彩的活动，要灵活运用游戏、情景创设、实践操作、调查研究等多种形式来组织活动，调动学生的多种感官参与活动，让学生在愉悦的情绪下活

动、游戏，激发学生心灵深处那种强烈的探求欲望，使之形成渴望学习的内部动力。如学习完“人民币的认识”后，老师安排一节购物实践课。课前老师先发动学生找出各种玩具、学习用品、生活用品等，再指导学生分类陈设物品、合理布置“模拟超市”，调查好各类物品价格，学生推荐出“柜台经理”、“收银员”、“售货员”的人选，其余学生做“顾客”。此外，还让学生了解社会中还有哪些促销手段，在“超市”中进行展示。通过一些生活情景的模拟创设，让学生初步积累一些社会生活经验，掌握一些基本的服务本领，增强了他们参与社会实践的积极态度和情感体验，发展他们解决问题的社会实践能力。

二、拓展课堂，扩大实践活动的空间

开展好实践活动，我们要做到课内课外兼修。课内，老师可以通过对学习内容采取背景化和丰富化的处理，为数学知识找到紧密联系的“生活原型”，引导学生调动已有的经验来理解数学，把常识提炼为数学，从而体会数学的趣味和作用；课外，老师在设计家庭实践作业时更要善于将活动设计在课本和生活的结合点上，选择学生感兴趣的事件，尽可能丰富作业内涵，扩大学习的空间，要把学生学习数学，从习题到习题、书本到书本这一狭隘的思路上解脱出来，改变数学学习不断做题，反复训练，远离生活的题型模式，从而使学生感受到生活是他们获取数学知识的源泉。如我们认识了“时、分、秒”之后，可以让学生收集生活中（车站、商场、工厂）关于时间方面的信息，并与同学们交流和探讨，引导学生制作自己的作息时间表，从而培养珍惜时间、合理运用时间的好习惯。这样的实践作业，留给学生更多的思考空间、探索余地，解决问题的过程中他们会运用所学数学知识，甚至其他学科知识来思考问题，从而打破学科之间、数学与生活之间的界限，体现“大数学”的开放性教育。

同时，开展综合实践活动课还要敢于突破课堂的时空限制。传统教育，尤其是学科教学，在许多方面表现出很大的封闭性，在一定程度上阻碍了学生创新能力的培养，制约了学生综合素质的提高。我们开展实践活动不应拘泥于传统数学模式，而要把学生的目光引向生活，引向社会，给他们自由的时空，使学生在课外这个大课堂中，创造性地获取知识，并在实践中感受知识的价值，促使其在不断的实践中学习，在不断的分享中积累。如学习了“轴对称”后，布置“寻找大自然中的轴对称图形”的作业；学习“圆的认识”后，布置“收集自然界奇妙的圆形物体或现象”的作业，让学生到大自然并寻找自然界中对称的物体，让学生在活动中亲近大自然，感受自然美，发现生活中的数学美，体现数学的应用价值和文化价值，激发他们对数学、对生活、对大自然的热爱之情。

三、立足于生活，让实践活动更加贴近孩子们的生活

新课程要求我们重视数学应用，不能单纯满足于课本应用题的变形和发展，而应该让数学应用问题更贴近现实的生活实际，引导学生置身于现实的社会大环境，发现探索自己身边的数学问题。因此，我们在设计数学实践活动时要以学生的生活与现实问题为载体和

背景因素，只有把实践活动融入生活，从学生熟悉的现实生活中挖掘实践活动的素材，才更容易激起学生的兴趣，让学生体会到数学与日常生活的密切联系，激发求知欲，学得懂、记得牢，才有利于培养他们的创新能力和创新意识。如学习了几何图形的知识，可让学生辨别家中的物品是什么图形的；学习了长度和重量单位的知识，可以开展估算的实践课，让学生估算自己周围事物的长度、重量等；学习了人民币的认识后，组织学生到超市调查、观察购物情况，学习怎样购物，使他们在实际购物活动中掌握四则运算知识；学习了“年月日”后，可以让学生统计全班同学的生日，看看哪个月份出生的同学最多，哪些出生在大月，哪些出生在小月，有没有哪个同学4年才能过上一个生日等等。只要我们善于观察、收集具体素材，将实际问题经过综合、概括、抽象之后，设计成数学实践活动课的素材，提炼出适合学生的数学问题，让学生把学到的知识应用于现实生活、服务于现实生活，就能使学生认识到数学的价值，激发学生的学习兴趣，激活学生的思维，提高学生灵活运用数学的意识和能力。

四、精心组织实践活动，焕发学生主体活力

在开展一些探索研究的综合实践活动的过程中，老师要充分发挥学生的主体地位，充分发挥其自身的组织、引导、促进、激励功能，让学生带着自己的知识经验、思考、灵感和兴致主动参与研究活动，自己发现问题，自己设计方案，自己搜集资料，自己解决问题。首先，要唤起学生的主体意识。在实践中我们发现一部分学生习惯于老师讲、学生练的学习模式，一开始接触实践活动，显得不知所措。因此，老师首先要做好学生的思想工作，转变学生的学习观念，让学生知道应该怎样做，对学生进行合理的分组，教给学生合作的方法，防止出现小组内的单干户。其次，善于激发学生的问题意识。教师在设计综合实践活动时，要注意问题设计的开放性，要鼓励学生独立思考，解法标新立异。当学生在活动中失败或出错时，老师不要责备或任由同学取笑，而是对童心的理解和鼓励，使他们敢于再次探索和思考，要鼓励学生敢于合作交流。在进行实践活动的过程中，离不开合作交流，在师生、生生、组与组之间等的交流中，要让学生想说、敢说、乐说，在活动中畅所欲言，在活动中敢于创新方法，这样学生对知识或活动内容的理解才会更丰富、更全面。同时通过小组的合作培养他们团结合作的精神，创造一种相互学习、相互促进的学习氛围。

在“课室装修的数学问题”的活动课上，笔者以“征集启事”作为活动要求拉开序幕，征集帮助校长制订出最好的装修方案，鼓励学生争当小校长。实践活动分两部分：一是室内装修，测量课室墙壁和地面的面积。确定课室铺设彩砖面积，计算数量，根据调查市场信息计算墙壁批灰、彩砖价格，估算资金，设计彩砖花样。二是课室设备配置，计划配置的设备的种类和数量，根据调查市场信息计算黑板、课桌、电视、窗帘等的价格，估算资金。然后，讨论确定各小组设计的方案，诉说设计意图，在活动中使每个学生体会解决问题的不同方法，使每个人都有自己的见解，形成自己解决问题的基本策略。因此，教师要创设好平台，做好活动的组织协调工作，让每个学生都能参与到活动中来，亲身经历

探索、发现问题和解决问题的过程，从而能真正使不同的学生在数学中得到不同程度的发展。

总之，数学综合实践活动课为学生发展个性提供了广阔的天地，点燃了学生求知欲望和创新的火花，给数学教师带来了生机和活力。在课堂教学中，教师应创设各种实践活动，为学生提供实践的机会和活动的空间，充分利用各种资源优势，使学生带着数学走出课堂，走进生活实践，在实践中学数学，在生活中学数学，体会数学的价值，感受数学的魅力！

听力障碍学生数学学习状况的调查与对策研究

深圳元平特殊教育学校　陈丽江

【摘　要】为了提高听力障碍学生的数学学习能力，本文在对深圳元平特殊教育学校四年级以上学生进行问卷调查的基础上，分析了听力障碍学生数学学习的状况，提出了听力障碍学生学习数学的有效方法以及特教教师改进数学教学的有效措施。

【关键词】听力障碍学生；数学学习；状况

一、问题的提出

数学是人们对客观世界定性把握和定量刻画、逐渐抽象概括、形成方法和理论，并进行广泛应用的过程。数学是特殊教育学校一门主要的课程，数学学习成功与否将直接关系听力障碍学生学习物理、化学、计算机等其他学科的成绩。中国著名的数学家华罗庚曾经说过："宇宙之大、粒子之微、火箭之速、化工之巧、地球之变、生活之谜、日月之繁，无处不用数学。"因此，听力障碍学生学好数学对他们的思维、成长和生活都有重要的意义。

长期从事一线教学的聋校数学教师都有一个这样的体会，就是觉得听力障碍学生学习数学很困难，老师也教得很辛苦。那么，是不是所有的听力障碍学生数学学习成绩都不理想呢？事实上并非如此。因此，本文在尊重听力障碍学生由于生理原因造成数学学习比健全人困难的客观现实基础上，调查听力障碍学生学习数学的兴趣、态度、方法和行为的情况，找出他们数学学习能力不理想的主观原因，并探索出听力障碍学生学习数学的有效方法。

二、研究方法

（一）研究对象

考虑到填写本调查问卷需要一定的语言文字理解能力，因此本调查对象确定为深圳元平特殊教育学校四年级至高三年级的听力障碍学生。被试的年龄范围为 9～18 岁，其中男生 65 名，占 61.3%；女生 41 名，占 38.7%。共发放调查问卷 106 份，回收 101 份，有效问卷 98 份，问卷回收率 95.3%，有效率 92.5%。

所调查的深圳元平特殊教育学校基本情况如下：该校成立于 1991 年 12 月，是深圳市唯一一所为视障、听障和智障儿童、青少年提供从学前教育到高中职业教育“一条龙”服务的综合性、全寄宿特殊教育学校。现听障在校生为135名。学生主要来源于年满6周岁以上的深圳户籍听力障碍学生，学生基本是重听或全聋。

（二）研究工具

本调查问卷根据华东师范大学叶澜教授主编的“世纪之交中国基础教育改革研究丛书”的著作之一《学校教育研究方法》中的附录“问卷编制示例”改编而成。问卷从学生对学习数学的兴趣、态度、方法、行为等几个方面进行调查。问卷的题目类型为封闭的单项选择题。问卷由研究者发放给学生，学生按照问卷指导语独立完成。除问卷调查外，研究者还通过自己平时对听力障碍学生的数学教学，观察和记录他们数学学习的课前预习、课堂反应、课后作业等，综合分析了听力障碍学生学习数学的状况。

三、调查结果

（一）听力障碍学生学习数学的兴趣分析

1. 对数学知识的兴趣

调查结果显示：对于“感到数学知识很有趣”这个题目，有21.4%与28.6%的同学分别选择了“非常同意”和“同意”，还有33.7%的同学选择了“中立”，也有9.2%和7.1%的同学分别选择了“不同意”和“非常不同意”，觉得数学知识不太有趣。（见表1）

表1　听力障碍学生对数学知识的兴趣（$n=98$）

调查内容	项目	人数	百分比
感到数学知识很有趣	非常不同意	7	7.1%
	不同意	9	9.2%
	中立	33	33.7%
	同意	28	28.6%
	非常同意	21	21.4%

2. 对数学课堂的兴趣

调查结果显示：只有3位同学非常不喜欢上数学课，还有10位同学不太喜欢上数学课，61位同学觉得自己是很喜欢或比较喜欢数学课的。可见大部分同学是认同数学课的。（见表2）

表 2　听力障碍学生对数学课的兴趣（$n=98$）

调查内容	项目	人数	百分比
不太喜欢上数学课	非常不同意	35	35.7%
	不同意	26	26.5%
	中立	24	24.5%
	同意	10	10.2%
	非常同意	3	3.1%

3. 对数学学习的兴趣

调查结果显示：对于“觉得数学学习是快乐的”这个选项，有 20.4% 的同学选择了“非常同意”，有 27.5% 的同学选择了“同意”，还有 35.7% 的同学选择了“中立”，有 8.2% 和 8.2% 的同学分别选择了“不同意”和“非常不同意”。（见表 3）

表 3　听力障碍学生对数学学习的兴趣（$n=98$）

调查内容	项目	人数	百分比
觉得数学学习是快乐的	非常不同意	8	8.2%
	不同意	8	8.2%
	中立	35	35.7%
	同意	27	27.5%
	非常同意	20	20.4%

（二）听力障碍学生学习数学的态度分析

1. 对数学习题的态度

调查结果显示：一半以上的同学并不讨厌做数学习题，非常讨厌做数学习题的只有 4 位同学，讨厌做数学习题的有 9 位同学，还有 25 位同学持中立的态度。（见表 4）

表 4　听力障碍学生对数学学习的态度（$n=98$）

调查内容	项目	人数	百分比
很讨厌做数学习题	非常不同意	32	32.7%
	不同意	28	28.6%
	中立	25	25.5%
	同意	9	9.2%
	非常同意	4	4.0%

2. 对数学考试的态度

调查结果显示：对于“数学考试时，总是有些担心”这个选项持“非常同意”和“同意”观点的人数占了45.9%，持“中立”观点的人数占了38.8%，只有5.1%和10.2%的人选择了“非常不同意”和“同意”。(见表5)

表5 听力障碍学生对数学考试的态度（$n=98$）

调查内容	项目	人数	百分比
数学考试时，总是有些担心	非常不同意	5	5.1%
	不同意	10	10.2%
	中立	38	38.8%
	同意	30	30.6%
	非常同意	15	15.3%

（三）听力障碍学生学习数学的方法分析

1. 解题的方法

调查结果显示：有41.8%的同学认为自己“用和老师相同的方法解决数学问题”，有29.6%的同学持中立态度，只有28.6%的同学认为自己会用和老师不同的方法解决数学问题。(见表6)

表6 听力障碍学生对数学学习的解题方法（$n=98$）

调查内容	项目	人数	百分比
用和老师相同的方法解决数学问题	非常不同意	4	4.1%
	不同意	24	24.5%
	中立	29	29.6%
	同意	30	30.6%
	非常同意	11	11.2%

2. 记忆的方法

调查结果显示：对于“通过反复解题来记忆数学知识”这个选项，有10.2%的同学选择了“非常同意”这个说法，31.6%的同学选择了“同意”，28.6%的同学选择了“中立”，24.5%的同学选择了“不同意”，5.1%的同学选择了“非常不同意”。(见表7)

表 7　听力障碍学生对数学学习的记忆方法（$n=98$）

调查内容	项目	人数	百分比
通过反复解题来记忆数学知识	非常不同意	5	5.1%
	不同意	24	24.5%
	中立	28	28.6%
	同意	31	31.6%
	非常同意	10	10.2%

3. 学习的方法

调查结果显示：对“牢记公式是学习数学的最好方法”这个说法，持“非常同意”的同学有 8.2%，持“同意”的同学有 26.5%，持“中立”态度的同学有 32.7%，持“不同意”观点的有 26.5%，持“非常不同意”观点的同学有 6.1%。（见表 8）

表 8　听力障碍学生对数学学习的学习方法（$n=98$）

调查内容	项目	人数	百分比
牢记公式是学习数学的最好方法	非常不同意	6	6.1%
	不同意	26	26.5%
	中立	32	32.7%
	同意	26	26.5%
	非常同意	8	8.2%

（四）听力障碍学生对学习数学的行为

1. 数学学习的主动性

调查结果显示：98 位同学中，有 32 位同学选择了“老师怎么教，我就怎么学”，有 35 位同学选择了“自己会提出一些问题，帮助自己理解数学知识”，还有 31 位同学选择了“读数学课本时经常思考哪些是要掌握的知识要点”，三个项目选择的人数接近，几乎各占总人数的三分之一。

2. 数学学习的应用

调查结果显示：对于“当我学习数学时，我会去想想所学到的东西在现实生活中有多大用处”，只有 20% 的同学表示自己是这样做的，对于“我努力把在数学课中所学到的知识，与生活中遇到的事情或者其他学科中学到的知识联系起来”，只有 23% 的同学表示同意或非常同意。

3. 数学学习的课堂表现

调查结果显示：25% 的学生认为“当老师提出新的数学知识的时候，我精力总是非常集中”；35% 的学生认为“我经常参加数学课上的讨论”；40% 的学生认为“数学课上，我一直聚精会神地听老师的讲解”。

4. 数学学习的钻研精神

调查结果显示：33.2%学生选择了“如果我不能一下子把问题解出来，我会一直试下去，直到解决问题为止”；66.8%的学生选择了“如果我一时得不出正确答案，过一段时间我会放弃”。

5. 数学学习的时间投入

调查结果显示：除了正常上课时间，听力障碍学生一天课后学习数学的时间，“15分钟以内”的学生占29.4%，“大约半小时”的占40.9%，“大约45分钟”的占19.6%，“1小时或以上”的占10.1%。

调查结果显示：除了完成作业，听力障碍学生一周中课余学习数学的时间，“1小时以内”的占40.5%，“大约2小时”的占37.6%，“大约3小时”的占16.7%，“3小时或以上”的占5.2%。

四、结果分析

（一）听力障碍学生对学习数学有一定的兴趣，但害怕考试

调查发现，大部分的听力障碍学生对数学知识是喜爱的，感到数学知识很有趣，特别是中低年级的学生这种感觉更是明显，他们对学校的数学课堂也比较喜欢，并不讨厌做数学习题。但随着年级的升高，也有不少同学觉得学习数学是痛苦的，感到理解和掌握数学知识越来越困难。虽然听力障碍的学生觉得数学学习很艰苦，但只要在考试时能取得好的数学成绩，他们就会感到很快乐，感受到克服困难后带来的喜悦。可是很多学生害怕数学考试，在数学考试时如果遇到不能解决的数学题目，就会焦急和紧张，考试后也担心自己的测验分数不理想。因此，可以改变单一的数学评价方式，让学生体会到数学带给自己的成就感。

（二）听力障碍学生学习数学的态度比较端正，但学习方法单一

很多同学认为自己上数学课是聚精会神听老师讲解的，说明听力障碍学生的上课注意力比较集中，学习态度是端正的。但不少同学在课堂上是被动地听，课前很少有人去预习，课后复习的也没有几个，数学学习无目的、无计划。对学了什么，应该把握什么，有什么作用是茫然的。由于受到听力的限制，对语言文字理解有一定困难，使得不少听力障碍学生在学习数学时不会理清数量间的逻辑关系，在分析问题时思维不严谨。学习数学的方法单一，在平常的学习中还是依靠大量做题和记忆公式来巩固所学的数学知识。

（三）听力障碍学生在学习数学时对老师有较强的依赖性，应用能力不够

由于听力障碍学生和家长沟通存在一定的困难，这就使得他们在数学学习上对老师有很强的依赖性。在学习内容上，听力障碍学生没有自己的选择，老师教什么就学什么。在学习过程中依赖老师，老师怎么教自己就怎么学。在学习方法上采用与老师相同的方法解题，缺少举一反三的能力。学生在学习时很少把数学知识与其他学科或生活实际联系起来，不会学以致用，使得所学的知识遗忘比较快。这样，老师的专业素养、责任心和教学水平在很大程度上决定了听力障碍学生的数学学习成绩和学习能力。

（四）听力障碍学生学习主动性不强，缺少钻研精神

听力障碍学生学习数学有畏难情绪，遇到困难会退缩，希望得到老师或他人的帮助。很少同学想着依靠自己的力量去解决数学学习中遇到的问题，刻苦钻研精神不够。在学习数学中时间投入也很少。除了上课时间，竟然有近70%的学生一天只用半小时以内的时间学习数学，这个时间只够完成家庭作业。一周中课余学习数学的时间也不多，他们觉得完成老师布置的学习任务就可以了。由于很少利用课余时间进一步学习和探究数学知识，缺少学习的自觉性，所以他们的数学成绩不是很理想，数学能力也不强。

五、建　议

（一）完善数学评价体系

由于特殊的生理原因，听力障碍学生形象思维是占主要的，学习数学存在一定的困难，越到高年级遇到学习困难的学生越多。很难想象，一个常常考试分数很低的学生会喜欢数学，如果仅仅用分数来衡量学生学习数学的成果，而忽略他们在学习过程中作出的努力，势必影响他们学习数学的积极性。因此，我们需要完善数学教学评价体系，多层次、多角度去评价每一位学生，使学生感受到付出辛劳是有所收获的，体验到学习数学的快乐。

（二）提高教师教学水平

新数学课程的教育理念是：①人人学有价值的数学；②人人都能获得必要的数学；③不同的人在数学上得到不同的发展。特殊教育数学课程的教育理念也是如此。有听力障碍的学生对老师的依赖性比较高，因此，特殊学校的数学老师更应该落实这种理念，重视每一位学生。老师要持续地充实自己的专业知识，“给学生一碗水，自己要有一桶水”。在工作中要根据学生的反映不断完善自己的教学方式和教学手段，让学生体会到数学不是枯燥乏味而是趣味无穷的一门课程。还要不断提高自己的教学水平，让学生感受到数学课堂的魅力，去发现数学的美。

（三）教会学生数学学习的方法

特殊教育的数学课程不仅要考虑数学自身的学科特点，更应遵循特殊学生学习数学的心理规律，强调从学生已有的生活经验出发，充分考虑听力障碍孩子的身心特点，让学生亲身经历将实际问题抽象成数学模型的过程。因此，课堂上教师要尽量把数学知识与实际生活联系起来，激发学生学习数学的兴趣。同时教师要提倡学生自己动手实践、自主探究、合作交流、阅读自学等多种学习方式，培养学生用数学知识解决生活中的实际问题。此外，教师还要让学生形成课前仔细预习，课中认真听讲，课后用心复习的良好学习习惯，掌握一定的学习技巧，比如自己准备一本错题本，及时发现自己的错误和不足等，逐步形成独立学习的能力。

（四）培养学生吃苦耐劳的精神

著名数学家华罗庚先生在《和同学谈谈学习数学》一文中说：“有的同学说：‘数学

的重要性我知道，可是太难了，我看见数学就头痛，对它实在没有兴趣’，数学真的很难吗？我看不是，数学既然是思维的‘体操’，那也就和普通的体操一样，只要经常锻炼，任何人都可以达到一定的标准，拿跳高来说，人只要经过适当的锻炼，都能跳过一米二，数学也一样，只要经常锻炼，经常练习，就能达到一定标准，并不需要任何天才。”因此，老师要让学生明白只要通过自己的努力，就能学好数学，教育学生一定要有吃苦耐劳的精神。

（五）发挥家长的辅助作用

家长对孩子学习的看法很重要。如果家长觉得孩子已经是有听力障碍的人士，学习好不好无所谓，那么这种消极的态度将直接影响聋生的学习状况。由于听力障碍学生的家长懂得手语的人很少，因此，他们几乎不知道怎样去辅导孩子的学习。但大部分聋生在家的时间长，如果家长能够积极学习手语，重视口语，掌握一定的辅导孩子学习的方法，协助学校培养孩子热爱学习的精神，不仅可以提高孩子的学习成绩，还能和孩子更好地沟通，成为孩子的良师益友。

六、结　语

数学应用的基本素质，是未来任何一层次的人都必须具备的基本素质，作为现在的学生，对数学应用能力的重视和关注，都将对他一生产生重大影响。听力障碍的孩子学好数学可能不是一件轻松的事情，但在老师有效的课堂教学引领下，通过学生自己长期不懈的努力，在家长的积极配合下，形成强大的教育合力，使学生在获得对数学理解的同时，在思维能力、情感态度、价值观等方面得到发展，真正发挥数学课程的育人功能。

参考文献

1. 数学课程标准研制组．数学新课程标准．北京：人民教育出版社，2003.

2. 数学与生活应用．http：//www. studa. net/xueke/090927/11072232. html，2009－09－27.

3. 李翠．学生学习数学困难的原因调查与分析．教育前沿与探索，2009（2）．

4. 李金蛟，陈东屏．高一学生学习数学情况调查．中学数学教学参考，2003（7）．

5. 胥兴春．数学学习困难及其心理分析．中国特殊教育，2003（3）．

6. 荣治军．初中学生学习数学的状况分析．http：//www. studa. net/shuxue/080527/15173333. html，2008－05－27.

关于聋校几何教学有效性的研究

海南省特殊教育学校　黄丽雅

【摘　要】几何是聋校数学内容的难点，其语言抽象严密，概念较多，要学好几何必须具有较强的语言理解能力和抽象的逻辑思维能力。而聋生却恰恰是语言文字能力欠缺、逻辑思维能力较差，其思维活动带有明显的形象性，因此许多聋生惧怕几何。实践证明：教学中根据聋生的年龄特征和认知结构，对教学内容作精心选择和处理，适时创设相应的生活情境，在生活中认识图形，利用多媒体等多种手段直观教学，能够促使聋生调动多种感官主动参与学习，从而有效地优化几何教学。

【关键词】聋生；几何教学；有效性

几何是聋校数学教学的一大难点。长期以来，在聋校，几何教学一直不尽如人意，而几何知识具有抽象性的特点，聋生的语言文字能力欠缺、逻辑思维能力较差，思维的深度和广度都与健全学生有一定的差距，这使得几何教学显得尤为困难。他们缺乏学习兴趣，概念混乱、各几何图形和平面图形性质不分、不会推理证明、不善应用于实际，这是普遍现象。如果教师更新几何知识的教学观念，对教学进行精心设计，对学生进行正确引导，教学将可以起到事半功倍之效。

一、对几何教学内容作精心选择和处理

1. 以聋生的实际基础选择合适的教学内容

我们学校在九年义务教育阶段还是采用聋校的教材，但是这套教材有些几何知识远离聋生的生活需要，需要的没学，学了的没用。而高中阶段使用的是普通学校人教版的教材，聋生学起来很困难。有些教学内容过多、过难，学生消化不了。这些势必影响聋生的学习兴趣和效果，只有选择合适的教学内容才能更好地让学生掌握几何知识。

2. 要以生活化理念为指导，精心选择和处理教学内容

（1）选择聋生生活需要的几何知识。比如，各种平面图形的认识，计算几何图形的表面积、从实物的形状想象出几何图形，由几何图形想象出实物的形状，教学从较复杂的图形中分解出基本的图形；采用适当的方式描述物体间的位置关系；运用图形形象地描述问题等。这些都是聋生生活必需的知识和能力。

（2）在教学中设计生活数学内容，增强学生学习几何形体知识的实效性。

生活中的数学是最鲜活的，脱离生活实际的教与学是苍白无力的，教师在教学时应把

数学融入生活，组织学生进行创造性的数学活动。在教学中要多考虑学生的生活实际，选取聋生身边的、经历的、熟悉的事例，从现实的具体事物来认识图形，把这些具体生活实物抽象化成几何图形，让学生亲身经历将物体抽象化成几何图形的过程，这样学生既有了直观丰富的感性材料，又初步认识了抽象的几何图形；当几何图形从具体事物中抽象出来后，借助几何模型进行观察，利用学生的视觉和触觉进行感知，形成比较清晰的感性认识。在此基础上，要求学生对几何图形的形体特征进行描述，将学生的感知与相应的语言有机结合，增进了对图形的认识；然后通过画一画、做一做等方式，加深对图形的进一步理解。这样学生从“生活情境”中“了解”了图形，从具体事物中感受了生活中的几何图形，把几何图形与实物融为了一体。

例如，笔者在教学《三角形的认识》这一部分知识时，在教学过程的开始，首先让学生举例说出生活中所看到的三角形。学生会说出很多，有金字塔、单车架、大桥的吊架……当然还有的同学说出不一样的图形。对于学生列举的不是三角形的图形，教师不要急于否定，而要让学生通过观察、对比，自我感知。然后再出示平行四边形、梯形，让学生进一步对比，再让学生动手画一画三角形，由此感知“由三条线段围成的图形是三角形”。通过一系列的体验，学生虽然对三角形的表象以及它的广泛存在有了一定的认识，但缺乏对三角形特征的掌握。此时巧妙设疑，向学生提出：单车架、摄影架为什么被设计成三角形？或许学生能意识到单车架比较平稳，但还不能用三角形的特性来作出充分的解释。当这种求知欲被激发起来之后，带动学生研究三角形的特性，让学生动手拼一拼、摆一摆，这样学生在实际操作中就会发现三角形的性质，从而掌握三角形的特征。学生了解了三角形的特征后，以上那个实际问题也就很自然得到解释。在这样的过程中，学生对知识的获取不是单纯地为认识图形而被动去做，而是为解决一个具体的生活问题主动去实现的，由此学生在探究问题的过程中轻而易举地掌握了几何图形特征的相关知识，明白了几何图形存在的意义。

二、根据聋生的认知特点，采取多种形式的直观教学

由于聋生的听力受损，接受信息主要靠视觉，所以在几何教学中更应该利用直观教学，使聋生获得丰富的感性知识，以便更好地理解和掌握，上升到理性的认识。经过几年的教学实践，笔者充分采用以下两种直观教学方式，并取得了一定的效果。

1. 利用实物和教具进行直观教学

在几何教学中，教师要切实引导学生发挥实物或模型的教具作用，让学生通过认真观察、想象、思考，加强对图形的直观认识和感受，教具的合理利用可以化难为易、变抽象枯燥为生动、形象、直观，发展学生的空间想象力。我觉得实物教学有助于学生更好地理解几何知识。

例如，笔者在讲到三角形的稳定性时，也充分利用了实物，自己制作三根小木条，先把其中的三根首尾用钉子联结起来，钉成一个三角形，很牢固，每一根木头都不能活动；然后笔者再把四根小木条首尾用钉子联结起来，拿住两个固定点后，木条还可以活动，因此说明四边形还不牢固。虽然这些都是平时常见的，但是学生却觉得非常新奇。于是，笔

者因势利导让学生回家自制木条五根、六根等来试验，看五边形、六边形是否牢固。经过这节课，聋生对三角形稳定性的印象非常深刻，因为三条边固定，三角形的形状大小就固定了。所以通过这样的实物教学，可以使教学变呆板为灵活，变抽象为直观，变空洞乏味为新鲜有趣，就会收到良好的效果。

2. 充分利用多媒体技术进行直观教学

利用多媒体信息技术工具，可以给我们展现丰富多彩的图形世界，丰富学习资源，有助于学生从中抽象出几何图形；图形的动态演示，可以在大脑中形成图形空间变化的印象，帮助认识空间图形与平面图形的关系，帮助建立空间观念；此外，还可以帮助学生在动态变化的图形中寻找不变的位置关系和数量关系，从而发现图形的性质。运用多媒体进行几何教学，还能拓宽学生几何联想空间，增加知识容量，可以说是几何直观教学的一个极佳的工具。

在教学《轴对称》第一课时，一开始就展示各种不同的轴对称图形，点击播放按钮，一幅幅美丽的图片从左向右逐渐移动，让学生感知对称，欣赏对称，掌握对称，增加学生的审美意识，激发学生的学习欲望。又如在教学《全等三角形》时，利用课件制作两个全等三角形重合，让学生观察和判断出对应边、对应角。实践表明，计算机显示的图像不但具有直观性，还可产生动态美，它能刺激学生的好奇心理，去探索知识的奥秘，能把学生的无意注意引向有意注意。计算机显示的图像变换过程，又是一个揭示数学知识内在规律真实美和科学美的过程，它有助于学生解除视听疲劳，保持旺盛精力，促使他们提高学习效率。

三、重视动手操作解决问题

聋哑学生进行几何学习提倡多种感官积极参与。要调动多种感官同时作用于操作对象，让学生看一看、比一比、量一量、折一折、画一画、作一作（制作模型）。因此在几何课教学中，可结合教学内容，教师多为学生创造亲自动脑、动手的机会，使学生成为知识的主人。

如教平行四边形的性质时，可让聋生亲自用直尺量一量对边的关系，用量角器测量对角和邻角的关系。自己通过实践得出平行四边形的性质，亲历知识的发现过程，使几何教学变得有趣有用；学习几何体截面时可以让学生用萝卜代替几何体，按需要用刀切开，获得各种截面，为进一步学习截面性质作很好的铺垫；学习点到直线的距离这个概念时，可让学生做一次立定跳远成绩的测量，通过实践总结归纳出点到直线距离的概念。实践证明，在学生积极主动的实际操作中，其空间想象力得以充分发展，思维变得更加开放、灵活。

又如，在教学圆柱体表面积的时候，可以让学生准备两个圆柱形的纸盒和一张长方形的纸，先让他们动手把圆柱形的纸盒剪开，问问他们：圆柱的侧面展开图是什么图形？学生能很快地说出是长方形，再让他们用一张纸卷成圆柱形，以加深学生对知识的掌握。此时让他们通过观察并比较发现长方形的长和宽与圆柱的底面周长和高的关系。在本单元的最后专门安排了一个“用长方形纸卷圆柱形”的实践活动，先让学生用两张完全一样的长方形纸，一张横着卷成一个圆柱形，另一张竖着卷成一个圆柱形，研究两个圆柱体积的大小；然后组织学生将两张完全一样的长方形纸裁开，把变化形状后的纸再卷成圆柱形，研究圆柱体积的变化，引导学生发现规律，深化对圆柱表面积、体积的认识，并体会变量之间的关系。通过动手操作之后，有效地促进了学生对几何知识本身的感受、领悟和欣赏，促进学生认识的整体性发展。

四、在教学过程中开展探究式学习

聋生由于听力受损，导致其接受能力、认知水平与健听孩子相比要低一些，但他们的动手能力较强，而探究性学习能够充分发挥听障学生动手能力强的优势，弥补交流的不足。

在探究性学习活动中，教师把学生分成几个小组，使每个学生在小组合作学习中发挥自己的优势，取长补短，共同提高。如探索平行四边形判定条件的过程中，学生要经历操作、观察、猜想、验证等一系列探究活动，因聋哑学生的个体差异，在探究的过程中，有的学生可能会出现学习障碍，这时通过“议一议”、“试一试”等小组合作学习与交流的方式，使不同程度的学生在学习中都能有所收获、得到提高，也有助于培养聋生的参与意识和合作精神。

例如，笔者在教学环形面积时，让学生观察环形学具，引导学生发现这个图形上有两个圆，这两个圆有共同的圆心，虚线围成的圆较小且在大圆下；接着让学生沿虚线把里面的小圆拆下，剩下的大圆图形就叫做环形。让聋生明白什么是环形后，然后把如何求环形面积的问题，让学生通过自己思考后进行小组讨论，这时，大家都有了自己的看法，并展开议论，大致有两种意见：一种是用大圆的半径减去小圆的半径，得出环形的半径，然后再用求圆形面积的方法求出环形的面积；另一种是先得出大圆的面积和小圆面积，然后用大圆的面积减小圆面积得出环形，越争论大家的思路越清晰。这时笔者再提问，环形是个圆吗？环形是怎样形成的？随着这个问题的回答，第一种答案的声音越来越小，最后他们形成共识：环形的面积 = 大圆的面积 - 小圆的面积。总之，探究性学习是在教师的组织引导下，让听障学生采用自主探索、合作交流的研讨式学习方式，思考问题、掌握方法、获取知识，使听障学生真正成为学习的主体。

综上所述，在聋校几何教学中，应紧扣教材内容，从生活中选取材料，采取直观的教学手段，重视聋生动手操作的能力，让学生掌握必需的几何基础知识和基本技能，发展思维和能力，提高聋生几何教学的有效性，为聋生将来的学习、工作、生活奠定基础。

参考文献

1. 浅谈小学数学教学中的几何形体知识教学．http：//bbs. hnteacher. net/，2010 - 10 - 14.

2. 汤胜钦．特殊教育概论．上海：上海教育出版社，1998.

3. 杜海朝．聋校数学改革的困惑．现代特教研究，2011（2）.

4. 现代特殊教育研究．西宁：青海人民教育出版社，2003.

5. 霍海英．运用多媒体优化聋校低年级数学课堂．http：//qkzz. net/article/c5acc691 - d52d - 472e - 9fd5 - 87cd9f5e1831. html.

6. 江兆林．中国中学数学教材研究文集．佛山：南海出版公司，1995.

都是粗心惹的祸吗？

广州市番禺区培智学校　周雪峰

【摘　要】针对中高年级聋生数学学习两极分化的现象越来越严重和“粗心”现象层出不穷的现状，本文对聋班九年级数学考试中出现的错题进行摘录分析和研究。认为有些聋生的确粗心马虎，但是粗心形成的原因因人而异，其中对于主观上的问题，我们要有针对性地进行思想教育和良好学习习惯的培养。同时，我们要充分认识到更多的“粗心”是客观上的，是我们教师自己在教学中出现的“粗心”和教学方式等问题而导致学生的“粗心”，本文对于在数学教学中如何避免“粗心”，以及在学习方法的指导、数学思维训练和数学课堂教学等方面提出了自己的做法和措施。
【关键词】聋生；数学学习；粗心；学习方法；思维训练

聋生的健忘和粗心常常是聋校教师讨论的焦点之一。在办公室常常会听到有教师抱怨：某某同学太粗心了，每次不是抄错题，就是丢三落四，课堂上讲过几次的问题又做错了。诚然，有些聋生的确很粗心，为了追求速度，导致思维不够集中；有的是长期养成的不良学习习惯导致的；有的似乎是性格原因或学习能力问题产生的错误。这些看起来大都是主观上的原因，常常引发老师的指责，归咎于学生缺乏对学习的责任心，老师常批评他们不认真，太马虎。其实很多时候，是我们冤枉学生了，很多错误的产生并不仅仅只是由于学生的粗心导致的，而是我们教学中的粗心或者学生自身学习能力的失衡。对此，我对聋班九年级数学考试情况进行了错题摘录、分析和研究。

一、错题点击

错解呈现1　$-3a^2 \cdot 2ab = 6a^3b$

正解　$-3a^2 \cdot 2ab = -6a^3b$

错解呈现2　$15-9x< -10-4x$

解：移项，得

$-9x+4x< -10-15$

合并同类项，得

$-5x<25$

把系数化成1，得

$x> -5$

正解 $15-9x<-10-4x$

解：移项，得

$-9x+4x<-10-15$

合并同类项，得

$-5x<-25$

把系数化成1，得

$x>5$

错解呈现3 $2a^3-5a^2+2(1-2a^2+a^3)$

$=2a^3-5a^2+2-4a^2+2a$

正解 $2a^3-5a^2+2(1-2a^2+a^3)$

$=2a^3-5a^2+2-4a^2+2a^3$

$=4a^3-9a^2+2$

错误原因：典型的粗心马虎

上面三题是一个思维特别活跃，理解能力较强的聋生在一次期末考试中连续出现的错误。其实这个学生平时上课反应特别快，经常发表自己的见解，知识的习得能力很强。可是这个学生有时候的作业或考试却比较差，多半就像上面的例题所显示的，不是漏题漏项漏写符号，就是抄错。有此类错误的学生，每次只需用手点一点，他们都会立刻发现自己的错误并马上更正，他们还会拍一下自己的脑袋，难为情地不停地打“马虎”、“忘了”的手势。造成他们如此粗心的原因是什么呢？上面这几题显然不是因为他不会做，而是“不小心”写错了。其实，很多聋生或多或少都会出现这种错误，不同的学生导致粗心的原因不同。

错解呈现4 解不等式 $2x+1<5x+1$

$-3x<0$

$x>3$

正解 $2x+1<5x+1$

$-3x<0$

$x>0$

错误原因：注意力不集中

这道题是应用不等式基本性质3［不等式两边都乘以（或除以）同一个负数，不等号方向改变］解不等式。从学生的解题情况来看，学生应该是根据不等式基本性质3熟练地改变了不等号的方向，可是在写结果的时候却应用了不等式基本性质1的“移项”运算，而不是“$0\div(-3)$”得“0”。这是典型的注意力不集中导致的，前面考虑的是不等式左右两边同除以“-3”，可是等到计算的时候却忘记了，直接根据视觉的直观影像反射到大脑中，应用了“移项”的运算。

错解呈现5 x^2+kx+4 适用完全平方公式分解因式，那么 $k=4$。

正解 $k=\pm4$

错误原因：公式的不完全记忆

这道题是检测学生对于完全平方公式概念的理解，学生没能真正理解公式特征“两数和（或差）的平方，等于它们的平方和，加上（或减去）它们的积的2倍”，导致思维的片面性、不完整性。在教学中，如果让学生经历用多项式的乘法法则推导公式的过程，并学会用文字完整地概述公式的含义，并对比研究两个公式的左右结构特征，既可以防止公式的混淆又可以杜绝运算符号的出错。

错解呈现6 $12\div\left(\frac{1}{3}+\frac{1}{6}-\frac{1}{4}\right)=12\div\frac{1}{3}+12\div\frac{1}{6}-12\div\frac{1}{4}=36+72-48=60$

正解 $12\div\left(\frac{1}{3}+\frac{1}{6}-\frac{1}{4}\right)=12\div\left(\frac{4}{12}+\frac{2}{12}-\frac{3}{12}\right)=12\div\frac{1}{4}=48$

错误原因：学习方法上的负迁移

这道题，学生没有按照分数四则混合运算顺序进行计算，而是运用乘法分配律进行“简便计算”。这是由于学生没有认真审题，而是简单地根据老师以前讲的或自己练习中积累的一定量的“经验题”，类似于 $\frac{1}{3}+\frac{1}{6}-\frac{1}{4}\div\frac{1}{12}$的问题，便不假思索，以偏概全地分析问题，按原来形成的“熟路”解答和得出“答案”。

错解呈现7 $24\div\frac{8}{9}\times\frac{9}{8}=24\div1=24$

正解 $16\div\frac{8}{9}\times\frac{9}{8}=16\times\frac{9}{8}\times\frac{9}{8}=20\frac{1}{4}$

错误原因：学习态度上的负迁移

犯这样错误的学生学习马虎，解题仅凭直觉、凭习惯、凭先入为主的印象。因为没有仔细审题，没有做到先观察思考再落笔，所以完全忽视了分数四则混合运算的顺序，先直接约分算乘法，再算除法，从而导致计算错误。

错解呈现8 $a^2b^3\div3a^2b=a^2b^3\times\frac{1}{3}a^2b=\frac{1}{3}a^4b^4$

正解 $a^2b^3\div3a^2b=(1\div3)(a^2b^3\div a^2b)=\frac{1}{3}b^2$

错误原因：新旧知识之间的负迁移

从学生计算这道题的思路来看，他们是把有理数除法计算方法迁移到整式除法。说明学生没有真正掌握单项式除以单项式的计算法则，在教学中教师应该是忽视了计算法则的难点分析，以及与有理数除法之间的比较分析。聋生以视觉为主，视觉模仿能力特别强，他们知识的习得，首先通过模仿迁移到类似新知的学习中，但很多时候反而成了新知学习的阻碍，老师千万不要为课堂上学生的表象所欺骗。在教学过程中，应该让学生详细地写出每一步计算过程，并且鼓励他们用完整的语言叙述计算过程。

错解呈现9 在同一个平面内，不相交的两条线段一定平行。(√)

正解 在同一个平面内，不相交的两条直线一定平行。

错误原因：概念理解模糊

这道题是检测学生对于平行线概念的理解，以及正确区分直线、线段。学生之所以判断错误，一则审题不清，不够细致；二则没有深入思考。如果对于“线段”与“直线”的概念不清楚，再加上聋生的空间想象力非常差，对于抽象的概念不易理解，是很难判断正确的。在教学中，我们要调动学生的生活经验，培养学生主动积极联想，进入情境，感受形象，要让学生养成动手操作的习惯。如果学生在认真审题的基础上，再着手动笔画一画，就不难发现不相交的两条线段不一定平行。

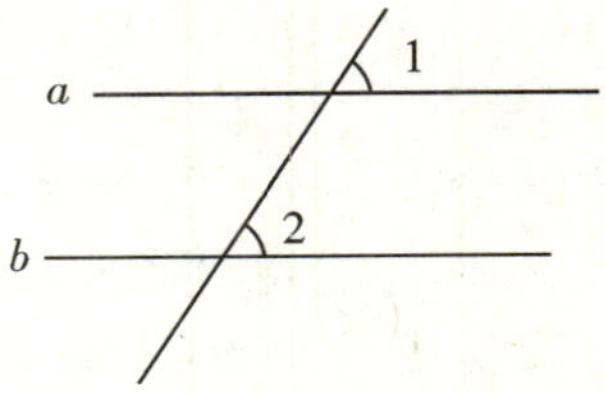

错解呈现 10 $\because \angle 1 = \angle 2$

$\therefore a /\!/ b$（两直线平行，同位角相等）

正解 $\because \angle 1 = \angle 2$

$\therefore a /\!/ b$（同位角相等，两直线平行）

错误原因：数学逻辑思维能力差

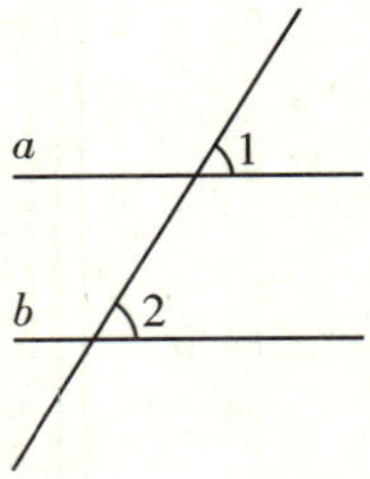

平行线的判定和性质是教学的一个难点，学生虽然很清楚角与平行线之间的关系，但是在用语言归纳描述时却理不清其中的因果关系。在教学中，我们要清晰地告诉学生：从角的关系得到的结论是两直线平行，这是判定；如果已知直线平行，由平行线得到角相等或互补的关系，是平行线性质。同时，通过平行线的判定和性质两种题型的习题对比演练，学生应该会较好地区别它们的本质。

二、教学启示及改进策略

通过对以上典型错例的分析，笔者认为，聋生的学业水平比较低，常常会犯这些“粗心”的错误，甚至是很“低级”的错误，除了确实因为他们听力障碍而导致的能力缺陷以外，他们自身的智力特点、非智力发展水平和学习特点、风格和能力也存在较大差异，从而导致学习能力存在差异。我们不可否认这些客观存在，但是却不能仅在学生身上找原因，我们还要直面自己在教学中出现的“粗心”和教学方式等问题。

（一）加强学习方法的指导

聋班高年级两极分化越来越严重，随着时间的推移，这种差距会越来越大．导致产生这种现象的原因除了学生原有知识基础好差以及智力、能力强弱的影响外，最主要的就是学习态度和学习方法。

不同的聋生粗心规律和粗心点都有各自的特点。有的聋生由于平时过于自信，听课习惯不好，常常依靠自己拥有良好暂时记忆的优势而不去深入理解知识，过一段时间后记忆模糊了，就会很容易把各个知识搞混；有的聋生书写习惯不好，比较随意，使粗心成了习惯；还有的学生由于性格的原因，比如多血质和胆汁质的学生都会表现出不同程度的马虎粗心；有的聋生平时作业很认真，正确率很高，可是一旦到了考试的时候便不由自主地犯粗心的毛病，这就与该生的性格和应试的心理调节能力有关。根据研究，在大多数情况下，只靠老师苦口婆心地批评教育，要求学生自己“提高认识和觉悟”、“增强警惕性”，往往是解决不了问题的。而是需要帮助他们找到“马虎”的根源所在，针对学生出现的具体问题对症下药，采用正确科学的方法帮助他们解决问题。

1. 教学生学会使用“标记”

据观察，聋生书写习惯大致分为两种，一种是特别注意书写整洁、卷面干净，而另一类学生则写字潦草，乱涂乱画，作业本和草稿纸差不多。对于前一种学生，我们在表扬的同时，也要引导和鼓励他们适当地在题中使用“标记”，比如应用题，我们要让他们学会在有关文字下画线或直接在关键词下面标出数字、代数式或算式等；几何知识题，可以在几何图上标符号，写数字或角的度数等。例如，已知 $AC /\!/ DE$，$\angle D = 30°$，$\angle E = 70°$，求 $\angle DBE$ 的度数。如果学生能够在图中标出相关角的度数，用符号标明所求的是哪个角，相信都会很快得到∠DBE 的度数。(如下图)

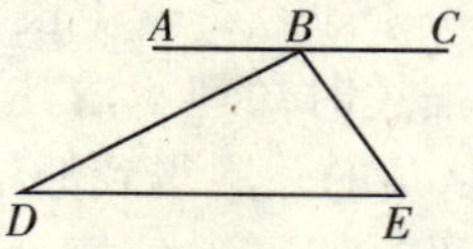

这样的“标记”能够帮助学生进行记忆的延续和有序思考、对照理解，而不是凭空想象。至于后者，常常因为乱涂乱画导致错写漏写的情况发生，我们要引导他们注意卷面的整洁，必要时要扣除卷面分以示警告，同时让他们学会怎样做适当的标记。

还有在学生预习和学习新课的过程中，也要让他们养成做“标记”的习惯，比如对重点概念画线，关键文字内容的勾画等，对于课堂上老师提到的重难点、一题多解、类似的题型比较等都可以以标注的形式写下来，帮助学生更快更好地理解和复习知识。

2. 加强直观操作辅助思考

聋生的认知特点是形象直观，思维长期停留在具体形象思维阶段。我们在杜绝它带来的思维定式的负面效应的同时，也要考虑如何充分利用这一特点，以此作为学习知识的桥梁和媒介。在教学中，要引导学生运用直观形象的方法，能画图的就画图，能模拟的就模拟，能操作的就操作，能表演的就表演。比如，在比较相遇或追击应用题和比较复杂的工程应用题练习中，在引导学生多读题的前提下，鼓励学生一边读题，一边根据题意画线段图，或者用双手模拟行走或工作的情况，又或者邀请其他同学与之共同表演，从而达到理解题意，找出数量关系解题的目的。

3. 错题本的应用

准备错题本，及时将每次练习、考试的错题摘抄下来更正，并经常进行易错题的温故，这既是对知识回顾的过程，又是一个对知识类比和提升的过程。通过对错题的讲解和订正，提高聋生“读”题、审题的意识和进行做题习惯的培养，提高他们对类似问题的辨析能力，并对导致错解的原因进行反思，找出相关的知识依据或者正解的关键词语做好“标记”，还要将此题的解题思路或原理、法则等以“标注”的形式写在旁边，凡是遇到一些特别的重点词，比如“非负数”、“不大于”、“各”等，一定要停笔阅读思考，仔细辨析再动笔，才不容易错；最后，还要间隔一段时间再做一次，甚至几次。教师应当结合学生作业出现的错误，帮助学生从基本概念、基础知识的角度来剖析作业错误的原因，给学生提供一个对基础知识、基本概念重新理解的机会，使学生在纠正作业错误的过程中掌握基础知识，理解基本概念，指导学生自觉地检验结果，培养他们的反思能力。

4. 考试（练习）方法指导

随着学生智力的发展、所学知识的逐渐深化，学生头脑中概念的逻辑关系变得越来越复杂，有些学习马虎的学生不注意区分概念之间的本质区别，解题往往凭直觉、凭尝试和猜测，教师要帮助这些学生端正学风，同时对他们进行适当的启发和引导。我们经常会发现有的聋生拿起练习，还没有怎么读题就开始动笔；有的聋生从第一题开始做起，中间遇到难题就停在那儿一直算啊算，直到快没有时间做其他题才开始着急；还有的学生存在严重的思维定式，第一次做错的题，老师已经重新讲过一次，可等到再做的时候还是原原本本地将第一次错解搬上来；还有的聋生只会空想，遇到难题，不会动手画一画、划一划、算一算，或者比画模拟等。出现这些现象，不仅仅是简单的“粗心”问题，而是学生不懂学习、做题的方法所导致的。所以，在教学中，除了知识的传授外，我们还要给予他们思考、练习和考试方法的指引和规范，使之养成良好的学习习惯。比如按序做题，先易后难；审题仔细，务求准确；不留空白，以全盖偏，稍息后查，不急交卷等。当然，只是口头说明作用并不大，而是要在学生平时的练习中不断地用这些方法来指导他们的行为，使他们逐步养成良好习惯。

（二）注重数学思维训练

数学的一个突出特点就是高度概括和抽象的数量关系及空间形式。对数学材料的“知觉、思维与记忆”能力是孩子学习数学的三件“利器”，如何发展聋生的思维能力，提高学生的数学思维水平？

1. 注重关联词的应用

语言是思维的工具，思维离不开语言，同时语言也离不开思维。聋生往往因为不会说或者觉得用语言表达非常累不如手势来得简单而不愿意说，导致所学的知识只是停留在直观表象层面，不利于知识的深度理解，也不利于思维的发展。他们在做题时，往往根据大脑印象来决定解决办法，而没有“先做什么再做什么，为什么这样做”的深层次思考。在教学中，无论计算题、概念理解，还是应用题，我们都要创造条件让聋生讲清楚分析过程、解题思路和依据，不厌其烦，反复强化，不要被聋生因暂时视觉记忆而习得的假象所蒙蔽。经常要训练学生用自己的语言完整地表达思考过程，学生的思维既得到锻炼，又有助于数学思维的发展和良好习惯的养成。聋生的表达可能是杂乱无章的或支离破碎的，这时，需要老师加以引导，帮助他们组织自己的语言，整理自己的思绪，在教学中我常用以下方法：

如果遇到聋生急于表达自己的想法却无法有序地叙述出来，或者表达前言不搭后语，这时，我会及时地引入关联词“因为……所以……”、“如果……就……”、“先……再……最后……”等帮助学生整理和梳理自己的思路，使之表达更清晰和有条理。久而久之，聋生不再需要老师的提醒，便会自觉地应用这些关联词来进行表达，在此过程中，也达到了训练学生有序思维的目的。

2. 课前思维训练 5 分钟

思维能力的提高不是一朝一夕的事情，除了在教学中有意识地发展学生的数学思想和方法外，还有必要进行系统的、有针对性的思维训练。我在所教的班级制订了简单的课前思维训练5分钟的计划。比如，在低年级，我主要训练学生的注意力、视动协调能力和记忆力，主要借鉴《粗心我该怎么办?》一书中精心设置的180个提高视知觉和运动知觉能力的游戏；在高年级则进行逻辑思维能力、分析和判断能力的训练，主要借鉴《左右脑开发：全世界优秀学生都在玩的1001个思维训练游戏》相关内容，同时结合教学中的一些复习题进行训练，聋生对此都非常感兴趣，这种思维训练形式既活跃了课堂气氛，又激发了学生的思维发展。经过长期训练，像上面错解中的逻辑混乱就会有所改善，因为学生有了逻辑有序思考问题的意识和方法。

3. 一题多变，一题多解练习

聋生对于所学的知识往往不能灵活应用，稍微改变题型或表达方式，就会不知所措。比如，让学生直接求不等式 $2m-1>0$ 的解集，没有不会的，但是像下面的题型“当 m ____时，代数式 $2m-1$ 的值是正数”。聋生不是读不懂题意，就是不能把“是正数”与“大于0”不等式知识联系起来，有的还会写上“当 $m=\frac{1}{2}$ 时，代数式 $2m-1$ 的值是正数”。通过一题多变，使学生了解到可以用不同的句式和形式表达同一个概念，使学生对于相似的题型有更明确的认识，而且通过不同的题型练习让学生在变化中体会到其中不变的知识的本质内涵。尽管聋生的思维能力比较差，但是我们还是要鼓励他们一题多解，通过引导学生参与多种解法的思考过程，训练学生灵活思维，运用所学知识，把新旧知识融会贯通。

（三）避免教学中的“粗心”

聋生听力损失造成语言能力的欠缺，对于文字表达的东西不容易看懂，再加上思考问题缺乏条理性，思维能力低下，因而对于概念的理解常常根据表象或个别词语乱猜。在教学中，我们要注重直观的教学方法，营造适当的认知情境，充分调动学生的学习积极性，学生主动动手探究实践的能力，变被动学习为主动参与。

1. 抓住概念中重点词的解析

许多概念往往是由若干个词或词组组成的定义，这些数学语言表述精确，我们在教学时就要“抓”住这些本质的东西不放，让学生建立起正确的概念。例如，一元一次方程的定义是“只有一个未知数，并且未知数的次数只有一次，这样的方程叫做一元一次方程”，我们要抓住“只有”、“一个未知数”、“次数”、“一次”这几个关键词来帮助学生理解，同时通过多强调并反复举例的方法，强化这几个关键词。针对错解呈现5，在教学中如果强调了“平方和”、“加上（或减去）”、“积的2倍”等关键词，并做如下练习：

（1）填入适当的数使其能成为完全平方式①x^2__$x+36$；②$4a^2+4a+$__；③$3x^2-12x+$__。

（2）下列多项式是不是完全平方？为什么？①$4a^2-4a+4$；②$1+4a^2$；③$4b^2+4b-1$；④a^2+ab+b^2。通过练习达到熟练判断完全平方公式的目的。

2. 加强辨析对比，理解概念本质

学生往往只注意到新旧知识表面的相似性，而意识不到它们之间内在的本质区别。因此，对于相似、相近、易混的概念，教师要通过辨析对比，讲清内涵，讲透外延，揭示概念的特征，让学生理解其实质。例如，方程的定义是“含有未知数的等式”，在这个定义里，要特别注意“含有未知数”和“等式”两个概念，为了使学生进一步理解什么是方程，除了正面解释外，还可以用反面衬托的方法，比如让学生做如下练习：在下面各式中指出哪些是方程哪些不是方程。

$5+3x=8$ $4x+5$ $3.7x>14.8$ $9+3\times2\neq19$ $2x+y=12$

通过练习，组织学生进行正反两方面的分析，学生便对方程这一概念理解得更为透彻了。

3. 精心选定习题，适时充分练习

对于易产生负迁移的知识，老师要根据教材前后内容的内在联系，精心选定练习题目，循序渐进地安排练习。如出现错解呈现6的情况，就是由于学生未能真正掌握乘法分配率，而在依葫芦画瓢。在教授乘法分配率的时候会遇到像 $\frac{1}{3}+\frac{1}{6}-\frac{1}{4}\div\frac{1}{12}$这样的除法算式也能应用乘法分配率进行简便计算的情况，在教学中我们就不能一带而过地肯定除法也能应用乘法分配率进行计算，我们要引导学生进行像 $\frac{1}{3}+\frac{1}{6}-\frac{1}{4}\div\frac{1}{12}$这样的算式为什么也能用乘法分配率进行计算，而$12\div\frac{1}{3}+\frac{1}{6}-\frac{1}{4}$却不能应用乘法分配率进行计算的对比分析和练习体验。

参考文献

1. 郑菊萍．初中数学学习中的负迁移及其防止．数学教学研究，2002（2）.
2. 尚林．防止负迁移　促进正迁移．中学课程辅导·教学研究，2010（10）.
3. 汪骏，吴莲芳编著．粗心我该怎么办？南京：江苏少年儿童出版社，2005.
4. 亚历山大洛夫．数学——它的内容、方法和意义．北京：科学出版社，1962.
5. 邓广威，曾婉媚，陈瑞坚合编．因材施教　教育上的特殊需要．香港：香港公开进修学院出版社，1997.

浅谈听障中学生学习数学的有效性

茂名市特殊教育学校　林　锋

【摘　要】数学是一门内容比较广泛、逻辑思维要求较强的学科。对于听障中学生来说，学习数学可能会感到枯燥乏味，甚至是望而生畏、学而生厌。如何引导听障中学生跨过数学的门槛，进入五彩缤纷的数学世界呢？教学中，我注重挖掘教材和生活中丰富的教学资源，让学生参与到数学活动中，努力提高数学课堂教学的有效性。
【关键词】学习数学；听障中学生；有效性；逻辑思维；课堂教学

让学生于生活中学习数学知识，源于生活，用于生活。由于我们教学对象的特殊性，他们丧言失聪，涉猎知识的渠道只靠单一的视觉，通过“摄影机”的原理把抽象的数学知识“拍摄”下来，“刻录”于他们的大脑中。学生在生活中往往能感受到许多充满着数学因素的内容，教学中融入这些内容，能使学习化难为易、化繁为简、化枯燥为生动，进而使学生充分认识到生活和数学是紧密相关的道理。同时，学生在体验、分析判断、处理生活的实例中，不断地学会和积累数学的思维方法及数学思想，进一步领悟生活中的数学快乐。古今中外的学者，莫不肯定思维在学习中具有的重大意义。如孔子就说过这样富有辩证色彩的名言：“学而不思则罔，思而不学则殆。”意思是说：光学习，不思考，就会迷惘无知，得不出个结果；光思考，不学习，就会疑惑不解，思不出个结论。

一、概念的界定

1. 逻辑思维能力

逻辑思维能力是指正确、合理思考的能力，即对事物进行观察、比较、分析、综合、抽象、概括、判断、推理的能力，采用科学的逻辑方法，准确而有条理地表达自己思维过程的能力。逻辑思维能力与形象思维能力截然不同。

逻辑思维能力不仅是学好数学必须具备的能力，也是学好其他学科，处理日常生活问题所必需的能力。数学是自然学科中的母体学科之一，是用数量关系（包括空间形式）反映客观世界的一门学科，逻辑性很强、很严密。

2. 抽象逻辑思维

以抽象概念为形式的思维，是人类思维的核心形态。它主要依靠概念、判断和推理进行思维，是人类最基本也是运用最广泛的思维方式。一切正常人都具备逻辑思维能力，但有高下之分。对中学生来说，数学领域涉及的知识包括一次函数、二次函数、绝对值不等式、指数函数、对数函数、数列与集合……学生抽象逻辑思维能力的高低直接决定着这些听障中学生的学习能力。

3. 形象思维

简单地说，“形象思维是依靠形象材料的意识领会得到理解的思维”。从信息加工的角度说，可以理解为主体运用表象、直感、想象等形式，对研究对象的有关形象信息，以及贮存在大脑里的形象信息进行加工（分析、比较、整合、转化等），从而从形象上认识和把握研究对象的本质和规律。

4. 求异思维

求异思维又叫分散性或发散性思维，是一种创造性思维。求异思维与形象思维都具有思路开阔、横向穿插、富有延展性及灵活性的“平面思维”特点，由脑科学研究表明它们都由右脑控制，因而有人认为形象思维就是求异思维，而求异思维又被认为是创造性思维。

5. 有效性

从教育学专业角度来看，有效性是指通过课堂教学使学生获得发展。中国社会科学院语言研究所词典编辑室编撰的《现代汉语词典》则将“有效”一词解释为：“能实现预期目的：有效果。”在本人所撰写的这篇文章中，“有效性”则指学生经过一阶段的学习之后，所获得的具体的能力和学业成绩上的进步。其中，学生的学习时间、学习结果和学习过程中的体验是考量学生学习有效性的三个重要指标。学习时间和学习结果共同决定着学习的效率，而学习过程的体验则更应是考量学习有效性的一个重要标准。孔子曰：“知之者不如好之者，好之者不如乐之者。”伴随着知识的增长，学生对学习的态度变化如何？是朝着积极的方向还是朝着消极的方向进行？学生学习的兴趣和信心是愈强还是愈弱？这是衡量有效性的一个重要指标，所以笔者认为，学生对数学学习过程的积极体验，对数学学科学习的兴趣和态度是数学学习有效性的内在灵魂和重要保证。

二、思维在数学活动中的重要性

在教学中注意学生创造性思维的培养是现代数学教学的重要特征，也是与传统的教学方式的根本区别之一。但在目前，人们普遍认为，在数学的创造性思维中，总是用逻辑工具从内容、方法、形式、技巧等方面去审视正在构思的对象，逻辑思维贯穿着全过程的始终，渗透到思维进行的各个方面。逻辑思维被简单地理解为演绎论证，这种单一的逻辑思维论的观点无异于“捆住了思维的手脚”。由于在演绎和各种非演绎思维中，演绎的创新可能性最小，因此在一定程度上影响了数学创造性的发展。为了克服上述偏向，在中学数学教学中必须发挥形象思维与探究能力的作用。

托尔斯泰说：“知识，只有当它靠积极的思维得来，而不是凭记忆得来的时候，才是真正的知识。”而数学恰恰具有再抽象的特点，即需要逐级抽象而形成一个逐次提高的抽象过程。在数学认识活动中，一方面按照逻辑思维的活动规律，不断进行分析、综合、归纳、演绎；另一方面又运用形象思维，进行多层次的思考，并对逻辑思维的结论进行取舍，一旦达到统一，就进入创造性思维集中活动阶段。因此，运用两种思维相结合的方法，可以充分发掘思维潜能，从而获得最佳思维。

为了培养学生的探究能力，必须改变旧的教学思想，摒弃单一思维论观点，即在数学教学工作中，重视发挥形象思维的作用。

1. 授课采用同视觉形象相关的手段

在数学中，形象思维所起作用明显地表现在图形上。如果一个特定的问题可以被转化为图形，那么思想就整体地把握了问题，并且能创造性地思索问题的解法。形象思维是自始至终不舍弃具体形象的思维，它的理性认识活动是通过形象和图画来显示真理的，它不但有助于人们接受、理解未曾接触过的知识，而且还有助于发现问题和提出问题，培养勤于思索和勇于创新的良好思维品质。

电化教学是利用视觉形象的重要手段，应在数学教学中大力提倡。例如，采用电化教学讲授一次函数图像的象限分布、二次函数图像的平移等的动态关系，能充分调动感觉器官的作用，从而形成大量的感觉和表象。它不但是形成抽象的数学结论的基础，而且也是积极的创造探究活动。

2. 注意对想象力的培养

想象是对记忆中的表象进行加工改造以后得到的形象思维。创造性思维的主体是创造想象，而学生学习中需要大量的再造想象。“再造想象”就是根据文字的描述和根据图样、图解、符号等在头脑中产生新形象的过程。为了使再造想象所产生的形象清晰、生动、正确、真实、符合于描述，必须使学生正确理解有关事物的描述，了解图样、图解的表现法和各种符号的含义以及储备丰富的有关事物的直观形象的材料，即培养一定的动态想象力。

3. 注意对求异思维的培养

由于传统的教材内容及在数学考试命题中只注意求同思维，使思维规范化；而对依据定理、公式和已知条件，产生多种想法，广开思路，提出新的假设、新的结构，发现和解决新问题重视不够。所以在教学中往往只注意求同思维，忽视了求异思维的培养。为了使学生具有创造精神，必须注意由求同转向求异。

培养学生求异思维的一个重要方面是在教学中鼓励和指导学生利用具体形象迅速进行联想，从不同方向去思考问题。鼓励学生用不同的方法去探求问题的解答方式，通过对图形、模型的观察、操作，引导学生从不同方向考虑问题，获得直觉式发散；对图表和图式作分类组合，对图形的意义作多种解释等来培养求异思维。

三、数学教学与学生思维的发展

我们无论学习什么知识，都必须深刻地理解它，而要做到这一点，就非进行独立思考不可。而在数学学科的教学中，我们教师要做的，就必须如数学家杨乐所说：“要注意培养独立思考、刻苦钻研的精神。”

如用字母表示数和列代数式，是代数中研究和解决实际问题的基本技能，只有理解“用字母表示数”的二重性和理解实际问题中的各个相关量的数量关系，才能正确理解列代数式。

（1）正确理解字母表示数的二重性：所谓字母表示数的二重性即任意性和确定性。

（2）有序地培养学生列代数式的能力，首先要求学生把语言叙述的数量关系用代数式表示，然后重点训练实际问题中较简单的列代数式，如和倍问题、行程问题、浓度问题、工程问题、几何问题……

例1 用代数式表示（北师大版七年级上册）

（1）m 除以 5 的商；x 的一半；p 与 6 的积；

（2）a 的 $\frac{1}{8}$ 与这个数的和；比 a 的 15% 小 70 的数；

（3）p 的立方的 5 倍与 q 的平方和。

解题的关键是：

（1）转换的关键是要弄清运算的种类和运算顺序；

（2）要注意把复杂的数量关系分解成几个简单的数量关系，如“比 a 的 15% 小 70 的数”可分解为“a 的 15%”与“小 70”；

（3）要注意：第一，含有哪几种运算；第二，运算顺序一般是叙述在前的运算先写（自然顺序）。

所以说，“数学是一门着重于理解的学科，在学习上要防止死记硬背，不求甚解的倾向，一定要勤分析，多思考”。当然我们指导学生在学习任何知识时都必须牢固地掌握它，要做到这一点，也非积极思维不可。俗话说得好“若要记得，必须懂得”。有时候，如果我们能够把过去已知的事情互相连贯起来，对于当前要解决的现实问题，确实有极大的帮助，在我们脑海中已贮存的每件旧资料上，似乎都有不同的挂钩，只要我们积极地进行思维，就能随时与新问题联系上来。因为在学习中，有大部分内容所涉及的事物，都是不能直接感知到、触摸到的，只有借助于思维的再造想象，才能把它们的形象捕捉住。

四、逻辑思维的基本内容与解题教学

一个问题的解决往往不局限于一种途径，在解决问题的过程中，学习者应充分发挥自己的个性，对之进行所有可能途径的思考。如：教材中同一道例题就有“解法一”、“解法二”的范例，我们从中进行比较思索，思路范围就会扩大，视野也随之拓宽。当我们对一个问题进行所有可能途径的思考后，就应选择能够解决问题的最简便的方法。这样才能称得上有益的创造。

例2 求 $\log_8 9 \cdot \log_{27} 32$ 的值。（人教版高中《数学》必修1）

解决这道题，首先是根据题目的特点，底数不同，可以利用换底公式把底数统一起来，因此，灵活运用对数的换底公式是解决问题的关键。

解法一：$\log_8 9 \cdot \log_{27} 32 = \frac{\log_2 9}{\log_2 8} \cdot \frac{\log_2 32}{\log_2 27} = \frac{2\log_2 3}{3} \cdot \frac{5}{3\log_2 3} = \frac{10}{9}$

解法二：$\log_8 9 \cdot \log_{27} 32 = \frac{\log_3 9}{\log_3 8} \cdot \frac{\log_3 32}{\log_3 27} = \frac{2}{3\log_3 2} \cdot \frac{5\log_3 2}{3} = \frac{10}{9}$

解法三：$\log_8 9 \cdot \log_{27} 32 = \frac{\lg 9}{\lg 8} \cdot \frac{\lg 32}{\lg 27} = \frac{2\lg 3}{3\lg 2} \cdot \frac{5\lg 2}{3\lg 3} = \frac{10}{9}$

五、逻辑思维的基本形式与概念教学

在学习中，所谓掌握知识，就是要掌握一系列的概念、公式、定理、法则、原理等。而对每个概念、公式、定理、法则、原理的掌握，除了运用分析、综合、比较、分类、抽象、概括、系统化、具体化等思维方法外，还必须运用归纳和演绎。如平面几何“三角形全等”的四条判定公理：SSS、ASA、AAS、SAS（北师大版七年级下册）。一方面要从很多的具体事例中进行归纳了解这四条判定公理的“来龙”；另一方面，又要利用这四条判定公理去求证别的几何题，得出某种结论，以了解它们的“去脉”。比如说：“凡三边相等的两个三角形其面积全等。”只有当我们对这个知识的“来龙去脉”都掌握了，才可以说是彻底地掌握了这些知识。

六、逻辑思维的基本方法与学习能力的培养

在对数的运算中（人教版高中《数学》必修1），本节要求学生能正确地、较深刻地理解对数的性质、法则和公式，以达到培养学生思维的深刻性和灵活性。

1. 正确地、较深刻地理解公式

要使学生理解由符号语言表达的公式，就要使学生掌握一些基本方法。

（1）分清已知信息（条件）和目标信息（结论）。如在 $\log_a(M \cdot N) = \log_a M + \log_a N$（$a>0$，且 $a\neq 1$，$M>0$，$N>0$）中，条件是 $\log_a(M \cdot N)$，结论是 $\log_a M + \log_a N$。

（2）搞清字母的意义，理解字母的任意性。如 $\log_a M^n = n\log_a M$（$a>0$，且 $a\neq 1$，$M>0$，$n \in R$）

（3）理解等式的恒等。一般说，表示数量关系的公式具有恒等性；而对数运算的恒等变形有着广泛的应用。如 $\log_a b = \frac{\log_c b}{\log_c a}$；$\log_a b = \frac{1}{\log_b a}$（$a>0$、$b>0$、$c>0$ 且 $a\neq 1$、$b\neq 1$、$c\neq 1$）

（4）了解公式的作用。通过公式的应用，让学生总结公式的作用，进一步加深对公式的理解。$\log_a \frac{M}{N} = \log_a M - \log_a N$，从这个公式的特点，简化对数的运算。如 $\log_3^{\frac{18}{2}} = \log_3 18 - \log_3 2$。

2. 培养思维的灵活性

（1）会利用公式的变形。

例3 利用对数的换底公式化简下列各式：

① $\log_a c \cdot \log_c a$　　② $\log_2 3 \cdot \log_3 4 \cdot \log_4 5 \cdot \log_5 2$

（2）一题多解，主要是寻找最简捷的解题方法。

例4 计算：$\log_a 2 + \log_a \frac{1}{2}$

解法一：$\log_a 2 + \log_a \frac{1}{2} = \log_a\left(2 \times \frac{1}{2}\right) = \log_a 1 = 0$

解法二：$\log_a 2+\log_a \frac{1}{2}=\log_a 2+\log_a 2^{-1}=\log_a 2+(-1)\log_a 2=\log_a 2-\log_a 2=0$。

③灵活运用，挖掘数学知识的内涵。

2011 年广东省听障学生单招单考的数学考试中，有一道这样的题目：

已知二次函数 $x^2+3x-8+2y=0$

求（1）二次函数 $x^2+3x-8+2y=0$ 图像的开口方向；

（2）二次函数 $x^2+3x-8+2y=0$ 图像与 x 轴的交点坐标；

（3）二次函数 $x^2+3x-8+2y=0$ 图像的对称轴方程和顶点坐标。

对于这道题目，听障学生一般都难以操作，因为 $x^2+3x-8+2y=0$ 与二次函数的一般表达式 $y=ax^2+bx+c$ 或 $f(x)=ax^2+bx+c$ 是不尽相同的，如果不注意转换，就不能完善这道题。在我校参加考试的学生中，就有一位同学把题目中的“$-8+2y$”看作“c”。如果这样，这道题就只得“0”分了。

其实在解这道题的过程中，首先是要把 $x^2+3x-8+2y=0$ 转化成 $y=ax^2+bx+c$ 或 $f(x)=ax^2+bx+c$ 的形式，即 $y=-\frac{1}{2}x^2-\frac{3}{2}x+4$，由函数关系式可知 $a=-\frac{1}{2}$，$b=-\frac{3}{2}$，$c=4$。因为 $a=-\frac{1}{2}$ $-\frac{1}{2}x^2-\frac{3}{2}x+4=0$ 解得 $x_1=-\frac{3-\sqrt{41}}{2}$，$x_2=-\frac{3+\sqrt{41}}{2}$，所以抛物线与 x 轴的交点坐标为 $\left(-\frac{3-\sqrt{41}}{2},0\right)$ 和 $\left(-\frac{3+\sqrt{41}}{2},0\right)$；抛物线的对称轴方程是 $x=-\frac{b}{2a}$，即 $x=-\frac{3}{2}$；顶点坐标是 $\left(-\frac{b}{2a},\frac{4ac-b^2}{4a}\right)$，即 $\left(-\frac{3}{2},\frac{41}{8}\right)$。

当然，在教学方法上，要坚持“以教师为指导，以学生为主体，以训练为主线”的总法则，要实现从“教会”到“学会”到“会学”的观念转变，才能切实解决学习数学有效性的问题。

七、结　语

教学实践告诉我们，在针对听障中学生的数学教学中，我们要有意识地采取多种形式，不断培养学生的感觉和知觉，培养学生学习数学的兴趣，逐步培养学生的各种逻辑思维能力，最大限度获得课堂教学的有效性。

参考文献

1. 程树德．论语集释．北京：中华书局，2006.
2. 孔丘．论语．纪琴译注．北京：中国纺织出版社，2007.
3. 列夫·托尔斯泰．教育的果实．芳信译．北京：作家出版社，1954.
4. 杨乐．值分布理论及其新研究．北京：科学出版社，1982.
5. 张广厚．整函数与亚纯函数理论．北京：科学出版社，1986.
6. 钱梦龙．导读的艺术．北京：北京师范大学出版社，2006.

浅谈聋校英语激趣教学十法

阳江市特殊教育学校　魏振腾

【摘　要】俗话说："兴趣是最好的老师。"心理学家研究也表明：人们对自己感兴趣的事物总是力求探索它、认识它；兴趣是个体主观能动性的一种体现。所以，要想提高英语教学质量，激发学生的学习兴趣是关键。只有让学生感兴趣了，他们才肯学、乐学、爱学，因此作为一名聋校英语教师，更应该在课堂教学中根据他们的心理特点充分调动聋生英语学习的积极性和主动性，应该在如何"导趣"、"激趣"、"护趣"方面下功夫，真正体现学生参与课堂学习的主体地位。
【关键词】英语教学；激趣；方法

孔子曰："知之者，不如好知者，好之者，不如乐之者。"可见兴趣是学习最好的老师，它是学生投入学习的内在驱动力，是取得良好学习效果的最佳化学催化剂。作为一名聋校英语教师，更应该在课堂教学中充分调动聋生英语学习的积极性和主动性，应该在如何"导趣"、"激趣"、"护趣"方面下功夫，真正体现学生参与课堂学习的主体地位。本文根据笔者自身在聋校一线英语教学中的探索和体会，紧跟当今学生的思想动态，"投其所好"，遂其所愿，浅谈如何有效运用英语激趣教学十法激发聋生学习英语的兴趣，提高聋生英语学习的能力。

一、导入激趣法

俗话说："良好的开端是成功的一半。"在聋校英语课堂教学中要想激发学生的学习兴趣，首先应抓住导入所学内容的环节，如果能在课堂教学的导入中使学生注意力迅速集中起来，就能激发他们的学习兴趣和学习积极性，为提高整堂课的教学效果打下良好的学前基础。

topic activity（主题活动）——由于当前英语教材的单元划分都是以主题教学的模式进行授课安排，即针对某个话题从词到句到篇的形式展开学习。因此，为了能在课堂上有一个漂亮的开场，我采取让学生把课前预习的内容与其他同学分享、交流，结合文章的内容谈一谈对某一主题的理解的形式。如在教学人教版新目标英语第七册上"Unit 9　Do you want to go to a movie?"我把本单元所涉及的电影的类型都一一呈现给学生，一些或经典或流行的影片首先让学生从视觉上受到刺激，并充分调动他们已有的社会经验，话题贴近学生实际，学生有话讲，也乐于讲，表达的兴趣很高。我充分利用学生所讲的内容，并适时地引入主题，可谓一举两得。

二、情境激趣法

英语是一种交际工具，英语教学的主要目的是培养学生使用这种交际工具的能力，所以，让学生学会使用英语进行交际是英语教学的中心问题。而听障生由于生理条件的制约，对于英语的学习仅仅停留在书面表达这一层面，因此，为学生创造一定的接近真实的语言环境，让学生在情境中学习英语，有利于他们对语言材料的操练和记忆，激发他们的英语学习兴趣。

在日常课堂教学中，我认为聋校英语教师应采取“课堂教学生活化”的形式，善于挖掘现有教材，通过增减，使教学内容紧密结合学生的生活实际，让学生获得“学有所用，学以致用”的情感体验。例如，在教学问路（asking the way），借东西（borrowing some things），打电话（making telephones），购物（shopping），问候（greetings）等日常交际英语时，我都会在课堂上为学生创设一定的语境，让学生在实践中学习语言。

又如在教 shopping 这一对话时，我在课前让学生观察生活百态，课堂上，让他们充分施展自己的表演才能，把耳闻目睹的生活情景表演出来。我把学生分为几个小组，让他们分别扮演顾客与售货员等角色，并以小组的形式模拟在“商店”购物的情景。由于这种教学方式将英语教学与学生的生活实际联系在一起，激发了他们的学习兴趣，调动了他们的学习热情，使学生情绪高涨，并在课堂上充分展现自己的表演才能，他们把态度恶劣、耐心细致的服务员，胆战心惊、蛮不讲理的顾客，都惟妙惟肖地表演了出来。这样不仅可以使他们在扮演角色的同时提高语言运用能力和交际能力，更可以使他们亲身体验生活中各种人物的心理，潜移默化地影响他们树立正确的人生观、价值观。

三、影像激趣法

影像激趣法，它能使教学达到具体、形象和生动的效果，透过视觉的冲击，吸引学生的注意力，激发学生的学习兴趣。

影像，不但是一种传媒形式，而且也是当前一种很重要的教育方式。把影像信息与英语教学密切结合起来，不仅可以激发学生的学习兴趣，更能为学生创设出和谐宽松的课堂气氛。同样以人教版新目标英语第七册上“Unit 9　Do you want to go to a movie?”为例，在课堂的导入部分，我播放了一段憨豆先生的搞笑电影，学生们咧嘴大笑，一下子被这诙谐、有趣的影片吸引住了，于是我便伺机出示问题：Is it a good movie? Do you know who is he? What kind of movie is it? Do you like it…引出本单元的教学目标和教学内容，从而让学生加深了对电影的个人喜好、影片分类、人物介绍等知识的了解。

四、实物激趣法

实物，以其形象直观的特点深受听障生的欢迎，因为它正好体现出他们的视觉代偿功能，容易调动学生的兴趣，使学生能较好地接受和领悟知识。我校在七年级才开设英语，学生对日常生活中的许多事物已经有了初步的感性认识，通过具体可感的实物演示，可以让学生明白词语的含义，同时联系学生的生活实际，让学生在具体运用中加以强化。

例如，教学有关水果（fruit），笔者把准备好的水果放在讲台上，一边呈现一边教学，首先拿出一个实物苹果询问：What's this in English？学生回答：This is an apple. 接着问：Is this an apple？待同学回答完毕，再把梨藏起来，又问：Where is the apple？请同学找出又回答：It's here. 通过这种实物和句型相结合的方法反复训练，使学生在语言、实物、情景之间建立直接的联系，以发展学生的言语能力。

五、电教设备激趣法

利用电教设备参与英语课堂教学，可以使教学过程变得生动、形象、直观，这能有效吸引学生的注意力，激起学生大脑的兴奋，在一定程度上调动学生的积极性，引起和保持学生的学习兴趣。电教设备能使语言知识由文字扩大到声音图像，这样便能有效吸引学生的注意力，提高学生参与课堂的积极性。同时，它也能节约时间，增加学生的实践量，扩大学生的知识面，有力促进语言知识的巩固，提高课堂效率，增强学生的兴趣。

以人教版新目标英语第七册上“Unit 10　Can you play the guitar?”为例，我们可以这样设计导入：以北京奥运会为题材，挑选一些奥运明星的图片，像姚明、菲尔普斯、李小鹏、郭晶晶等，然后让学生自主讨论他们的特长，通过问 What can he/she do ? Oh, he can play basketball. /He can swim. I can't play basketball. Can you play basketball…借助明星的形象和特长呈现出主要的学习内容，即用 can 表达能力和询问能力以及相应的回答，不仅以轻松的形式学习了语言点，也活跃了课堂的气氛。

六、游戏激趣法

美国心理学家布鲁纳认为：“最好的学习动力是对所学材料有内在兴趣，而最能激发学生兴趣的莫过于游戏。”游戏教学就是在教学中尽可能将枯燥的语言现象转变为学生乐于接受的、生动有趣的游戏形式，为学生创造丰富的语言交际情景，使学生在玩中学，在学中玩。因此，在聋校英语课堂中如果我们融教学内容于游戏活动中，变静态为动态，不但能使学生轻松、愉快、有效地掌握知识，而且也能促进师生之间的情感交流，帮助学生克服害羞、胆小的心理，从而在游戏中逐渐改变自己封闭的性格弱点。

游戏的开展应有一定的目的性。游戏是为教学服务的，必须与教学密切相关。因此，教师应根据所授知识的特点设计游戏方案，帮助学生牢固掌握、熟练运用所学的知识。如在复习单词时，我们可采取同义词接龙比赛、同根词接龙比赛、头脑风暴等进行教学。

七、竞赛激趣法

教师应抓住学生具有进取心和荣誉感这一年龄特点，将竞争机制引入英语课堂教学中来，这是一种行之有效的激趣办法。例如，我们可以将日常口头操练用语变化成竞赛用语，问答可以来一个“抢答”；拼读所学单词，来一个拼“单词大王”竞赛，以及英语书写比赛，猜谜语大赛，传悄悄话竞赛等多种多样的形式，对表现出色者及时给予高度评价，充分肯定他们的聪明才智，让学生体验成功的快乐。

课堂上适当的竞赛，能使学生乐于参与、乐于争先、乐于学习，这样能最大限度地将学生的潜意识和显意识协调起来，鼓励学生在英语学习中去发现问题、思考问题、解决问题，积极理解并会运用所学知识，达到“学有所用”这一最终目的，充分调动起全体学生的学习兴趣。

八、表演激趣法

模仿能力强，爱表演是学生的天性。学生认知特点以形象思维为主，表演这一教学形式生动、活泼，能够充分激发学生的学习兴趣。通过模仿与表演，可变抽象为直观。让学生结合体态语言或表演进行词汇和短语的教学，能使词汇更形象、具体、生动，从而激发学生的学习兴趣，使他们在一种轻松愉快的学习氛围中理解并记忆所学单词、短语和掌握其用法。

例如，在教学单词 snake 时，教师可以竖起右手，手指并拢微弯曲成蛇状，然后模仿蛇左右扭动向前滑行的动作；教 monkey 时有些顽皮的男孩会模仿猴子的动作：右手按着额头，眼珠上下转动，四处张望，右手抓耳挠腮，此时，教师不应阻止他们，而应因势利导，让他们带领其他学生边做动作边说英语，从而使全班学生在笑声中愉快地记住该单词，并体验到成就感；教学动词短语 clean the room 时，也可以请学生上前做动作并引导出句型：What is he/she doing? He/She is cleaning the room. 让学生动起来，learn by doing!

九、简笔画激趣法

英语教学中，笔者认为简笔画是使语言活起来的一种好方法，其幽默、栩栩如生的画面，常令学生兴趣大增，注意力一下便集中起来。简笔画既活跃了课堂气氛，提高了学生的注意力和记忆力，又有利于促进运用语言能力的形成，深受学生的欢迎。绘画对于学生而言具有很大的吸引力，是开启知识大门的金钥匙。通过写意的简笔画，不仅有助于学生的理解和记忆，而且还能增添课堂的教学情趣，使学生在愉悦的气氛中掌握新词，有助于教师对课文的整体教学。

笔者的具体做法是，在讲每篇课文前，先改编教材。根据课文内容，绘编一组简笔画。讲课时，边画边讲。遇到生词时，多勾勒几笔，达到了视听的目的。之后，让学生根据黑板上的图画和重点词语（每张画都有几个相应的重点词语），用自己的话复述一遍，从而达到使学生敢于表达的目的。

十、实践激趣法

好动是学生的一大特点，动手操作不但可以使学生在感性认识和理性认识之间架起桥梁，而且也正适应了他们好动的特点。例如，对教学中将要用到的图片，我会提早一个星期布置给学生，要求他们先用彩笔把图画在白色的硬纸片上，然后在纸片的背面再写上图画所表达的单词，为了便于以后保存，我对纸片的大小作了统一的规定。一周后，一些"作品"被运用到课堂上。这样，在课外学生都兴趣盎然地制作图片，课上他们都期待着自己"作品"的出现。开展画图片的实践激趣活动，其意义已经超出图片本身，它让学生体会到成功，这种成功的喜悦大大激发了学生学习英语的兴趣，使学生爱上英语课。

总之，在英语教学中，培养和激发学生学习英语的兴趣的方法很多，教师在实践教学中，应根据课堂教学的实际需要，有选择地运用一些教学方法与手段。通过一定的方法，努力使生硬的课堂教学变得生动、有趣、精彩，激发学生的学习兴趣，促使他们在生动、富有兴趣的氛围中进行英语学习，体会英语语言的优美，体验成功的喜悦，让英语学习成为学生心中一件快乐的事。

参考文献

1. 教育部．英语课程标准（实验稿）．北京：北京师范大学出版社，2001.
2. 郑和钧，邓京华．高中生心理学．杭州：浙江教育出版社，1995.
3. 周兴东．课堂激趣六招．中小学英语教学与研究，2004（5）．
4. 冯克威．中学英语课堂教学方法实用全书．呼和浩特：内蒙古大学出版社，1999.
5. 何安平．新课程理念与初中英语课程改革．长春：东北师范大学出版社，2002.
6. 王松美．中学英语课堂教学技能训练．长春：东北师范大学出版社，2001.
7. 彭那祺．彭那祺谈英语交际性教学．武汉：湖北教育出版社，2000.

轻中度智障学生英语学习的实践及理论现实意义

广州康复实验学校　杜卫华

【摘　要】随着世界经济、文化一体化的不断深入，英语语言文化已经渗透到社会生活的方方面面，掌握一定的英语语言知识已经成为现代人必备的基本素质。但是在特殊教育领域，智障学生的英语学习几乎是空白的。本文从对轻中度智障学生开展英语教学的实践研究中得出轻中度智障学生不但有能力学习英语，而且英语教学的整个过程能极大促进智障学生诸多方面的发展。同时，本文阐述了对智障学生进行英语教育的现代教育理论基础，并从社会发展及社会生活环境角度阐明了轻中度智障学生掌握一定的英语语言知识对他们更好地融入社会生活、提升生活品质以及对未来的就业都有着重要意义和深远影响。

【关键词】轻中度智障学生；英语学习；实践；培智

一、引　言

随着全球文化的相互影响和相互渗透，世界经济往来的日趋频繁，人们生活及娱乐方式的不断更新，英语作为世界上最为通用的语言之一已经融入我们工作、学习、生活的方方面面。掌握一定的英语语言知识已经成为我国公民应该具备的基本素质。在我国，普通小学、初中、高中和大学都开设了英语课程，很多地区的幼儿园也开设有英语课，可见英语学习已经成为中国教育的主要内容。但是，在特殊教育领域，培智学校的课程设置中却一直把英语课程排斥在外，即使在经济文化最为发达的一线城市，智障学生也几乎没有机会学习英语。我们不禁思索：究竟是智障学生没有学习英语的能力还是英语学习对智障学生毫无意义?

基于这个问题，我校从2007年开始，以课程设置改革为突破口，进行了实践性的研究。尝试性地对轻中度智障学生开展英语教学，教学的实践过程和效果充分说明轻中度智障学生完全有能力学习英语，更重要的是英语教学的整个过程能极大地促进智障学生诸多方面的发展，这既包括知识与技能层面的提升，功能缺陷的补偿训练，同时还包括情感态度价值观的培养。

二、英语学习的过程能促进轻中度智障学生的全面发展

1. 增长语言知识，提高语言技能

我校的轻中度智障学生，经过3~4年的英语学习，目前他们已经能听、说二十多个

单元的词汇、短语、句型和情境对话。每个单元都围绕一个主题展开，例如，家庭成员涉及的词汇有 father，mother，brother，sister，grandma，grandpa，对应的口语表达有 I love my mother. 颜色这个主题包括的单词有 red，green，yellow，blue，orange，black，white，对应的句型为 What color is it? It's… 交通工具包括的词汇有 bus，car，underground，train，plane，bike，对应的情境对话如 How do you go to school? I go to school by bus. 这些主题与他们的生活息息相关，在精心准备的课堂活动指引下，学生基本都能从听、说、理解的层面掌握单元知识，但读、写的技能相对滞后，还需要在今后的教学中有效引导和训练。虽然智障学生在英语学习的过程中没有正常学生接受得快，但是经过反复练习和有效引导，他们是能掌握生活中常用的英文表达的。

2. 注重发音训练，促进功能改善

英语学习，不同于母语，因为英语中有些发音在汉语中是没有的，例如，字母组合 th 的发音，字母 v 的发音，这就加大了英语学习的难度，智障学生本身就存在学习困难的特点，有些轻中度智障学生还伴随有言语障碍，表现为发音不清晰，语速缓慢且不自主停顿等。要想让学生能标准、地道地发音，教师需要费尽心思设计包含发音练习的教学活动，让学生进行反复有效的训练且不产生厌倦心理。在这个过程中，我们发现英文的发音练习能促进学生口腔肌肉活动，提高他们说话的清晰度，部分学生的言语功能障碍通过英语学习能得到一定程度的改善，所以说英语学习不但能掌握知识，提高技能，促进交际，它还在智障学生功能康复与缺陷补偿过程中起着举足轻重的作用。

3. 增强人际交流，获得成功体验

语言学习的目的就是能在日常生活中适当地运用，有效地交流。我们在英语课堂教学中，创设各种情境，采用多媒体教学、角色扮演、游戏活动、故事改编、演唱结合等教学方法给学生提供尽可能真实的语言环境。课堂之外，英语老师见到学生会主动用英文打招呼，给学生创造运用语言的机会。经过课堂内外的有效引导，我们的学生现在都能主动用英文进行简单的日常会话交流，如：老师，早上好（Good morning，teacher.），你好吗（How are you?），我来帮你，好吗（Can I help you?），你要去哪里（Where are you going?）等。通过这样的语言交流，学生的行为得到老师、家长和同学的赞赏及好评，这极大地增强了学生的信心，使他们感受到成功的喜悦，对他们整个身心发展都会带来积极的影响。为了继续激发学生英语学习的兴趣，强化他们开口交流的信心和勇气，我校还组织了学生开展少儿英文歌曲比赛、英语情景剧表演等，真正做到寓教于乐。

4. 培养情感态度，了解西方文化

智障学生由于大脑损伤造成高级情感发展缓慢，情感不稳定、体验不深刻，很容易受到外界的支配。因此特教教师要根据学生的心理特点，充分调动情感因素，激发其学习的动机。英语课堂是一个半开放式课堂，教学内容，教学方式能有效激发学生兴趣，调动学生的积极性，营造愉悦欢快的课堂氛围，这对学生情感的培养起到了积极作用。此外，教师根据不同的主题内容，抓住机会，对学生进行情感教育。例如，学习 color 这个主题时，教师教育学生要善于发现身边的美，热爱五彩缤纷的大自然；当学到 animals 这个主题时，要求学生要热爱动物，动物是人类的朋友，我们要和动物和谐相处。英语课堂也是了解西方文化的一个窗口。通过这个窗口，他们了解了西方节日的由来，如圣诞节（Christmas）、万圣节（Halloween）、复活节（Easter），了解了中西方称呼上的差异，知道了世界上的一些大国（America，Britain，Australia，France 等）。总之，通过英语学习，智障学生能更好地表达对人对事物正确的情感和态度，能扩大他们的知识面，促进他们对外面世界的了解。

我校多年的英语教学实践研究的结果充分表明对轻中度智障学生进行英语教学是可行的，并没有人们想象得那么难。智障学生和正常学生一样，应该有均等的机会去学习英语和运用英语。除了实践的可行性之外，给轻中度智障学生提供英语教学有着坚实的理论基础和现实意义。

三、对轻中度智障学生开展英语教学的理论基础

智障学生在学习过程中会存在诸多的问题，例如，注意的稳定性和持久性差，短时记忆和长时记忆欠缺，学习动机不明确，知识迁移困难，抽象思维受限，想象力不足等。所有这些问题都会影响教学进度和教学效果，但是，我们不能因为这些问题的存在而否定他们英语学习的能力，剥夺他们英语学习的机会。英语课程的开设与其他课程一样由以下的教育理念为基础。

1. 以人为本的教育理念

以人为本的教育理念强调一切教育应以学生的全面发展为目标，教育应该充分挖掘学生的潜能和培养学生的才智。智障学生虽然是一个特殊的群体，但他们与正常学生在身心发展方面存在共性，他们有不断发展的需要。在这个英语普及的社会，在普通学校视英语为重中之重的教育环境中，智障学生也应该有同样的机会和权利去学习英语和运用英语，这对促进他们的全面发展很重要。

2. 教育平等理念

随着文明程度的提高，人类摆脱了教育问题上的种族歧视、贫富差距、性别区分、年龄距离、身心障碍等羁绊，高举“教育机会均等”的旗帜，使每一个人的教育需求得到了制度层面的满足，这是人类跨越式的进步。教育平等既指教育对象的平等，也指教育机会的平等，在这两种平等的前提下，智障学生与正常学生在教育内容，课程设置方面的差异应逐渐缩小而不是拉大，所以给智障学生提供英语教学，是教育平等理念的更好诠释。

3. 全纳教育理念

全纳教育是一种新的教育理念，是教育的新起点，它强调普教与特教的一体化。它提出特殊学生与普通学生共性的存在，使得普通教育与特殊教育之间并没有无法逾越的鸿沟，特殊教育运用了普通教育诸多方面的经验，如：开放式教育、动静结合的教学、情境教学等等，特殊教育又给了普通教育诸多借鉴，如：个别化教育、分层教育。在普教与特教的教育理论及教育实践走向深入的时候，两者之间的界限将会日趋模糊。在这种理念的指引下，英语教学也应该纳入到智障学生的学习中来，使普通教育与特殊教育在课程设置层面日趋融合。

4. 缺陷补偿与潜能开发

智障学生在认知、记忆、理解、抽象思维等方面存在缺陷，特殊教育的另一个重要任

务就是进行缺陷补偿与潜能开发。由于英语教学活动自身的特点，例如，听说训练、角色扮演、情境创设、唱游表演等能极大调动智障学生的学习兴趣和学习热情，能提高学生的合作能力、交际能力，从而提高认知，加深理解，培养思维，这就是缺陷补偿与潜能开发的过程。所以要充分利用英语课堂，结合学生的特点，设计教学活动，让智障学生在学习知识的同时，又能培养能力和补偿缺陷。

四、对轻中度智障学生开展英语教学的现实意义

1. 社会发展的需要

英语是当今世界最广泛使用的语言之一。我们社会生活的方方面面已经渗透着英文，世界上70%以上的邮件是用英文写或用英文写地址的。全世界科技出版物70%以上用英语发表。总之，在政治、经济、科技、文化、贸易等领域，英语是一个重要的交际工具。随着我国对外开放的不断扩大，科学技术的不断进步，国际地位的不断提高，全民学英语的程度在不断升温，北京奥运会、上海世博会、广州亚运会更是把全民学英语推向高潮。掌握一定的英文知识，已经成为每个公民必备的素质。智障学生也不能例外，他们生活在这个快速发展的、开放性的社会，与正常学生一样，需要掌握英文，只是掌握的程度、深度有所不同而已。我们不能因为他们有学习障碍，有认知困难就把他们边缘化，剥夺他们学习英语的机会。为了能让智障学生适应社会发展的需要，为了他们将来能更好地融入主流社会，给智障学生提供英文教育非常必要。

2. 社会生活环境的需要

我们的社会生活环境，随处可见英文的存在，例如，公共场所的卫生间、停车场、饭店、酒店、商城、广场、地铁、飞机场等等，都有英文标识或者英文缩写。随着市场经济的进一步发展，很多产品包括家用电器、个人用品、办公用品、学习用品等都有英文标识，或者有些产品的商标本身就是英文字母拼写的。考虑到智障学生尤其是轻中度智障学生今后完全可以根据自己的知识和技能自食其力，例如，在酒店、饭店、商场就业，而这些工作环境常常又会用到英文，所以掌握一定的英语对他们未来职业发展非常有利。此外，随着计算机技术的发展和网络的普及，人们的生活方式也发生了巨大变化，例如越来越多的人开始在网上购物、求职、交友、娱乐、写信、学习等，而要做到科学、合理、有效地利用计算机网络这一工具，就必须懂英文，因为网址的输入、邮件地址等都需要用到英语。

五、结　论

作为一名在轻中度智障学生英语学习实践中的实施者和研究者，笔者深刻认识到智障学生学习英文并没有我们想象中的难，但也不容易，这需要我们有足够的耐心和责任心，不仅要向学生传授知识，还要针对学生的接受能力和学习特质进行有效的学法指导，创设语境、情境让学生在轻松愉悦的课堂氛围中学习。开设英语教学的实际研究，目的是给学生提供最适合他们发展的教育，为学生与社会的沟通架起桥梁。对于目前尚未开设英语课

程的培智学校来说，在师资条件和教学条件许可的前提下，可以尝试性地开展英语教学，因为无论从教育理念还是从社会发展的角度来说，让智障学生掌握一定的英语语言知识对他们能更好地融入社会生活、提升未来生活品质以及对未来的就业都有着重要意义和深远影响。

参考文献

1. 王辉．我国培智学校课程改革研究的现状与反思．南京特教学院学报，2010（4）．

2. 吴宁．培智学校开设生活英语课程的研究．现代特殊教育，2004（1）．

3. 宋红．浅谈智障学生英语口语能力的培养．中国特殊教育，2004（10）．

4. 王蔷．英语教学法教程．北京：高等教育出版社，2000.

5. 黄志成．国际教育新思想新理念．上海：上海教育出版社，2009.

6. 张文京．弱智儿童个别化教育与教学．重庆：重庆出版社，2005.

7. 宋欣曼．浅析北京市培智学校课程设置及改革．现代特殊教育，2008（6）．

8. 王和平，杜晓新，张福娟．新加坡培智学校课程设置特点及启示．外国中小学教育，2008（12）．

9. 李永梅．人的现代化——特殊教育现代化的本质．哈尔滨学院学报，2002（9）．

10. 孙玉梅．教育公平视野下特殊教育的走向．重庆科技学院学报，2007（1）．

聋生英语词汇教学有效性策略研究

湛江市特殊教育学校　张忠海

【摘　要】词汇是语言的基本单位，词汇量的扩大是提高英语语言基本技能的基础。聋生由于听力的缺失，在英语学习中最突出的问题是词汇记忆困难，导致学习效果不理想。本文根据新课标要求，从自身教学实践来研究如何采取有效的英语词汇教学策略，循序渐进地帮助聋生更快、更好、更全面地掌握词汇，提高聋生学习和运用词汇的能力，提高聋校英语词汇教学的有效性。
【关键词】聋生；英语词汇教学；有效性策略

词汇是学习语言的先决条件。英国语言学家 D. A. Wilkins 在 *Linguistics in Language Teaching* 一书中提到“Without grammar, little can be conveyed; without vocabulary, nothing can be conveyed（没有语法，能表达的内容很少；没有词汇，则什么都表达不了）”。词汇学家麦加锡也表达了同样的观点，他认为：“无论一个人对于所学习的外语的发音有多漂亮，如果没有掌握用其以表达语言广泛含义的词汇，那么在交流中他将词不达意。”Murcia Rosensweig 也说“在阅读理解和最基本的语言交际中，掌握了最低量的结构，同时也拥有大量词汇的人，比掌握了几乎所有全部结构但只有少量词汇的人更为有利”。由此可见，词汇在语言学习过程中占有十分重要的地位。

一、聋生学习英语词汇的困难

在人的感知活动中，听觉往往对视觉起着组织串联作用，使人们对事物的感知更完整、更广泛、更全面、更灵活。所以，普通人记单词是通过音标拼读、听说来记忆的。但是有听觉障碍的聋生，如果没有经过训练指导，就难以借助语音来记忆，他们的记忆方式只能是一个字母一个字母死记硬背。缺乏语音刺激，识记单词时便只能孤立地死记毫无意义的字母组合。这种通过视觉输入的无律无序的语言材料，使聋生很难进行保持和再认，记单词就会经常前学后忘，长此以往就会使聋生失去学习的信心，降低他们词汇学习的积极性。聋生英语成绩的分化也往往是从词汇开始，更严重的是部分聋生随着所学教材词汇量的增加而产生厌学英语的情绪。据统计，聋生在词汇学习中的困难主要体现在学习速度慢、容易遗忘、学习方法单一、学习和实际运用不统一等几个方面。

因此，聋校英语教师就要充分发挥聋生的视觉和手语优势，利用构词规律，采取有效的教学策略以提高聋生学习词汇的兴趣和信心，培养他们的自主学习能力，使其轻松有效地掌握所学词汇，防止遗忘。同时，教师应着力更新词汇教学理念，加强对词汇教学策略的研究与实践，探索多样化的词汇输入和输出模式以帮助聋生扩大词汇量、巩固词汇记忆效果并提高词汇运用能力，从而提高聋生英语词汇教学的有效性。

二、聋生英语词汇教学的有效性策略

1. 创建手指语拼读词汇策略

海伦·凯勒以自强不息的顽强毅力，在安妮·莎莉文老师的帮助下，掌握了英、法、德等五国语言，并学会说话。她的学习经历告诉我们，聋哑人记忆词汇也可以利用语音识记。笔者通过对比汉语拼音和英语国际音标，发现很多音标和拼音不仅书写一样，发音也一样或只需稍作变化，比如音标［ei］和拼音 ei，［s］和 s，［k］和 k；有些在书写上稍有不同，但发音却是一样的，比如 ai 和 ou；此外还有部分音标，拼音里是没有的。因此，笔者就创建了一种用拼音指语来拼读单词的方法：运用聋生学过的拼音手指语，创建一种手指语拼读词汇法。通过训练，聋生就可以根据音标读单词了。在笔者所教的班级，80%的聋生对于单音节和双音节词，基本能够看口形，能够较为清晰地拼读出来，对于多音节词，他们也能显示出基本发音口形。突破了语音关，聋生记单词就不再是无音无律，词汇记忆的效率也大大提高。

2. 多渠道的新词输入策略

充分利用聋生的视觉功能，多渠道输入新词，根据教学内容采取适合聋生理解和记忆的新词输入策略。以下是笔者在教学中尝试的几种有效方法：

（1）一目了然法。

利用多媒体课件、实物、图片、简笔画、模拟示范动作或面部表情等直观法呈现词汇。例如，利用教室里的东西、聋生穿的衣服来教单词，像 sweater、coat、shirt、skirt，还有 classroom、blackboard、window 等；教师脸上露出快乐的表情，可呈现“happy”，教师做出敲门的动作，就可呈现“knock”。这样引出单词学习吸引力强，上课节奏快，聋生不易开小差，呈现的单词既自然又好记。当然，教师在教学过程中要注意使用启发式教学，培养聋生的观察力、想象力和创造力。再如，运用简笔画教形容词的反义词，可以使抽象的内容变得具体生动。

（2）利用构词法。

“英语词汇总量虽上百万，但基本构词成分却是有限的。无论就音形而言，还是就意义而言，每个英语单词都同其他词有千丝万缕的联系，是整个英语词汇系统中的一个分子（胡春洞）。”由此可见，各个词汇之间是有联系的，而且系统性很强，教师在教学中也应该利用词汇的这些特点，立足词汇系统之上。这种方法是在聋生掌握了一定量词汇的前提下实施的。首先要求聋生了解与识别常见词缀，并加以掌握和运用。如学习 care 这个单词，可用构词法引申出 care – careful – carefully – careless，这样不但减轻了聋生记忆的负担，也学到了构词方法。再如：用 – ness/ – tion/ – ee/ – er/ – or/ – ar/ – ian/ – ist 等构成不同类型的名词，用 – ful、 – ive、 – ian 等构成形容词等。教师在教学中要注意培养聋生的思维能力，让他们直接去发现、去归纳。

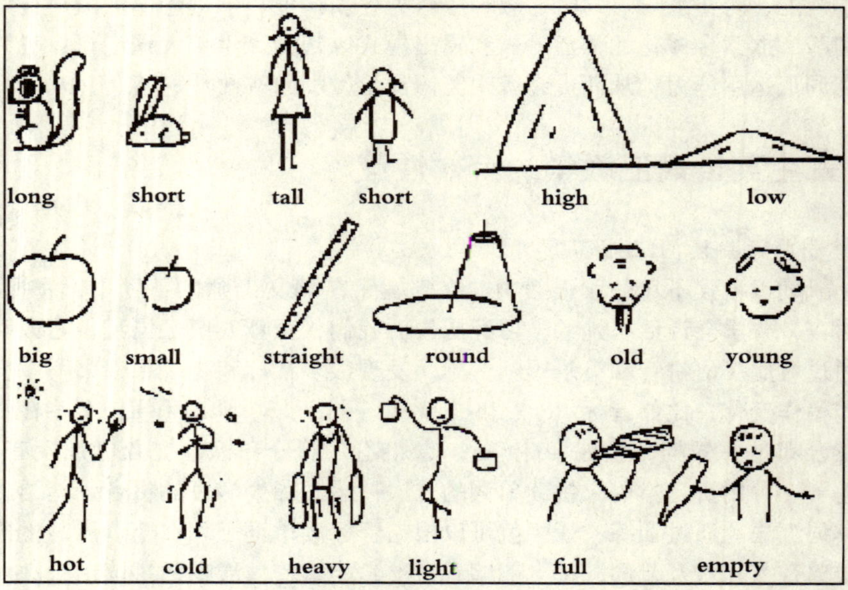

3. 多元化的词汇巩固策略

“学得快，忘得快”是聋生记忆单词过程中的通病。如何能做到经久不忘呢？作为教师，我们要把词汇巩固策略贯穿于平时的教学工作中，督促并指导聋生有计划地进行词汇复习。

（1）以旧引新，加强词汇横向联系。

在聋生学习了一些词汇以后，教师可引导他们将新学的词汇和已有词汇建立联系，将新词汇纳入已有的词汇结构中，从而增强记忆效果。以旧引新可以采取如下几种方式，如使用相同的字母组合、形似词、同义词、反义词、同类词、旧词解释新词以及旧词套用新词等。例如：在教 likely 一词时，重点强调该词虽以“ly”结尾，但属于形容词。就其特点，教师就可以引导聋生说出曾经学过的有相同特点的词，如 friendly、lovely、lively、lonely 等，根据 weekly 一词，又可以复习 monthly、yearly、hourly，可谓“举一反三”。在此基础上，再进一步引导聋生用框架结构图来归纳词汇。比如根据单词 hospital，归纳或联想与之相关的单词，如 hospital – doctor – nurse – patient – medicine – operation – white…指导聋生绘制一张词汇发散思维图，类似于思维导图，这是最有效的词汇归类复习法。这种方法的最大好处是不仅帮助聋生复习了词汇，而且使他们建立了“词汇横向联系”的意识。聋生会在记忆单词的过程中自主形成词汇网络体系，提高记忆词汇的能力。

（2）趣味游戏，巩固词汇记忆。

教学游戏是实现多样化、趣味性以及提高课堂教学质量的途径。课堂上做游戏可帮助聋生在轻松有趣的活动中掌握一些较难掌握的词汇。据调查表明，98% 的聋生喜欢上课时多做游戏，通过游戏来学习词汇。例如，在学习了身体部位名称后，可做 polly says 的游戏，教师发指令，让学生做动作，put on your hat，take off your coat，open your eyes，close your mouth，touch your ears 等这样一方面可以训练学生看口形，另一方面可以训练他们对词汇掌握的熟练程度。此外还可以设计一些有趣的练习，例如，crossword puzzle 及抢答题、情景题等，让聋生在玩乐中巩固学过的词汇。

（3）灵活多变，检查词汇运用。

在词汇检查上，采取激发聋生创造力的方式进行，如记忆游戏，教师对词汇进行分类，每个小组选出自己最在行的词汇类别进行比赛，词汇反馈最完整的小组即可摘得冠军小组的美誉。另外，教师还可以让聋生进行词汇接龙（可以让聋生用指语拼读或笔头书写两种形式开展），第一位聋生说出一个本单元单词，第二位聋生用该词造句，第三位聋生就句子提出问题，第四位聋生给出答案。除此之外，教师可以根据单元内容要求聋生创作短剧。这种方式不仅检测了聋生的词汇记忆情况，也在一定程度上促使聋生灵活运用词汇。

4. 多方式的词汇积累策略

（1）建构词汇库，加强词汇纵向联系。

如果把一个个单词孤立起来学习，难度很大。心理学研究表明，人们对一组有联系的事物的记忆往往要优于一组无联系事物的记忆。因此如果教师采取合适的方法帮助聋生掌握灵活地拓展词汇，按语义的联想来记忆单词，激活语义里相关的单词，这一点可以看作是“词汇的纵向联系”，它不仅可以激发聋生的兴趣和情感，激活其思维和想象，而且有助于拓宽其思维空间，加深其记忆，使其形成系统记忆，在很大程度上可增强聋生词汇记忆和积累的效果。比如教师可把与“看”相关的词汇归结为 look、see、watch、gaze、glance、glare、stare 等，再把与“看”有关的一些常用搭配用图画形式向聋生展示出来（see a film，watch TV，look at the blackboard，watch a patient，gaze at sb.，glare at sb.，stare at sb.），以便于区别和理解。长期进行词汇的归类总结，聋生便可建立自己的“词汇库”，无论是课本词汇还是课外阅读所遇到的词汇都可以总结在相应的“词汇库”中，久而久之聋生的词汇量就会不断增加。

（2）融入生活，拓展课外词汇。

教材的词汇量是有限的，还需要通过课外词汇进一步加深、巩固和扩大。随着科技的发展，聋生可以有更多的途径接触到课外词汇，比如浏览英文网站，发英文邮件等。所以教师应正确指导聋生多管齐下，增加接收英语的信息量。教师要提醒聋生多留意日常生活中的“英语”，让他们收集超市、街道、学校、医院、公园等公共场所的英语标识，留意家中生活用品上的英语说明、电视报纸上的广告标语等。每周进行一次课外词汇收集，张贴在教室的各个角落，使聋生时时处处置身于英语环境中，达到处处见单词、时时记单词的境界，逐渐变无意学习为有意学习，从而加速词汇习得的进程，提高词汇习得的质量。

5. 多角度的词汇应用策略

“不管用什么方法来学习词汇，都要学以致用。只有在语言使用中才能深化和巩固词汇。”（桂诗春）教师在词汇教学中不仅要呈现例句，讲解用法，还要为聋生提供运用词汇的机会。教师可组织形式多样的任务型或体验式的课堂教学活动，设计词汇运用练习，使聋生在学中用，在用中学。

（1）看图描述。

教师选择一些图片，让聋生尽量用所学单词加以笔头描述。

（2）描述绘画。

一个聋生手持图片，另一个聋生手拿一张空白纸和一支笔，然后，手持图片的聋生尽量用所学单词来描述图片内容，要求同伴根据他（她）的描述在空白纸上画出图画。

（3）词汇游戏。

教师向聋生展示一幅图片，图片中有许多物体，允许聋生看一到两分钟，然后收起图片，让聋生回忆图片上的内容，并写在纸上，然后与同桌互相对照讨论。

（4）写作运用。

写作运用难度较大，但它却能提高聋生的词汇量和词汇运用能力，可以循序渐进地开展。笔者在每个单元结束后，都会要求聋生用所学词汇进行书面表达。在批改时，对新单词、新句型运用比较好的习作批上激励性评语，聋生受到鼓舞后，运用新词汇的积极性更高了。

“词汇学习是外语学习中开始最早、困难最大、结束最晚的一项任务。”作为聋校英语教师，我们不应该用大量讲解使词汇教学变得复杂、枯燥，而应充分发挥聋生的视觉和手语优势，积极探索行之有效的词汇教学策略，采用有聋校特色的词汇教学方法，激发和培养聋生的学习兴趣，有效地训练他们学习词汇的技能，使聋生从“学会”到“会学”，从“苦学”到“乐学”。

参考文献

1. Thornbury, S. *How to Teach Vocabulary*. Pearson Education Limited, 2002.

2. 汪榕培. 英语词汇学研究. 上海：上海外语教育出版社，2000.

3. 余德敏. 探索英语词汇教学. 中小学英语教学与研究，2002（1）.

4. 丁祖保. 基于聋生心理特点的若干英语教学方法. 今日科苑，2008（24）.

5. 邓鸿雁. 聋生英语教学策略的解析. 中国特殊教育，2005（6）.

6. 宋玲. 聋生语言教学之我见. 中国特殊需要在线. http://www.xinxuyao.com/edu/hearing/teaching/20060403226.

浅谈盲生笔记学习法

广州市盲人学校　洪　续

【摘　要】笔记对学生学习起到不可忽视的重要作用，对盲生来说更是如此。本文阐述了盲生做学习笔记的现状，并对盲生做笔记中存在的问题及原因进行了深入的分析，以及针对盲生学习的特殊需要提出了教师应让盲生认识到做好笔记的重要性，并且教会他们做有效笔记的方法，培养他们良好的做笔记习惯。

【关键词】盲生；笔记学习法

一、笔记学习法及盲生的笔记学习状况

学习笔记影响到所学新知识的速记和整理或对于已学习知识的复习和巩固，联系着学生的知识水平，对学习起着重要的辅助作用。据观察及实验，相比普通学校的学生，盲生更不乐于且不擅长记学习笔记。虽然大部分盲生可能有其他感官能力用以补偿视觉缺陷，如听力或记忆力比常人更好，但好记性始终不如烂笔头。记笔记的重要作用是不言而喻的。

学习笔记包括课堂笔记和课外笔记。课堂笔记主要是对新授知识的速记、整理，课外笔记则是对已学知识的整理、复习、巩固甚至拓展。在即时课堂上，盲生大多不记课堂笔记。即便他们能听懂并短时记住所学知识，但随着所学内容的不断增加及时间的不断推移，头脑记忆和存储的局限性对学生学习的影响是很大的，学生对知识的遗忘率非常高。因为他们仅仅靠课堂上的理解及头脑的短时记忆，课后没有相关的课堂学习笔记可查看用以辅助学习。而在课外能对笔记进行整理补充完善及拓展的盲生就更少了。这对于盲生吸收巩固知识及提高学习成效是非常不利的。

二、盲生笔记学习中存在问题的原因分析

为什么盲生会这么不乐于也不擅长记学习笔记呢？笔者认为主要有以下四个原因：

1. 对笔记的作用认识不够

记笔记是一个良好的学习习惯，但盲生大多没有养成这样的好习惯。他们更多的是依靠头脑的记忆来替代动手做笔记。这主要是因为盲生对学习笔记的作用认识不够，不能正确认识笔记在学习中的重要作用，所以就不会主动采取笔记学习方法进行学习。

2. 自主学习能力不强

在课堂学习中，盲生无法看到教师的板书及课件中所展示的重点难点内容，仅靠听老师的讲解过程，而在该过程中很少有盲生会主动地把听到的重要内容记录下来。盲生在学习过程中自主性不强，不会主动把学习重点难点或个人学习中遇到的问题记录下来。

3. 盲生学习资料的特殊性，盲生笔记方式单一

对于使用印刷体明眼课本的无视力障碍学生而言，他们进行笔记记录的方法比较多样。最方便快捷的记录方法莫过于书头记录。学生可以在书上的字里行间作笔记，用不同颜色的笔在重点单词、短语及句子下画直线或曲线，也可以用各种图形，如五角星、画圆圈等标注，甚至可以在书页上下左右的空白处写上旁记等。书本印刷字和手写记录字很好分辨，笔记清晰可见。这样，任何时候再打开书，课本内容和学习就可以同时结合呈现。可是这么方便有效的书头笔记方法对于盲生却不实用。这主要受限于盲生学习资料的特殊性。首先，盲文书基本是没有留白空间给学习者进行注释或笔记。其次，由于盲文印刷和手头书写盲文都是在书写材料上打盲文点位，如若盲生直接在盲文书本字里行间的地方进行盲文书写记录或其他记号标识，则容易混淆书本内容和笔记内容，甚至破坏书本内容的编排和呈现。可见，对于使用印刷体明眼课本的无视力障碍的学生非常有效的书头笔记，对于盲生则不实用，甚至有可能会对学习造成一定的负面影响。

4. 盲生做盲文学习笔记较为耗时费力

上述盲生做盲文笔记方式比较单一，盲生无法采用无视力障碍学生所采用的画线点圈等各种高效省时的记录方法。笔记记录大多依靠的是书写盲文文字记录。而由于盲文是以打盲文点字进行书写的特殊性，与普通明眼书写记录相比，盲文书写记录则更为耗时。所以在有限课堂的紧凑学习中，做笔记的方法不得当的话，很多学生就无法进行全面有效的记录，甚至有时“听”与“记”会发生矛盾而造成顾此失彼，影响到课堂学习。课后笔记中虽然不存在课堂限时的约束，但同样存在耗时费力的问题，致使学习效率较低。

三、培养盲生进行有效笔记学习的方法

1. 引导盲生对学习笔记学习法的认知，培养良好的笔记习惯

盲生缺失了视觉获取信息这一重要渠道。课堂上光听不记，注意力则极容易分散到学习以外的其他方面。记笔记的过程也是一个积极思考的过程。盲生虽然缺失了视觉感官，但可以通过记笔记调动其他多种感官如耳、脑、手一齐活动，促进其对课堂讲授内容的理解。针对学生课堂学习注意力容易分散，自主学习能力不够强的问题。教师需要多引导学生对笔记学习方法的认知，强调笔记在学习中的重要性，使学生从思想上正确认识笔记学习方法，养成勤于、乐于记学习笔记的好习惯。

2. 针对盲生学习的特殊性，具体指导高效的笔记学习方法

（1）记在哪？

由于盲生无法有效地在盲文课本上进行书头记录，那么盲生可以开设一本专用的学科笔记本或者是在单张的盲文纸上记笔记并贴在相应的课本页面上。这样便于盲生结合课本和笔记进行学习。

（2）记什么？

学习笔记记什么？根据课堂笔记和课外笔记的分类，要记的内容和方法则是不同的。

首先要记课堂笔记。课堂听课笔记要讲究快速实用，不要一字不漏地记，应省去老师讲课中一些不重要的信息，应该记下“必要”和“精华”。所谓的课堂教学精华——重点难点，通常老师在课堂上会对重难点进行多次反复讲解，那么学生应把精华部分浓缩归纳并记录下来；课堂笔记中还需要及时记录下当堂课上没明白的知识疑点，以便课后进行补充学习和寻求解答，这就是个人学习的必要记录部分。

其次要记课外笔记。课外笔记分为课前和课后笔记。由于大部分盲生存在自主学习能力不强的问题，所以老师应给学生布置课前预习作业，并要求学生记录下预习中遇到的疑点和困惑，这样学生对本课的学习要点有预先了解，便于课堂学习中把握重点难点，也可以有针对性地解答并重点突破预习中所记录下的问题。预习过程中做好笔记准备工作既能节约课堂记笔记的时间让学生记下有效的笔记，同时也可以提高学生的自主学习能力。由于课堂时限，课堂学习笔记在准确的前提下需要快速简洁，那么课后笔记对课堂笔记进行必要的整理补充完善甚至拓展则是非常必要且重要的。在课后复习中进行笔记的整理和完善，学生要依据自己对知识的理解和学习状况来决定个人学习的笔记内容，比如在笔记中理清自己较为容易混淆的概念等。课外笔记内容多数会因人而异。而课后进行学习笔记的过程实际也是对知识进行回忆、分析、理解和归纳的一个反复学习过程。

（3）什么时候记？

把握好做笔记的时机。人们常常说：“边听边想边记。”这句话说起来容易，但要把三者合理地处理好和安排妥当，却是很难的。由于每个学生的具体情况不同，做笔记的时机也不能千篇一律，必须由每个同学根据自己学习的具体情况灵活掌握。做课堂笔记的原则就是不能影响听讲。否则影响了听讲的学习笔记是无用的，甚至有反作用。做课后笔记，尤其是整理课堂笔记必须在课堂结束后及早进行，切勿拖延懈怠。

（4）如何记？

由于盲文点字书写较为耗时的特殊性，及课堂即时教学中的时间限制，学生往往做笔记速度不够快，会造成“听讲”与“笔记”相矛盾，不少同学常常顾此失彼。那么如何记才能达到真正省力又高效呢？笔者认为加快笔记速度，可以通过使用一些常用速记符号和缩写，甚至自创一些适合自己书写和记忆的速记符号及标识。这些速记符号和标识最好是学生自己长期固定使用及随自己之便易于自身在学习使用中理解的，学生可以利用这些作出适合自己学习的笔记。这样会使记录速度大大加快。例如，运用英语盲文二级点字进行笔记记录就是很省时高效的速记法。速记笔记法进行的笔记需要学生课后进行及时的整理及必要的补充和完善，以免时间过长，对速记内容生疏和遗忘。

3. 提供充分的笔记教学辅助材料

由于使用盲文进行记录笔记存在较为耗时的问题，所以为节约有限的课堂时间，老师可以课前打印好关于重点难点笔记的盲文材料，课堂上分发给学生，这些资料相当于老师的板书，这样既补足了学生由于视力缺陷不能通过观看板书或幻灯片展示来获取信息，同时也节约了进行课堂重难点知识笔记记录的时间，此外在课堂上能即时查阅笔记内容进行学习和操练。例如，在英语教学中，教师可以课前把上课时教学的重点句型打印成笔记材料分发给学生，这样在课堂情景操练时学生可以边触摸笔记中的句型边进行口语运用的操练。通过调动学生进行多感官学习来促进教学。

无疑，学习笔记在学生学习中起着十分重要的作用。常言道：“授人以鱼不如授人以渔。”教师不仅要教给学生知识，更要引导学生勤记笔记，具体引导怎么记，怎样更科学地记，让学生养成良好的记学习笔记的习惯，从而提高学习效率。

参考文献

1. Frog. 记课堂笔记有什么重要性. 英语辅导报，http：//www. ecp. com. cn/cc/g2/nw-wd/20080520173426. html.

2. 白沙滩林. 如何辅导学生的英语课堂笔记. http：//www. weihaiedu. cn/xuexiao-jiaoyu/jiaoxueyanjiu/yingyu/200911/34891. html.

浅谈如何在电脑教学中培养特殊儿童的学习兴趣

广州康复实验学校　吴伟耿

【摘　要】由于特殊儿童的智力发展水平参差不齐，电脑课程的开发要充分考虑特殊儿童的智力发展水平。采用分层次教学的方式，运用特殊儿童易于接受的语言和方式，使枯燥、乏味的内容变得生动、有趣，有助于培养特殊儿童的学习兴趣，提高他们学习电脑的积极性和主动性。从而让更多的特殊儿童学到一技之长，适应社会需要。肢体残疾的特殊儿童也能在使用鼠标、键盘的过程中活动手指，活跃思维，达到康教结合的目的。

【关键词】特殊儿童；电脑；兴趣

电脑课程是特殊学校的一门专业技能课程，目的是让特殊儿童学到一技之长，真正适应社会需要。由于特殊儿童的智力发展水平落后于普通儿童，注意力难以集中，理解能力比较低，电脑教学必须重视培养特殊儿童的学习兴趣，从而提高特殊儿童的动手能力，引导特殊儿童逐步掌握电脑基础技能。同时，由于特殊儿童的智力发展水平比较参差不齐，电脑课程的开发要充分考虑特殊儿童的智力发展水平。采用分层次教学的方式，有助于培养特殊儿童的学习兴趣，提高他们学习电脑的积极性和主动性。古人云："教人未见其趣，必不乐学。"因此，能否充分调动学生的学习兴趣，关系到教学的成功与否，只有当学生对学习内容产生兴趣，才会乐意去学，才会积极思考，才会接受教育于轻松愉快之中，这对学生的智力发展和提高教学质量，都是行之有效的。

电脑教学虽然不难，但要讲好这一门课却不容易。要教好这门课，必须充分运用学生易于接受的语言和方式，使枯燥、乏味的内容变得生动、有趣，激发他们认真学习电脑的兴趣。特殊学校的学生在智力、身体等各方面都不如正常的小学生，因此要花更多的心思和精力去启发他们。本文主要结合我的实际教学经验，谈谈如何在电脑教学中培养特殊儿童的学习兴趣。

一、分层次制定教学目标和任务，以满足不同智力发展程度学生的学习能力和实际需要，激发学生的学习兴趣

根据特殊儿童的智力发展程度，学校将1~6年级分为1班和2班，每班约有15名学生。1班学生智力稍偏正常或者轻度智障，电脑课程的设置主要参照我国普通中小学教材，以运用型的电脑教学为目标，注重培养学生的电脑专业技能，避免由于课堂学习内容

过于简单，分散注意力，降低学习兴趣。低年级学生以抓基础为主，如用电脑玩游戏、聊天、画画；高年级学生注重培养其掌握电脑技能，如 Word 文字排版设计，Excel 表格应用和 PowerPoint 多媒体课件制作等电脑软件的掌握。1 班学生在因特网方面的掌握能力较强，经过课程学习，基本能够熟练地打开并浏览网页，发送电子邮件和使用网络聊天工具等。就本校目前的实际情况来看，1 班学生掌握的电脑综合能力跟普通学校同年级的学生几乎没有区别。

2 班学生的智力发展水平相对于 1 班学生较为落后，借鉴培智学校的教材进行教学。电脑课程应该是以使用电脑获得乐趣为教学目标，而不是像 1 班学生那样完成具体的电脑任务。电脑课程的设置应该让智力有严重障碍的学生知道电脑是什么，电脑在我们日常生活中可以干些什么。教师应该帮助他们进行简单的电脑系统操作，如玩游戏、听音乐、播放影碟等，使他们获得尽可能多的乐趣，培养他们积极向上的人生观。

对于肢体残疾的特殊儿童，电脑课程设置应该以培养动手能力为主要目标，使他们在使用鼠标、键盘的过程中，锻炼手指的协调能力，活跃脑部思维。因此，可以在课堂上引导他们玩一些需要经常用鼠标点击的小游戏，或者给一篇文章让他们比赛打字的速度，让他们在学习的过程中经常活动双手，达到康复与教学相结合的目的。

二、反复对学生说“老师相信你一定行”，对学生形成一种心理暗示，帮助学生克服畏难情绪，培养学生的学习兴趣

特殊儿童容易产生自卑感，总认为自己不行。我语文不行，我数学不行，我英语不行，我这不行那也不行。越认为自己不行就越没信心，越没信心就感觉越没劲，甚至破罐子破摔。

1 班有的学生电脑基础较差，总认为自己学不会，学不好，更加没心思去学。为了帮助他们克服自卑心理，树立自信心，教师要在适当的时候对他们给予鼓励，反复对学生说“老师相信你一定行”，特别是当学生遇到困难时更要及时鼓励，使学生形成一种心理暗示，帮助学生克服畏难情绪，树立自信心，培养学习兴趣。利用褒扬的语言激发学生学习电脑的兴趣，在教学中经常使用表扬激励的语言，如：“你学得真快”、“你的海报设计得很有新意”、“某某同学这张表格设计得相当好”等。

三、激发特殊儿童的学习兴趣，首先与“好奇心”的培养有关

好奇心代表喜爱接触新事物，当一个人对新事物接触越多，他就会越想知道更多；想知道更多，正是学习动力的来源。可是，很多时候教师都不鼓励，甚至压抑学生的好奇心。学生问完教师第一条问题后，便不再问第二条，就是担心教师不喜欢他们追问下去，但其实发问正是学习动力之源。因此，教师不但不应该压抑学生的好奇心、禁止学生发问，反而要鼓励他们，让他们多接触新事物。一般情况下，学生接触电脑都是因为好奇、爱玩，那么我们教电脑也可以从玩开始。兴趣是最好的老师，学生在玩中不知不觉就入了门，比如 Windows 系统自带的纸牌、挖雷等都可作为学生的入门游戏。还可增加棋类、拼

图等一些益智游戏。当然玩要适可而止，不能玩物丧志；要及时加以引导，把学生的兴趣引导到学习电脑上。

四、根据特殊儿童的生理和心理特点，激发学生的学习兴趣和求知欲

1. 采取生动、直观的演示

生动、直观的操作和演示能有效地激发学生的联想，提高学生主动学习的积极性，使学生想去掌握课堂内容。对于个别智力稍微不足的学生，教师可以给他单独反复解释几遍，逐渐引发其兴趣。例如，在《文件与文件夹》这章教学的时候，将学生感兴趣的一些图片、音乐、动画放于电脑室的局域网内，让学生自己去查找，去打开，吸引学生的注意力，学生感到非常有趣。这时，将局域网内资源设为非共享，学生就看不到了，这使得学生非常想将这些文件放于自己的电脑中，不受局域网共享限制。通过这一教案设计，使学生特别想学习本节课文件夹的新建，文件夹的复制、移动，获得了较好的预期教学效果。同时，利用录像、视听多媒体教学网、实物投影仪等进行教学，教学内容形象、直观、生动，演示效果好，使学生易于模仿接受，从而提高了他们学习电脑的兴趣。

2. 抓住事物特点，通过形象联想，加深理解记忆

在电脑教育中，抓住电脑本身的固有特征，用形象、直观的教育方式，使学生通过联想，加深对电脑知识的理解和记忆。例如，讲到“几个重要键的作用”一节时，先提出：空格键、转换键键面上有什么特征？然后通过和学生谈话，让学生抓住空格键键面上没有任何字符的特点，记住按下空格键，光标向右移动 1 个字符，产生 1 个空格，其作用主要是用来输入空格。同样抓住转换键键面上有向上的箭头，联系到转换键的作用主要是用来输入上标符号。用这样的方式，可以变抽象为直观，使学生印象深刻，同时还能训练学生的思维。

3. 采用游戏引进课堂的教学模式

有的学生由于智力存在缺陷，在接受知识方面极其不理想，例如，不认识文字、拼音字母，键盘的按键就无法记忆，鼠标的控制方位感极其差，视力的弱视造成无法仔细辨认电脑显示器上面的变化，从而减慢了学习的进程甚至失去学习的兴趣。因此，电脑教学需要引进更多类似小游戏之类的软件，通过游戏激发学生的学习兴趣，通过游戏锻炼学生的动手能力，使学生在操作过程中自然而然地掌握使用电脑的技巧，比起在课堂上一字一句地讲授效果好得多。例如，《金山打字通》小游戏的设置，在课堂上让每位学生都爱动手，能动手，主动动手，这样的方法更适合 2 班学生学习电脑。教师经过长时间反复训练学生的机械性操作，产生较好的教学效果，2 班学生也能掌握电脑的一些简单基本操作，如玩小游戏、电脑画画等。对于智力发展水平较低的特殊儿童，电脑课程的设置应侧重娱乐方面，让他们既能在学习电脑中找到乐趣，又能在乐趣中逐渐掌握电脑操作。

4. 让学生在学习成果中体会学习的乐趣

利用电脑软件本身的特点，充分发挥电脑本身的优势，调动学生学习的积极性、主动性，培养学生学习电脑的兴趣。如在练习键盘操作、汉字输入时，练几下就会感到累，而且枯燥无味。此时可充分利用练习指法、打字的软件 TT、ENGLISH、DT、WT、WBX、

WB 等。这些软件不但能显示正误、速度，还能指出哪些键的操作成绩差，并保存练习成绩，学生可随时了解自己的学习进度，使练习更有针对性。用这些软件练习，学生会像打游戏机一样着迷（有些包含着打靶游戏），学习兴趣大增，使枯燥无味的练习变得生动活泼起来。同时要尽量使所学知识运用于实际，让学生感到有用武之地。如在教汉字输入以后，就讲文字编辑软件的使用，进行排版练习。让学生在电脑上写作文或默写诗词，然后用打印机打印出来，让学生感到学有所用。

5. 采用活泼、幽默的语言风格

苏霍姆林斯基曾经深刻地指出：“如果你想使知识不变成僵死的静止的学问，就要把语言变成一种最重要的创造工具。”闪耀着智慧光辉的语言具有丰富的表现力，教师的语言力度、语言技巧、语言风采，能够使电脑课程更具乐趣；教师简洁、精炼、准确、抑扬顿挫的教学语言，更能拨动学生的心弦，促进学生记忆持久，思维活跃，想象丰富，对培养学生的学习兴趣发挥着积极的作用。

五、鼓励学生往自己感兴趣的方面发展，使学生从学习中获得自信心和成就感

在日常教学工作中，教学计划一般根据学生的整体接受能力来制订。1 班学生的智力发展水平参差不齐，智力良好的学生会觉得学习内容过于简单，不是很认真地去学习，如果调整教学进度，却有可能使一些智力偏低的学生的学习效果得不到保障。因此，学校开办了第二课堂兴趣班，根据学生的实际情况制定具体教学目标和任务，鼓励智力良好的学生往自己感兴趣的方面发展。对于那些喜欢文字编辑的学生，鼓励他们使用 Word 对文字进行排版，制作校内公告或班级通知；对于那些喜欢电脑设计的学生，指导他们使用 PowerPoint制作主题性的多媒体课件，在课前 10 分钟进行展示播放；对于那些喜欢电脑绘画的学生，引导他们使用系统自带的绘画软件或金山画王，设计宣传海报、黑板报等，在校园、走廊或课室内张贴。这样根据学生的兴趣爱好设计教学内容，一方面，可以激发学生的学习主动性和积极性，使学生从学习中获得自信心和成就感；另一方面，可以有针对性地培养学生掌握电脑专业技能而不是空泛的电脑综合理论知识，为他们今后走向社会提供基本保障。

六、组织学生参加各种电脑比赛，激发学生的学习热情

经常在课堂中举行各种竞赛，培养学生的学习热情，并积极参加社会上举办的各种电脑比赛，进一步培养学生的学习热情，发展学生的爱好技能。学生学习某一知识总希望能参与某一些活动，学有所用，如果在竞赛中获奖，他们会感觉到自豪和骄傲，这将激励他们树立自信心，更加积极主动地去学习、探索新的知识，从而增强他们适应未来社会的能力。2012 年，我们班有几件多媒体作品分别获得了《天河区中小学多媒体作品比赛》一、二、三等奖，大大鼓舞了孩子对学习电脑的热情。

七、建立新型的师生关系，营造和谐的学习环境

教书不仅要教会学生知识，更需要教师用关爱去对待每一位特殊儿童，因为只有爱心才能唤醒童心、滋润童心。我们作为特殊学校的教师，更应该去关心、爱护每一位特殊儿童。爱学生就必须走进学生的情感世界，把自己作为学生的大朋友，去理解、感受、领略他们的喜怒哀乐。教师对学生的爱心是建立新型师生关系的基础，应该把爱寓于教学之中，通过自己的语音、动作、表情、姿态传递给学生，让学生体验到亲切、温馨、幸福的情感，从而调动学生的学习兴趣。在学习的过程中，学生会犯这样或者那样的错误，这时候教师要学会包容，要尊重学生的自尊心，用自己亲切的微笑、友善地帮助他们改正错误。学生在学习上遇到困难，老师要多用信任的眼光和语言激励学生，帮助他们树立战胜困难的勇气和信心，让老师的鼓励成为他们继续学习的动力，使他们建立积极、健康、自信的良好学习态度，使他们真正做到想学、乐学。

激发学生学习兴趣的途径和手段是多种多样的，只要我们在教学实践中勇于探索，就一定能找到对学生进行教育的有效途径。只要肯下苦功，启迪真理的钥匙一定能掌握在我们手中，我们的教学一定会感动学生，受到学生由衷的欢迎。无论是教学计划还是教学过程，都应该注重提高学生的学习兴趣，耐心地帮助学生克服学习电脑的困难，进一步激发学生学习电脑的积极性和主动性，从而培养学生的自主学习能力，使学生能够适应社会发展需要，将来更好地走向社会。

参考文献

1. 钟向群．走向未来：电脑教育指南．北京：清华大学出版社，1996.

2. 国立台湾师范大学教育研究所编著．特殊教育．台北：伟文图书出版社有限公司，1979.

3. 刘全礼．特殊教育导论．北京：教育科学出版社，2003.

4. 中华民国特殊教育学会主编．特殊教育课程与教学．台北：心理出版社有限公司，1981.

浅谈智障儿童美术教育方法

东莞启智学校　陈美媛

【摘　要】随着教育不断改革，美育对培养全方面发展的素质人才的作用越发重要。美育是人全面发展的需要，具有开发智力、陶冶情操、培养美感和愉悦身心的作用。它可以教育学生树立审美观念，培养学生的审美能力，培养学生认识美、创造美的能力，特别对于智障儿童，美育的基本特征是具有示之以形的形象性，动之以情的情感性和寓教于乐的愉悦性，它对于智障儿童的发展是其他教育所不能取代的。在本文中，我从多年的特殊教育中总结出的几种方法，说明如何对智障儿童进行美术教育。

【关键词】小学美术；赏析教育；智障儿童

智障儿童是指智力明显低于一般水平，成长期间在适应行为方面有缺陷的儿童。智障是永久的缺陷，目前还没有药物可以治愈。对智障儿童进行美术教育的必要性有如下两点：第一，培智小学美术教育，形象生动，鲜明直观，对学生进行美术教育，促进智力发展和进行思想品德教育等方面，有它特有的优势，然而如何发挥或扩大它的优势作用，关键在于任课教师能否大胆改革，勇于创新，把握少年儿童心理特点与身心发展规律，努力为学生创造一个轻松愉快、有趣味的学习环境和气氛，消除学生的心理障碍，使学生感到学习没有负担，是一种享受，一种娱乐。就像游戏一样，使他们感到轻松愉快，这样让学生在乐趣中吸取知识和掌握技能，才能收到最佳效果并充分发挥优势作用。这一点是其他教育所不能相比的。第二，智障人士可以经过训练而发展其潜能，增加其独立及正常生活的能力，有的甚至开发其某方面超乎常人的天赋，例如，患有唐氏综合征的指挥家舟舟，未满月时，舟舟就被查出患有“唐氏综合征”，然而这种不幸并没有击垮他，他依旧自信自在地生活，而且还在音乐指挥上展现出相当高的天赋。生活无法自理的舟舟成了举世闻名的指挥家，世人赞叹。所以面对智障儿童，我们更需要耐心和慧眼，他们的潜力更需要挖掘，我们更期望有“画家舟舟”的出现！所以说，美术是智障儿童所从事的造型艺术活动，反映他们对周围现实生活的认识和体验。此外，智障儿童的美术教育与幼儿美术一样，既直观又形象，不但具有浓厚的趣味性，还具有强烈的情感性，是最为智障儿童喜爱和接受的一种艺术形式。

那么，我们平时在针对智障儿童进行美术教育时一般有哪些方法呢？

一、重欣赏，轻绘画

赏析教育是小学美术教学中的一个重要组成部分，特别是智障儿童，在动手能力不强的时候，学会欣赏能刺激其动手的愿望。小学美术教学大纲明确规定："小学美术以审美教育为核心，绘画、工艺、欣赏并重，着力培养小学生的审美情趣。"绘画课与手工课是培养审美情趣的基础，欣赏正是把平时所学的审美能力进行内化、升华的必须课程，在欣赏中，学生在形象、感受、理解之中来回碰撞，从中升华出各种能力，更让学生懂得了很多道理，培养和发展了学生的创造性思维与想象能力。最终达成培养学生的审美情趣这一教学目标。而实际课堂教学中，出现了一种"重绘画、轻欣赏"的现象。主要原因是老师缺乏对欣赏课的正确认识，认为欣赏就是看看，不重要，从而忽略了对学生进行欣赏的教学研究。改变这种现象，教师首先要转变观念，然后了解儿童的美术欣赏心理及欣赏习惯，选择合适的欣赏教学的组织形式和教学方法。强烈的色彩刺激能激起儿童的欣赏兴趣，特别是智障儿童，更能吸引他们的注意力。蓝蓝的天，红红的花，绿油油的树木，黄澄澄的果实，鲜明艳丽的颜色常常能使他们感到喜悦，乐于接受，如果我们把黑白图片和彩色图片同时放在他们的面前，儿童只会对彩色图片反映强烈。智障儿童在欣赏过程中，依据自己的生活经验、见闻认识及由画面产生的联想对作品进行评判。对那些反映他们熟悉的生活和内心世界的儿童画或同学、朋友的优美作品，他们大都能够接受，并常常用来作自己的范本。

美术欣赏一般分为专题欣赏课、随堂欣赏课和现场欣赏课。专题欣赏就是围绕某个欣赏课题进行整堂欣赏，是小学美术欣赏教学的主要形式，它指的是整个课时内组织学生专门对某些作品进行欣赏的课业。这种欣赏对于智障儿童在入门时作用不明显，效果不太理想。随堂欣赏课则是指结合教学内容穿插进行的欣赏，也就是在进行绘画、工艺等教学的同时，插入有关大师或同龄人的作品进行欣赏，帮助学生更好地理解教学内容，提高教学效果。这种欣赏方法在教学过程中运用得很多，比如，在《春天的小鸟》一课中，有的学生说这幅画不好看，什么都不像，有的学生认为好看。这时，教师不用评论学生的审美水平低或高，对或错，只要当好中间人，让学生去争论。在争论中逐渐加深对抽象画的认识，接受大小不等的几何色块组成的画面也是一种美的形式。我们每一课都安排了范图及资料，教师指导学生观看讲解，指出作品美在哪里。在欣赏过程中，教师要尊重每个学生的兴趣、爱好、个性和人格，以一种平等、博爱、宽容、引导的心态来对待每个学生，使每个学生的身心能够自由地表现和舒展开来，鼓励学生从每个不同角度欣赏和感受，教师不轻易批评学生的欣赏不正确，让每位同学都能轻松地讲出自己的感受、观点，在全班同学激烈的争论中，让美内化、升华。反之，教师如果认为学生不该对大师的画质疑，批评学生欣赏水平低下，学生的积极性遭到打击，容易与教师产生逆反心理。教师再讲几何色块组合画面要注意的地方时，只能是教师的一厢情愿了。现场欣赏是一种在课堂教学之外的美术欣赏形式，是指在较长时间内到现场和实地察看所进行的欣赏教学。例如，组织儿童参观美术作品展览。智障儿童外出参观的机会较少，可根据具体情况尽可能提供现场欣赏的机会。比如我们可以带学生到校园里走一圈，欣赏一下校园里各种各样的树，加强他们的直观认识。学校里就有那么多不同的树，何况大自然呢。这样既加深了学生对题目的理解，又有利于之后的绘画教学。

二、重动手，轻动笔

美术并不只是画画，手工是儿童美术课的重要组成部分，智障儿童美术教学亦是如此。所以，我根据儿童爱动手的心理特点，在美术教学中加入了手工制作的形式，对他们的手眼配合、合作交流能力起到了很好的效果，有些智障儿童在这方面也表现出非凡的能力，有些作品与正常小学生的作品一起参赛也能获奖，并取得不错的成绩。下面我就平时手工课上常用的一些方法作如下介绍：

（1）粘贴法：运用纸巾、五谷、碎布等进行辅助作画。

在绘画制作教学中，笔者引导儿童恰当地运用辅助材料进行粘贴作画。比如，在画《美丽的山村》时，笔者让孩子们用水粉颜料加白乳胶调出不同的颜色，再用纸巾充分吸收，粘贴在画面上，由于面巾纸质感非常柔和，使整个画面更显生动而柔和，纸巾贴画的画面效果跟油画的效果非常相近，有很浓郁的生活气息让人有逼真感和亲近感。在画《海洋世界》时，笔者让小朋友用蓝色的大块布为海洋背景，用不同颜色的碎布拼剪出不同的海洋动物的造型，生动有趣，岸边有随风飘浮的水草，岸上还有五颜六色的野花热情地开着，使画面有了更真实生动的效果，同时在搜集碎布的过程中还让他们认识了布艺的美妙。

（2）撕剪法：运用撕纸、剪纸、刮纸等进行辅助作画。

撕纸、剪纸、刮纸是孩子们非常喜爱的一项手工制作，因为这让孩子们有一种“破坏”的快感，让小手解放出来的快感。笔者利用孩子们这一特点，让他们把自己撕或剪纸的作品运用在绘画作品中。比如，在制作《小鸟飞来了》时，我教他们剪出各种姿态的小鸟，用绿色的纸张撕出柳树条作背景。当他们看到自己亲手制作出这么漂亮的作品时，都显得非常兴奋。

（3）塑型法：运用不同材质的线、吸管、塑料瓶等现有废品进行辅助作画。

绘画教学非常讲究型的塑造。在智障儿童的美术教学中，笔者首先让孩子们认识了解各种不同物体的造型，让孩子对各种物体的结构有更深入的了解，然后再教授孩子们进行一些立体的制作，孩子们学起来也就更得心应手了。比如，在元宵节中制作《漂亮的灯笼》时，利用不同颜色的纸杯做灯笼的笼身，不同的绒线、包装绳等作为灯笼的丝。在《漓江少女》的制作中，笔者教小朋友利用吸管，根据少女和竹排不同的造型特点，用排列和捆绑的不同方式进行作画。用绒线编好辫子，给少女做出了漂亮的发型，一幅漂亮的漓江少女站立在竹排上撑船的景象栩栩如生，画面的立体感立即凸显了出来。

（4）拓印法：运用吹塑纸、指纹、木板等进行辅助教学。

在儿童画教学中，笔者常常利用吹塑纸、指纹、木板等自然肌理进行水粉或水彩拓印，效果往往会让人惊喜不断。比如，在制作《梅花蘸色画》时，笔者让孩子们在画纸上先用水彩画出形式各异的梅花树枝形态，然后用手指沾上预先调好的水彩颜料，按照梅花的形状摁在各个枝头，一幅寒冬怒放的梅花图就跃然纸上了。同时，笔者还引导孩子们挖掘生活中不同的物品当作工具用来作画，效果往往让人意想不到。由此，在教会智障孩子学会用不同的物体作画的同时，也引导他们发现生活的美，热爱生活，这比任何的口头教条都来得直观而易于理解和接受。

三、改革旧式课堂教学方法，促进学生智力发展

对于智障儿童，有些老师可能教法简单化，教师讲，学生听，墨守成规老一套不变样，或者重视程度不够，如果限制了学生的思维能力和创造能力的发展，所以，教学方法必须改革。在大力强调素质教育的今天，教学方法的改革势在必行，要探索出一条新的教改方法，应根据智障儿童的特点，采取不同的教学方法。如教低年级孩子认识三原色，我感到要用一般的抽象的语言授课，孩子们是很难接受的。于是我就想出这样一种做法：用水彩颜料调成红、黄、蓝三种原色彩水，分别盛装在三个玻璃试管内，再拿三个空试管，一齐放在试管架上。课堂上让学生认识三原色时，把三种彩水展现在学生面前，讲什么是间色和间色是哪两种原色调配成的，就拿试管演示。当我把两种原色彩水倒入一个试管内一晃动立刻变成间色时，学生边拍手边喊出声来。也可以让学生自己调出自己想要的色彩，让他们亲身感受三原色的调配与变化。

四、利用计算机教学，优化美术教学过程

让多媒体走进美术课堂，可以弥补传统教学手段的不足，使传统教学与现代化教学媒体互相渗透、相互补充与完善，特别对于智障儿童，在创境激趣、启迪思维、增加容量、加深理解、领悟蕴含等方面也能起到事半功倍的作用。电脑绘画是多媒体教学的一个重要手段，在课堂教学上应用电脑绘画，有着一定的优势。计算机具有强大、灵活的功能。计算机有图像处理软件，有能够随时更换画面的功能，它以得天独厚的优越功能，为教师设计教学提供了方便，如 Windows 画笔工具箱中工具齐全而富有表现力，线条宽窄变化；Photoshop 的菜单功能多样，调配色彩丰富，这些不仅为教师在极短的时间内完成范画提供了保障，使学生能够目睹课堂示范，老师可边示范边适当地“精”讲，更重要的是把较多的时间留给学生进行“善”练。可见，美术课堂采用电脑组织教学，大大增加了课堂容量，便于教师设计课堂教学，优化教学过程。在课堂教学中运用电脑绘画的手法，特别适合小学生年龄的特点，尤其是对绘画基础薄弱的智障儿童，会减轻他们的心理压力，甚至能激发学生的学习热情，让他们在电脑上尽情地操作，把美术学习当作一种乐趣而不是负担。

综上所述，美术课是以表现美和创造美为主的审美活动。美术教师要努力通过多方面的学习，形成和发展自己的美术教学方式，以科学合理的教学方法，拓展时空，优化课堂教学。特别是对于智障儿童，只要我们采取合适的方法，就能使学生体验美感、丰富情感、发展想象力，增强学生的美感体验，培养他们欣赏美和创造美的能力，更能促进智障儿童心智的发展。

参考文献

1. 李文馥．幼儿美术教育．北京：中国劳动社会保障出版社，2000.

2. 武奎英．小学教师之友/美术卷．北京：人民教育出版社，1990.

3. Bruce Campbell 等．多元智慧的教与学．郭俊贤，陈淑惠译．台北：远流出版公司，2000.

4. 杨景芝．启迪儿童绘画．武汉：中国地质大学出版社，2004.

5. 钱初熹．美术教育促进青少年心理健康．上海：上海文化出版社，2008.

6. 边霞．幼儿园美术教育与活动设计．北京：高等教育出版社，2009.

ABA 技术在智障学生品德课程中的实施

广州市越秀区培智学校　聂永平

【摘　要】良好的品德对每一个学生来说都很重要，它可以教会一个人怎样做人，做怎样的人。智障学生由于生理、心理上的缺陷，导致其认识水平低，对事物的认识往往带有片面性和表面性，加上他们常常不能预见自己行为的后果，对行为的自我调节能力也比较差，道德判断水平很低，常常会出现一些不自觉或不自主的不符合社会要求的行为和活动。因此，思想品德教育对智障学生尤为重要。鉴于此我校已初步形成适合智障儿童使用的品德课程。本文探讨运用行为分析训练法（简称 ABA）在智障学生品德课程中实施，ABA 是目前训练自闭症学生矫正不良行为、提高自我管理、增进社交能力、提高表达沟通能力等较为有效的方法。运用此法塑造智障学生的良好品德和正确行为，不仅适用于自闭学生，普通智障学生也同样适用，而且此方法灵活、易于操作，教育训练收到较好的效果。

【关键词】ABA；品德课程；不良品行

好的品德影响人的一生，智障学生由于生理、心理上的缺陷，导致其认识水平低，言语调节功能欠缺，对事物的认识往往带有片面性、表面性和形象性，加上他们常常不能预见自己行为的后果，情感意识薄弱，对行为的自我调节能力也比较差，道德判断水平很低，常常会出现一些不自觉或不自主的不符合社会要求的行为和活动。这些不恰当的行为单单通过说教和日常教学不易改正。我们必须从德育工作的普遍性和特殊性出发，只有经过有效的教育训练，才能培养智障学生健康的心理素质、良好的思想品德和行为习惯。

一、基本理念的引入

运用 ABA 技术实施智障学生的品德课程，主要基于以下理念的支持。

（1）华生的行为主义理论。

华生主张应该研究能够实实在在地观察到的、“外显的”人类行为。行为是可以通过改变外部环境来改变的。发展出包括消退技术、塑造技术、区分强化、泛化等在内的方法体系，这些均在 ABA 训练中得到体现。

（2）斯金纳的强化理论。

斯金纳首次使用“行为矫正”一词，并明确通过积极的强化来矫正人的行为障碍。运用到教育领域，它可以被用来减少学生的问题行为，或增加适当的行为。这与特殊学校实施品德课程的目的相一致。

二、品德课程实施的必要性

（1）在校智障学生的不良行为表现。

现在的孩子都是家庭中的“小皇帝”，即使是这些残疾儿童也不例外，虽然他们不能说是家庭的希望，但有相当一部分家长觉得生了这样的孩子总有点亏欠的心态，因此在物质上和教养方式上都会满足孩子的要求，不想让自己的孩子吃亏、受委屈、受挫折，这样会导致孩子依赖、懒惰、追求享受、不爱惜劳动成果、任性、自私、争强好胜等不良品格，缺乏独立生活的能力，阻碍了孩子良好品格的形成。

据调查统计，我校智障学生有骂人、破坏公物、刻板行为的占95%，经常发脾气、有过动表现、乱扔垃圾杂物等行为的占50%，有自伤或攻击他人行为、在公众场合做不雅行为的占25%。

（2）学生不良行为产生的后果。

智障学生社会适应能力较差，如果不帮助他们树立良好的品行，不仅影响到他们现在的学习和生活，更对他们将来走进社会、融入社会带来阻碍，将来走出社会就会出现一些不自觉或不自主的不符合社会要求的行为活动，更严重的会给家庭和社会带来负面压力。

三、品德课程的结构与设置

（1）品德课程的目标定位。

对学生而言，减少不良行为和控制负面情绪非常重要，好的品行可以改变一个人，从而提高智障学生的综合素质，特别是促进其适应能力的提高，让他们勇敢面对各种困难，为他们融入社会，适应社会生活打下基础。

对家庭及社会而言，我们提供尽可能多的支持和帮助，实施此课程可以减少一些不自觉或不自主的不符合社会要求的行为活动，将来也为家庭和社会减少负面压力，同时也让人们看到残疾学生自强自立的一面。

对学校而言，我们已成功打造特奥品牌，利用此优势进一步关注智障学生的品德发展，先各分目标训练学生的好习惯，再把学生们各方面的良好习惯（分目标）逐步累积形成常规的行为习惯，从而形成良好的特校校风，有助于树立特殊学校形象，促进学校的全面发展。

（2）品德课程设置的思路。

培智学校品德课程总共15个主题，从知、情、意、行四方面强化品德教育及正确行为，逐步把有生理残疾的学生培养成具备坚毅及承担精神、意志坚强和懂得尊重别人的人，为融入社会打下基础。

表 1　智障生品德课程设置

年级	品德主题	教育范畴
一年级	我爱学校	回校常规、进餐常规、尊敬师长
二年级	诚实守信	说话算数、不撒谎
三年级	支持环保	不乱扔垃圾、不破坏绿化、垃圾分类
四年级	我懂礼仪	举手发言、鼓掌礼仪、打招呼礼仪
	讲文明懂礼貌	礼貌用语的运用场合、懂谦让
五年级	积极锻炼益身心	会选择运动、掌握技巧
	注意个人卫生	勤清洁、勤更衣、身体不适的处理
六年级	自己事情自己做	劳动礼仪、工具要收拾好
	养成阅读好习惯	看书礼仪
七年级	待人友善	微笑礼仪、团结互助、会交友
	保护他人私隐	与异性相处的礼仪、如厕礼仪、不乱翻他人物品
八年级	自律自控	不当情绪的处理、会用简单短句表达需求
	我会理财	不乱花钱、帮助困难的人
九年级	我爱祖国	升旗仪式规范、爱护红领巾
	遵守社会公德	乘车规范、邻里相处

四、ABA 技术与品德课程的实施

行为分析训练法（简称 ABA）是目前训练自闭症学生矫正不良行为、提高自我管理、增进社交能力、提高表达沟通能力等较为有效的方法。而其中的 A—B—C 行为原理在品德教育训练中有助于教师分析学生的异常品行，找准关键点，同时具有泛化功能，对正确行为可以强化训练，逐步形成良好的品德和行为习惯。

（1）确定强化物，保证训练的有效进行。

由于智障学生无法了解好的行为带来的“成功”概念，因此通过强化是较好的一种方式，同时强化也是训练中最易控制、最有效的变量，可以认为所有能提高行为的刺激（物品、活动、语言甚至环境、安全感）成为强化。找准强化物是 ABA 训练中的入门，它可以保证训练的有效开展。

确定强化物的方式多种多样：能力较差的学生可以通过向家长了解确定，同时让他在玩的环境中老师观察获得、反复比较获得；能力稍好的学生则可以通过笔试完成，在一堆文字或图画当中选出所喜欢的东西，也可以让他们排序确定。

强化的频率要控制好，太频繁会导致失效，学生行为基本要达到 80% 成功时才撤销，但要注意定期强化，强化的方式从固定的时间、固定的模式逐步发展到变化模式。

（2）制订学生的个人品德成长计划。

只有实施个别化教育才是真正意义上的特殊教育，它在于真切关心每个儿童的发展需要。我校实施品德课程的关键点在于着眼并促进每一个特殊学生的发展，这与个别化教育的本质是一致的，因此先根据学生的综合评量进行诊断，在此基础上，制订出适合该名学生的品德成长计划。

表2 ______班学生品德成长计划

负责教师：　　　　　　　　　　　　协同施教：

姓　名	
基本情况分析	
优势分析	
劣势分析	
强化物排序	A________ B________ C________ D________
品德主题	
学期分目标	1. 2. 3.
评价内容（含形式）	

（3）运用ABA技术实施品德课程。

ABA教学法用途较广，可用于矫正智障学生不良行为、提高自我管理能力、增进社交能力、提高表达沟通能力等。它不仅是自闭症训练的有效方法，也同样适合课堂使用。

教师们先根据品德主题找出学生对应的行为问题（目标行为），运用A—B—C行为原理分析，有助于教师在品德教育训练中分析学生的异常品行，找准关键点。如：有一名学生被确定的目标行为是课堂上大叫，经过观察分析得出：

A—B—C（前因—行为—后果）

想上厕所（A）—出现课堂上大叫的行为（B）—老师忽视（C）

在确定问题行为后，根据个案情况实施强化训练，若学生具有语言能力的可引导他用正确的方式，如：举手表达，得到老师允许后才上厕所，从开始会向老师正确表达需要到控制每节课如厕的次数；若学生不具备语言能力可采用沟通图卡引导他表达。能按要求做到的及时给予强化物的刺激，可以按一次给强化到两次给强化再到一节课给强化到一上午给强化等方式调控强化物的刺激频率。

ABA教学法可记录问题行为及训练的次数和步骤，以便清晰了解学生的进展情况。遇到一些较为复杂的目标行为可采用连环法将其分解为不同的单元目标，再将简单的单元行为按一定顺序连在一起。如：主题“自己的事情自己做”中确定的分目标是自己穿衣服，用连环法基本可分解为抖松衣服→穿右手→穿左手→拉链（从上到下扣扣子）→整理衣领→拉直衣服等六步，也可根据学生情况再细分步骤。将复杂的步骤拆分，方便学生对每一环节的记忆。

ABA技术同样适合其他残疾对象使用，对自闭症学生以及能力较差的智障学生而言，ABA技术中所推崇的视觉提示方法也是经常用到，比如：围绕“我爱学校”为主题设计自闭症学生的品德分内容——我会放书包，用沟通图卡分解为进校门点名→找到对应的书包凳→脱书包→挨着前面的书包排好等 4 幅图画，也可运用绘本游戏进行训练，有助于自闭学生提高理解、社交能力以及行为和情绪的管理。

（4）泛化训练。

泛化训练是 ABA 技术中较重要的一环，在品德教育中的运用也是非常有必要的。一旦学生一个技巧在一个特定环境中（如：教室或固定一位老师）被教会，就要将他转移到变化了的环境（如：场景、人员）中进行泛化，否则以后步入社会，当环境发生变化后他们就会难以适应社会，表现出正常人不能接受的差异行为。泛化训练适用于每个智障学生，能力稍低的学生以具体行为训练为主，再将掌握好的行为进行泛化训练，能力好的学生则注重将好的品行泛化到其他人和情境中去。通过泛化训练，有助于智障学生适应外界变化，巩固良好的行为习惯。

（5）实施学期评估，调整下阶段计划。

每学期各位老师根据学生的品德计划及训练情况实施评估，评估主要看：分目标达成度高不高；学生是否能正确掌握恰当的行为；增强物设置合不合理。每一分目标的恰当行为正确率达 80% 时为通过，如果个案不配合或低于达标值时则需调整下阶段的分目标。

品德计划的评估形式较为开放，可以是设置情境观察目标行为是否已内化成常规、可通过其他老师协助观察、可通过提问形式了解其对问题行为的内在判断等。

五、ABA 实施品德课程的效果

（1）在校学生进步较大，不良行为大大减少。

运用 ABA 技术实施品德课程，每个学生都有一份品德计划，也就是每一个学生都得到老师在这方面的关注，不良行为得以控制，大大减少，不良行为及情绪转化效果较明显。目前学校已形成规范的课堂常规，学生在课堂随意走动、大哭大叫等不良现象已很少见到。每周各班选派的护旗手也由原来的那几位“老面孔”发展到现在的“新面孔”，这也充分说明培智的学生在改变、在成长。

（2）特奥运动员勇敢拼搏，在同学中树立自强不息的榜样。

特奥是一个很好的平台，它鼓励智障的学生勇敢尝试，争取胜利。在老师们的教导与训练下，智障学生勇敢面对挫折，比常人付出了更多汗水，坚持训练，在特奥赛场上顽强拼搏，最终夺取辉煌的成绩。

表 3 学校、个人特奥荣誉表

授予时间	获得称号
2010. 9	2006—2010 年度全国特奥工作先进单位
2010. 9	全国特奥工作先进个人
2006. 7	2001—2005 年度全国特奥工作先进单位
2006. 7	2001—2005 年全国优秀特奥运动员
2003. 9	全国残疾人体育先进个人

（续上表）

授予时间	获得称号
2006.7	全国第四届特殊奥运会体育道德风尚奖
2006.7	第四届特奥运动会篮球优秀运动员
2001.12	2001年全省残疾人事业宣传文体工作先进个人

表4 学校特奥运获奖表

授予时间	竞赛项目
1999.7	第十届国际特殊奥林匹克运动会篮球赛男子组冠军
2001.10	全国首届特奥篮球赛男子组冠军
2002.5	广东省特奥会篮球赛男、女子组及篮球个人技术冠军
2002.5	广东省首届特奥会举重项目冠军
2002.9	全国第三届特奥会篮球赛男、女子组第四名
2006.7	全国第四届特奥会篮球赛男子组及篮球个人技术冠军
2006.7	全国第四届特殊奥林匹克运动会（举重56、52、60公斤级）冠军
2007.10	第十二届国际特殊奥林匹克运动会举重项目4金13银2铜
2009.9	全国特奥举重项目12金4银8铜
2010.9	全国第五届特殊奥林匹克运动会篮球、举重项目10金18银1铜

这些成绩激励着学校的师生们，我们看到，残疾的孩子们通过自己的努力走出自卑，正一步步走向自强。

（3）有助于学校形成良好的氛围。

学校实施品德课程以来，智障的学生有了较大改变，来校参观的宾客和领导们都说："培智的孩子们变得文明有礼，会关心他人了。"学校还处处呈现出团结互助、友善的校风校貌。在孩子们的影响下，学校的老师近年纷纷加入志愿团体，发挥余热，用自己的专业特长帮助辖区的残疾青少年，在校内掀起一股"予人玫瑰，手有余香"的热潮，我校的志愿服务队被评为广州市志愿服务先进单位，两名志愿者同时也获得先进个人的光荣称号，为学校营造了良好的氛围，从而带动学校整体工作的开展。

六、运用ABA技术实施品德课程的体会

品德教育的影响大家有目共睹，它能改变一个人。智障学生由于先天的因素会导致情绪和行为出现异常，道德判断水平低下，这些状况对其品德的塑造已造成不良的影响，鉴于此我校已初步形成适合智障儿童使用的品德课程，所尝试运用的ABA技术实施品德课程有利于塑造智障学生的良好品德和正确行为，效果较好，具有一定的推广价值。

智障学生是社会中的弱势群体，在文明社会中享受着阳光雨露的滋养，这些学生终有一天将融入社会，通过实施品德课程让智障的学生懂得施比受更有福，他们或许不能像正

常人一样实现心中的远大理想，但通过自食其力、服务社会的方式来减轻家庭和社会的压力，通过树立自强不息、自信友善的形象来改变残疾人在人们心目中的传统印象。智障的学生在自己的天地也同样有着别样的精彩！

参考文献

1. 刘全礼．智力落后儿童的特点与教育纲要．天津：天津教育出版社，2008.
2. 陈荣华．行为改变技术．台北：五南图书出版股份有限公司，2008.
3. 唐健．情绪行为异常儿童教育．天津：天津教育出版社，2007.
4. 顾明远，孟繁华．国际教育新理念．海口：海南出版社，2006.

辅助技术在盲校人体学教学的实践应用和反思

广州市盲人学校　梁智敏

【摘　要】本文通过对辅助技术在盲校人体学教学实践的探讨和反思，旨在阐明辅助技术对盲校人体学教学的积极作用，可以丰富教学手段，调动视障学生的学习积极性，更好地发挥其主体作用，提高教学效率，并为视障学生提供丰富的学习资源，有助于资源无障碍化共享。

【关键词】辅助技术；盲校；人体学；教学实践

美国心理学家布鲁纳认为："在学校教育教学中，所有教学计划在很大程度上依赖于达到教学目标而采用的教学媒体。"也可以说，教学媒体的使用情况，在一定程度上反映了当前的教育水平。目前，辅助技术在盲校正常人体学教学中的应用，主要有人体模型和CAI（信息技术）两种教学形式。

一、盲校正常人体学中运用辅助技术的意义和作用

人体学的教学目的就是让视障学生掌握理解人体各部分形态和结构，为按摩学习打下基础。人体学是实践性很强的学科，传统教学过程中，大量使用直观教学手段。传统的辅助技术有尸体标本、塑胶模型、挂图、图谱、课本插图。随着现代技术的出现，多媒体在教学中发挥着越来越重要的作用，现阶段的多媒体辅助教学设备包括电脑、电子课件、投影仪器、录像机、录音笔等。辅助技术可以理解为视障学生的"拐杖"，辅助他们掌握解剖结构，为他们提供大量学习资源，通过互联网和搜索引擎，给"以学习者为中心"的教学方法的实践创造了条件。电脑和多媒体课件的应用为相对枯燥的盲校课堂注入了新的元素，使课堂教学更趋于多元化和优化，创造更适合视障学生学习的环境，给课堂教学注入了新的生机和活力。辅助技术，特别是电脑多媒体，还是一种新的教学手段，如何让辅助技术更好地融入盲校学科教学，让其真正成为学生得力的学习辅助工具，从而提高教学质量，成为摆在盲校教育工作者面前需要解决的重要问题。

（一）模型直观教学是视障学生掌握人体解剖结构的必要手段

人体学的学习过程就是认知人体解剖结构和理解相关生理功能的过程。直观教学是人体学的主要教学方法，通过用眼观察和亲手解剖人体获取解剖知识。在普通医学专科院校有专门的解剖大楼，存放大量的尸体标本用于教学。而盲校由于客观条件的制约，目前主

要是使用塑胶解剖模型进行教学，由于视障学生多数只能通过触觉和听觉来接受信息。在课堂上，老师简明扼要地描述解剖结构，在他们的脑海中，构建解剖结构的模糊轮廓印象，然后老师手把手引导学生触摸人体模型，部分低视生可以通过观察，让他们对解剖结构有较真实的感性认识。因此人体模型是目前盲校人体学教学中最重要的辅助工具。

（二）多媒体教学注重多感官的刺激，巩固和加深学生对人体学知识的记忆

多媒体教学更注重多感官的刺激，通过多感官的刺激所获得的信息量，比单一听教师讲课强得多，更符合人类的认知规律，因而也就更有利于教学效能的提高。人体学分为九大系统，其中运动系统对按摩学意义最大，而运动系统的骨学中骨的解剖和骨性标志是视障学生学习的难点，学生经常反映对骨性标志难记忆，课后又难以复习。而学生特别是全盲学生，记忆难度可想而知。传统的盲文书本，只是简单提供文字或者黑白图片，显然难以学习记忆枯燥的解剖知识，而一个多媒体课件整合了文本、图形、音频和视频，可以同时满足全盲学生听文本、视频和低视生看图片、视频的需求。运用录音笔和摄录机可以轻易录下教师课堂录音和录像，学生通过课后反复收听或收看，循环学习，加深对解剖知识的记忆。

（三）利用多媒体辅助技术缓解没有尸体标本的困局

解剖尸体标本是人体学教学的一个重要环节，但盲校由于资金、技术和场地的限制，缺乏医学专科学院的尸体标本，教学使用的塑胶人体模型与人体真实结构有相当大的区别，制约了视障学生对真实人体结构的认知。而应用多媒体技术可以在一定程度上弥补这种不足，教师通过投影仪或者电脑让低视生看真人解剖图片和解剖视频，让学生对人体解剖结构有较真实的认识。

（四）多媒体辅助技术可以丰富课堂教学手段、激发学生的学习兴趣、提高学生的学习效率

普通学校的人体学教学主要是理论课和实操课两部分。传统的盲校人体学教学，主要也由两部分组成，即教师讲解相关解剖结构，然后手把手触摸身体或模型，让学生认知解剖结构。这种教学模式相对单一，学生容易产生倦怠。多媒体计算机辅助教学能够充分创设一种形象逼真、色彩鲜艳、动静结合的教学情境，让学生通过对人体器官结构的形、声、色等的变化来获取知识，认识其内在规律，激发学生的学习兴趣，提高学习效果。比如：在体循环的教学中，单纯语言的描述是相对抽象的。如果能使用 flash 制作血液流动过程的动画，就能很好模拟呈现体循环的过程。另外，盲校的职中学生有相当一部分插班生，插班生多来自普校，有的甚至没有接受过正规教育，在辅助技术教学实行之前，他们进入盲校，学习上首先遇到的困难是学习盲文，旧盲文至少需要一个多月时间方能初步掌握，没有拼音基础的学生，需要更长的时间，而新盲文由于多了音调变化，所耗费时间更长。而现在为每一名视障学生配备电脑，在读屏软件的协助下，他们通常一周便能较熟练地操作打开文本文件进行阅读和打字，学习效率得到了明显提高，插班生也能提交作业，很快适应盲校的教学，调查问卷显示，有 10% 的插班生可以在不懂盲文的情况下，单纯通

过电脑技术的辅助，完成职中三年的学习。

（五）多媒体辅助技术让视障学生无障碍获取解剖知识，减少纸张的使用

辅助技术在盲校使用以前，学生放假回家需要带上厚厚的解剖课本。而现在他们只需要使用一个U盘，就可以把整个学期要学的解剖知识带回家学习。用网页制作的课件，整合了文字、声音、图片和视频，可以从残余视觉和听觉上为低视学生和全盲学生提供一个良好的学习平台。盲校普及电脑教学有另一个好处是大大节约纸张，众所周知，传统的盲校课堂练习或作业，需要厚厚的盲文纸、盲文字笔、盲文字板。几道练习题就需要一张盲文纸，而且老师要进行随堂练习或测验就需要预先打印很多份盲文题目，很费时间。而现在有了多媒体辅助技术，学生可以轻松在Word或Text打字，及时做老师布置的习题，这样可以做到作业测验无纸化，提高课堂的教学效率，同时节约资源，课后老师也能较快地批改学生做的电子文档，比阅读批改盲文的速度快很多，大大提高了教师的工作效率。

二、盲校人体学教学中运用辅助技术应具备的条件

（一）建立人体学模型室

人体学是一门古老的形态学课程，它的教学内容绝大部分是对结构的认识，因而直观教学方法在人体学中占有极其重要的地位。模型教学可以帮助学生理解书本知识和直观掌握人体复杂结构。在普通学校，解剖实验室的建设和管理水平是衡量解剖学教学质量的重要指标。在盲校，人体学模型室的建设是教学质量的重要保证，根据学生的数量购买相应的模型，做到每4个学生有一个模型，有条件的话，购买发声模型，并在人体学模型室进行教学，每4个视障学生组成一个小组（低视生和全盲生搭配），在老师指导下，进行分组学习。这样的教学模式，同新课程的合作互动式教学相接轨，能较好地调动学生的学习能动性。

（二）辅助技术设备软件和硬件的配备

硬件配置方面，学校要购置一系列信息技术设备，主要包括给教师和学生购置个人电脑，建立学校机房，建设校园网，安排电教老师对校园网进行日常维护和管理。软件的准备则主要是师资的培养，培训WindowsXP、Powerpoint、Dreamweaver，掌握基本的课件制作和简单的网页链接制作技巧。

三、辅助技术在人体学教学中的实践应用

辅助技术是现代科学技术发展的产物，是教育教学现代化的重要标志之一。它在助教、助学方面比传统的教学显示出了较大的优越性。

（一）运用辅助技术多角度、多层次地展示解剖结构特征、毗邻关系及其临床意义

书本解剖图片大小是固定的，而电脑里面的解剖图片可以随意放大缩小，方便低视生观察。解剖图片是平面二维的，真实的解剖结构是立体三维的，解剖动画可以更形象地展示人体解剖结构。全盲生由于视觉受限，要求老师在讲解完课文以后，手把手地引导他们摸模型，这是一个必不可少的教学环节，且这个环节是最花费时间的。而低视生则可通过观察来获取大部分解剖知识。如：在讲述胃的解剖时，老师可以让低视学生观看胃的解剖视频，通过视频的角度，低视生可以获取胃的结构、毗邻关系。由于解剖视频是用真人尸体做讲解对象，因而低视生可以从更高层次真实认知解剖结构。而全盲学生可以通过听视频，作为一次知识巩固归纳。

（二）自制课件，并让学生操作课件，让他们积极主动参与课堂教学

人体学的学习是一个典型的认知过程。普通医学院校，学生学完解剖知识理论，然后根据理论在实操课上通过观察和动手操作，来印证解剖知识，较容易实现教师是主导，学生是主体的教学方式。而盲校由于学生的视力受限，特别是全盲学生，无法观察或者难以触摸解剖模型，逐渐形成了视障学生在学习中的惰性。通过制作课件，让学生操作课件等寻找问题的答案，在一定程度上，能够较好地调动他们的学习积极性。而且比较而言，电脑课件的文字和图片可以随意放大，方便低视生阅读，同时整合音频和视频，容量上比起书本有明显优势，另外教师可以根据不同班级学生的学习能力差异，随时修改课件，做到因材施教。

（三）运用辅助技术简化复杂的解剖知识，提高教学效果

盲校人体学整合了解剖和生理两门学科，涉及很多复杂的解剖生理过程，如：肌丝滑动、肌肉收缩、胆汁分泌、心血管循环、心传导系、神经传导、脑脊液循环等。在解剖运动系统的肌肉部分，肌肉的运动是教学难点，而使用多媒体 flash 软件制作的课件，就能模拟演示较复杂的肌肉活动，如：肩肌的运动。又如：神经传导，简单使用模型，难以形象表达，如应用多媒体课件，特别是应用二维动画的形式来表示传导通路，可以使教学内容由抽象变具体、变直观，让学生更容易理解。另外神经等的细微结构，在塑胶解剖模型上是没有的，而多媒体课件可以通过视频的形式，由模糊变直观，提高教学效果。

四、盲校人体学教学运用辅助技术应注意的几个问题

经过 6 年多的辅助技术在人体学教学上的实践应用，笔者使用问卷调查的方式对我校职高一和职高二学生进行了走访调查（见下表），并进行了具体分析和反思。

学生调查问卷汇总表

科目：人体学

班级：职高一和职高二　　人数：30 人　　时间：2010 年 3 月 19 日

题目	选择	人数	占总人数（%）
1. 您认为下列哪项辅助技术对你帮助最大？ A. 人体模型　B. 多媒体课件　C. 其他	A	26	86.67
	B	4	13.33
	C	0	0
2. 您认为人体学的教学是否一定要使用人体模型进行教学？ A. 一定要用　B. 不一定要用	A	26	86.67
	B	4	13.33
3. 您认为人体学是否一定要使用电脑辅助教学？ A. 一定要用　B. 不一定要用	A	11	36.67
	B	19	63.33
4. 您认为人体模型在哪方面帮助你学习人体学？ A. 解剖标志定　B. 解剖形态结构 C. 毗邻关系　D. 以上都有	A	1	3.3
	B	1	3.3
	C	3	10
	D	25	83.33
5. 您对人体学使用多媒体教学的效果评价是： A. 效果很好 B. 与传统模型教学相比差不多 C. 不如单纯的模型教学效果好 D. 只是一个补充	A	1	3.3
	B	4	13.33
	C	0	0
	D	25	83.33
6. 您认为人体学中采用辅助教学后，课堂上师生之间的交流： A. 完全正常 B. 基本正常 C. 受到一定的影响	A	13	43.33
	B	8	26.67
	C	9	30
7. 您是否提倡在以后的教学中继续应用信息技术？ A. 是 B. 否	A	23	76.67
	B	7	23.33
8. 您对人体学中电脑的使用效果： A. 较满意 B. 基本满意 C. 不太满意	A	14	46.67
	B	13	43.33
	C	3	10
9. 您能熟练地应用电脑进行自主学习人体学吗？ A. 能　B. 不能	A	22	73.33
	B	8	26.67

（续上表）

题目	选择	人数	占总人数%
10. 在人体教学中融合辅助技术手段对您学习人体学学习兴趣： A. 有较大的提高 B. 有一定的提高 C. 没有提高	A	2	6. 67
	B	24	80
	C	4	13. 33
11. 您认为在人体学的多媒体教学过程中，您的最大受益在哪？ A. 直观形象，方便记忆 B. 操作性强，调动学习能动性 C. 内容多元化，集文字、图片、音频、视频于一身	A	9	30
	B	8	26. 67
	C	13	43. 33
12. 您认为多媒体课件中动画演示对您空间想象能力的培养和开发有无帮助？ A. 有很大的帮助　B. 有一定的帮助　C. 没有太大的帮助	A	3	10
	B	7	23. 33
	C	20	66. 67
13. 通过多媒体教学，您的成绩有无提高？ A. 提高明显　B. 有所提高 C. 没有变化　D. 下降了	A	5	16. 67
	B	16	53. 33
	C	6	20
	D	3	10
14. 通过信息化教学，你还需要书本辅助吗？ A. 需要　B. 不需要	A	27	90%
	B	3	10%
15. 您对今后的人体学教学中继续融合信息技术手段有什么好的建议？	1. 增加一名助教，可以在主教讲解解剖结构的时候，同步教学生摸模型。 2. 多使用可发音的模型，方便盲生自主学习。		

五、分析和反思

（一）肯定了多媒体的有益补充作用

调查表明，83. 33% 的学生认为多媒体技术是人体学的一个补充，但评价不高，认为效果很好的只有 3. 3%。有 76. 67% 的学生认为需要继续使用多媒体技术辅助，但有 23. 33% 的学生认为不需要继续使用多媒体辅助，理由是他们的电脑技术掌握得不好，不能自主使用电脑学习。43. 33% 的学生认为多媒体的最大帮助是提供了多元化的学习资源，方便搜索。80% 的学生认为，多媒体激发了学习兴趣，53. 33% 学生的成绩有提高。有趣的是，低视生对多媒体的肯定比全盲生高，主要是因为低视生可以充分利用多媒体的视频和图片，而全盲生只能利用文字和音频。

（二）辅助技术间的主次关系不能颠倒

盲校人体学的教学方法与普通专科院校差别最大的地方，是需要教师引领全盲生的双手进行触摸模型或者身体，学生的双手就好像正常人的双眼，通过触觉感知来代替视觉限制。触摸教学是盲校人体学教学的主要方法，其他辅助方法只是从属作用。从调查表的题目1、2、15来看，86.67%的学生认为模型教学在人体学中有不可替代的作用，并且建议人体学的教学中，应增加助教，理由是一个老师难以兼顾讲授和摸模型两部分教学过程，全盲生普遍反映摸模型的时间不够，影响了对解剖结构的理解。教师如果在教学过程中，过分依赖多媒体，而弱化触摸模型的直观教学，将会本末倒置，学生将难以掌握人体结构。

（三）多媒体课件应更多强调实用性

26.67%的学生不能熟练使用电脑学习，对网页课件操作感到困难。在日常教学实践中，笔者发现全盲生多倾向于使用txt记事本，因为txt操作更加简单，打开速度快，而低视生倾向于将文字和图片分开，即文字用txt，图片、音频、视频放在一个文件夹中，方便浏览。因此，教师在上课过程中，可以使用网页课件教学，而给学生资料可以用简单的txt，把图片、音频、视频统一放在一个文件夹方便学生使用。

现阶段盲校人体学的辅助技术主要包括传统的人体模型和现代的多媒体技术。以模型教学为主，多媒体技术则以电脑为媒介，就像给视障学生添了一对眼睛，做到“授之以渔”，增强视障学生获取知识的能力，能激发他们的学习能动性，贯彻新课标中“以学生为主体、老师为主导”的原则，提高教学质量和教学效率，但也对教师提出了更高的要求。因此，我们要在教学实践中，不断探索，让辅助技术在人体学科中发挥更大的作用。

参考文献

1. 李佳．计算机多媒体辅助盲校英语教学初探．中国特殊教育，2001（2）．

2. 杜镲，史二栓，崔成立．人体解剖学教学中CAI课件的应用．包头医学院学报，2003（4）．

3. 金利新．人体解剖学多媒体教学课件的制作与实践．青岛大学医学院学报，2007（1）．

4. 姚树仁，赵大源，付妍．人体解剖学实验室建设与实验教学改革探索．中华现代临床医学杂志，2006（14）．

5. 别永信．以人为本构建和谐的解剖学实验教学环境．医药产业资讯，2007（14）．

特教学校职高学生顶岗实习管理体系的构建与思考

深圳元平特殊教育学校　周　媛

【摘　要】顶岗实习是职业教育中一项不可或缺的教学环节。本文从当前特教学校职高学生顶岗实习存在的主要问题出发，揭示构建顶岗实习管理体系的必要性，进而对顶岗实习管理体系的构建进行阐述，提出建立“一二三四”的顶岗实习管理运行机制，建立健全顶岗实习管理制度，建立学校、企业、学生和家长联动的契约化管理体系，建立校企结合双重考评体系等做法，最后对顶岗实习管理体系的发展进行了一些思考。

【关键词】特教学校；职业教育；顶岗实习；管理体系

当前，残疾人的职业教育越来越受到关注和重视。国务院办公厅转发教育部等部门颁发的《关于进一步加快特殊教育事业发展的意见（2009）》和《国家中长期教育改革和发展规划纲要（2010—2020 年）》中都明确提出要大力加强职业教育，促进残疾人就业。《全国特殊教育“十一五”发展规划》中更是明确强调“加强对残疾人的职业技能和就业技能培训”，“大力发展以职业教育为主的残疾人高中阶段教育”。由此可见，发展特殊教育学校的职业高中教育不但是当前我国特殊教育发展的趋势，而且也是一项紧要任务。

总体来说，特殊教育学校职业高中的核心教学目标就是培养残疾学生的就业能力和社会适应能力，使他们能掌握参与社会劳动的职业技能，并具有良好的职业道德和思想品质，以满足劳动就业的需要。要落实这一核心目标，就必须重视实践教学。职业教育不应只在教室或实训室仿真状态下进行，更应让学生到真实的工作环境中去锻炼，到具体的工作岗位上去体验，才能真正提高他们的实践技能。顶岗实习就是解决这一问题的最好方式。

顶岗实习，指的是学生在完成一段时间的专业技能学习之后，集中或分散到企业实习，顶替企业员工的工作岗位，完全真实地履行其实习岗位相应的工作职责。它具有工作岗位的“零距离”、工作环境的职业性、工作经历的真实性和工作体验的综合性等特点，是职业教育中不可或缺的一个教学环节，是强化学生职业工作能力的必由之路。因此，在特殊教育学校的职业高中教育中，也必须高度重视学生的顶岗实习工作。

一、构建顶岗实习管理体系的必要性

一般来说，要对某一项目进行有效管理，就必须设计、建立、实施和保持一整套管理体系。因此，特殊教育学校职高学生的顶岗实习，也必须首先构建起顶岗实习管理体系，以保证实习工作最大限度地发挥实效。

首先，构建规范的顶岗实习管理体系，有利于学生明确顶岗实习的目的和要求，从而更好地完成顶岗实习任务。

其次，构建规范的顶岗实习管理体系，有利于学校制定及完善相关的管理制度，不断改进顶岗实习管理办法，按照相关制度对学生的顶岗实习进行落实和监督，确保顶岗实习的质量。

再次，构建规范的顶岗实习管理体系，有利于增强企业接收残疾学生实习及就业的信心，同时也为企业在接收残疾学生进行顶岗实习时提供必要的支持和保障，校企双方在此基础上共同推进学生顶岗实习的顺利开展。

二、特教学校职高学生顶岗实习中存在的主要问题

现阶段，各地的特殊教育学校职业教育才刚开始起步，虽然认识到顶岗实习的重要性，却往往心有余而力不足，或者实习效果并不很理想，还有许多问题需要解决。

1. 学生方面

首先，学生对顶岗实习的认识不到位。部分学生没有充分认识到自己来到企业顶岗实习之后就是企业的“准员工”，还认为自己是一名学生，并以身体的残疾为借口，吃苦精神不足。

其次，学生对顶岗实习的准备不足。主要表现在：①体能准备不足。企业的工作强度较大，工作节奏较快，有许多学生在学校的时候就不注意锻炼，导致在企业工作的时候体力吃不消。②知识、技能准备不足。在学校里所学到的知识技能不能满足企业工作岗位的需要，不能完成相应的工作任务自然也就得不到企业的认可。

2. 学校方面

通过对比近年来各地特殊教育学校在职业教育方面的做法我们可以发现：对校内职业教育教学的研究较多，而对学生顶岗实习的研究较少；对职业教育的教学过程管理较细，而对学生的顶岗实习过程管理较粗；对校内职业教育部分在人、财、物等方面投入较多，而对学生的顶岗实习方面投入较少。

3. 企业方面

首先，接收残疾学生顶岗实习还未成为企业的责任和义务。一般企业都觉得没有必要为培养残疾学生而增加企业成本，既缺乏对这些残疾人士的包容心，也缺乏相应的教育教学意识，企业得不到即时显性的实际利益，因此也就不愿接收残疾学生前去顶岗实习。

其次，学生管理的复杂性。学生来到企业顶岗实习，也就意味着企业需要承担相应的管理责任。企业最担心的就是学生实习期间的安全问题。尤其是我们的残疾学生，注意

力、理解力、情绪控制能力等各方面都要差于常人，发生安全事故的隐患就要更大些，因此对于企业来说，接收残疾学生顶岗实习的管理难度和风险是相对较大的。

三、顶岗实习管理体系的构建

一套科学、合理、可操作的顶岗实习管理体系，首先是建立在劳动就业市场需求以及残疾学生实际就业能力基础之上的，它必须切合特教学校、社会企业以及残疾学生的实际情况，全盘考虑从顶岗实习的组织与指导到学生顶岗实习成绩评定等各个环节，并由学校及企业共同组织实施。

1. 构建顶岗实习“一二三四”的管理运行机制

“一二三四”的管理运行机制即一个导向、二重管理、三个阶段、四方参与。（工作流程见图1）

“一个导向”，指的是以就业为导向。这其中包含两层意思：一是以学生的就业安置为导向。残疾学生的就业面比较狭窄，能够并愿意接收残疾学生就业的企业数量相对较少。当学校为学生联系顶岗实习企业时，应首先考虑这些有意接收残疾学生就业的企业，让学生到企业实习的同时也为今后能到这家企业就业打下基础。二是以学生的就业能力为导向。为学生选择顶岗实习的工作岗位最好与学生在学校所学的专业技能相关，并与其实际特点和能力相适应，既保证学生有能力完成实习任务又能充分锻炼他们的实际操作技能。

“二重管理”，指的是学生在顶岗实习期间必须接受学校及企业的双重管理。学生在顶岗实习期间具有双重身份，既是学校学生又是企业的“准员工”。学生必须同时遵守学校顶岗实习的相关制度及企业的相关管理制度。

“三个阶段”，指的是顶岗实习包括的准备阶段、实施阶段与结束阶段。将实习工作划分为这三个阶段，既便于管理，也利于明晰各阶段的任务，从而提高管理效率，保证实习质量。

“四方参与”，指的是顶岗实习主要由学校、企业、学生和家长四方共同参与。在顶岗实习中，学校承担的职责主要有：为学生联系实习企业，对学生进行实习宣传，制定实习指导手册，巡视检查顶岗实习进展情况，随时向学生提供咨询服务，协调企业解决实习中存在的问题等。企业承担的职责主要有：安排工作岗位；岗前培训；为每位学生安排一对一的“伙伴培训员”等。学生的职责主要有：完成顶岗实习计划；完成岗位工作；在企业环境中注重自身职业道德、社会适应、工作能力的提高。家长的参与主要是由残疾学生的特殊性决定的。虽然都已是职高的学生，但他们在适应新环境方面还是存在一定的困难，需要学校、企业、家长的共同努力。因此，家长的职责主要有：配合学校及企业对学生进行思想教育、安全教育、生活自理能力训练以及社会适应能力训练。在顶岗实习中，还有一些工作是需要多方共同配合完成的，如学校和企业共同为学生制订实习计划，共同为学生进行实习成绩鉴定，学校、企业、学生、家长四方共同签订实习协议，共同进行实习总结等。

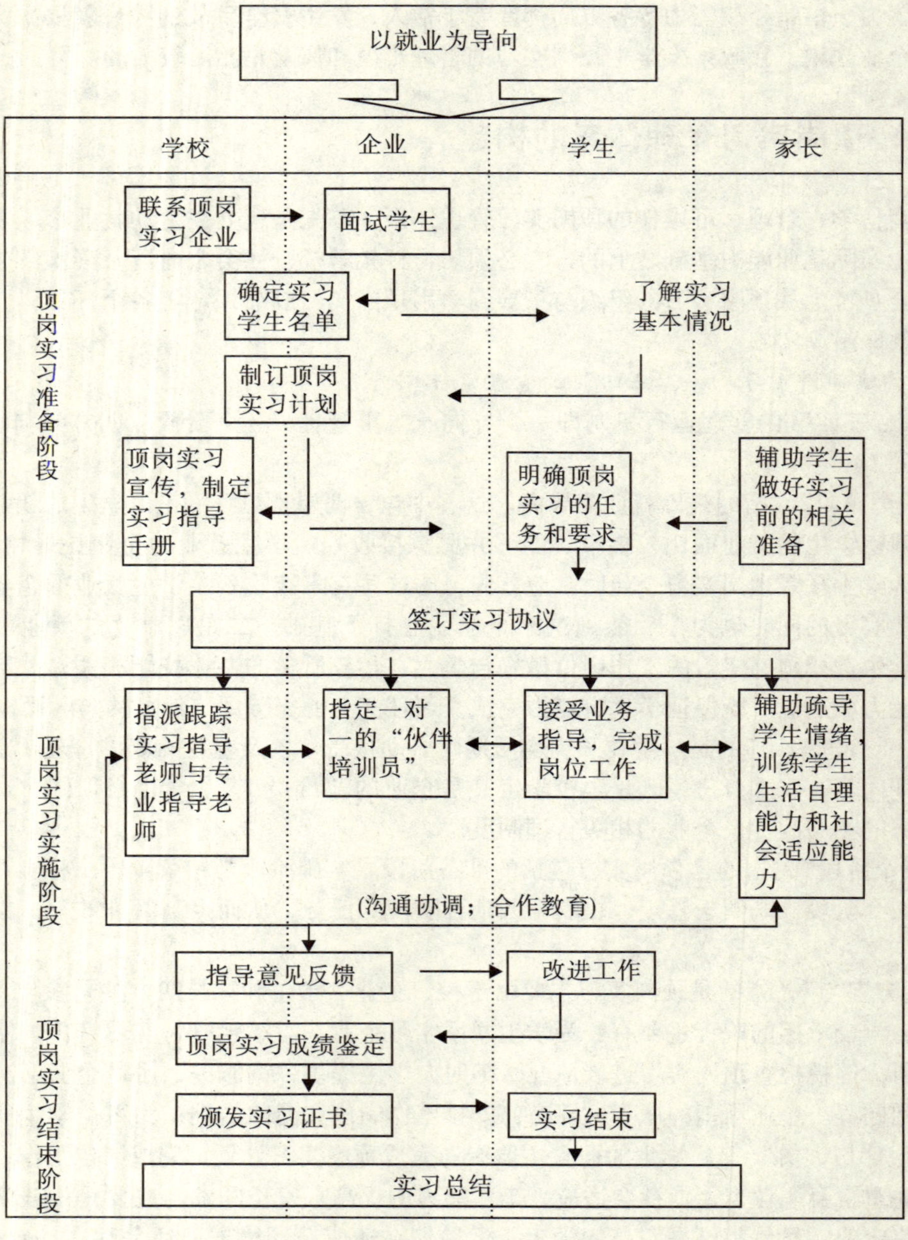

图1　顶岗实习工作流程

2. 建立健全顶岗实习管理制度

完善制度、规范管理是保证顶岗实习教学质量的必要条件，要真正做到“学生顶岗实习到哪里，学校管理就延伸到哪里”。为此，必须建立健全一整套的顶岗实习管理制度并落实到位。

（1）建立顶岗实习领导小组。

吸收相关企业负责人、行业协会负责人、企业专业技术人员、特教专家、学校领导、职教老师、学生家长等组成顶岗实习领导小组，发挥他们的作用，共同研究顶岗实习方案，制定顶岗实习的基本管理制度，并通过领导小组成员的介入来寻找一些校企合作的机会，拓宽校企合作渠道。

（2）建立学校向家长通报制度。

学校组织学生到实习单位进行顶岗实习，应向家长进行相关信息的通报，征得家长同意，通过向家长说明或带领家长实地参观等方式，让家长了解实习单位的基本情况和学校的组织管理情况，保证学生家长能及时掌握子女的实习情况，配合校企双方做好顶岗实习的工作。

（3）建立顶岗实习跟踪指导教师、专业教师、企业伙伴培训员共辅制度。

顶岗实习期间，学生在企业会遇到很多实际的困难，比如环境的适应，与人的交往等等。所以需要学校指派一位实习跟踪指导教师，代表学校配合企业对学生的思想、生活、生产、安全等方面进行第一时间的全程指导和管理。

除此之外，学校的专业教师也应该担负起指导学生实习的责任。一方面可以有针对性地为学生指导专业技能方面的问题，让学生更顺利地完成工作任务；另一方面，专业教师通过对顶岗实习学生的指导，也能更清楚地了解企业的实际工作岗位要求，对今后的专业教学加以改进。

为了让学生能尽快掌握企业工作岗位的要求，企业也必须指派相应的专业技术人员指导学生，我们可将他们称为“伙伴培训员”。这个称呼传递的是一种相互包容、相互扶持的理念，这也正是我们残疾学生非常需要的。伙伴培训员，既是老师也是朋友，有了他们的加入，学生融入实习新环境就能容易许多。

（4）制定顶岗实习管理制度。

根据学生顶岗实习的实际情况，制定相关的各项管理制度，如《学生顶岗实习管理细则》、《学生顶岗实习守则》、《实习指导老师职责》、《学生顶岗实习指导手册》、《学生顶岗实习成绩鉴定办法》……这些制度都能对学生顶岗实习工作的开展起到指导和监督作用。

另外，学生在顶岗实习期间的安全管理也尤为重要，这也是企业最担心的问题。从学校层面来说，制定一些实习安全管理制度，可以加强学生在实习期间的安全意识，减少存在的安全隐患，例如，《顶岗实习学生请假管理制度》、《顶岗实习学生偶发事件处理机制》等。

3. 建立学校、企业、学生和家长联动的契约化管理体系

学校、企业、学生和家长是顶岗实习工作的4个主体，他们相互联系，缺一不可，同时又都负有自身需要完成的工作使命，脱离了谁都可能对学生的顶岗实习产生直接的负面影响。因此，通过四方实习协议的签订，将四个主体形成一个联动的整体，可以使整个体系更具活力和生命力。

4. 建立校企结合的双重考评体系

顶岗实习考评工作的主体应该是校企双方，由双方共同参与制定考评标准。企业一方可根据学生在岗位上的表现、工作任务的完成情况、技能的掌握情况、实习纪律和态度等方面进行考评，学校则根据企业评定，结合学生在实习期间各方面的表现和实际检查情况

等对学生进行综合评定。一般应以企业考评为主，学校考评为辅。经过校企双方的双重考评，成绩合格者可以获得由学校和企业共同签发的《顶岗实习证书》。

四、进一步发展的思考

推进特教学校职高学生的顶岗实习工作是一项艰巨的任务，构建和完善顶岗实习管理体系也不可能一蹴而就，还有许多值得我们注意和思考之处。

1. 外部环境的孕育是顶岗实习管理体系顺利运行的根本保障

这里说的外部环境主要包括观念、政策、社会文化等，可以说它是顶岗实习管理体系运行的“土壤”。虽然特教学校的力量相较于整个社会来说，是非常微小的，但学校还是应该利用各种机会向社会宣传接纳残疾学生实习和就业的理念，宣传接纳残疾学生实习和就业的企业典型，宣传残疾学生自强不息奋发向上的精神风貌，激起社会企业的社会责任感，倡导社会为残疾学生将来走向就业营造一种宽松和谐的氛围。

2. 顶岗实习管理体系的健全是一个循序渐进的过程

当前，各地特教学校的职业教育尚属初创，让学生到企业顶岗实习的基础还不是很好，许多条件也不成熟，而这也不是短时间内可以完善的。因此，在建立健全顶岗实习管理体系的过程中，必须要明确循序渐进的原则，而且要适度。在当前情势下，由于愿意与特教学校合作的企业少，与学校的需求不成正比，更容易使发展出现急于求成的现象。我们应当给予足够的发展空间，依照事物的和谐发展规律进行革新和创造。

3. 顶岗实习管理体系的各个环节需要与时俱进，因地制宜

社会的发展瞬息万变，就业市场的需求也在不断变化，因此学生顶岗实习的运行和管理也要实时地依据变化和各个环节的成熟度来进行适当的调整，与时俱进。此外，各地的经济状况不同，经济特点也不同，在建立健全特教学校职高学生顶岗实习管理体系时也要充分考虑到当地企业、社会、经济等客观实际情况，不能照搬他人经验。

4. 特教学校要强化服务企业的意识，吸引企业主动接纳残疾学生实习和就业

特教学校强化服务企业的意识，一是要将学校职业教育的重点放在为企业输送合格的劳动力上，针对企业的用工需要培养学生，保证学生在校期间能掌握适应工作岗位需要的职业能力，并且具有良好的职业道德。二是要密切配合企业，做好残疾学生的指导工作，为企业分忧。无论是学生到企业顶岗实习，还是学生已经毕业留在企业上班，学校都必须一如既往地对学生进行指导，协助企业解决这些残疾学生在工作中遇到的难题，疏导他们的心理困惑和消极情绪，让他们不是企业的“麻烦制造者”而都是勤奋努力的好员工。有了学校的加入，企业对于接收残疾学生实习和就业又少了一层后顾之忧。三是要加强与企业的沟通，双方建立稳固、诚挚的友谊，何愁没有长期的合作？因此，特教学校强化服务企业的意识，一定会吸引更多的企业来主动接纳残疾学生实习和就业，从而推动学校整个职业教育的发展。

参考文献

1. 刘俊卿．特殊教育学校中等职业教育的现状分析及策略选择．中国职业技术教育，2010（18）．

2. 赵小红．城市智力残疾学生初级职业教育培训现状调查报告．中国特殊教育，2011（1）．

3. 杨慎耘．特殊教育中等职业教育工学结合的困境及对策．现代特殊教育，2010（1）．

4. 刘学文．加强顶岗实习管理提高学生职业素质．职业教育研究，2007（10）．

5. 彭汉庆．高职校外顶岗实习基地教学化的若干思考．中国职业技术教育，2011（5）．

6. 阳凤兰，贾玉铭．顶岗教学实习主要矛盾剖析．中国职业技术教育，2011（8）．

7. 朱月红，郭秀华．顶岗实习运行机制的构建．中国职业技术教育，2010（35）．

8. 唐义锋．校企合作培养高职学生职业素质的研究与实践．中国职业技术教育，2010（36）．

浅谈粤北聋校开展“过山瑶反面刺绣”职业课程

韶关市启智学校　马海燕

【摘　要】聋生由于受生理缺陷和世俗偏见的影响，为他们想要真正平等参与社会竞争带来了极大困难。因此，聋校要着力加强聋生的劳动技能和职业教育，为其能在社会上生存和适应社会需要创造条件。我校地处广东省粤北地区——韶关。距“中国瑶绣之都”乳源仅30分钟车程，那里流传着一种罕见、濒临失传的传统手工艺——“过山瑶反面刺绣”，它是广东韶关地区标志性的民族文化品牌。近年来，我校利用独特的地理优势，通过开展“过山瑶反面刺绣”职业课程，形成了具有地域特点的学科，使学校的职业课程具有多层次满足学生需求和促进社会发展的能力，推动了中国刺绣现代教育的新模式。近年来我校在开展“过山瑶反面刺绣”职业课程实施的过程中，取得了较显著的成效，总结了一些丰富的实践经验，希望此研究成果能在粤北乃至全省聋校中得以推广，让更多的残疾孩子掌握这一生存技艺，共享社会平等的竞争机遇和幸福成果，进一步促进粤北聋校职业教育的发展。

【关键词】聋生；过山瑶反面刺绣（统称“瑶绣”）；职业课程

聋生由于受生理缺陷和世俗偏见的影响，给他们适应社会、融入社会，在社会中生存，在社会中获得公平的竞争机会等都带来了巨大的困难。聋校职业教育的培养目标提出“大力加强劳动技能和职业教育，提高残疾学生适应社会生活的能力，把加强劳动技能教育和多种形式、各种层次的职业教育放在重要位置，切实让聋生掌握一定的职业技能，为将来平等、充分地参与社会生活，适应社会需要创造条件”。由此可见，职业教育是聋校教育中不可缺少的重要组成部分，它广泛而深刻的社会意义是显而易见的。对于学校来说，要达到这个目的，关键在于设立专门的职业课程，创设舒适的学习环境，教会聋生掌握一两门职业技术，通过培训与实践使他们掌握生存技能，回归主流社会，自力更生，创造更多的财富回报社会。

在广东省粤北地区（目前较固定是指韶关、河源、清远）居住了瑶族同胞，以广东韶关乳源瑶族自治县居多。韶关乳源瑶族自治县位于广东省韶关市西部，有“世界过山瑶之乡”之称，这里流传着一种神秘的“过山瑶反面刺绣”。这种鲜为人知的古老刺绣技法和古代中国几乎所有刺绣方式都截然不同，被誉为中国刺绣史上的一朵奇葩。“过山瑶反面刺绣”是一种罕见的传统手工艺，是极为珍贵的、独特的过山瑶文化，是广东韶关地区标志性的民族文化品牌。2008 年，被列入广东省第二批非物质文化遗产名录。2011 年，作为传统美术类被列入第三批国家非物质文化遗产名录。它不仅是一门技艺，更是一门艺术，在纷繁厚重多彩的民族文化中独树一帜，是我国优秀的民族文化瑰宝，瑶族文化的精华，具有很高的学术价值和艺术价值。瑶族人有自己的语言，却没有自己的文字，他们的历史大多靠瑶歌、“过山瑶反面刺绣”来记载。“过山瑶反面刺绣”整体风格象形、抽象。花纹基本就固定那么几十种，线条要“斗折蛇形”。至于彩线，也只有红、绿、黄、黑、白五色。绣片的底料一般用纯黑或纯白的布料，因为这两种颜色的布料能够反衬出彩线的鲜亮色泽，能够表达诸事兴旺之意；也并非一成不变，近年来过山瑶的绣娘们也喜欢上了喜庆意味十足的红色布料。拥有千余年历史的“过山瑶反面刺绣”在瑶族人的生活中占有不可比拟的位置，其技巧针法全都靠口耳相传。在现行发展的时代，已有许许多多的年轻人离开了瑶山，到发达地区创业。而懂得“过山瑶反面刺绣”技艺的青年一代人数急剧减少，目前已处于濒临失传的边缘。

我校是韶关市一所以听力残障少年儿童为教育对象的特殊教育学校，距“中国瑶绣之都”——乳源仅30分钟车程。优越的地理位置使我们能近距离地了解瑶族文化史，感受“过山瑶反面刺绣”的艺术魅力。近几年，我校利用优越的地理位置、教学设备及齐全的人员优势，结合聋生感知觉的特点，开展“过山瑶反面刺绣”职业课程的教育。学校以设立“过山瑶反面刺绣”职业课程，教给聋生掌握“过山瑶反面刺绣”的技能，通过培训与实践让聋生掌握一技之长，为其将来能平等、更好地融入社会生活，自我的需求得到满足创造条件。也希望通过开展“过山瑶反面刺绣”职业教育，推进中国刺绣现代教育的新模式。

以下是我校在开展“过山瑶反面刺绣”职业课程的实践研究过程中，取得的一些成果和研究经验，希望能在同类聋校中得以推广。

一、深入调研，积极宣传动员

在课程开设前，我们开展了一系列前期准备工作，对开设“过山瑶反面刺绣”职业课程的内涵、特点、技术、消费等方面进行宣传、分析、调查和评估，确保课程的有序展开。

（1）学校主要领导亲自带领教师前往乳源“世界过山瑶之乡——必背”开展实地调研活动。在了解瑶族文化史的基础上，感受了“过山瑶”同胞对大自然和生活的热爱，领略了“过山瑶反面刺绣”的艺术魅力。还通过选派教师前往乳源瑶绣基地学习，掌握了“过山瑶反面刺绣”的针法，保障了开展“过山瑶反面刺绣”职业课程的师资力量。

（2）为了让师生对“过山瑶反面刺绣”有深刻的了解，充分调动师生学习的积极性和主动性，我们组织全体师生召开了“过山瑶反面刺绣”宣传会。会上，通过讲述瑶族的历史文化、展示瑶绣作品、观看瑶绣作品义卖活动的影像等形式，让师生们都感受到了瑶族刺绣的艺术魅力，了解了学习瑶绣这门职业课程的目的、意义和作用，让全体师生对“过山瑶反面刺绣”这一新课程的开设有了认识和感悟。会后，我们还针对全体师生在瑶绣的认识、喜好、前景等问题上进行了详细的问卷调查及交流谈话。通过调查与谈话表明，该课程师生都表现出极大的兴趣，奠定了“过山瑶反面刺绣”职业课程全员参与的基础。

（3）为提升瑶绣作品的创新性和实用性，我们深入市场调查。通过了解消费者对

“过山瑶反面刺绣”的购买欲、购买力及市场需求，并根据消费需求定方向，确定开发相应的瑶绣作品，如：手机绳、笔袋、福袋、服装配饰等。除此之外，我们还对消费者的潜在需求进行分析，对市场需求规模作了预测，为课程的顺利开展作好充分的准备。

二、加强学习，提高师资水平

教师的专业成长离不开“学习”二字，只有通过不断学习，提升理论知识，加强理论与实践的转换过程才能提升教师的专业技能水平。瑶族人没有自己的文字，其技巧针法全都是靠口耳相传，所以相关方面的文字记载少之又少。再者，“过山瑶反面刺绣”对于我校大部分教师而言是一种新生产物，由于开课前缺少经验，这无疑给任课教师从理论到专业技能上带来压力。为扎实有效地开展“过山瑶反面刺绣”职业课程，我们利用优越的地理位置，创造条件，组织各种形式的学习活动对教师进行培训，促进了教师“过山瑶反面刺绣”的专业化成长。

（1）坚持学习与实践相结合的原则。我们整合各种资源，广泛收集各种相关资料，让教师详细了解“过山瑶反面刺绣”的文化基础和实操针法，以理论指导自己的实践活动。同时，我们要求每位授课教师每学期必须阅读教育教学理论专著和查阅瑶绣方面的资料，认真钻研瑶绣针法。将实践中的过程、体会、存在问题与建议都详细记录下来，养成撰写教学随笔的习惯，在每月的集体研讨会上与大家分享交流。并在学期末撰写1～2篇质量较高的实践性总结。有了理论基础，教师们就能在稳步实施的过程中，敢于实践，勇于创新，从而快速推进课程的发展。

（2）坚持内培与外培相结合的原则。为提高教师“过山瑶反面刺绣”的技艺，学校聘请校外瑶绣专家、教师到校口传手授，进行针对性的指导。还定期举办“过山瑶反面刺绣”校本培训、交流研讨会等学习研究活动，以解决实际问题，达到提高教学质量的目的。同时，学校为教师创设外出参观学习的培训机会，如组织教师深入粤北瑶寨，学习掌握“过山瑶反面刺绣”的技能；深入“世界过山瑶之乡”——乳源必背，开展实地调研活动；前往乳源瑶族自治县瑶绣基地学校参观学习等。每一次外出学习，教师们都认真学习、做好记录。回校后大胆实践、总结交流、促进提高。在内培和外培相结合的过程中，不仅让教师们开阔了眼界，拓展了教学思路，还促进了教师业务水平的提高。

（3）坚持校际交流与合作的原则。定期组织教师到瑶绣基地——乳源高级中学、乳源教师进修学校参观学习；邀请乳源瑶绣专家和乳源高级中学瑶绣骨干教师，到我校进行瑶绣职业课程研讨及作品展示交流。在活动中，教师和专家们围绕目前“过山瑶反面刺绣”教学中的热点难题、瑶绣课程在新形势下如何推动及如何创新瑶绣作品适应市场经济、加快互相合作等问题进行了热烈的交流。通过这些活动，不仅促进了我校教师瑶绣技艺专业化的成长，还增强了与专家、兄弟学校间的交流与合作。

三、开设课程，科学合理安排

按照国家和地方对课程的规定与要求，在新理念的引领下，我校根据聋生感知觉的特点，充分考虑当地社会、经济发展的具体情况，结合我校的办学理念，开设具有地方特色的“过山瑶反面刺绣”职业课程。首先，我们根据“过山瑶反面刺绣”的学习内容与针法的难易程度制订了教学计划，明确了每一阶段的教学目的、教学内容、课时分配等。其次，我们对聋生家庭背景、知识水平、接受能力、性格特点等进行了调查，对不同水平的学生进行合理的分班分层教学，每周设置两节“过山瑶反面刺绣”职业课，在全校推广。为满足聋生的需求，每周增设两节“过山瑶反面刺绣”兴趣活动课，并在周六日开展聋生的自主学习活动。“过山瑶反面刺绣”职业课程的开设在内容上具有地方性、真实性、开放性、生动性，不仅培养聋生动手实践能力，还推进我校职业教育课程设置的可持续发展。

四、课堂教学，集体个别相容

在“过山瑶反面刺绣”职业课上，教师一般采用集体教学、个别辅导的教学模式。以蜈蚣型纹教学为例：教师首先向全体聋生集体传授蜈蚣型纹的主要针法与规律，分别提出了“挑”、“压”的具体针数。其次让聋生们参与实操，教师有针对性地进行个别辅导。对快速掌握针法能力较强的聋生，教师给予鼓励后，在绣制的数量、色彩搭配等方面提出要求，并给予辅导。对能力较弱的聋生，教师给予安抚、细心的解说、手把手的教，还鼓励能力强的聋生给予他们帮助，共同提高。最后，教师会根据聋生的不同水平，在创新组合、内容、样式、搭配等方面提出更高的要求。让聋生们把新旧掌握的针法有机融合，合理地搭配色彩与数量，创设出“动听”的故事。

五、课题研究，推进科研发展

为加快我校科研发展，提升教师的教科研水平，我们以研究开展“过山瑶反面刺绣”职业课程为突破口，从理论上全方位认真剖析“过山瑶反面刺绣”的特点，从思想上认识开展“过山瑶反面刺绣”对粤北聋生的重要性和必要性，结合聋生感知觉的特征、已开展中的前期调研、实践中的探索，确立了课题《粤北聋校开展“过山瑶反面刺绣”课程及实践的研究》。此课题得到了广东省教育厅的高度重视，成功通过立项，并确立为“广东省中小学教学研究‘十二五规划’课题”。课题的成功立项，不仅突破了我市乃至粤北地区特殊教育省级课题研究的瓶颈，有效地推动了全省特教理论实践研究工作，还为学校创特色、树品牌起到了不可替代的独特作用。

六、校本教材，探索研究形成

在开展“过山瑶反面刺绣”职业课程的实践与研究过程中，我们在建立了校本课程的教研机制的基础上，自主研究开发了“过山瑶反面刺绣”的校本教材，确保“过山瑶反面刺绣”这一校本课程有效地走进课堂，让教师与聋生在学习的过程中有了明确的目的、内容和方法。在校本教材的开发期间，努力追求校本教材的编写和教学设计的和谐统一，解决校本课程与教材的定位和价值取向等相关的问题。做到立足于学校特色，立足于师生的个性。同时，定期对校本教材的实施情况和执行中存在的问题进行分析评估，修正教材并确认其价值，构建教材编制的评价机制，在选拔性评价中体现绩效，促进教师编制校本教材的积极性，有效推进校本教材深入持久地研究与编制。学校编制的“过山瑶反面刺绣”校本教材，不仅体现了易懂、易学、指导性和操作性强等优点，还能让聋生通过学习加深对本土文化的认识。

七、创设平台，活动显现成效

（1）学业成果展。每学期末，学校都会举办学生学业成果展示会。展示会上琳琅满目的瑶秀作品，有手机饰品、头巾、挂包、福袋……获得了前来参观的全校师生、上级领导和社会各界人士的高度赞扬。通过活动，不但激发了聋生学习的欲望，开拓了艺术视野，陶冶了艺术情操，还给予了聋生展示自我能力的平台，有效促进了瑶绣职业课程的发展。

（2）以竞赛促提升。我们把握每一次竞赛平台，鼓励聋生积极参与，大胆表现。聋生制作的“福袋”等三件瑶绣作品入选“2011 年广东省残疾人才艺展示活动”，并在广东省博物馆展览；聋生制作的“幸福彩绳”等五件瑶绣作品在“首届韶关市残疾人才艺选拔赛”中获才艺类优胜奖；师生们还引用瑶绣的技艺，一针一线地共同绣制舞蹈服饰（包括衣服、裙子、腰带、头饰等）、道具（彩线、布条等）参加文艺竞赛和表演。创编展示聋生瑶绣课堂活动的舞蹈《彩线飞舞》，以它独特的创意，凝练的结构，在“广东省第六届全省特教学校学生艺术汇演”中荣获优秀奖。创编师生瑶绣的舞蹈《五彩绣　师生情》参加“韶关市 2011 年庆祝教师节文艺汇演”，舞蹈反映了我校师生对“过山瑶反面刺绣”的理解和传承，表现了教师教育聋生学习刺绣的艰辛过程，丰富的内涵，出色的表现，让观众感受到瑶族刺绣的艺术魅力和师生间的亲密感情，获得了社会各界人士的赞赏，影响甚广。

（3）宣传助推广。为提高聋生“过山瑶反面刺绣”的技能，拓宽聋生就业渠道，我们根据市场调研，组织师生共同设计符合现代潮流、色彩鲜艳、手工精细的瑶绣作品，如：象征幸福平安的“福袋”、象征幸运吉祥的“手链绳”、象征财源滚滚的“钱袋”……当然还有各式的装饰壁画、民族服饰等。我们还通过义卖活动、校级交流及各种社会实践活动，把聋生绣品向社会推广，不仅满足了人们对瑶绣的消费需求，取得了良好的社会经济效益，更重要的是让聋生体验了劳动的价值，感受到了人们的认可和赞扬以及社会的完全接纳。

八、引领合作，共进提升发展

我校定期组织“过山瑶反面刺绣”的执教教师前往韶关市、区特殊教育学校宣传与帮扶，向他们宣传聋生学习“过山瑶反面刺绣”职业课程的目的、意义和作用，还负责对帮扶学校的师生进行培训，让更多的残疾学生掌握这一生存技能。同时，我们带着瑶绣课题与作品，走进粤北同类学校。例如，河源特殊教育学校等，开展“过山瑶反面刺绣”职业课程的宣传与推广。兄弟学校的教师们都被聋生的瑶绣作品深深震撼了，给予了高度的评价，并表示将紧随我校共同推进“过山瑶反面刺绣”职业课程的实施。

一份春华，一份秋实，在“过山瑶反面刺绣”职业课程实践与研究的过程中，我们付出的是艰辛，收获的却是喜悦！这份成功将激励着我们继续以饱满的激情踏上研究的新征程，为迎合市场需求创新瑶绣的技艺，为传承和发扬瑶族文化，为聋校职业教育的快速发展作出更大的贡献！

参考文献

1. 邓菊花，盘才万，莫瑞福．瑶秀．广州：广东人民出版社，2008.
2. 白永红．中国职业教育．北京：人民教育出版社，2011.
3. 张宁生．听觉障碍儿童的心理与教育．北京：华夏出版社，1995.

梅州聋校职业教育现状与发展对策

梅州市特殊教育学校　杨剑平

【摘　要】职业教育是聋人教育的重要组成部分，其目的是使残疾学生学得一技之长、回归主流社会。梅州市特殊教育学校处于经济发展相对滞后的广东梅州山区，职业教育起步较晚，该文在认清目前国内外聋校职业技术教育现状的前提下，分析其形成原因，吸取先进经验，提出了适应梅州地区的可行性对策，为梅州聋校职业教育指明了发展方向。

【关键词】梅州；聋校；职业教育；教育现状；对策

职业教育是我国现代教育的重要组成部分。大力发展职业教育，是提高劳动者素质和实现现代化的迫切要求，是振兴我国经济的必由之路。曾任中共中央政治局常委、国务院总理的温家宝在 2005 年 11 月 7 日于北京召开的全国职业教育工作会议中指出：大力发展职业教育，是推进我国工业化、现代化的迫切需要，是促进社会就业和解决“三农”问题的重要途径；也是完善现代国民教育体系的必然要求。在这个讲话中突出体现了职业教育的重要性和紧迫性。

聋校职业教育作为职业教育的一个分支，同样具有重要的意义，在聋校开展职业教育显得更为重要。特殊教育的根本目的是培养残疾少年儿童独立生活、适应社会能力，尽可能使他们成为自食其力的劳动者。要达到这个目的，关键在于发展职业教育，教会残疾儿童掌握一两门职业技术，让他们在社会上得到更多的就业和发展机会，提高他们的生存能力、实践能力和创造能力。只有这样，才能使他们平等地进入社会，求职谋生。

由于聋人的特殊性和我国特殊教育发展相对滞后的现状，进入学校接受高等教育的聋人为数极少，这使得聋校职业技术教育的重要性更为突出。梅州市特殊教育学校处于经济发展相对滞后的广东梅州山区，职业教育起步较晚，认识目前国内外聋校职业技术教育的现状，分析其形成原因，吸取先进经验，探索出一条行之有效的职业教育新模式，是梅州聋校职业教育改革和发展的必要途径。

一、梅州聋校职业教育现状

梅州聋校创办于 1988 年，是粤东地区唯一一所特殊教育学校。该校办学二十年来，从最初只招收盲童入学到现在招收盲、聋哑学生，在市委、市政府和社会的关心与支持下不断发展、完善。学校现有盲生四个班 30 多人，聋生 17 个班 130 多人，全校共有 200 多名学生。设有小学、初中、高中。由于学校发展的特殊性，1995 年正式招收聋哑儿童，2001 年有了第一个聋生初中班，职业教育由此起步。

1. 职业教育的历程

2001 年，我校在经费异常困难的情况下，购置了两台二手缝纫机，开始了职业教育的尝试。学校在聋生初中一年级课程设置中安排了两节缝纫课（职教课），从教职工中选派了一名具有一定缝纫基础和经验的教师担任缝纫课教师，引导聋生缝缝补补，学习一些简单的缝纫知识。

也是在这年，学校在聋生初中一年级中开设了美容美发课，简单地购置了一些常用的美容美发用具，指定由一名教师担任美发课教师，安排一周两节专业课，教给学生简单的美发技巧。并用学校的学生作为练习对象，在实践中来提高美容美发技艺。

2003 年，学校运用社会资助资金，购置了八台低配置电脑用于开设聋生计算机课，安排一周两节课，指定一名有计算机基础的教师作为专业课老师。从此，计算机课也成为职业教育课程之一。

在聋生课程设置中，针对聋生听觉缺陷的特点，还陆续开设了美术、烹调、律动等课程，但真正作为职业教育课程的却只有缝纫、美发、计算机三个科目。

2005 年，我校在办学条件并不是很成熟的情况下开设了职业高中，除了开设必要的文化课外，在原有缝纫、美发、计算机的基础上，增加了工艺美术职业课，由一名美术专业教师担任该职业课。现已有高二、高三两个班共 18 名高中生。

由于学校职业教育的各个环节相对单薄，很多专业并没有实践的机会。学校只在 2007 年通过联系校外服装企业，安排高一、高二学生进行了实习。从实习情况来看，效果显著，学生的实际操作能力得到了明显提升，对学生走上以后的工作岗位得到了有利锻炼。

2. 职业教育滞后的原因

我校开办职业教育已近十三年了，已有九届聋初中毕业生，有的聋生步入社会，找到了一份适合自己的工作，有的聋生继续进入职业高中强化一技之长，有的用自己在校时所学的专业，开办自己的门店，走创业之路。也有聋生毕业后没有工作，仍然在家待业。特别是一些农村的贫困家庭的聋生，很难找到一份工作。据学校对我校毕业生的跟踪调查显示，有 70% 的学生找不到工作在家待业，或经常更换工作岗位。毕业生的就业问题是检验职业教育成功与否的重要条件，深入分析我校职业教育的成败原因是发展职业教育的必由之路。

（1）政府不够重视，经费缺乏。

梅州地处山区，经济相对滞后，近年来，市委、市政府为建设“四个梅州”投入大量人力、物力、财力。虽然为弘扬“文化梅州”对教育投入大量资金，着力打造了“东山教育基地”。但对于特殊教育支持不够，学校经费严重不足，以至于设施、设备严重滞后，这是制约我校职业教育发展的“瓶颈”。职业教育需要大量的经费投入，买设备、建设施这一切都需要钱，由于无充足的经费保障，我校缝纫、美容美发、计算机等职业教育设备不足，很多专业课程完成效果不佳。

（2）师资力量不足，缺乏专业教师。

学校在招聘专业教师上没有自主权，加上学校没有足够的自主资金，很难聘请专业教师，这严重制约了我校职业教育水平的提高。再有，在校职业教师不够“职业”，不是行家出身，只是经过短期专业培训，大都不具备职业教师应有的专业水平。

（3）没有形成完整的职教体系。

由于多种因素的影响及学校各方面条件的限制，目前我校职业教育还没有形成完整的职教体系，仍然在尝试中前进。从近几年职教实践来看，在转变思想观念、职教专业设置、教学内容、师资培训等方面都还需要不断完善。我校在缝纫、美容美发、计算机三门课程中，没有系统的教学内容，基本是按照教师的思路在教学。在这种情况下，学生所学的专业技能不够完善、系统，影响了整个职业教育的成效，也制约了学生的个性发展。没有完整的职教体系就失去了职教的发展方向。

虽然有很多因素制约着我校职教的发展，但随着我国经济的不断发展，国家对职业教育越来越重视，特别是残疾人就业保障机制的落实，向企事业单位征收残疾人就业保障金、残疾人福利企业根据国家相关政策减免税收等，又让我校的职业教育看到了光明。让更多聋生通过职业定向教育，毕业后成功就业，是我校职业教育的最终目的。

二、梅州聋校职业教育的发展对策

1. *发展梅州聋校职业教育的意义*

残疾人是一个特殊的社会群体，是一个脆弱的困难群体。从生理角度看，他们是生活中的弱者。对残疾人是不是关心，对特殊教育是不是重视，残疾人能不能回归主流社会，所有这些问题都像一面镜子，折射出一个国家、一个地区社会的文明程度。梅州素有“文化之乡”美誉，崇文重教是梅州的优良传统。随着梅州市工业的不断发展，特别是与珠三角地区共建产业转移园工程的启动，对于职业技能人才的需求日益增加。市委市政府一再强调，职业教育是现代国民教育的重要组成部分，在实施“四个梅州”发展战略和人才强市中具有重要地位。聋校的职业教育作为一个分支，同样具有重要的意义，对推动全市职业技术教育快速发展、健康发展，致力打造全省山区市重要的特色职业教育基地，为促进我市经济社会又好又快发展，建设富裕、和谐、秀美新梅州具有积极的作用。

2. *转变观念，提高认识，加强领导，重视职业技术教育*

作为聋生教育工作者，应与时俱进、转变观念、提高认识，明确育人的目的和要求，牢固树立职业教育带动生存教育、成才教育的理念；应该充分认识到加强职业技术教育是特殊教育贯彻教育与生产劳动相结合的重要途径，是特殊教育改革与发展的必由之路，是提高残疾人素质，使之全面发展，适应市场经济发展的需要；要引导聋生自尊、自信、自强、自立，教会聋生认识生活、学会生活；积极指导聋生参加职业教育实践，尽力为他们今后的就业创造条件。

在新时期下，我校必须加大对职业教育的领导力度，重新组建强有力的职业教育领导班子，挑选业务精、态度好、事业心强的教师充实职教队伍；制订职教发展规划，明确争创具有梅州职教特色的特殊教育特色校的目标。学校计划近期内对原有旧教学楼进行修建，并作为专用职教楼，增设职技专业，培训专职教师，添置部分现代化设备，开拓就业渠道。同时充分发挥现有人力、物力作用，优化资源配置，为发展特殊学校职业教育打下坚实的基础。

3. 努力筹集职教专项资金，加强教学设施建设

特殊教育是九年义务教育的重要组成部分，办好特殊教育的主要经费来源是国家投资，学校必须积极向政府争取国家和省下拨的专项职业教育经费，同时，学校也要多渠道筹集资金，发动社会力量捐资助学。只要有了充足的资金投入，教育教学设施才能不断完善，才能为职业教育打下坚实的基础。我校自开办以来，由于地方政府自身财政紧张，对我校爱莫能助，除了积极争取财拨专项办学资金外，更多的是寻求社会力量捐资助学。近几年来，学校在社会各界团体、热心人士的关心、资助下，校容校貌建设有了很大改变，校园基础建设日趋完善。现在最为缺乏的便是教育教学设备，这是制约职业教育发展的主要内因，学校应该把着力点放在设备、设施的完善上，多渠道寻求资助。一是加强学校宣传，充分运用网站、电视台、报纸等宣传媒介，让更多热心人士认识特殊教育学校，了解特殊教育学校，诚邀他们来校参观、指导，亲自与学生接触交流，这样更能激起他们对残疾儿童的关爱之情。二是发动全校教职员工运用各自的关系网，为学校筹集更多资助。

4. 培训教师，建设队伍

著名教育家原北京师范大学校长顾明远教师曾说过这样一段精彩的话："办好一所学校必须具备三个条件：一是必要的设备；二是较好的教材；三是一支优秀的教师队伍。"这说明了教师是办好学校的关键之一。同样办好职业技术教育也需要一支优秀的教师队伍。从我国目前职业教育的发展现状来看，师资队伍的水平已经成为制约职业教育质量提高的关键因素之一。

目前，我校仅有一名工艺美术专业教师，专职教师非常缺乏。由于学校条件的限制，学校应利用本校的专业特点大力开展校本培训和校本研究，努力解决自身发展中的实际问题。在校本培训中，可以运用教研、科研活动等模式来提高教师的专业能力，在学习研究的同时不断拓展自己的专业领域空间。制订并实施每年的教师外出培训计划，保证每位职业教师有外出学习培训的机会。对成绩特别突出的优秀骨干教师给予额外的校外培训奖励。近两年来，我校利用寒暑假的时间，选派缝纫、美容美发职业教师到本地的专业机构学习。

5. 根据聋生特点，合理设置专业，建立完整职教体系

现代社会生产力的发展，使职业特点有所改变，职业种类日益增多，社会职业分工越来越细。由于受生理缺陷的限制，不是所有职业都是残疾人所能胜任的。但是由于残疾人的缺陷补偿，某些职业可能聋人比健全人干得更好。我校应该把职业教育从劳动技术教学的观点转到多层次、多样化的职业技术教育上来，强调从"教育"入手；从单纯的技术上学习扩展到思想、心理、知识、技能的全面教育上来，突出"就业和发展"，掌握服务社会的本领，建立全程职业技术教育体系。

因此，聋校在专业设置中要充分考虑到两个方面：一是社会需求和市场经济的需要，使培养的人才"有用"；二是聋人的生理特点，缺陷补偿与他们的职业期望、职业能力一致，对他们的生存和发展"有益"。科学合理地确定专业设置，深入不懈地开展教育改革，可以达到聋人人力资源的合理开发，专业人才的优化配置的目的。

从我校目前的专业设置来看，虽然有作为骨干专业的缝纫、美容美发，其中缝纫（服装制作）专业创办时间较长，师资队伍比较整齐，积累了一定的经验，但这远远满足不了

学生的要求和市场经济的需要，为此，我们又增设了烹饪、计算机应用、工艺美术、十字绣等适应聋生生理特点的专业。增设专业后，学生对这些专业都非常感兴趣，因为这些专业都能从聋人视觉敏锐、吃苦耐劳、抗干扰能力强的特点出发，做到缺陷补偿，扬长避短。事实证明，这对聋生回归主流社会是大有裨益的。现在我校已有供烹饪课实习的专门课室；有供计算机应用专业课实习的计算机室、工艺美术课的实习教室。

6. 多渠道解决学生就业问题

在社会主义市场经济体制下，毕业生就业问题面临着严峻的挑战，如何适应社会主义市场经济体制要求，拓宽残疾人就业渠道，使他们真正成为残而不废、自食其力的劳动者，这是特殊学校发展职业教育中必须解决的问题。

（1）解放思想，转变观念。

教育学生面对市场经济挑战，摒弃那种不切实际地求高职、高薪工作的思想，树立自强不息，学有专长，顽强拼搏才能走出困境、走出新路的思想观念。

（2）走产教结合，厂校挂钩的社会化办学道路。

现代教育理论的大教育观点认为，学生学习的场所不只局限于学校和课堂，组织他们到社会大课堂中去接受教育，开阔眼界，增长才干，对于他们的成长和发展是大有裨益的。我校职业教育除了要坚持把培养学生的实际操作技能作为教学工作的重点，坚持以职业能力为核心外，必须主动了解企业需求，与企业建立紧密联系，根据企业需求及预测分析确定专业设置、培养目标和教学内容，与用人单位签订培训合同，实行“订单教育”，与企业签订培训合同，按照企业要求进行培训，形成了稳定的校企关系和就业渠道。目前，梅州正是大力发展工业时期，许多工厂、企业需要大量多技能人才，这是我校建立厂校挂钩的大好机会。让毕业生提前一年去有关单位生产实习，这样不仅使聋生提前走上社会、介入社会、了解社会、适应社会，为将来毕业后就业作好充分的心理准备，而且也让社会了解聋生，在聋生和企业之间架起了就业的桥梁。

（3）就业指导与就业跟踪服务。

毕业生走向社会（企业）后，由于交往群体不同，难免会有许多的不适应，甚至磕磕碰碰，加上语言交流的障碍，他们又难以与企业管理者及同事们沟通，这就会直接影响他们的情绪，甚至影响到他们安心工作，造成不必要的离岗失业而造成流出社会，成为社会的一个不稳定因素。因此，学校要建立跟踪访问制度，设立专门的职业教育就业指导部门，有专门从事就业指导的教师，经常定期、不定期地到企业去，到毕业生中去走访了解，关心毕业生的工作情况，生活状况及思想状况，及时帮助他们解决实际问题。同时，学校还可邀请各方面表现良好的毕业生回校作报告，对学生进行专业职业教育和形势政策教育，使学生对自己的前途充满信心。

参考文献

1. 全国特殊教育研究会．聋校教学文萃．北京：人民教育出版社，1997.
2. 朱操．特殊教育研究．北京：中国林业出版社，2000.
3. 薛喜民．加快战略调整，推进职教发展．教育发展研究，2000（3）．
4. 淄博聋校．聋校职业教育办学模式及可行性研究．淄博聋校网站，2006（5）．

浅谈如何实现聋生就业的持续性

惠州市特殊学校　黄辉胜

【摘　要】本文根据聋生就业的现状，探讨了如何实现聋生就业的持续性，攻破聋校职业教育的新难题，减少聋生流动性，使其融入社会中，实现自我价值。

【关键词】聋生；就业；持续性；职业教育

聋生就业是他们参加社会活动，融入社会中，实现自我价值的必经之路。根据有关调查显示，聋校毕业生的就业率很高，几乎达到100%，然而同时也出现了高失业的现象。这样的现象为社会的和谐增加了不少不安定因素，同时也给我们的职业教育提出了新的难题。

一、聋生就业不理想的原因

经过调查研究，聋生出现高就业、高失业的原因有如下三方面：

1. 职业教育的深度不够

（1）职业教育教学的实效性不强。在聋校中，职业教育课程的设定基本是电脑、工艺制作、服装缝纫等，在很多地区并没有根据实际情况开设相关课程。聋生的职业教育课程应该贴近当地的区域发展特点，按需求制定相关的课程，达到聋生就业指导的实效性。同时，课程的教学层次较浅，只停留在表面的学习，没有向深度和宽度上延伸。如电脑的教学中，除了教给学生基本的操作和普通的办公软件，还需要给学生一个必要的专项技能，例如，动漫制作、绘图软件等。

（2）技能教育的单一化，缺少就业指导。在职业教育的过程中，基本上都是重视了对学生劳动技能的教学，强调技能的掌握程度，而忽略了对学生就业思想的指导。

2. 聋生本身因素

（1）聋生的“拜金”主义观较强。从跟踪聋生就业情况分析，聋生失业的原因是工资待遇低。聋生在参加工作后，并不注意自己的工作情况，忽视自己付出的劳动，一想就想着工资的多少，经常和周边的聋人进行比较“谁高谁低”、“哪里工资高”、“哪个工作的钱多”，从而就没心工作，同时也辞职去找别的“高薪”工作。

（2）聋生自视清高，缺乏社会竞争意识。就业观念不务实，爱好高骛远，不懂得要根据自己的实力和职业要求来选择职业；就业定位不准确。要么过于自信，过高估计自己，孤芳自赏，盲目乐观，高不成，低不就；要么过于自卑；要么对就业形势认识不足，面对人才市场激烈的竞争认识不够，缺乏参与精神，更缺乏迎接社会挑选的勇气和信心。

（3）缺乏积极主动的职业意识和职业能力。在工作岗位上只满足于机械地完成自己分内的工作，对自己要求不高，工作中缺少积极性、主动性，怕吃苦、怕受累、挑肥拣瘦，好的工作干不来，累的工作又不愿意干，适合自己的工作又干不长久，平时他们对待工作的态度不正确，热情不高，主动性差，工作中高兴就干不高兴就不干了走人，工作自由散漫，生活中没有进取心。

3. 对聋人的保护和照顾不力

大部分被作为廉价劳动力使用，有些聋生在工作中掌握了一定的技术，比如服装裁剪等，但这些技术含量稍高的工种，往往被人情关系户占领，他们很难在岗位上获得自我的提升。

二、聋生就业改进措施

根据上述分析的原因，我觉得在聋生的职业教育中按情况试行“一心二观三改四联”，希望通过有关的措施，改变聋生就业的现状，构建和谐社会。

1. “一心”是指培养学生有高度的工作责任心

所谓责任心是指一个人对自己、家人、企业乃至对社会应尽的责任和义务的认知态度。它是每个人都应该具有的一种基本素质，更是做好一件事情所必须的条件。因此，要想把工作做好，提高责任心是至关重要的。

责任心是做好本职工作的前提。有一句话说得好，“在本位，尽本分”，这应该是每个人对自己工作的最基本要求。责任心的培养就要在我们平时的教学过程中和生活中形成。如我们在班级管理中让学生充当重要的角色，同时班干部实行每月轮值制，这样，通过学生在班级管理中培养良好的责任心和让每个同学都得到锻炼。通过培养，让他们知道要做好自己的工作，必须勇于承担起自己的工作责任，必须谨遵各种规章制度和守则，做好自己的本职工作，热爱工作，用一丝不苟的态度对待工作，就一定可以在自己平凡的工作岗位上贡献自己的力量，参与社会建设，实现自我价值。

2. “二观”是指培养学生的人生观、价值观

在培养各项所学专业技能的时候，通过实训教学和参与工厂实习，要让聋生了解自己所从事职业的技能和特点，在此基础上引导他们树立正确的人生观、价值观，培养他们吃苦耐劳、艰苦创业的敬业精神和奉献精神，最终实现自身价值。

在教学过程中，可以利用事迹材料、影片等教导学生，树立正确的人生观以及价值观。要让聋生懂得生理残疾并不可怕，可怕的是心理残疾。“团结、协作”更是今后步入社会所应具备的道德素质。

通过就业指导，让学生亲身感受，主动探索，不断完善自我，提高职业理想和道德意识。

3. “三改”是指教学方法改革、教学层次改革、教学内容改革

（1）教学方法改革创新。教师的创新精神和创新能力是培养学生创新意识与能力的先

决条件。早在20世纪40年代，我国教育家陶行知先生就指出：“教育者也要创造自己、创造理论和创造艺术。”

我们现在教给学生的不仅仅是较强的职业教育技能，更重要的是培养学生的思想品质。因此，作为学校的职教专业教师，更应树立创新意识，锻炼自己的创新思维；加强学习交流，吸取经验；加强训练，提高自身业务水平；创新教法，更好地实施技能与思想教育的有机结合。只有具有创新意识的教师才能培养出具有创新思维的聋生，才能使职业教育充满生机。

（2）教学层次的改革。在职业教育的教学过程中，单纯的工作技能目标培养已经不能满足现代社会发展的需求，还要增加文化素质培训、思想观念培训。如利用班会课，给学生观看相关影片等，使学生的思想得到熏陶；或者开设就业指导思想课，通过学习，让学生的思想观念得到提升，提高学生的文化水平，帮助学生树立正确的工作态度、人生价值观，培养学生的团队协作意识等。

（3）教学内容的改革。创新要求特校聋人职业教育的专业实质要以教育规律为依据，以市场经济为导向，以社会需要为目标，立足学校教学实际和学生特点。如我们学校根据当地有真维斯、圣马龙、富绅等大型知名服装企业，需要较多服装缝纫工的情况，开设了服装缝纫职业教育课程；同时也根据市场需求和企业的支持，开办了学生实训基地——爱心面包房，让学生学习面包制作工艺。

通过改革教学内容，形成本校的职业教育特色，让学生在掌握主要的职业技能外，尽可能地学习多种职业技能，提高他们的就业机会和灵活性就业。

4. “四联”是指学校与家庭、学校与社会、学校与企业以及教学与生产的结合

（1）建立学校与家庭、社会联系的合作制度。现代社会的教育已不再是学校单方面的责任，而应该由学校、社会及家庭共同承担起教育学生的责任，只有三方面有机结合起来，加强联系才能培育出合格的人才。

学校与家庭、社会的联系主要于两个方面：一个是请进来；一个是走出去。在与家庭的联系中，建立德育导师指导制，让教师一对多的与学生家庭联系，加强交流，较完整地了解学生的全面情况；同时邀请学生家长走进学校，成立学生家长委员会，加强联系，给学校提出更多更好的意见。而在与社区的联系中，一方面让学生积极参与社区的活动，如参与社会的志愿者活动，成立心泉志愿者队，参与了省残运会的志愿者服务；另一方面邀请校外知名学院、企业走进特校，带来先进的技术，如每周三下午，有惠州学院服装系的师生、苹果发艺的师傅到学校对有兴趣的学生进行一对一的辅导教学，都取得了很好的效果。

（2）学校与企业以及教学与生产的有机结合。职业教育必须与生产劳动相结合，这是职业教育方针所要求的。聋校开展职业教育也要求与生产劳动相结合，即教学、实习、生产有机结合在一起，三点一线，达到学工一体、学以致用。在我校的职业教育中，学生通过学习技能知识，积极参与实训操作以及到教学基地参加实训，使理论和实际有机地结合在一起，达到融会贯通的效果。更重要的是能否参与实际生产，最终实现学以致用，从中可使他们体味更多的生存艰辛，培养他们的竞争能力和增强生存意识。

三、学生学习中应注意的问题

为了在职业教育中尽可能地提高学生的学习效果，在学生学习过程中还应注意以下三个方面：

（1）考虑受教育者之间的差异。由于受教育者在年龄、性别、能力、兴趣等方面存在差异，在教学过程中，受教育者的学习态度及学习效果也会有很大的不同。受教育者的差异太大或者太小都会影响大部分人的积极性，这样给教师增加了不少困难。因此，要求教师要根据受教育者的情况，调整教学方式和内容，调动受教育者的积极性，对少数学生进行个别辅导。

（2）教学效果的转移。学以致用是职业教育的基本要求，为了让教学效果尽可能地转移到实际工作中，在设计教学方案时，教学的情景与内容要与实际工作相似，让学生尽可能地体会到学习内容的适用性。

（3）教学效果的反馈。教学效果的反馈有两层含义：一是及时反馈学生对教学内容学习的效果，由教师对学生进行考核；二是学生是否可以适应工作岗位的要求。

参考文献

1. 张宁生主编．听力残疾儿童心理与教育．大连：辽宁师范大学出版社，2002.
2. 眭乐萍．谈特殊教育学校职业教育体系的构建．现代特殊教育，2001（特刊）．
3. 朴永馨主编．特殊教育概论．北京：华夏出版社，1999.
4. 许书创．打造职业教育品牌　增强聋生竞争能力．南京特师学报，2002（2）．

关于构建随班就读支持保障体系的研究报告

广州市越秀区启智学校　朱敏燕

【摘　要】世界特殊教育发展的趋势是普特“一体化”，“随班就读”是具有中国特色的一体化教育的重要体现，也是我国深入开展九年义务教育的现实需要。我国自20世纪80年代实行随班就读以来虽然取得了一定效果，但随班就读的质量仍然被广泛关注。有学者认为随班就读质量差的主要原因包括教育理念落后、师资质量没有保证、普通班级班额过大和支持保障系统不完善等，因此如何构建随班就读支持保障体系，从而更好地保障随班就读工作的开展就显得非常重要。为此，我校于2007年承担了广州市特殊教育教学研究会的子课题，开展了关于这方面的工作研究，经过两年的实验，总结出了一些经验和方法，供大家参考。

【关键词】构建；随班就读；支持保障体系

世界特殊教育发展的趋势是普特“一体化”，“随班就读”是具有中国特色的一体化教育的重要体现，也是我国深入开展九年义务教育的现实需要。我国自20世纪80年代实行随班就读以来虽然取得了一定效果，但随班就读的质量仍然被广泛关注。有学者认为随班就读质量差的主要原因包括教育理念落后、师资质量没有保证、普通班级班额过大和支持保障系统不完善等，因此如何构建随班就读支持保障体系，从而更好地保障随班就读工作的开展就显得非常重要。为此，我校于2007年承担了广州市特殊教育教学研究会的子课题，开展了关于这方面的工作研究，经过两年的实验，总结出了一些经验和方法，供大家参考。

一、建立完善随班就读指导体系，为我区开展随班就读工作提供技术支持

按照实施方案，我校于2007年建立了子课题组和健全全区随班就读工作管理网络和教育教学指导网络，形成了以区教育局—区特教学校—随班就读学校相连接的管理网络；以普教科专干和特教教研员—特教学校巡回指导教师—随班就读中心教研组成员相连接的教育教学指导网络，由教育行政、特教教研员、特殊教育学校校长、区攻关小组特教组成员、特教学校及普通学校有经验的教师等专业人员组成区的随班就读工作巡回指导小组，定期去区内有随班就读任务的学校进行常规工作的检查，并与学校教师座谈，及时了解存在的问题，积极开展教科研工作，积极探索针对性、可行性强的最佳教育模式，不断提高

特殊教育工作的实效性，如到铁一小学三次，水荫路小学一次，建设大马路小学一次，培正小学一次，五羊小学一次。

二、建立完善随班就读教师教育培训体系，为我区开展随班就读工作提供人力资源保证

要做好随班就读指导工作，仅有政策的支持是不够的，关键还是人。要有一支技术过硬的师资队伍，这支队伍主要由三部分人组成：巡回指导教师、资源教师、各科有接触随班就读学生的老师，这三部分人的职责和要求具备的技术专长是不同的。因此，一开始中心就制订了明确的人才培养规划，建立了由教育局、特教专委会牵头，以特教学校为中心，以普通学校随班就读教师为骨干的师资培训体系，使培训制度化、经常化，以保障随班就读教师专业能力和基本素质的最优化。两年来，我校与区教育发展中心合作，启动了68学时的越秀区资源教师培训班，分别在2009年4月邀请了台湾杨宗仁教授作了融合教育和特殊儿童特点的讲座；5月邀请了美国赖铭次夫妇作了有关问题行为处理的讲座；10月邀请了省特教专家简栋梁老师作了关于听障儿童的身心特点和处理方法的讲座。这些理论培训丰富了随班就读学校的分管校长、教导主任及骨干教师的特殊教育专业理论知识，使她们掌握到了实际操作的技能，提高了开展随班就读教育教学的能力，并为下阶段开展巡回指导工作储备了人才。

三、完善随班就读的组织保障体系，为开展随班就读工作提供环境支持

资源教室是一种由资源教师在普通课程的教学时间外，利用特殊教育设施及其他可利用的教学资源，对有特殊教育需要的学生进行特殊服务，也包括对教师、家长的指导的一种教学组织形式。为了使我区的资源教室建设尽快走上正轨，巡回指导小组多次到雅荷塘小学，对学校资源教室需配备的设施、设备，主要任务、职责，人员的安排及具体运作的方法进行具体指导，告诉资源老师要安排好资源教室的活动，在活动内容、辅导形式和教学的组织等方面进行有计划的安排。活动的内容有对在学科课程，主要是语文或数学等课程的学习有困难的学生进行个别辅导，针对智障儿童语言障碍问题的个别矫正，针对智障儿童的平衡能力、反应和协调能力等肢体—感知训练，特长培养和益智性的游戏活动，并要做到有计划、有记录、有总结。资源教室教学活动的组织要根据特殊儿童数量、类型等实际情况有机安排，要统筹好资源教室的教学活动，使之与普通班课程相互配合、互为补充，做到时间、地点、教学人员、教学对象、内容、辅助材料等资源的落实。另外，也可与周边学校取得联系，定期为这些学校的随读生提供特殊教育服务，使资源教室达到最大效益等。这些实质性的建议使雅荷塘小学的资源教室很快上了轨道，在短时间内充分发挥了资源教室的最大功能。

四、积极与普校合作，探索出一些成功开展随班就读指导工作的有效方法

一直以来，特殊学校和普通学校在业务上没有太多的交流，而且普通学校本身就有一定的学业任务要完成。作为指导中心，怎样才能在不影响他们常规工作的条件下开展随班就读的工作呢？这是值得探讨的问题。两年来，我们尝试了以下方法：

1. 以点带面

我们首先从个案追踪入手，从我校转衔到普校的学生开始，像今年转衔到铁一小学的王某某同学，他刚进入铁一小学学习的时候，并不适应普校的生活，在课堂上会作出突然走出教室、突然大笑和尖叫等行为，给老师和同学造成较大的困扰。但学校并没有放弃这个孩子，而是积极寻求解决的办法。铁一小主管特殊教育工作的行政老师主动与我们联系，了解他在特校的情况，共同商量对策制订方案，结合指导中心的转衔计划，并采纳了中心提供的建议，创造适合学生学习的学习环境，合理安排学生的学习活动，充分利用陪读老师协同合作，对学生的问题行为进行了干预。现在该学生的行为有了很大的改善，再也没有出现干扰课堂秩序的行为，也能和同学友好相处，适应了普校的生活。

2. 送教上门

每一位随读生的教师可能都会遇到这样的困惑：这个学生的学习能力如何？教师需要教他（她）什么知识？教师应该如何更好地教育他/她？有哪些有效的教学手段或方法？针对这些问题，我们组织成立了讲师团，由各学校根据需要选择培训内容，我们安排合适的人员到校讲课，送服务上门。如我们曾经到养正小学进行了《个别化教育计划制订》的讲座；到铁一小学、培正小学进行了《学习障碍与亚斯伯格症的有效教学策略》的讲座等，让老师们掌握了一定的教学手段和方法，提高了教育技能。

3. 提供应急支持服务

随班就读的教师多数没有接受过系统的特殊教育，在实际教学工作中经常会遇到实际困难，而特教学校教师大都经过系统的特教专业培训，掌握了不少特教理论和技能，普特校在管理、教学等方面可以互相借鉴，既解决随读教学的困难，也可借此对随读学生进行研究，正确对待学生差异，解决教育教学中的问题，从而提高教育教学质量。这个学期我们就接到了培正小学的个案，此个案为亚斯伯格症儿童，在学校不能建立正确常规，不能和同学、老师作一般的社会互动、交流，还经常出现打人、破坏学校环境等问题行为。指导中心接到个案后，马上安排专业老师到培正小学听课，观察、评估个案的表现及内在问题，并根据学生具体情况，与培正小学教师商讨对学生有效的教学策略，并指导其干预方法，取得了一定成效。

4. 尝试和普校签订“教学共融计划”，探索双学籍管理模式

在启智学校的脑瘫学生中有个别同学的认知能力比较好，这些同学在启智学校跟班学习已经不能满足他们的求知欲，而他们又不可以没有康复老师为他们提供康复训练。怎么样才能够让这些孩子既能够得到常规的康复训练，又能学到他们认知水平所能学到的学科知识呢？能否与普校联手，让孩子的认知学习由普校负责，康复训练由特校负责，真正把双学籍管理落到实处呢？为此，我校联系了同一学片的清水濠小学，由于两所学校之前早

已有许多联谊项目，他们的学生对我校的孩子也有一定的了解，因此共融计划可以说是一谈即成。于是启智学校在2009年下学期送了三名脑瘫孩子到清水濠小学上课，他们是本校四（1）班的魏××、三（2）班的许××、一（1）班的廖××，他们分别到了二年级（1）、（2）班、一年级（3）班。

在孩子们到清水濠小学学习之前，我们请班主任、家长填写了一份学生基本情况表，包括孩子目前的认知水平、学习能力、交往能力，以及家长对参与共融计划的期望表格，表格填写好之后，我们带着表格到清水濠小学与相关的班主任沟通，让老师们对这些孩子事先有一个大概的印象，并且由班主任事先向同学们打好招呼，让全班同学都有一个心理准备去接受这位同学。这样做也是为了让启智学校的同学能够更快得被大家接纳，能够更快地融入这个新的班集体。然后，两所学校的相关老师会一起商量安排脑瘫学生上课的课程。由于是脑瘫，学生们基本上很难参与普通学校的艺能课，因此，老师们为孩子们选择了语文、数学课相对集中的两个上午，其他时间就安排在启智学校接收康复治疗。当启智学校的老师带孩子到清水濠学校的班级时，都会受到热情的欢迎，老师、同学们的热情把负责送教的老师、脑瘫的学生、陪读的家人都感动了。

孩子送过去了，我们还定时跟科任老师联系，了解学生近况，也通过交谈，向学生了解他们学习的情况，他们自己的感想、收获。孩子们都很喜欢到清水濠小学，都很珍惜每一次上课的机会。有一次，许同学因为负责陪读的表姐生病了，不能送她到清水濠上学，只能送她回到启智学校上课，那天放学的时候，三（2）班的班主任告诉表姐，许同学今天一天的情绪都不好，总是念叨着要去清水濠上课，可见孩子们多喜欢那个新的集体，同时也说明了对方学校的老师、同学们给孩子们创设了一个包容、亲切、温暖的氛围。

共融计划可以让启智学校的学生有机会体验到正常学校的学习氛围，满足他们的求知欲，丰富他们的人生，从而提高他们的生活质量；可以让清水濠小学的学生更好地体验“施比受更幸福”的真谛，感受“送人玫瑰手留余香”的美好，更好地学会包容、接纳。可以说，这种模式的开展达到了“双赢”的效果，为今后双学籍管理模式的推广提供了很好的依据。

五、意见和建议

经过两年的实践，我们觉得要构建好随班就读支持保障体系，一定要作好以下几方面工作：

（1）随班就读支持保障系统需要地方政府的统一部署和管理。相关行政部门应把握发展方向，决策重大问题；建立健全的规章制度，以保证随班就读的健康有序发展；应加大对随班就读工作的经费投入，包括科研、培训经费和教师的津贴和奖励。

（2）要注重发挥特殊教育学校的中心作用，配备专职的工作人员，以中心为骨干，统筹各方面的教育资源，加强对普校教师理论水平的培训，以及对他们教学能力的指导和示范，把随班就读工作整体带动起来。

（3）建立完善的督导评估体系。制定一套包括对随班就读的理念、运行机制、保障设施、学生档案建设、教科研、师资建设等方面完整的对学校开展随班就读工作考核实施细则，以充分调动教师对随班就读学生教育的积极性；对学生的评价充分考虑其个体的差异，以培养目标和学生个体发展的不同特点为基础，以有利于随班就读学生自信心的培养和提高为目的，注重评价内容的多元化，建立科学的评价机制，将定量与定性、单项与多项、形成性与终结性评价相结合，使综合评价和实施个别化教育计划相互促进，不断完善特教与普教融合的完整的教育体系。

参考文献

1. 李天顺．深入持久地开展残疾儿童少年随班就读工作．现代特殊教育，2004（12）．

2. 刘全礼．随班就读教育学——资源教师的理念与实践．天津：天津教育出版社，2007.

广州市海珠区孤独症儿童普通小学随班就读问题及对策研究

广州市海珠区启能学校　周思佳

【摘　要】孤独症自被发现至今虽然已经有60多年，但仍然是医学界有待攻克的一大难题。医学的终点也许正是教育康复的起点，目前我国学龄期孤独症儿童主要安置在特殊学校、专门训练机构和普通小学内。在普通小学随班就读既能够保证孤独症儿童平等受教育的权利又能体现融合教育的精神内涵，所以有越来越多的地区将中轻度孤独症儿童安置在普通小学进行随班就读。本文就广州市海珠区孤独症儿童普小随班就读的情况对辖区内10所具有代表性的小学作了较为细致的走访，同时对存在的问题作了分析，并提出对策建议。

【关键词】孤独症儿童；随班就读；问题；对策

一、前　言

孤独症严重危害儿童身心健康，极易造成终生性残疾，所以孤独症儿童的康复问题越来越引起全社会的广泛关注。根据2001年全国0～6岁残疾儿童抽样调查显示，当时我国0～6岁精神残疾患病率为1.101%，约有精神残疾儿童10.4万，其中绝大多数为孤独症儿童。十年过去了，目前我国虽然还没有对儿童孤独症进行全国性的流行病学调查，但儿童孤独症的患病率发展速度是惊人的。目前在我国，孤独症儿童通常被安置在康复机构、幼儿园、特殊学校和普通小学中随班就读。但是他们中的大部分都没有受到合适的教育。

早在1986国务院转发《关于实施义务教育法若干问题的意见》第三十二条就明确规定："特殊教育的办学形式灵活多样，除设特殊学校外，还可以在普通小学和初中附设特殊教育班。应该把那些虽有残疾，但不妨碍正常学习的儿童吸收到普通中小学上学。"这是我国最早将残疾儿童纳入普通教育机构接受教育康复由国务院转发的法规条例。另外《中华人民共和国残疾人保障法》第二十二条明确规定："普通小学、初级中等学校，必须招收能适应其学习生活的残疾儿童、少年入学……"这也为孤独症儿童到普校随班就读提供了法律保障。

近年来为了切实执行以上的法律法规，同时解决孤独症儿童受教育的问题和更好地体现融合教育的理念，我国很多地方逐渐将一些中轻度孤独症儿童安置到普通的小学进行随班就读。但是由于教育目标、教育方法、办学方针和硬件设施等的差异，很多普小在接收孤独症儿童随班就读上面临着重重困难，例如：普小教师的儿童孤独症教育康复知识技能缺乏；普小儿童孤独症教育康复硬件设施奇缺等。这一系列的困难和问题造成了很多孤独症儿童随班就读的实质效果还不尽如人意。

海珠区作为广州市的教育大区和强区，“十五”期间就陆续将区内符合条件的孤独症儿童安置到了普通小学的特教班或普通班进行随班就读。到目前为止的几年间，海珠区孤独症儿童的随班就读已经取得了丰硕的成果，但是仍然有很多问题有待解决和探讨。

二、海珠区孤独症儿童普小随班就读存在的问题

2003 年由市教育局推荐，海珠区被确定为建立随班就读工作支持保障体系实验区。“十五期间”我区就实现了在全区约 50 所小学开展特殊儿童随班就读工作，其中有约 30 所接受孤独症儿童随班就读。为了更好地了解我区孤独症儿童普小随班就读所存在的问题，作者对辖区内 10 所具有代表性小学的孤独症儿童随班就读工作作了较为细致的走访，最终总结出了困扰我区孤独症儿童普小随班就读的几方面问题：

（一）宣传力度不够，普小教师、学生及家长对孤独症儿童的了解和接纳有限

经过作者调查和走访发现，我区相当多的普小教师对儿童孤独症不了解，不知道孤独症儿童的心理行为特征。由于教师这方面知识的缺乏，导致很多普通学生及其家长对儿童孤独症也非常陌生。这些不了解和陌生直接导致了大家对孤独症儿童的误解和排斥。比如：孤独症儿童由于身心的特殊性，自我表达时往往不用语言或其他社会认可的方式，而是采取大喊大叫、哭闹、自伤等方式；由于感知觉的特殊性，孤独症儿童往往出现普通人看来难以接受的问题行为，如：玩弄身体器官、刻板重复的固着行为等。这些在不了解他们特点的人们看来是无法理喻的。但是只要具备一些儿童孤独症的相关知识就会明白，这些行为和现象是孤独症儿童希望与外界沟通和对话的特殊方式。有了了解便有了理解，理解了孤独症儿童的特殊性便自然能够接纳他们了。

（二）班主任和相关教师对孤独症儿童教育康复等专业知识技能欠缺

通过本次调查和走访，发现这 10 个班级的班主任和相关教师在孤独症儿童教育康复方面的专业知识技能是比较缺乏的，差不多一半的班主任和相关教师对这方面的知识技能知之甚少。另外通过走访发现很多班主任和相关教师对个别化教育计划（IEP）和常用的行为矫正法一无所知。另外对儿童孤独症常用的康复训练方法，如：应用行为分析法（ABA）、结构化教育（TEACCH）、人际关系发展干预（RDI）等也少有接触。导致教师对孤独症儿童教育康复等专业知识技能欠缺的原因首先是缺少相关的培训，虽然在了解儿童孤独症相关知识的教师中有大部分都是通过各种培训学到的，但是这些培训机会也是非常少的，很多教师从事多年的随班就读工作，培训的机会却只有一两次。很多教师在从事随班就读工作中从来没有得到过培训，对儿童孤独症仅有的知识仅仅来源于自己看书或从媒体不多的报道中了解。此外，普小的教育目标和内容让教师必须花大量的精力和时间进行对普通学生的教育教学，从而很少有精力和时间去进行对儿童孤独症教育康复等专业知识技能的学习和了解。在调查中还了解到很多班主任为了更好地进行班级管理和实施有效

教学，内心非常渴望学习儿童孤独症的教育康复知识技能，但是由于日常教学任务重、压力大，对学习这些教育康复知识技能也是心有余而力不足。

（三）普通小学对孤独症儿童教育安置模式单一

据了解，目前海珠区普小对孤独症儿童随班就读的安置模式只有两种：全日制安置和部分时间安置。全日制安置是指孤独症儿童完全随普通班级就读，而部分时间安置是指孤独症儿童半日或一部分时间随班就读，另一部分时间在专门机构或在家里进行康复训练。无论是全日制还是部分时间的安置，孤独症儿童基本上都是随着拥有五六十个学生的班级学习生活，这些班级很少附设对孤独症儿童的支撑服务，例如：专门的行为干预、心理辅导等。另外大部分学校或班级都没有设置资源教室，有的学校或班级即使设置了资源教室，但由于各种原因也没有把资源教室充分利用起来。另外除了参加跟班集体学习外，将近一半的学校和班级还没有对孤独症儿童进行个别化的教育。在已经为孤独症儿童制订了个别化教育计划（IEP）的班级中，也有一大半的班级没有真正将个别化教育落到实处。另外，对于部分时间安置的孤独症儿童，学校或班级对他们在家的辅助支持也比较有限，这样就导致很多家长对孤独症儿童在家里的学习训练感到比较茫然，不知道从何下手来配合学校、班级进行教育康复。

（四）普通小学缺乏孤独症儿童教育康复的硬件设施

在本次调查走访中发现有许多班主任和相关教师反映，之所以不能在普小更好地开展孤独症儿童随班就读是由于学校缺乏相应的硬件设施。很多学校虽然已开展孤独症儿童随班就读多年，但是由于资金缺乏等原因，学校里竟然没有一本有关儿童孤独症康复和训练的书籍。另外缺少儿童孤独症教育康复训练器材也是普小普遍存在的问题。在特殊学校或专门的训练机构中比较常见的认知训练教具、语言训练仪、感觉统合训练器材、结构化教育的个人工作系统等等，在普小里还比较稀缺。另外，由于环境限制和场地有限，普小很难划拨专门的场所用于建立孤独症儿童教育康复所需要的个别化训练室、感觉统合训练室或其他康复训练场。某些学校虽然已经建立起了资源教室，但是由于各方面条件有限，这些资源教室基本上是普通学生和孤独症儿童混用，再加上师资力量有限，很多时候一名教师同时扮演很多角色，如：一名老师既是科任教师又是资源教师，既是为一般学生服务的心理健康教师又是为孤独症儿童进行训练的语言康复师。这些在硬件上的缺乏直接导致了目前我区普小在孤独症儿童随班就读上的各种问题。

三、对目前海珠区孤独症儿童普小随班就读的建议

（一）加强宣传，让普小师生和家长形成对孤独症儿童的客观认识

孤独症儿童由于身心的特殊性往往出现很多特殊的外在行为表现。这些行为表现如果普校的师生或家长不理解、不接纳势必会对孤独症儿童的教育康复造成不利的影响。所以普小应该加强宣传和人文情怀的环境建设，让广大师生及家长都能够了解孤独症儿童。对于广大教师，首先应该从政策上进行宣传，要让大家了解和接受符合条件的孤独症儿童随

班就读，是每所普通中小学校应尽的义务和责任，不得以任何理由加以拒绝。其次，应该在日常的校本学习和培训中增加认识孤独症儿童的内容，让相关教师能够了解和理解孤独症儿童。对于普通学生可以利用日常的班会、大队主题活动、团体心理辅导等渠道来向大家宣传儿童孤独症的简单知识，同时也可以对学生进行宽容、接纳教育。对于普通学生的家长、学校或班级可以利用家长会向家长们宣讲儿童孤独症的相关知识。

（二）发挥随班就读教科研指导中心的作用，建立随班就读工作联络点

特殊学校拥有较多的特殊教育资源，通过多年实践也积累了孤独症儿童教育康复的丰富经验与技能，所实施的小班化教学，素质教育，重视个别化教育计划（IEP）的制订等理念和方法都可以供随班就读小学学习与借鉴。特殊教育教师可以通过巡回指导的形式进入随班就读小学，为随班就读班主任、相关教师及孤独症学生提供各种支持服务。或者通过开展师资培训，帮助随班就读教师掌握孤独症儿童教育康复的理论知识与实用技能。此外，特殊学校还可以成为随班就读小学的资源中心。许多随班就读小学缺乏孤独症教育康复的相关资源，尤其是某些没有建立资源教室的小学对此更为缺乏。通过加强随班就读小学和特殊学校的联系，可以方便随班就读小学利用特殊学校的特殊教育康复设施、设备等资源。特殊学校也应该具有资源共享的意识与理念，向随班就读小学开放自己的资源。

为了更好地促进广大普小孤独症儿童随班就读工作的开展，海珠区在 2005 年就建立了以海珠区启能学校为教科研指导中心，以各所随班就读小学为联络点的教育科研网络。这 6 年的实践证明，单凭海珠区启能学校的力量还不能完全将我区 30 所小学的 50 多个班级进行全面覆盖，目前除了镇泰实验小学、梅园西小学等孤独症儿童随班就读开展得有声有色之外，很多小学孤独症儿童还停留在形式上的随班就读层次上。根据目前我区普小孤独症儿童随班就读的状况，应该建立以海珠区启能学校为教科研指导中心，以区随班就读试验示范小学为教科研联络点，同时以广大孤独症儿童随班就读小学为教科研实施点的网络，如图 1：海珠区启能学校作为我区孤独症儿童随班就读教科研指导中心，目前正逐步建立了学校开放日邀请区内普小随班就读相关教师到校观摩学习的机制，同时启能学校的骨干教师也会定期到各所开展了孤独症儿童随班就读的普小进行交流和指导。另外要建立孤独症儿童随班就读实验示范学校为主的教科研联络点，同时加强普小孤独症儿童随班就读的横向交流，让示范学校对一般学校进行帮带和指导。

（三）将为孤独症儿童制订个别化教育计划（IEP）并将个别化教育落到实处

个别化教育计划（Individualized Educational Programs，简称 IEP）最初起源于美国。1975 年，美国国会通过的 94－142 号公法规定：必须为所有 3～21 岁的特殊儿童制订适合其需要的个别化教育计划（IEP），且须定期评估与修正。个别化教育计划（IEP）是一种根据残疾儿童的身心发展水平和实际需要制定的针对每个残疾儿童的个别教育方案。个别化教育计划（IEP）的内容包括认知、沟通、社会技能、运动能力、生活自理、感官知觉等方面，通过长短期目标的实现，来促进残疾儿童的身心发展。个别化教育计划（IEP）主要以三种形式对随班就读的孤独症儿童实施。一是课堂中的教育康复。在个别化教育计划（IEP）指导下，课堂教学策略要多样化，运用分层教学，照顾群体与个体的差异。在

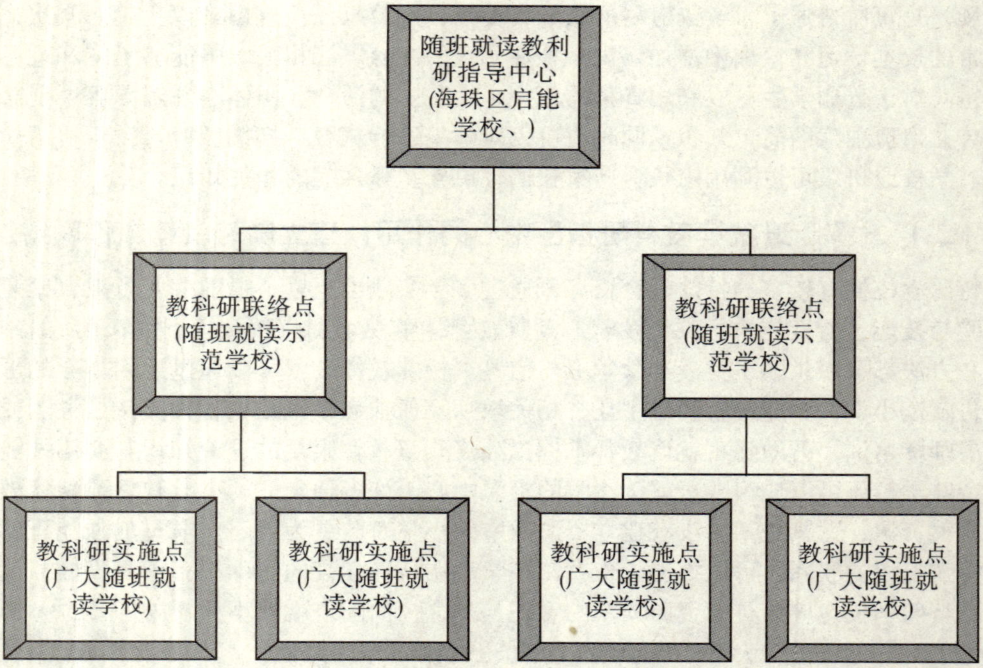

图 1　海珠区启能学校随班就读设置

系统教学的同时，可以采取个别辅导、同伴支持等多种方式来支持个别化教育计划（IEP）在课堂中的实施。二是课外的教育康复。对孤独症儿童实行课外辅导训练策略，可以弥补班级授课的不足，使他们得到适合其需要的个别化辅导与训练，减小与普通学生的差距，使其顺利融入普通环境中。课外辅导与训练可以在课间、课外活动、中午休息、放学后等时间开展。课外辅导训练人员既可以是任课教师、班主任、资源教师，也可以由一助一的同伴实行。当教师无法保证亲力施行时，要随时对同伴支持者进行监督、指导。以发挥出同伴在孤独症教育康复中的重要作用。三是在上课时间将孤独症儿童从某些课堂中抽离出来，将其安置到资源教室或其他场所进行个别辅导和训练。选择抽离的课堂往往是孤独症儿童缺乏兴趣的或是能力难以达到的科目。

（四）以资源教室为中心提供孤独症儿童教育康复训练

资源教室（resource room），又称资源教室方案。资源教室最初用于协助视觉障碍学生，期望他们借此方案顺利在普通学校就读，其后类似的安排也用于听觉障碍的学生。21世纪中期资源教室则被用于协助学习数学、阅读有困难的学生。1968 年资源教室再度受到重视，成为安置特殊学生的主要措施之一。许多学者都认为资源教室是沟通普通教育与特殊教育的桥梁，是特殊儿童真正融入主流教育环境中的第一步，对随班就读的孤独症儿童而言，资源教室与随班就读的结合，是一种最少限制的教育措施。资源教室是一种教育措施，它是指在普通学校中设置的，专为包括孤独症儿童在内的有特殊需要的学生提供适合其特殊需要的个别化教学的场所（教室），这种教室聘有专门推动特殊教育工作的资源教师，以及配置各种教材、教具、教学媒体、图书设备等。学生于特定的时间到此接受特殊教育，其他时间仍在普通班级中上课。资源教室的目的是为包括孤独症儿童在内的有特殊需要的学生提供咨询、个案管理、教育心理诊断、个别化教育计划（IEP）、教学支持、学习辅导、补救教学、康复训练和教育效果评估，以便使他们继续留在普通班级，并促进他们学业、行为和情绪等各方面的发展。资源教室可以满足具有显著个别差异儿童的特殊教育需求，为他们在普通学校接受平等的教育提供最适合的环境与条件。

随班就读学校的资源教室专为包括孤独症儿童在内的有特殊需要的学生服务，以提供适合其特殊需要的个别化教学。普通学校是大班教学，每个班级几乎都有五六十名学生，所以教师的教学要面向全体学生，照顾到全体的教育需要，教学进度、教学难度要适合学生整体的需要，保证全体学生都得到所需的教育。因此教师没有足够精力为孤独症儿童提供充足的教育康复服务。所以，以资源教室为中心来开展孤独症儿童随班就读是非常有效的教育康复方法。孤独症儿童可以在特定的时间到资源教室接受个别化的教育康复训练，如社会技能训练、心理辅导、行为矫正、语言训练等，也可以对其在课堂中没有掌握的知识进行辅导教学。

四、结　语

广州市海珠区经过几年的探索和实践，基本上建立了以特殊学校为教科研资源中心的孤独症儿童普小随班就读网络。但是由于各种原因这个网络还不完善，各个实际开展孤独症儿童随班就读的普小还有很多现实困难有待克服。在普小中为孤独症儿童制订个别化教育计划（IEP）、实施个别化教育、建立资源教室等是提高孤独症儿童随班就读实质效果的基本方法。但是光有这些方法远远不够，还需要广大从事随班就读工作的普小及特校教师将孤独症儿童的康复与教育作为自己终生的事业，共同努力和奋斗。同时要想全面提升我区孤独症儿童普小随班就读的整体水平，还应该有充足的政策保障及经费支持，只有大家的共同努力，我区的孤独症儿童随班就读工作才能迎来更辉煌的明天！

参考文献

1. 高健．孤独症儿童在普通小学现状的探究．现代特殊教育，2005（2）．
2. 潘一．特殊教育学基础．北京：高等教育出版社，2006.
3. 广州市教委中小教处调查组．广州市残疾儿童在普通中小学随班就读的调查报告．教育导刊，1999（1）．
4. 徐白仑．金钥匙计划的回顾与展望．特殊教育研究，1992.
5. 华国栋．随班就读教学．北京：华夏出版社，2000.
6. 周耿，王梅主编．孤独症儿童的教育训练．北京：中国统计出版社．1999.
7. 徐美贞，杨希洁．资源教室在随班就读中的作用．中国特殊教育，2003（8）．
8. 王梅，张俊芝．孤独症儿童的教育与康复训练．北京．华夏出版社，2007.
9. 张文京．弱智儿童个别化教育与教学．重庆：重庆出版社，2005.

附　录

海珠区孤独症儿童普小随班就读班主任及相关教师访谈提纲

访谈者：笔者

被访谈者：被调查小学孤独症儿童随班就读相关班主任及科任教师

访谈内容：

（1）您对孤独症儿童普小随班就读有什么样的看法？

（2）您觉得班级中有无孤独症儿童随班就读有什么不同或区别？

（3）您觉得随班就读对孤独症儿童身心有哪些方面的帮助？

（4）您了解或掌握孤独症儿童教育康复的哪些知识和技术？

（5）您有哪些方法帮助孤独症儿童适应随班就读的学习和生活？

（6）您认为孤独症儿童随班就读工作开展的过程中，最重要的是什么？

（7）请谈谈您所了解或掌握的一些儿童孤独症教育康复方法。

（8）请谈谈您班上或您所接触的孤独症儿童随班就读的大致情况（主要从人际交往、适应集体生活和学业水平几方面谈）。

（9）贵校对孤独症儿童随班就读有哪些安置模式（全日制、半日制或其他）？

（10）您在从事孤独症儿童随班就读工作的过程中遇到的最大困难是什么？

（11）对于孤独症儿童随班就读工作中遇到的困难，您最希望得到哪些方面的支持？

普通学校中如何有效开展随班就读

珠海市特殊教育学校　温丹丹

【摘　要】实施“随班就读”是中国政府解决适龄残疾儿童入学问题所采取的一种特殊教育政策。经过二十多年的努力，中国残疾儿童接受义务教育的入学率有了大幅度的提高。但是在部分地方，仍然有学龄期残疾儿童无法进入普通学校接受适合他们的教育。本文试图从部分学龄期残疾儿童无法获得适合的普通学校教育的原因来探讨，针对随班就读这种教育形式各方面需要完善的一些工作细则。
【关键词】普通学校；残疾儿童；随班就读

1988年公布的《中国残疾人事业五年发展纲要》（1988—1992年）第四十二条明确提出“随班就读”这一术语，是指特殊儿童在普通学校或普通教育机构中和普通儿童一起接受教育的一种特有形式。普通学校对随班就读的学生除了按普通教育的基本要求教育外，还要根据他们的特殊需要，提供有针对性的特殊教育和服务，对他们进行必要的康复和补偿训练，努力使他们和其他普通学生一样，在德、智、体、美、劳诸方面得到发展，潜能得到开发，为他们今后独立、平等地参与社会活动打好坚实基础。

一、随班就读产生的背景

20世纪50年代美国进行了声势浩大的民权运动，因此西方国家的特殊教育界提出了“正常化”的新思想，提倡主流学校进行“一体化”教育。它主张大多数的残疾儿童尽可能在普通学校或普通班中与正常儿童一起学习和生活，即让特殊儿童“回归主流”。在这些发达国家特教界的推动下，“回归主流”的思想得到了世界各个国家的普遍认同。

新中国成立后，特殊教育得到了巨大的发展。但残疾儿童受教育程度低的现状依然未得到改变。如果通过建立特殊学校来解决残疾儿童的受教育问题，政府需要投入大量的费用，也是短期内难以解决的。20世纪80年代以来，我国在西方“回归主流”和“融合教育”思想的直接影响下，大力推进适合中国国情的特殊教育发展新模式——随班就读，改变了一百多年来以建立特殊学校为唯一发展途径的做法。

二、当前我国随班就读存在的有关问题

（一）其他类型随班就读生入校就读问题

从随班就读实验开展以来，就只明确了对象大多是肢残、轻度弱智、弱视和重听等残疾儿童。因此，在普通学校中老师们可能对于轻度弱智、弱视、重听三类儿童会进行课外辅导或是给予特殊关注，但对于其他类型的残疾儿童则缺少适当的辅助，更有甚者会将之忽视或者拒于校门外。还有些地方残疾儿童只是被列为随班就读生来应付上级检查，对于这些学生是否在校接受教育、教学质量如何都不过问。

（二）管理者对随班就读的理念问题

政府的领导和支持是随班就读教育成功的关键。培养残疾人平等参与的校园氛围，启动教学改革、调整教学资源、进行相应的督导评估直接影响了人们接纳残疾儿童的意愿。一是对随班就读工作的重视程度决定着随班就读开展的成效。政府的重视不仅是要在口头上，还要落实到观念转变上，只有提高残疾儿童受教育程度才能提高全民素质。有的领导对于随班就读的认识不够，认为普通学校中普通学生的教育已成为一大难题了，开展特殊教育学校能够顾及过来吗？还有些领导认为残疾儿童在普通学校中接受教育是在浪费教育资源。二是政府的资金支持。残疾儿童到普通小学就读，学校需要为残疾儿童创造适宜环境，校内的辅助设施等都需要经费投入。学校自身是没有足够财力的，在资金方面还需要得到政府的支持和保障。

由于对残疾儿童缺乏正确的了解，有个别的学校领导或老师认为残疾儿童是社会的残次品，就如甩包袱般将残疾儿童踢出校门。有些学校以“学位不足”、“师资不够”等原因婉拒残疾儿童进入普校就读的申请。据了解，这些有特殊需要的儿童随班就读会被称为“编外就读学生”或“地下学生”，学生就读期间学习成绩不列入全班的成绩计算，学生在一定的学习年限后毕业，也不发给毕业证书或者是得到结业证书。

（三）随班就读班级的师资问题

在教师教育和岗前培训中没有把残疾儿童作为教育对象进行培训，普通学校的教师对于残疾儿童的需要不了解，无法采取相应的教学手段进行教育，使得教师很少有能力教好这些随班就读的对象。很多普通小学中按照规定招收残疾儿童入学，但是任教班级的教师并未进行相关方面的培训，对于残疾儿童的身心特点知之甚少，甚至无法理解残疾儿童的生理缺陷，面对巨大的教学压力，造成了有意无意地将随班就读生边缘化，残疾儿童在普通学校中无法得到适合他们学习特点的教学与服务，就出现了“随班就坐”和“随班混读”的现象。

三、随班就读存在问题的原因探析

（一）政策法规不完善

1988 年我国颁布了第一个残疾人事业发展五年规划《中国残疾人事业五年工作纲

要》，随后相继制订了“八五”、“九五”、“十五”规划，1990 年的《中华人们共和国残疾人保障法》和 1994 年的《残疾人教育条例》等，有力地推进了特殊教育的进程。但现有法律条款主要在于法律意义上的保障残疾人平等受教育的权利存在明显不足，权威性不强，可操作性不强，缺乏应有的强制性。

（二）现有教育制度的冲突

现在虽在提倡素质教育，仍然有片面追求升学率的现象，还是以传统的面向升学考试的“培优”、“拔尖”教育，注重学生是否掌握书本知识，忽视学生品德、情感、创造力的培养。在这种情况下，学校、老师会更多地关注到一部分成绩优秀的学生，其他学生的发展要求很容易被忽视，更不用说随班就读的残疾儿童能得到更适宜的教育。

（三）学校方面的巨大压力

1. 害怕影响学校的声誉和班级的排名

虽然当前许多学校在大力推行素质教育，但很多地方仍然以学生毕业考分数的高低来衡量一个学校、一个班级的好与坏。大多学校领导、教师为了在激烈的竞争中立于不败之地，将主要精力放在较好的一些学生甚至个别学习突出的学生身上。如果学校、班上有残疾儿童随班就读，在一些领导和教师看来，会影响到该学校、该班级的升学率和排名，影响其竞争实力和声誉。所以大多学校和教师拒绝残疾儿童甚至一些有一定学习能力的残疾儿童随班就读。

2. 对残疾儿童不了解，专业知识缺乏

普校中的教师对残疾儿童不了解，缺乏相关的专业知识，不知道该如何对待这些残疾儿童而不愿接纳残疾儿童随班就读。再加上平日工作压力大、思想紧张及其他一些原因，故而更不情愿接纳残疾儿童的随班就读。这一点也是造成普校随班就读的残疾学生得不到适当的教育，有意无意被教师边缘化或是在学校“随班就坐”、“随班混读”的重要原因之一。

3. 管理难度大

残疾儿童由于残疾的种类、程度不同，表现出的特点各异，同正常儿童相比差别明显。很多学校领导和教师对各类残疾儿童不了解，招进来怕给学校和班级的管理增加难度。

4. 个人成就感低

经过教师的辛勤培养，普通儿童的潜力能被激发出来，乃至将来成才，这也正是普通学校教师的自豪感和成就感所在。而随班就读的残疾儿童，他们的身心特点决定了教师对他们的期望值不可能等同于普通儿童。这样，教师对他们付出的精力并不少于普通儿童，而他们成才的可能性却远远不及普通儿童，个人的成就感低也是普通学校教师不愿接纳残疾儿童随班就读的主要原因之一。

（四）随班就读对象不明确

从开始实施残疾儿童随班就读实验以来，就是指肢残、视力、听力、智力障碍四类学生。而我们需要随班就读的残疾儿童对象类型远远超于这几类，如 2006 年修订的《中华人民共和国义务教育法》并没有与时俱进且明确地将随班就读的对象扩大，对于自闭症、情绪障碍、学习障碍、超常儿童等有特殊需要的残疾儿童并未作出安排，容易使人产生随班就读就是关注听力、视力、智力三类障碍儿童的错觉。

四、对学校开展随班就读的建议与策略

（一）扩展随班就读的对象，健全相关政策法规

我国残疾儿童教育现状表明，一方面残疾儿童受教育的基本权利没有得到有效保障；另一方面，存在着教育机会不平等现象。因此特殊教育的发展亟待完善相关的政策法规。

国家《关于开展残疾儿童少年随班就读工作的试行办法》是促使残疾儿童随班就读发展的纲领性文件。主管特殊教育的行政主管部门可根据该文件精神，制定具体的相关政策和制度，确保残疾儿童随班就读的进一步发展，如：

有相应的法律法规明确随班就读的对象不仅仅是肢残、轻度的听力、视力、智力这几类障碍儿童，还应该包括轻度语言障碍、情绪障碍、学习障碍、多动症、高功能自闭症、超常儿童等有特殊需要的特殊儿童。

制定普通学校招收残疾儿童随班就读在经费的划拨、教学设备仪器的配备、随班就读特殊设施（如资源教室等）的添置等方面的优惠政策。

制定随班就读教师的特殊教育津贴实施办法，定期对随班就读学校和教师进行专项考核，对考核合格的给予专项经费补助，对考核优秀的先进集体和先进个人除进行表彰外，给予一定物质上的奖励，以此调动普通学校和教师接纳残疾儿童随班就读的积极性。

制定学龄期残疾儿童随班就读的筛查、测试细则，对残疾儿童作恰当的教育安置，使残疾儿童随班就读后能在各个方面得到最大限度的发展和提高。

建立特殊教育学校定期委派教师到普通学校巡回指导随班就读工作的制度，确保随班就读的质量。

（二）提高社会对残疾儿童的认识

中华民族自古就有“尊老、慈幼、扶弱、助残”的优良传统，在实施随班就读的过程中，各地可通过广播、电视、文化活动等多媒介参与方式广泛发动宣传，改变社会观念，提高对残疾人与相关人道主义思想的认识，积极创造残疾儿童接受平等教育的社会氛围。

（三）实现真正意义上的素质教育

素质教育是重视人的思想道德素质、能力培养、个性发展、身体健康和心理健康教育。有关部门应转变观念，加快教育制度改革，摒弃过分注重课程传承、过分注重选拔与甄别的偏向。承认学生个别差异的普遍存在，建立多元的评价指标与评价方式，发展每个学生的各项潜能，鼓励学生之间的合作学习。这样每个残疾儿童才能在普通学校中得到适合的发展，接受平等的教育机会。

（四）统筹规划随班就读的各项工作

1. 完善、规范随班就读生的筛查、鉴定工作

建立对随班就读生筛查、鉴定工作小组。由特教专家学者、普通班级教师、特殊学校教师、康复训练治疗师、医疗系统等专业人士共同对随班就读申请学生作详细入读普通学校的评估，确定入读普通学校的随班就读对象。

2. 成立随班就读工作小组，为随班就读教师提供咨询和建议

成立随班就读工作领导小组。其成员由教育局、卫生局、残联、妇联、团市委等部门组成，负责随班就读工作的组织发动、宣传教育、政策落实等。

成立随班就读工作指导中心。组织以特殊教育专家、特殊学校老师为主的随班就读巡回小组，定期为任教于随班就读班级的教师提供咨询帮助，向其提出可行性建议，并进行随班就读的教育教学指导。另外，不定期组织各校随班就读教职人员进行经验交流，建立校校互通的联网教育，活跃随班就读工作氛围。

3. 建设资源教室，配备资源教师

随班就读学生在普通班级就读并不是就能够满足他们的需求，在班额较大的普通班级中教师无法针对随班就读中的残疾学生身心特点进行个别辅导。资源教室能够给随班就读的残疾儿童提供个别辅导、训练和咨询的功能，最大限度地挖掘他们的潜能，促使残疾儿童健康发展，帮助他们在普通班级中顺利就读。在资源教室中配备专职教师——资源教师全面筹划和实践各项工作，对随班就读生进行评估、制订和实行个别化教育计划。

（五）校方需要转变观念，加强随班就读师资培训

从基层学校领导到教师，必须转变片面追求升学率的应试教育的教育观念，深刻理解、领会并大力推行素质教育和全面发展的新理念，进一步加强对残疾儿童随班就读意义的认识，努力营造领导关心重视随班就读，社会热情支持随班就读，学校积极接纳残疾儿童随班就读，家长愿意送孩子随班就读，残疾孩子愿意到普通学校随班就读的氛围。

在普通学校中专业的师资薄弱，要提高随班就读的质量，需要重视随班就读师资的培训。学校在招聘教师中可选择曾有教育特殊需要学生经历的教师，也可招聘特殊教育专业的教师，还可从本校的教师队伍中认真挑选出责任心强的教师进行岗前培训。

另外，还应加强对普通学校非随班就读任职教师进行特殊教育的专业理论知识的普及和对正常学生的思想教育。在这一方面，各市属特殊教育学校也应配合做好当地普通学校教师特殊教育专业知识的普及、培训工作。普通学校要充分利用各种德育途径，采取各种有效措施，加强对正常儿童进行思想品德教育，教育他们要关心、帮助有缺陷的和有特殊需求的残疾儿童和其他弱势群体，要与他们和睦相处。

我们有 800 多万学龄残疾儿童，他们作为社会大家庭的成员，有权利接受系统的学校教育。残疾儿童作为我们社会中的弱势群体，在构建社会主义和谐社会的今天，他们的教育等问题更应当得到我们的关注。

随班就读的提出是中国特殊教育普及和发展的必然要求，是建设有中国特色的特殊教育发展体系的现实需要。随着中国经济的发展和社会文明程度的提高，随着教育事业的不

断发展，我国特殊教育也会越来越得到重视，相信随班就读工作也必将走向更美好的明天！

参考文献

1. 邓猛．融合教育与随班就读：理想与现实之间．武汉：华中师范大学出版社，2009（9）．

2. 刘全礼．随班就读教育学——资源教室的理念与实践．天津：天津教育出版社，2007.

3. 肖非．中国随班就读：历史．现状．展望．中国特殊教育，2005（3）．

4. 刘春玲．建立监测体系，全面提升随班就读质量．中国特殊教育，2009（5）．

5. 黄永秀，赵斌．美国学前特殊教育的政策法规及启示．中国特殊教育，2008（1）．

6. 于玉东，郑艳霞，王新．河北省残疾儿童随班就读的现状分析及对策．中国特殊教育，2008（1）．

7. 彭霞光．中国特殊教育发展面临的六大转变．中国特殊教育，2010（9）．

8. 华国栋．特殊教育师资培养问题研究．北京：华夏出版社，2001.

视障儿童随班就读师资培训模式探究

广州市盲人学校　孔　铭

【摘　要】随班就读是我国对有特殊教育需要儿童的一种重要的教育安置方式。随班就读的目标就是让特殊儿童在普通学校学有所得，提供适合他们需要的教育，使他们能与正常儿童一起成长。这就需要在普通学校培养一支具有高度责任感与精通业务的高素质随班就读教师队伍。本文将对在全纳教育的背景下对特殊儿童随班就读教师培训模式进行探究。

【关键词】特殊教育；随班就读；师资培训

一、随班就读师资培训的必要性概述

（一）教师资源在随班就读中的重要地位

随班就读的师资力量一般包括巡回指导教师、资源教师、普通班的教师这三类。在我国开展随班就读工作是为了普及特殊儿童接受义务教育，而与特殊学校、特殊班级并行的一种对特殊儿童教育安置方式。而在西方，特殊学校、特殊班级与普通班级是一种层级递进式的关系，最终目标是要在普通学校的普通班级实现满足所有学生需要的全纳式教育安置方式。因此，在我国，一般承担特殊儿童随班就读的主要师资力量是普通班的教师。随班就读教育质量的高低，教育效果的好坏，关键取决于教师工作的质量，教师肩负着教育和管理随读少年儿童的责任，是随读少年儿童得以最大限度发展的重要因素。无论在任何国家，教师都是教育体制中最宝贵、最有力的资源。“随班就读的任课教师，应当挑选热爱残疾学生，思想好、业务水平较高的教师担任。他们应当具备特殊教育基础知识和基本技能了解随班就读教育教学的基本原则和方法。”（《关于开展残疾儿童随班就读工作的试行办法（1994）》）

（二）目前随班就读教师存在的积极因素与消极因素

1. 积极因素

回顾漫长的特殊教育史，残疾人经历了从古代的受尽歧视，被社会排挤，到后来成为被同情、受救助的人群。随着人文主义的发展，人们逐渐认识到残疾人也具备受教育的能力，也是属于教育的对象，开始为他们提供与普通人一样的教育。到了 20 世纪的中后期，随着“一体化”、“回归主流”等教育思潮的兴起，提出了“全纳教育”的理念，指出任何人（包括残疾人）都有着自己特殊的教育需要，学校的功能就是能提供满足所有人

（包括残疾人）所需要的特殊教育服务，使学生的潜力得到不断发展。我国随班就读的短短几十年历史可以说是再现了特殊教育史所经历的这几个阶段。教师对待随班就读儿童的态度从原来的不理解、不接受的消极对待到随着社会文明的发展，对残疾人认识的加深，逐步改变了特殊儿童原来随班“混”读的状态。教师认识到每个特殊儿童都有受教育的权利，而且也有着受教育的能力，关键是要提供符合他们需要的教育方式。有的教师已经行动了起来，例如，为班里的低视力学生提供放大字体的材料，安排他们坐在离黑板较近的座位上，允许他们上前看板书……这些措施，有的已经收到了较好的效果，最起码能提高特殊儿童的学习积极性，使他们愿意在普通班级接受教育。教师对特殊儿童的认识以及教育理念上的改变是推动随班就读向前发展的最基本也是最大的动力。

2. 消极因素

在《广州市中小学残疾儿童随班就读工作调研报告》中指出：“随班就读教师的教学普遍习惯于面向普通学生，对班上有特殊需要的随读生缺乏有效的教学手段，教育行政部门对随班就读的教师也极少进行专业的培训，加上老师平时工作很忙，没有精力关注到随读生，只好让他们学多少算多少。从全市统计数字来看，随班就读教师总人数是5 014 人，其中曾经接受过特殊教育知识短期正式培训的只是极少数人，其余绝大多数人是没有参加任何形式的培训的。”可以说，缺乏相关的特殊教育知识是制约随班就读教师提高随班就读教学质量最大的消极因素。而这其中，对随班就读教师进行特殊教育培训的缺位是重要的原因。有的虽然进行过培训，但收效不大，无法让教师把从培训当中学到的相关知识运用到教育随读生当中，达不到因材施教的效果。主要原因还是在于培训的形式单一，以讲授为主，而培训理论性太强，缺乏可操作性。而且，培训形成不了体系，缺乏完整性，教师在随读生的教育上遇到新的问题又得不到新的支持。因此，现行的师资培训形式就亟待改变，建立一个能为随班就读教师提供持续的、有效的支持师资发展的模式，不断提高随班就读的教学效果。

二、视障儿童随班就读师资培训原则

（一）有效性

师资培训的目的是让教师能掌握教育特殊儿童的技能，不断提高随班就读的教学质量。因此，师资培训并不是让每个老师都成为特殊教育的理论专家，而是在尊重教师已经掌握的教育和教学技巧的基础上，通过特殊的手段满足随读生的学习需要。培训要注重提高教师的教学实践能力，要有效地运用特殊教育的知识和技能解决在随读生教育当中所出现的差异现象。

（二）针对性

教师在面对随读生时，最大的困惑就是无法提供与其相适合的特殊教育。每个随读生都是独特的个体，他们所接受的教育方式也是有差异的。正因为学生的个体差异产生不同的教育需要，因此每个随读生老师所需要培训的内容也是各不一样的。师资培训要避免“一刀切”的形式，对教师的培训要紧密结合他们的教学需求，突出培训过程的“临床性”，分析具体案例，提供切实可行的教育教学措施。注重在“质”上取得突破，警惕“培训过量”的情况。

（三）长期性

目前来讲，对随班就读教师的培训是以短期的培训班形式进行的，缺乏对教师在随读生教学上的一种长期的、持续的支持。教师在教育随读生时，会不断地面临新的任务以及新的挑战，这就需要对自己的教育行为和教育方式不断地反思、总结、提高。然而，没有一种一劳永逸的培训模式，能解决教师在教学上遇到的所有问题。教师要掌握教育随读生的教学手段不是一朝一夕的事情，这就需要有一个长期的、持续的支持体系为培训教师提供服务。

（四）全面性

让随班就读教师接受培训，从根本上讲是要改变他们先行的职业状态和固有的风格，全面接受对随读生进行特殊教育的各个方面内容。包括独特的交流技巧、辅助器具的使用、教学手段的调整、评价体系的变更……培训的内容是全方位的，是作为一个完整的系统逐步让教师所接纳的。因此，培训切不可“头痛医头，脚痛医脚”，而要作为一个全纳式的教育模式为教师所运用。

（五）协作性

随班就读教师要懂得与其他人员进行协作，共同开展对随读生的教育教学，才能收到良好的教学效果。这些人员包括其他任课老师、学校的行政管理人员、特殊教育的专家以及学生家长、慈善机构，甚至是取得学生本人的合作。协作教学是基于以下理由的：协作教学有助于使对孩子的认识与评价更全面，满足孩子不同的学习需求；协作教学有助于加深教师对教学的理解，改进自己的教学；协作教学能让多位老师共同参与有助于预见在教学中可能出现的问题，进一步改进教学计划；协作教学使每个人可以充分发挥自身的独特技能，分工协作简化了所有人的教学工作，提高了工作效率。

三、随班就读师资培训的几种模式探究

“地方各级教育行政部门应当把视力、听力、语言和智力残疾儿童随班就读的师资培训工作列入计划，设培训基地，采取多种形式，对教师进行岗前和在职培训。”（《关于开展残疾儿童随班就读工作的试行办法（1994）》）随班就读的教师培训既包括职前培训，也包括涵盖整个教师生涯的在职培训。职前培训又称作“初级培训”，主要在于教师对随班就读以及有特殊需要教育的基本原则与方法有一个初步了解，为随读生实施个别化教学打下基础。而在职培训主要为随班就读教师所面临的对随读生的种种教学疑难提供长期的支持，帮助教师克服困难，顺利实施教学。

根据职前培训与在职培训的分工，随班就读师资培训大致可以分为以下四种模式：

（1）职前上岗培训（初级培训）模式。

（2）入职后提高培训模式——团队协作教学。

（3）教学研讨培训模式。

（4）网络远程学习模式。

（一）职前上岗培训模式

所谓职前培训，主要是指教师在担任随读生教学工作之前或在刚开始担任随读生教学工作的阶段，接受特殊教育的知识和技能的培训，达到基本胜任随班就读教师的资格。目前，在各开展随班就读的地区正逐步加强对随班就读教师的管理，要求担任随班就读教学工作的教师经过培训必须获得特殊教育的相关证书才能开展随班就读的教学工作。可以看出，职前培训是关系到教师是否有能力担任随班就读教学工作的一大关键。所谓“万事开头难”，“好的开始是成功的一半”，做好职前培训，让教师获得特殊教育的基本知识和技能，让他们具备教育特殊儿童的素质，是随班就读工作能顺利进行的一大前提。

职前培训适宜采用短期培训班的形式，采用密集式的教学方法，让随班就读的教师能在短时间、高密度的教学内容中获得特殊教育的基本知识和技能。内容可以包括：

（1）特殊教育的发展历程以及全纳教育的理念——让教师能转变固有的观念，承认教育是每个人的基本权利，是为每个人提供其潜力得到发展的机会。

（2）随读学生的身心发展特点和特殊教育需要——了解各类残疾学生由残疾所造成的认知特点和心理特点，让教师能与其建立一种互信和谐的师生关系；了解他们自身所需要的特殊教育手段，让教师的教学变得更有针对性，效果更好。

（3）科技辅助器具的使用——包括各种能提高残疾器官剩余功能得到最大限度发挥的辅助器具，例如，低视生所需要使用的望远镜、放大镜、台灯、大字材料等；还包括各种提高课堂教学效果的专门为随读生制作的教具学具。

（4）发展特殊技能，提高生活能力——残疾学生往往需要发展特殊的技能来适应生活的需要。例如，视力残疾的学生往往需要发展定向行走的技能才能在公共场合顺利行走；对低视力的学生还要进行适当的视功能训练，以提高他们“看”的能力。

（5）照顾差异的课堂教学——包括对随读学生特殊需要的评估；选择合适的教育安置方式；课堂教学目标、策略、评价方式的调整，以满足特殊学生的教育需要。

（6）提供无障碍的支持环境——让随读生融入校园的生活，在一种正常的、限制最少的环境里面充分发挥自己的潜力，逐步回归到主流社会当中去。

职前教育的短期培训并不意味着把内容作为知识一件一件地塞进培训课程中就可以办到。相反，参加培训的人员一开始就要思考随读学生的个体差异对普通班级的教学和学习意味着什么，要给予培训人员充分思考、质疑、讨论、发言的时间，更应该注重结合自身解决实际的教学问题。

培训的一开始就要注重实际的案例分析，从实际的案例出发，让参加培训的人员能从学习者和环境相互作用的角度来看待特殊教育的新思想，重新审视残疾和学习困难的问题，摒弃过去的“医疗模式”，发现“环境”才是教育最大的变量，通过有效的控制环境能获得最大的教育效果。

此外，职前培训要不断鼓励教师积极地思考和对学生有高期望，并用成功的教育案例来激发教师的积极性。当教师听说其他的随读学生获得的成功——这就让他们看到在自己的教育下，学生有成功的可能——他们就会改变自己的观念，积极寻求有效的教学方法，用较大的热情投入到对随读生的教育当中。

（二）入职后提高培训模式——团队协作教学

在担任随读生教师以后，要保证随读生的教学质量，教师不仅需要继续在实践中运用和强化特殊教育的专业知识和技能，更要充分发挥团队协作教学的力量，寻求一种在与其他教师的协作互动当中解决所面临的教学疑难。由于担任随读生教学的不仅是某一个老师，随读生的教育效果是由担任教学任务的多个教师教学效果的综合体现。因此，教师的工作绝不能在一种孤立、隔离的状态下进行。要使对随读生的教学效果达到最大化，教师之间必须建立起一个合作团队，共同参与对随读生的教学，充分发挥每一个人的特长，提供机会让每个人都参与创造性解决问题的过程。此外，在团队协作当中，也提供给教师反思自己教学行为，分享其他教师的教学经验，提高自己专业素质的发展模式。在团队协作教学当中，应该包括以下几方面的内容：

（1）对随读生进行全面的教育评估，了解随读生的行为特点以及学习需要。由于对学生的教学是分别由不同学科的教师担任的，每位教师对随读生的了解都是有限以及不全面的。因此，教学团队的每位成员都需要从其他成员的经验当中去了解随读生，对其行为特点以及学习需要有较全面的认识，才能在教学中找到合适的方法。

（2）教学团队的成员共同制订对随读生的个别教学计划，并共同探讨对随读生采取的特殊教育手段。个别教学计划是针对随读生自身学习风格以及行为特点的独特性而制订的，是有别于学科教学的。这样的话，每位教师由于所担任学科不同而形成的隔离状态就会得到改善，结合学生自身学习特点所制订的个别教学计划就让每位教师的意见对于这个教学团队来讲都是独特和珍贵的。每个人都能为学生的教学计划以及教学方案提供自己独创性的意见。

（3）教学团队成员之间进行互相的观课，为每位教师的教学提供反思的机会。这里的反思包含着两个方面：第一，观课者以便从学生的角度进行反思。现行的集体教学模式是教师专注于对学科知识的传授而在课堂上则往往忽视了对学生个体学习情况的观察。通过观课，提供给观课者一个近距离观察学生课堂学习行为的机会，从学生的角度出发，反思自己在教学手段是否符合学生的学习特点。第二，上课者可以借此机会让同僚对自己的教学提出修改意见，尤其是如何在课堂上兼顾随读生的学习需求，借观课者来了解学生在自己课堂上的表现，以便改进教学方法。

（4）教学团队成员应该有机会互相交流在教育随读生时所面临的问题，分享各自的教学经验。我们应该认识到，面对随班就读学生对在普通学校任教的老师是一个新挑战。他们需要时时面对在随读生身上所出现的新问题。专家、巡回指导老师并不一定能提供及时的帮助，而教学团队中的教师能给其他教师提供不一样的对学生的观察与评估的角度，每一个教师所拥有的独特的教学技能以及教育随读生的经验可以让其他教师在教育上获益。教学团队在交流与分享经验的过程中，形成集体反思和集体讨论需要解决的问题的学习氛围。

(5) 此外，普通班的教师还要注意与巡回指导老师进行合作，共同承担对随读生的教学。巡回指导老师一般由特殊教育学校的骨干老师担任，有着丰富的特殊教育知识以及教学经验，可以给普通班教师在教学和管理上提供宝贵的建议以及有效的教学支持。巡回指导老师对普通班教师的支持主要有以下几方面：第一，共同对随读生进行教育评估，确定随读生的个别教学计划；第二，协助普通班教师进行教学，尤其为教师提供合适随读生的特殊教育手段；第三，为随读生开展其所需要的特殊课程，并进行有针对性的训练，提高随读生课堂的参与度；第四，协助普通班教师解决随读生出现的行为以及心理问题。

（三）教学研讨培训模式

教学研讨会是指让从事随班就读教学工作的教师能有机会就随读生的教育教学问题进行共同的磋商，分享各种信息和经验。从某种意义上来讲，教学研讨会也是教师之间协作教学的一种形式，只不过范围更广，参与的人员更多。教学研讨会一般从以下几个方面为随班就读教师提供支持：

(1) 展示课例，让老师通过观摩课例共同探讨有效的课堂教学。分享成功的经验以及解决在课堂上出现的问题。对于上课者来讲，课例展示为其提高专业素质的发展提供了一个平台。通过集体备课、展示课堂教学、课后同行的意见都为其今后从事教学工作积累了宝贵的经验。所以，无论对上课者还是观课者，这都是一种有效的培训方式。它所提供的经验和信息都与教师自身的教学实践息息相关，其效果并不是单纯的理论培训所能达到的。

(2) 在教学研讨会上共同探讨在随读生教学上出现的问题，从分享别人的教学经验中获益。每位教师的教学经验都是独特的体验，对于其他教师来讲都应该是一种宝贵的资源。尤其是，教师在随读生教学上所采取的独特的、行之有效的教学手段应该被广泛、深入地研究，以形成一种成功的教学经验被推广。而有的问题则可能是大部分人所共同面对的，在研讨会上得以充分地对此进行磋商，发挥每位教师的独创精神。

(3) 教学研讨会还要为每位教师提供各种形式的充分展示其教学成果的机会。让教师充分展示其教学成果，不仅能让其他教师分享其成功的教学经验，从中获益，而且，也是一种对教师工作的肯定和赞许，让教师体验职业的成功感，促使教师职业继续发展的一种动力。让教师展示教学成果还能促使教师把自己的教学作一个积累与反思，总结获得成功的经验内化为自己的教学风格，并持续地从成功经验中获得支持。教学成果的展示形式也应该是多种多样的，以适应不同老师的不同特点，例如，教学论文、课例展示、经验报告会等。因此，教学研讨会要创设一种轻松的氛围，调动老师的积极性，给予老师充分的自主空间，改变过去那种由专家、教研员“一言堂”的局面。

（四）网络远程学习模式

采取网络学习模式是基于以下理由：有效地利用互联网由于时间和空间所带来的培训成本；在远程学习中，培训者能根据自己个人的需要选择符合自己需要的内容和方式，照顾到了不同培训者的不同需求，是一种个人化的学习方式；远程学习快速地更新学习内容，时效性强；远程学习能分享各种资源，包括文字、图片、音频、视频等，使资源的利用能达到最大化。虽然网络学习有其他模式不可比拟的优点，但远程学习只能作为一种强化专业人员从业素质的一种补充，而不能取代任何一种模式。在远程学习中，应该能为教师提供以下两方面的支持：

（1）实现各种有关随班就读教学资源的共享。在远程学习中，各种资源以文字、图片、音频、视频等呈现出来，以供教师选择符合其学习需要的资源。

（2）教师互相分享各自的教学经验，实现相互的交流互动。学习论坛、博客就能为教师提供一个展示自己教学经验与成果并从中互相分享的平台。

因此，网络学习作为一种对教师专业素质的强化与补充有着其独特的优势。尤其对于教师来讲，教学任务繁重，业余时间有限，不可能仅靠短期培训就能掌握特殊教育的知识和技能，充分发挥网络学习的优势，将使自己能从这个强大的平台当中源源不断地获得自己所需要的持续性支持。

四、总　结

随班就读的师资培训的任何模式都要注重实践性，这也是开展师资培训的根本目的。在任何的模式当中都要引导教师结合自己的教学实践进行思考，把特殊教育的理论与教师的教学实际相结合才能使培训获得真正的成功。然而，考察工作实践的效供在目前还没形成一套运行有效的体制，任何培训模式的有效实行，都离不开其所在系统的支持和配合。教师要充分利用每次培训机会提高自己的专业素质，一点一滴地积累自己的教学经验，同时注意吸收先进的教学理念和别人的教学经验，使自己不断积极思考，不断尝试新的教学方法应对随读生不断出现的新需求。唯有让教师在教学实践中具备勇于创新的理念，师资培训才具有不断发展的生命力。

参考文献

1. 张福娟，马红英，杜晓鑫主编．特殊教育史．上海：华东师范大学出版社，2001.

2. 汤盛钦主编．特殊教育概论．上海：上海教育出版社，2004.

3. Sandra F. Rief/Julie A. Heimburge. 全纳课堂的有效教学——满足不同需求的方案、课程及活动．牛芳菊译．北京：中国轻工业出版社，2005.

4. 邓猛主编．金钥匙视障教育理论与实践．北京：教育科学出版社，2008.

5. 陈云英，杨希洁．全纳教育共享手册．赫尔实译．北京：华夏出版社，2004.

6. 路得·特恩布尔等．今日学校中的特殊教育．方俊明，汪海萍等译．上海：华东师范大学出版社，2004.

7. 华国栋主编．随班就读教学．北京：华夏出版社，2000.

8. 香港特别行政区教育统筹局．照顾学生个别差异——共融校园指标，2004（4）.

9. 联合国教育、科学及文化组织编写．全纳教育——未来之路．世界教育信息，2009（2）.

10. 朴永馨．融合与随班就读．教育研究与实验，2004（4）.

后　记

为了总结广东特殊教育在近年来所取得的优秀成果，进一步深化广东特殊教育的改革，推动特殊教育的发展，建设一流的特殊教育强省，广东教育学会特殊教育专业委员会（以下简称“专委会”）于2011年举行了一次全省范围内的特殊教育教学论文以及社会实践报告的评选活动。本次评选活动得到了全省各特殊教育学校的积极响应以及广大特殊教育教师的大力支持，共有27所特殊教育学校上报论文，一共收到论文166篇，社会实践报告36篇。专委会在组织专家评选的基础上，撷取本次评选活动中的优秀论文77篇，优秀社会实践报告25篇汇编成这本论文成果集，作为广东特殊教育界在近年来的教育科研上所取得的优秀成果的汇编，汇聚了奋战在特殊教育战线上的教育工作者的心血，为将来广东特殊教育的进一步发展奠定了坚实的基础。

这本论文成果集收录的论文范围相当广泛，各类特殊教育学校都有论文被收集到该论文集内，反映出各类特殊教育学校都十分重视教育科研，并取得了相当不错的成绩。论文的内容涉及学校管理、学科教学、德育管理、心理健康、康复训练、职业教育、随班就读等多方面，体现出广东省的特殊教育充分吸取国内外特殊教育的优秀经验，在特殊教育的各个领域当中取得了优异的成绩，正逐步形成自己的办学特色。论文的表现形式是丰富多样的，既有科研论文，也有个案研究、调查报告、实践报告等，反映出广东特殊教育教师的专业素养在不断提高，在科研领域上开拓进取，不断创新。从论文的质量上看，理论水平相当高，并且具有很强的实践指导意义。论文不仅反映出教师对特殊教育理论的深入钻研，也反映出教师在教育教学实践中自觉运用学习到的理论，以理论来指导实践，同时通过实践来进一步加深对理论的理解和领会。论文中既有理论的阐述，也有生动的教学案例，能让广大的特殊教育工作者得到深刻的启迪。

这本论文成果集是广东省广大特殊教育工作者心血的结晶，不仅反映出特殊教育教师较高的专业素养，而且从字里行间感受到他们爱岗敬业、乐教爱生，对特殊教育工作有一片热忱，对特殊教育事业有着孜孜不倦的追求。广东省缺乏特殊教育专业的师范教育，每一位到特殊学校工作的教师，都必须面临一个自己陌生的领域，必须重新学习特殊教育的理论知识，他们在工作上所面临的困难是可想而知的。然而，他们凭着自己对特殊教育事业的热爱，对残疾孩子的关爱，使得他们不仅克服了工作上的困难，还乐于在这片领域上努力耕耘，挥洒自己的汗水，奉献自己的智慧。在现代社会当中，人才是最重要的资源，而在特殊教育领域里面，教师是最重要的资源。有了这样一批专业素质高、爱岗敬业的教师队伍，广东省的特殊教育将会有一个辉煌的明天。

本书得以顺利出版，离不开专委会的具体组织和运作，同时也得到了广东省教育厅以及广东省残疾人联合会在资金上的大力支持。此外，罗观怀、孔铭、陈婷、刘怡冰、谢蓓妮、张巧颖这五位同志对本书进行最后的编审，为本书的出版做出了很大的贡献。在此，谨向为本书出版提供帮助的领导、专家、教师致以最诚挚的谢意！同时，也请读者对本书的不足之处提出宝贵的意见。

罗观怀　孔铭
2014 年 4 月